가족상담

개념과 실제

전영주 황경란 양무희 배덕경 송정숙 이복숙 정수빈 염은선 공저

신정

머리말

한국에서 가족상담 영역은 지난 20여 년간 괄목할만한 발전을 거듭해왔습니다. 특히 십 년 전부터 건강가정지원센터를 중심으로 가족상담 서비스를 제공하는 공적 전달체계가 구축되면서, 가족상담에 대한 일반인들의 심리적 · 물리적 접근성이 좋아졌습니다. 가족상담 교육과 훈련 역시 체계적으로 이루어지고 있고, 많은 대학과 대학원에서 가족상담 교과목이 개설되어 있습니다.

시중에 다양한 가족상담 입문서가 나와 있음에도 학부생들을 위한 읽기 쉬운 교재는 흔치 않은 것이 현실입니다. 이에 신정출판사 최용구 사장님의 권유로 자의반 타의반 학부생들을 위한 가족상담 교재 집필을 시작하게 되었습니다.

이 책의 집필진은 가족상담 연구자이자 오랫동안 현장에서 가족상담을 실천해 온 상담자를 중심으로 구성되었습니다. 집필진은 학부생들이 쉽게 가족상담에 입문할 수 있도록 핵심개념과 실제 사례에 초점을 두었습니다. 각 장의 끝에 '활동하기'를 두어 다양한 상담관련 방송매체와 영화를 넣어 가족상담 수업에 활용해볼 수 있도록 하였고, 독자들이 상담 모델과 관련된 다양한 실습을 해볼 수 있도록 하였습니다.

이 책은 총 5부로 구성되었는데, 제1부 가족상담의 기초, 제2부 정서모델, 제3부 행동 교류모델, 제4부 탈근대주의 모델, 제5부 다양한 매체를 활용한 가족상담 등입니다. 가족상담의 기초를 다룬 제1부는 1장 가족상담의 개요, 2장 가족상담 현황 및 전달체계를 살펴보고 있습니다. 정서모델을 다룬 제2부는 3장 대상관계 가족상담, 4장 보웬 다세대가족상담, 5장 사티어 경험적 가족상담을 포함합니다. 행동 교류모델을 다룬 제3부는 6장 구조적 가족상담, 7장 전략적 가족상담, 8장 인지행동 가족상담을 포함합니다. 탈근대주의 모델을 다룬 제4부는 9장 해결중심 단기치료,

PREFACE

10장 이야기치료, 11장 통합적 가족상담으로 구성되어 있습니다. 마지막으로 다양한 매체를 활용한 가족상담을 다룬 제5부는 12장 가족인형치료, 13장 가족놀이치료, 14장 가족미술치료를 포함합니다.

이 책의 1, 4, 7장은 전영주가 집필하였고, 3, 11장은 황경란, 5, 8장은 양무희, 12, 13, 14장은 배덕경, 10장은 송정숙, 2장은 이복숙, 9장은 정수빈, 6장은 염은선이 각각 맡아 집필하였습니다. 각 장은 현장에서 해당 가족상담 모델을 주로 사용하는 분을 집필자로 배정하였습니다.

이 책이 나올 수 있도록 저녁시간 강의실을 열어주고 다과를 챙겨준 윤은희 조교의 수고에 감사를 전합니다. 또한 편집과 교정과정에 수고해 주신 신정출판사 관계자분들에게 감사드립니다.

2016년 1월

저자 대표 전영주

차례

CONTENTS

CONTENTS

CONTENTS

CONTENTS

CONTENTS

CONTENTS

C O N T E N T S

CHAPTER 14 가족미술치료

CONTENTS

01 PART

가족상담의 기초

FAMILY COUNSELING

I부는 가족상담의 개념과 우리나라의 가족상담 현황 및 전달체계를 다룬다. 1장에서는 가족상담의 발달, 특히 서구와 우리나라 가족상담의 역사적 배경을 살펴보고 가족상담과 개인상담의 차이를 비교해 보며, 일반체계이론과 인공두뇌학이 결합된 가족체계론의 핵심개념들을 살펴본다. 또한 가족평가단계와 상담의 초기, 중기, 종결단계에서 점검해야 하는 핵심사항들을 검토한다. 2장에서는 우리나라 가족상담의 현황을 살펴보고, 가족상담이 이루어지는 다양한 전달체계를 다루어 본다.

FAMILY COUNSELING

01

CHAPTER

가족상담의 개요

1. 가족상담이란?

2. 가족상담의 특징

3. 가족상담의 실제

FAMILY COUNSELING

01 CHAPTER

가족상담의 개요

1. 가족상담이란?

문제가 없는 가족은 없다. 모든 가족은 크고 작은 문제를 수없이 경험하며 살아간다. 어떤 문제는 감기처럼 가볍게 지나가지만, 어떤 문제는 만성적으로 오랜 세월 동안 가족을 괴롭히거나 깊은 상흔을 남겨 다음 세대 가족까지 힘들게 하기도 한다.

가족의 정서적 환경과 상호작용 유형은 개인의 정서와 행동에 깊은 영향을 미친다. 개인이 어떤 문제를 가졌을 때 그것은 단지 개인의 문제가 아닌 가족의 문제인 경우가 적지 않다. 가족을 돕는 개입방법 중 하나인 가족상담은 개인이나 가족의 문제해결을 위해 가족관계 맥락에서 조력하는 상담활동이다.

가족상담의 단위는 개인이 아니라 개인을 둘러싼 관계의 망, 즉 가족관계가 된다. 가족상담은 개인심리치료에 비해 상담기간이 짧은 편이며(평균 10회기 내외), 주로 부부나 가족이 상담의 단위가 된다. 그러나 개인을 대상으로 하는 경우에도 상담자가 관계에 초점을 두고 상담을 진행한다면 가족상담으로 분류될 수 있다.

가족상담은 제2차 세계대전이 끝난 20세기 중반 미국에서 태동되어 유럽, 아시아 등 전 세계로 확산되었다. 기존의 직선적이고 기계론적인 인식론 대신 순환론적 인식론을 대안으로 수용하면서, 인간의 갈등과 문제를 해결하는 데 있어서 맥락적

(관계적) 관점을 취하게 되었다. 일반체계론과 사이버네틱스를 배경으로 구축되었던 전통적 가족상담은 1980년대 후반 포스트모더니즘 사조가 등장하고 정보화와 세계화의 추세 속에 새로운 도전을 맞게 되었다. 제1장에서는 서구와 한국의 가족상담의 역사적 배경과 함께 초기 가족상담과 후기 가족상담의 이론적 토대를 살펴볼 것이다. 또한 가족상담과 개인상담이 어떻게 다른지, 가족체계의 특성으로 어떤 것들이 있는지, 가족상담의 실제에서 각 단계마다 고려할 점은 무엇인지 등에 대해 살펴보도록 하겠다.

1) 가족상담의 역사적 배경

(1) 가족상담의 필요성을 제기한 영역들

가족상담이 전문 영역으로 탄생하기까지는 개인심리치료의 한계를 느끼고 가족을 대상으로 상담해야 할 필요성을 제기한 여러 영역의 전문가들이 있었다. 20세기 중반을 향해가면서 아동발달, 부부상담, 사회복지실천, 그리고 집단상담 등의 분야에서는 개인을 넘어선 가족개입에 대한 관심이 커졌다. 이들 영역은 각각 가족상담의 태동에 기여했다.

아동발달 영역에서는 개인의 문제 원인을 아동기의 성장환경이나 부모와의 관계에서 찾았다. 20세기 초 아동권리운동과 아동지도에 대한 사회적 관심은 가족상담의 태농에 기여했다. Freud나 Adler 같은 개인 심리학자들이 주장한 것처럼 정서적 문제는 아동기에 시작되며, 아동기의 문제 예방과 초기발견은 성인기의 문제를 예방할 수 있다고 가정하였다. 생애 초기의 가족관계를 기능적으로 변화시킴으로써 아동발달에 긍정적 영향을 미칠 수 있다고 보고, 가족을 대상으로 하는 상담이 필요하다고 생각하기 시작했다.

부부상담 영역은 부부를 함께 만나 문제를 해결해야 한다는 필요성이 제기된 부분이다. 산업화 이후 근대적 부부중심의 핵가족이 지배적인 가족 유형이 되었고,

우호적인 부부관계가 가족기능의 중심으로 자리를 잡으면서, 결혼생활의 문제는 가족기능성과 직결되는 이슈가 되었다. 20세기 초반, 당시 결혼생활에 문제가 있었던 사람들은 심리치료전문가보다는 목사, 의사, 변호사, 교수, 교사 등 심리치료의 영역 밖에서 사람들을 돕는 전문가 집단을 찾아 자신의 어려움을 의논하였다. 이들은 부부문제를 다루기 위해서는 부부를 함께 만나야 한다고 확신하게 되었고, 새로운 접근이 필요하다는 데 공감하였다.

한편 사회복지실천은 19세기 말 영국과 미국의 자선조직에서 출발하였으며 전통적으로 가족에 대한 개입을 강조했다. 사회복지사는 가정을 방문하여 의식주와 같은 기본적 욕구를 원조했으며, 가족문제를 제대로 이해하기 위해 부모를 면접하는 것을 강조했다. 이러한 사회복지적 접근은 당시 가족문제의 책임을 어머니에게 돌리는 관행과는 매우 대조적인 접근이었다.

마지막으로 집단역동운동은 상담과 교육의 대상을 개인보다 집단으로 넓히며 소집단의 일종인 가족을 상담의 단위로 고려함으로써 가족상담의 태동에 기여하였다. 집단의 역동을 처음으로 도입한 것은 20세기 초 오스트리아의 정신과 의사였던 Jacob Moreno가 드라마와 치료적 기술을 결합한 사이코드라마(psychodrama)를 개발하여 활용하면서부터이다. 그의 시도로 인해 당시의 정신치료자들은 전통적인 심리치료방식에 의문을 품었고, 개인이 아닌 가족 전체를 개입의 대상으로 보기 시작하였다. 가족원들을 함께 만나는 것이 개인과의 분리된 만남보다 더 효과적일 것이라는 시각이 발전하게 되었다(Nichols & Schwartz, 2001, 김영애 외 공역, 2002). 집단 역동에서 과정과 내용을 구분한 것 역시 가족상담의 발달에 의미 있는 영향을 미쳤다. 집단원이 어떠한 내용의 메시지를 주고받는가보다 그 메시지를 어떠한 방법으로 전달하고 공유하는가 하는 의사소통과정에 주목하는 것이 필수적이라는 시각은 가족상담의 초기 발달단계에서 가족원 간 의사소통의 내용보다 과정에 주목하도록 하는 데 지대한 영향을 미쳤다(정문자 외, 2011).

(2) 초기 가족상담의 이론적 토대

① 일반체계이론

1930년대 생물학에서 유래한 체계이론은 다양한 자연과학 영역으로 확대 적용되었는데, 현상의 상호 의존성에 초점을 두고 전체를 이해하는 체계론적 사고는 세계를 분리된 객체로 바라본 기계론적 세계관과는 매우 다른 것이었다. 일반체계이론(General Systems Theory: GST)은 체계가 외부환경과 상호작용하면서 환경의 지속적인 입력과 출력을 통해 자신을 유지해 나간다고 보는 살아 있는 체계에 대한 생물학적 모델이다. 일반체계이론은 체계를 환경과 지속적인 상호작용을 하는 개방체계로 보기 때문에, 외부 관찰자가 체계에 대한 투입(input)과 산출(output) 간의 피드백 과정을 관찰함으로써 체계의 특성을 파악할 수 있다고 본다. 따라서 관찰이 불가능한 심리 내면에 대한 가정을 세울 필요 없이 관찰이 가능한 투입과 산출 관계에만 관심을 두면 된다는 결론에 도달한다(정문자 외, 2012).

살아 있는 유기체에 대한 일반체계이론 초기의 관심은 더 나아가 인간체계와 사회체계에도 적용되었다. 가족도 특정한 관계에 있는 개인으로 이루어진 전체로서 외부환경과 지속적인 상호작용을 하는 개방체계로 보았던 것이다. 20세기 중반 사회과학 분야에서 최초로 체계론적 사고를 도입한 주체는 가족 의사소통을 연구하던 캘리포니아 팔로알토(Palo Alto) 시의 MRI(Mental Research Institute) 그룹이었다. 체계론적 사고는 순환론적 인과론을 제시했고, 이를 바탕으로 문제의 원인과 해결을 직선적인 인과론에 근거해 바라보는 전통적인 심리치료와는 인식론적으로 다른 가족상담 분야가 탄생할 수 있었다.

가족체계론의 기본 가정은 다음과 같다. 첫째, 하나의 체계를 이해하려면 부분이 아닌 전체를 보아야 한다. 둘째, 체계는 서로 연결된 부분들의 합으로, 체계의 모든 부분들은 상호 의존적이다. 셋째, 체계는 환경에 영향을 미치고, 환경은 체계에 영향을 미친다. 넷째, 인간체계인 가족체계는 자기성찰적이다. 다섯째, 체계는 실재가 아니라 은유이며 모델이다.

가족은 인간체계이므로 기계와 달리 자기행동과 인식에 대한 성찰이 가능한 체계이다. 스스로 체계의 상태를 조사하며 목표를 세울 수 있고 어느 정도는 스스로를 조정하기도 한다. 추상적인 목표를 설정하고, 전 생애적인 장기계획을 수립하고, 기술과 인력을 동원해 복잡한 조직을 계획할 수도 있다. 인간체계 내에서 일어나는 이러한 활동은 높은 수준의 의사소통이 요구된다. 의사소통은 단순히 객관적인 정보교환의 수준 이상으로 가족원들이 구축한 의미의 합의과정이라는 점에서 자기성찰이 가능한 복잡한 활동이다(Whitchurch & Constantine, 1993).

② 사이버네틱스

사이버네틱스(cybernetics) 또는 인공두뇌학의 어원은 배의 조타수를 의미하는 그리스어 'kybernetes'에서 유래되었으며, 제2차 세계대전이 한창이던 1940년대에 뉴욕 시에서 열린 메이시 회의를 통해 개념적 틀이 수립되었다. 이 회의에 참석했던 학자들은 두 개의 핵심그룹, 즉 수학자, 공학자, 신경과학자로 이루어진 최초의 사이버네틱스 학자와 Bateson과 Mead 등의 인문학 분야의 학자 집단이었다. 이들은 기계와 살아 있는 유기체의 공통점으로서 통제와 자기조절과정을 이해하기 위한 인식론을 개발하는 데 관심이 있었다. 이들 학자들은 기계와 살아 있는 유기체의 작동원리에 차이가 있다는 것을 발견했는데, 기계는 자극과 반응, 투입과 산출의 연결이라는 선형적 인과관계에 의해 작동되지만 살아 있는 유기체는 인과적으로 연결된 구성요소의 순환적인 배열(피드백 루프)에 의해 움직인다는 차이가 있다고 보았다.

사이버네틱스는 생물체계와 사회체계에 있어서 순환적 인과관계와 피드백 기제에 관한 과학으로 발달 초기에는 주로 공학에 적용되었다. 자동온도조절 장치와 같이 자기조절능력을 가지고 있는 공학적 결과물들이 많이 개발되었다. 한편 사이버네틱스의 공학적 개념을 행동과학의 용어로 환원하고 가족상담에 적용하는 데 선도적 역할을 했던 사람은 Bateson이었다. 그는 "살아 있는 것의 본질"로서 기계와 살아 있는 유기체를 구분하는 기준이 되는 것은 마음이라고 보았다(정문자 외, 2012).

사이버네틱스는 1차와 2차 사이버네틱스로 구분되는데, 1차 사이버네틱스는 일반체계론과 같은 것으로 간주되며, 2차 사이버네틱스는 사회구성주의와 상통하는 것으로 간주된다(정문자 외, 2012).

(3) 후기 가족상담의 발달 배경

① 포스트모더니즘

20세기 후반 포스트모더니즘(post-modernism) 또는 탈근대주의 사상의 확산과 함께 가족상담은 새로운 방향으로 전개되었고, 후기 가족상담 혹은 2차 가족상담이라고 불리는 모델이 각광받게 되었다. 포스트모더니즘은 1980년대부터 문학, 예술, 문화 전반에 나타난 시대정신 또는 세계관이다. 포스트모더니즘은 인간과 사회를 인식하는 방식, 진리에 대한 인식 방법에서 모더니즘(modernism)과 차이가 있다. 모더니즘이 본질주의, 보편주의, 이분법적 사고를 강조하는 반면, 포스트모더니즘은 다양성, 차이, 비본질주의를 강조한다. 포스트모더니즘은 2차 사이버네틱스 관점과 일치한다. 모더니즘은 객관적 지식과 절대적 진실이 가능하다고 믿었지만, 포스트모더니즘은 우주는 누구에게나 똑같이 존재하는 하나의 세계(universe)가 아니라 각자의 관찰과 인식행위를 통해 다르게 구성될 수 있다는 다중세계(multiverse)를 주장한다. 따라서 사실(fact)은 관점(perspective)으로 대체되며, 절대적인 기준은 없다고 가정한다(정문자 외, 2012).

이러한 사상은 지식권력을 가진 전문가에게 평가와 개입의 권한을 부여했던 모더니즘의 입장과 거리를 둔다. 모더니즘 성향의 치료는 인간의 문제를 문제중심적으로 접근하였으며, 기질적 특성이나 객관적 잣대로 평가할 수 있는 가족기능성 대 역기능성에 초점을 두었다. 그러나 포스트모더니즘 성향의 상담은 어떤 개인 또는 가족이 기능적이거나 역기능적인가에 대한 입장은 보는 사람의 시각에 따라 달라진다는 점을 강조한다. 이에 따라 전문가(상담자)의 권한은 축소되고, 내담자(가족)의 잠재력과 해결역량을 강조하게 된다.

② 구성주의와 사회구성주의

구성주의(constructivism)와 사회구성주의(social constructionism)는 가족상담이 포스트모더니즘의 지향성으로 전환되는 데 큰 공헌을 한 사상들이다. 둘 다 실재를 객관적으로 서술할 수 있다는 기존 관념을 거부한다.

구성주의는 인지생물학에 뿌리를 둔 사상으로, 칠레의 신경생물학자 Humberto Maturana(1978)는 생명체의 신경망에 대한 연구를 기반으로 살아 있는 체계가 곧 인지체계이며 자율적인 체계라고 규정하였다(정문자 외, 2012 재인용). 구성주의 관점에 의하면, 인식현상이란 마치 내가 보는 것이 남들도 모두 보는 '사실'이며 특정 대상이나 물체가 '바깥 거기에(out there)'에 존재한다고 믿는 것은 모두 우리의 지각체계(감각과 신경계로 이루어진)의 활동이다. 우리의 지각은 각자의 신경체계를 통해 여과되므로, 존재하는 것을 실제로 알 수 있다는 가정에는 한계가 있다.

사회구성주의는 실재에 대한 지식을 구성하는 과정에서 사람들의 상호작용 영향력에 초점을 둔다. 즉, 우리는 언어, 문화, 관계를 타인과 공유함으로써 우리가 관찰한 것을 구성하게 된다. 신념, 가치, 제도, 관습, 명칭, 법률 등 사회의 모든 영역은 사회구성원이 일상적인 삶을 통해 서로 상호작용함으로써 구성되는 것들이다. 사회는 구성원이 세상을 해석할 수 있는 '렌즈'를 제공하는데, 사회화 과정을 통해 이미 정해진 지식을 가르치는 매개가 언어이다. 사회구성주의의 기본 전제는 네 가지로 요약할 수 있는데, (1) 실재는 사회적으로 구성되며, (2) 실재는 언어를 통해 구성되며, (3) 실재는 이야기를 통해 조직되고 유지되며, (4) 본질적인 진실이란 존재하지 않는다는 것 등이다(Freedman & Combs, 1996, 정문자 외, 2012 재인용).

2) 서구 가족상담의 발달

(1) 태동기

앞에서 본 것과 같이, 가족상담은 1930년대 후반부터 1940년대 초반 체계론과 인공두뇌학의 이론적 토대가 구축되어 새로운 인식론이 등장하였고, 더불어 행동사회과학 분야(아동발달, 부부상담, 사회복지, 집단상담)에서 가족상담의 필요성이 제기되면서 시작되었다. 두 차례의 세계대전을 겪는 동안 체계론과 인공두뇌학의 출현으로 서구에서는 기존의 기계론적 인식론에 큰 변화가 나타났는데, 새로운 대안적 과학적 사고의 틀로 순환적 인식론이 제시되었다. 가족상담의 탄생에 큰 영향을 미친 사람은 인류학자인 Gregory Bateson이었다. 그는 사이버네틱스의 원리와 개념을 행동과학에 적용하기 시작하였고, 특히 가족 의사소통을 이해하는 데 활용하였다.

(2) 전통적 가족상담의 출현

제2차 세계대전이 끝난 후 미국사회는 전쟁의 후유증으로 다양한 가족문제에 직면하게 되었고, 가족의 안정성을 되찾는 데 사회적 관심이 높아졌다. 캘리포니아 팔로알토(Palo Alto)시에 위치한 연구소인 MRI(Mental Research Institue)에서 Gregory Bateson, Don Jackson, Jay Haley 등 여러 학문 분야의 연구자들이 모여 의사소통에 관한 연구를 하게 되었는데, 가족의 역기능적 의사소통이 조현병(정신분열증)의 원인이 될 수 있다는 가설을 세우게 되었다. 그들은 조현병이 개인의 정신내적 질병이라기보다 대인적 · 관계적 현상이라고 보았다. MRI는 체계론과 사이버네틱스에 기반한 가족과정이론을 정립하였고, 최초의 가족치료 전문학술지인 'Family Process'를 발간하였다. MRI 외에도 미국의 다른 지역에서도 가족을 상담의 단위로 인식한 전문가들이 적지 않았다. 예를 들어 Nathan Ackerman, Murray Bowen, Carl Whitaker, Salvador Minuchin 등 정신과 의사들 또한 아동의 문제에 어머니를 중심으로 한 가족에 관심을 갖고 본인의 임상 장면에서 어머니와 자녀를 함께 면담하기 시작하였다.

1960년대 들어 미국에서 가족상담은 독립된 전문 영역으로 자리 잡기 시작했고, 여러 가족상담 모델이 발전되기 시작했다. 초기 MRI는 조현병(정신분열증)에 초점을 두었지만, 이후 치료의 폭을 넓혀 청소년 비행, 부부문제, 우울증을 비롯한 정신 · 신체질환 등을 다루기 위해 가족을 연구하기 시작하였고, 일반 대중에게 가족상담에 관한 인식을 심어 주었다. 1970년대 들어 가족상담 모델은 보다 분화되고 전문화되었으며 각 상담모델은 경쟁적으로 출판물과 훈련을 제공했다. 이 시기의 대표적인 가족상담 모델로는 다세대 모델, 구조적 모델, 경험적 모델, 전략적 모델, 인지행동적 가족상담 모델 등이 있다.

Bowen은 정신분열 환자의 어머니와 자녀 간의 융합을 다룬 '모자공생(mother-child symbiosis)'과 핵가족의 '미분화가족 자아군(undifferentiated family ego mass)'의 개념을 발전시켰고, '자기분화', '삼각관계', '가족투사과정' 및 '다세대 전수' 등의 개념을 주축으로 하는 다세대가족상담 모델을 정립하게 되었다. Satir는 인본주의와 게슈탈트의 영향을 받아 가족의 정서에 초점을 둔 경험적 가족상담 모델을 발전시켰고, 억압된 정서를 자유롭게 경험하게 함으로써 의사소통과 가족규칙, 자존감의 변화를 꾀하였다. Minuchin은 가족구조의 개념을 중심으로 가족의 하위체계, 경계, 위계 등의 개념을 발전시켜 구조적 가족상담 모델을 정립했다. MRI 출신인 Haley는 의사소통과정에 내재된 수진자와 송신자의 권력관계에 주목했고, 전략적 모델을 발전시켜 역설적 기법을 통해 증상을 유지시키는 가족 내 역기능적 연쇄과정을 끊는 데 집중했다.

1980년대까지 널리 확산되었던 초기 가족상담 모델을 '1차 가족상담' 혹은 '체계론적 가족상담'이라고 하기도 한다. 초기 가족상담 모델 간에도 초점이 가족의 정서, 행동, 인지 중 어디에 있는지, 또는 시간적 초점이 과거, 현재, 미래 중 어디에 있는지에 따라 상담목표나 기법, 상담자의 역할 등에서 차이가 있다. 그러나 초기 가족상담 모델들은 공통적으로 다음과 같은 유사점이 있다. 첫째, 치료의 첫 단계에서 가족에 대한 평가를 강조한다. 둘째, 문제 발생에 대해 특정 가족원에 초점을 두는 것이 아니라 가족원 모두의 책임을 강조한다. 셋째, 가족의 의사소통 유형 파악과 변화를 강조한다. 마지막으로 상담의 목표가 가족역할의 융통성과 적응력 도모, 부부간의 권력 균형, 가족집단성 안에서 개별성 확립, 의사소통의 명료성 도모 등에 있다.

(3) 후기 가족상담의 출현

1980년대 이후부터 특정 모델에 집중하기보다 여러 모델을 통합하고 내담자 가족의 필요에 따라 적절한 모델이나 기법을 사용할 필요성을 느끼게 되었다. 특히 포스트모더니즘의 확산과 함께 가족상담 분야는 더욱 절충과 통합의 방향으로 나아가게 되었다. 기계론적 체계론은 퇴색한 반면 구성주의와 사회구성주의가 포스트모더니즘의 사조 속에 등장하며, 개인이 의미를 부여하는 세계가 곧 진실이며 실재라는 것을 강조하였다. 구성주의는 실재란 개인이 주관적으로 구성하는 것임을 강조하며, 사회구성주의는 우리가 경험하는 실재는 사회적이고 언어적 상호작용을 통해 구성된다고 보는 관점이다.

탈근대주의 또는 후기 가족상담은 특정 모델에서 제시하는 주요 개념에 따라 정상성이나 역기능성을 평가하거나 상담자가 주도적으로 가설과 치료목표를 설정하는 것에 의미를 잃어갔다. 후기 가족상담은 개인이 자신의 가족이나 관계를 어떻게 경험하는지, 자신의 경험의 세계에 어떤 의미를 부여하며 어떻게 구성하는지 등을 파악하는 것이 문제해결과정에서 더 중요하게 되었다. 상담자는 내담자보다 더 많이 알고 있는 유능한 전문가가 아니라, 내담자의 경험세계를 재창조하는 과정에서 협력하는 동반자의 역할이 부각되었다. 가족상담 후기 모델은 해결중심 모델, 이야기치료, 통합 모델 등을 포함하며, 다양한 매체를 활용한 가족상담도 늘어나고 있는 추세이다(정문자 외, 2012).

3) 한국 가족상담의 발달

(1) 한국 가족상담의 발달과정

한국 가족은 지난 세기 동안 많은 변화를 경험해왔다. 일제강점, 한국전쟁, 경제발전, 민주화 항쟁, 외환위기 등 정치적, 사회적, 경제적 격동기를 겪으며 가족은 사회와 국가의 보존을 위해 어려움을 완충하며 가족원을 보호해왔다. 현재 세대는 윗세대로부터 전수받은 문제와 누적된 불안을 처리하며, 당대의 여러 이슈들, 즉 정보화, 세계화, 환경오염, 취업문제 등에 직면하고 있다(정문자 외, 2012). 이러한 상황에서 한국 가족상담 분야의 태동과 발전은 당연한 과정이었으며, 21세기 들어 가족을 보호하고 강화시키며 문제해결을 도우려는 공적 지원이 확대되고 있다.

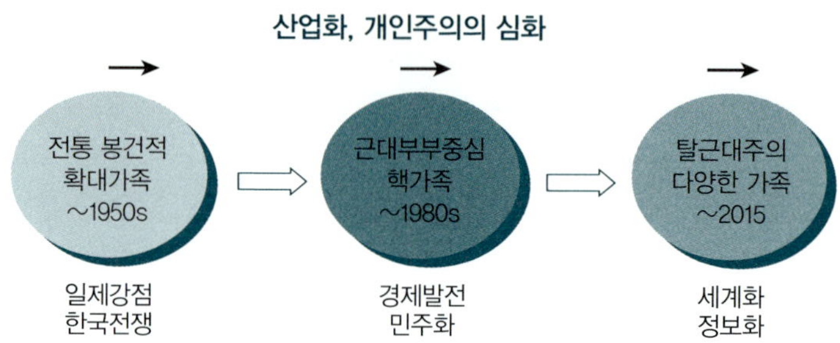

❖ **그림 1-1** 한국 가족을 둘러싼 변화

한국 사회에 가족상담이 처음 소개된 시기는 1970년대 후반부터 1980년대 초반으로 이때부터 외국의 가족상담 서적이 번역되고, 대학에서 가족상담 과목이 개설되기 시작했다. 정신의학, 심리학, 사회복지학, 간호학 등 다양한 학문 분야의 학자 및 임상가들이 모여 가족상담 연구모임을 결성하였고, 이는 1988년 '한국가족치료학회'의 창립으로 이어졌다. 가족상담 분야가 학문적 기틀을 갖추게 되면서 학술모임, 워크숍, 학술대회 등을 정기적으로 개최하게 되었다(정문자 외, 2012).

1990년대 들어 한층 전문화된 가족치료 체계가 잡히기 시작하였다. 1993년 한국가족치료학회는 전문학술지인 〈한국가족치료학회지〉를 발행하기 시작하였고, 가족치료전문가 자격제도가 구축되어 가족치료사 자격을 위한 시험을 통해 자격을 갖춘 가족치료전문가를 배출하였다. 또한 가족상담 사례회의도 정례화되며 학술과 임상의 전문성이 더욱 강화되었다.

2000년대 이후 건강가정에 대한 사회적 관심과 함께 가족상담 서비스를 받을 수 있는 공적 전달체계(예: 건강가정지원센터)가 전국적으로 구축되어 일반인의 가족상담 접근성이 용이해졌다. 2002년 한국가족상담학회(현, 부부가족상담학회)의 창립과 함께 가족상담의 저변이 한층 더 넓어졌으며, 가족상담 전공 대학원이 증가하였고, 슈퍼비전 체계가 구축되어 조직적인 교육훈련이 가능해졌다.

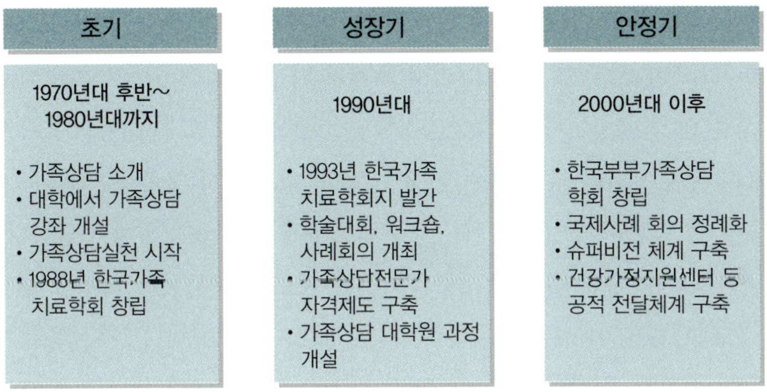

❖ **그림 1-2** 한국 가족상담의 발전단계

(2) 한국 가족상담의 현황

우리나라의 가족상담이 이루어지는 실천의 장은 크게 공공 영역과 민간 영역으로 나눌 수 있다. 공공기관으로는 건강가정지원센터, 가정폭력상담소, 학교상담, 가정법원, 사회복지관 등을 들 수 있다. 그 중 건강가정지원센터는 가족상담사업이 필수사업으로 포함되어 있기 때문에 대표적 기관이라 할 수 있다. 가족문제로 어려움을 가지고 있는 사람이라면 누구나 지역의 가까운 건강가정지원센터에서 무료로 가족상담을 받을 수 있다. 가정폭력상담소는 가정폭력과 관련된 가족문제에 대해 법률적 지원과 함께 상담을 받을 수 있으며 필요시 쉼터 연계도 가능하다. 학교세팅에서는 WEE 클래스를 비롯하여 부모상담 및 가족상담이 가능하다. 사회복지관은 가족상담이 주요 사업은 아니나 전통적으로 가족사례관리 및 가족상담이 이루어지는 현장이다.

가족상담이 이루어지는 민간 인프라로는 사설클리닉/민간상담소가 대표적이며, 가족상담소 외에 아동상담소나 심리치료센터 등에서도 가족상담이 이루어지고 있다. 성당이나 교회 등 종교기관에서도 전통적으로 가족증진을 위한 프로그램을 운영하고 있는데, 목회자나 전문가를 초빙해 가족생활교육 프로그램이나 가족상담을 진행하기도 한다. 소아정신과나 대형 종합병원의 정신과에서도 가족상담을 실행하고 있다. 외래 환자들의 정신, 심리적 문제를 다루기 위해서는 가족에 대한 개입의 중요성을 알기 때문이다. 가족상담대학원을 운영하고 있는 대학교에도 부설 가족상담센터가 설치되어 있는 경우가 종종 있다. 대학부설 가족상담센터는 내담자 가족을 만나는 임상의 장일뿐만 아니라 교육훈련에 활용하기 위해 운영된다.

우리나라의 가족상담 분야는 서구와 마찬가지로 가족문제에 관심을 갖고 있는 여러 학문 분야가 모여 이루어진 다학제적 성격을 가지고 있다. 정신의학, 가정의학, 가정학, 가족학, 아동학, 교육학, 교육심리학, 목회상담학, 사회복지학, 심리학 등 다양한 분야의 학문적 배경을 가지고 있는 전문가들이 모여 가족상담을 공부하고 실천현장에서 가족과 일하고 있다. 아직까지 가족상담 관련 국가공인 자격제도는 마련되어 있지 않고, 한국가족치료학회, 한국부부가족상담학회, 한국가족관계학회의 3개 민간단체를 중심으로 자격심사와 자격증 교부가 이루어지고 있다. 한편 가족상담에 대한 구체적 자격제도를 운영하고 있지는 않지만, 가족상담이나 치료 관련 훈련프로그램 등 회원에게 간접적 지원을 제공하는 관련 단체(협회) 및 학술단체도 다수 활동하고 있다.

2. 가족상담의 특징

1) 개인상담과 가족상담의 차이

개인상담과 가족상담 중 어느 쪽이 더 유용한가에 대한 질문은 답하기 어렵다. 내담자의 특정 문제, 상담자의 선호, 상담의 맥락 등에 따라 개인상담 또는 가족상담을 결정하는 것이 적절할 것이다. 개인상담과 가족상담을 대치되는 것으로 보는 것보다 상호보완적인 접근을 통해 내담자에게 최적화된 상담을 제공하는 지혜가 필요하다. 개인상담과 가족상담은 다음과 같은 점에서 차이를 볼 수 있다.

(1) 세계관의 차이

개인상담과 가족상담은 각각 기계론적 세계관과 유기체론적 세계관이라는 다른 출발점을 가지고 있다. 개인상담은 문제를 바라보고 문제를 진단하는 과정에서 '이것 아니면 저것'이라는 이분법적 입장을 취한다. 문제의 원인과 결과를 분리해 생각하고, 전문가인 상담자와 도움을 받는 내담자를 주체와 객체로 분리한다.

반면 가족상담은 체계론에 근거하므로 세상을 유기적으로 연결된 관계의 망으로 본다(정문자 외, 2012). 유기체론적 세계관은 우주가 상호연관된 관계망으로 구성되어 있으며, 본질적으로 역동적이라고 본다. 부분들은 유기적으로 연결되어 있으며 맥락이나 상황에 따라 상대적으로 행동한다. 사람의 몸은 정신과 연결되어 있으며, 타인이나 환경과도 유기적으로 연결되어 있기 때문이다. 유기체론적 관점의 출현으로 개인상담적 접근은 보완의 필요성이 제기되었으며 인간의 문제와 고통, 그에 대한 해결과 변화의 방향에도 혁신적인 변화가 일어났다.

(2) 문제의 초점

개인상담은 내담자를 별개의 독립된 존재로 보고, 내담자의 특성은 무엇이며 내담자가 어떠한 행동을 하여 문제가 나타났는지 원인을 파악하는 데 관심을 가진다. 따라서 내담자의 주변 맥락이나 관계는 일차적인 관심사가 아니다.

반면 가족상담은 내담자의 주변관계망에 관심을 두고, 상호관계의 맥락에서 내담자의 문제를 바라본다. 내담자가 드러내고 있는 증상은 역기능적 연쇄과정의 맥락에서 발생되고 있다고 보기 때문이다.

(3) 내담자에 대한 시각

개인상담은 내담자를 자극에 대해 수동적이고 반응적인 존재로 본다. 따라서 전문가인 상담자가 제시하는 해법에 따라 내담자는 긍정적 방식으로 반응하고 변화될 것으로 기대한다.

한편 가족상담은 내담자가 환경에 적극적으로 참여하며 주변 맥락에 영향을 미치는 존재라고 간주한다. 상담자는 내담자 가족의 상호작용을 존중하며 치료과정에 함께 참여하여 가족체계의 변화를 촉진하는 입장에 있다.

(4) 인과관계를 보는 시각

개인상담은 문제의 원인과 결과 관계를 선형적으로 보고(A → B → C), 문제의 원인을 파악하기 위해 '왜?'라는 질문을 자주 한다. 내담자의 증상과 행동의 원인을 파악하기 위해 이전의 과거 발달력을 추적한다.

가족상담은 순환적인 인식론을 바탕으로, 문제를 둘러싼 체계의 부분들은 상호연결되어 있기 때문에 원인과 결과를 분리해 정확히 파악하는 것은 어렵다고 본다. '왜'라는 질문보다 '무엇이 일어나고 있는가'에 집중하며, 상호작용의 유형을 파악하는 데 관심을 가진다.

(5) 문제의 진단과 해결과정

개인상담에서 진단과 평가의 기준은 객관적으로 설정될 수 있고, 어느 내담자에게나 동일하게 적용될 수 있다고 가정한다. 예를 들어 DSM-IV, MMPI, MBTI와 같은 진단도구를 자주 사용하는데, 실증적이며 계량적인 방식으로 가치중립적 과학적 태도가 상담에서도 동일하게 강조된다.

반면 가족상담은 맥락과 상호작용하는 내담자에 대해 절대적이고 객관적인 평가를 하는 것에 대해 회의적이다. 동일한 상황이라도 내담자의 인식행위에 따라 다르게 이해되고 경험될 수 있다고 가정하기 때문에 객관적이고 정확한 진단과 사정을 강조하지 않는다.

2) 가족체계의 특성

"가족=체계(system)"라는 시스템 패러다임은 초기 가족상담 분야를 지배하였다. 가족상담의 초기 모델은 체계론적 사고를 바탕으로 발전되었으며, 다분히 기계적인 관점이기도 하였다. '체계(system)'는 어떤 현상을 전체의 맥락에서 이해하는 것으로, 부분에 초점을 두기보다 전체와의 상호연관성을 강조한다. 체계이론(System Theory)이라 함은 상호작용하는 일련의 관련된 요소에 대한 연구를 가리키는 일반적인 용어로 일반체계이론과 사이버네틱스를 포함한다(Nichols & Schwartz, 2002, 김영애 외 공역, 2004).

가족연구에서 일반체계론과 인공두뇌학이 결합된 체계이론은 특별한 위치를 차지한다. 자연과학 일반에서 널리 활용되고 있었던 일반체계이론(General Systems Theory)과 정보처리 및 의사소통에서 활용되고 있던 인공두뇌학(Cybernetics)이 가족 연구에 적용된 시기는 제2차 세계대전 직후로 모든 사회과학 영역에서 가장 빠른 시점이었다. 이는 미국 캘리포니아 팔로알토(Palo Alto)시에 위치한 연구소인 MRI(Mental Research Institute)에서의 혁신적인 의사소통연구 덕으로, MRI 연구팀은 의사소통 '내용'보다 의사소통의 '과정'에 주목해야 함을 발견하였다. 인류학자인 Bateson과 정신의학자인 잭슨은 MRI 연구팀을 이끌며 체계이론을 가족 연구에 적용시킨 당사자들이었다. 이들은 가족항상성을 유지하는 패턴, 역기능적 가족체계, 특히 조현병(정신분열증) 가족의 의사소통 등을 연구하였다. 이 과정에서 Bateson의 순환적 인식론은 기존의 선형적 인과론과 달리, 가족원 누구도 비난하지 않으면서 가족문제를 중재할 수 있는 체계적 접근으로 소개되었다(Kelvin & White, 2000).

이후 가족을 체계(system)로 보는 관점은 가족상담 분야에서 강력한 은유(metaphor)가 되었으며, 일반체계이론과 인공두뇌학의 개념을 도입한 가족체계 관점을 총체적으로 가족과정(family process) 관점으로 부르게 되었다. 초기 가족상담이론을 이해하기 위해서는 체계이론에서 본 가족의 특성을 먼저 이해해야 한다. 다음에서 '가족체계'의 핵심개념들을 통해 가족체계가 이러한 특성에 의해 작동됨을 이해하는 것이 필요하다.

가족체계이론의 핵심개념

1. 체계/하위체계 2. 전체성 3. 상호의존성 4. 위계 5. 경계 6. 순환적 인과관계 7. 항상성
8. 의사소통 9. 가족규칙 10. 피드백 11. 등결과성 12. 개방성과 폐쇄성 13. 자율성과 자기조직

(1) 체계/하위체계

체계는 상호작용하는 부분들의 합으로, 가족은 상호작용하는 개인의 집단으로 하나의 체계이다. 가족은 사회라는 상위체계의 하위체계인 동시에 개인 하위체계의 상위체계로 볼 수 있다. 체계는 전체로 이해되어야 하므로, 가족원 개인이나 결혼 하위체계, 형제자매 하위체계를 분절해 보는 것보다 가족체계 전체의 역동을 이해해야 한다.

(2) 전체성

체계론의 핵심은 부분이 아닌 전체에 주목하는 것이다. 가족체계가 개인으로 구성된 것은 사실이지만 단순히 개개인을 모아 놓은 것에 불과하지는 않다. 전체의 큰 맥락에서 살펴봄으로써 문제를 둘러싼 맥락의 패턴을 파악할 수 있다. 예를 들어 청소년 자녀의 일탈행동이라는 문제를 부모의 결혼문제나 부모-자녀 간의 관계문제의 하위체계를 중심으로 볼 수도 있으며, 가족이 처한 사회구조적 위치와 연관지어 이해할 수도 있다. 가족의 규칙이나 가족신화, 가훈, 가족분위기 등은 모두 가족의 전체성과 관련된 개념이라 할 수 있다.

(3) 상호의존성

체계를 이루고 있는 부분들은 서로 연결되어 있으며, 한 부분의 변화는 다른 모든 부분의 변화를 가져오게 된다. 가족체계 또한 한 개인의 행동이나 태도의 변화에 따라 다른 가족원들 및 가족체계의 변화가 초래되는데, 구성원 간의 상호의존성이 지나치게 높으면 밀착 또는 융합된 관계로 역기능을 발생할 수 있다. 반대로 의존성이 너무 낮으면 소원한 관계가 되어 개인이나 체계가 필요로 하는 지원을 받기 어렵다. 따라서 적절한 분리와 연결성의 균형은 가족기능의 최적화에 필요한 요소이다.

(4) 위계

위계는 권위나 권력과 관련된 개념으로 가족원이 자신의 위치에 맞는 권력과 통제를 가질 때 가족체계의 위계질서가 유지된다. 가족과정에서의 적절한 위계는 부모가 자녀보다 더 많은 권력과 통제를 가지고 규칙을 집행하는 위치에 있어야 한다고 본다. 세대 간에 명확한 경계와 위계질서가 유지될 때 가족의 기능성도 향상된다고 본다.

(5) 경계

경계는 체계와 하위체계 또는 상위체계 간의 분리나 소속을 구분해 주는 규정성이며, 경계를 통해 가족은 가족의 정체성을 유지할 수 있다. 개인과 체계 간에는 서로 정보와 에너지 등을 주고받아야 하므로 경계는 어느 정도 투과성을 가지게 되며, 가족은 기본적으로 개방체계라고 할 수 있다. 경계가 지나치게 경직되거나 느슨하면 역기능이 발생할 수 있으며, 명확한 경계가 적절한 기능을 유지하는 데 필요하다.

(6) 순환적 인과관계

순환적인 인과관계 속에서 원인을 정하는 것을 마침표(punctuation)라고 한다. 마침표를 어디에 찍느냐에 따라 원인이 달라질 수 있다. 즉, 인과관계를 바라보는 관찰자에 따라 마침표를 찍는 위치가 달라지며 원인도 다를 수밖에 없다. 예를 들어 아내의 잔소리와 남편의 음주가 순환적 인과관계 속에서 남편과 아내가 서로를 관계문제의 원인제공자로 비난하고 있다고 하자. 이때 남편은 아내의 잔소리에 마침표를 찍을 것이며, 아내는 남편의 음주에 마침표를 찍을 것이다. 이와 같이 누가 옳은가, 또는 누가 문제 원인제공자인가를 따지는 것은 무의미하며, 역기능적 연쇄과정 자체가 변화의 대상이 되어야 한다.

(7) 항상성

항상성은 유기체가 일정한 상태로 균형을 유지하려는 작용이나 성질을 의미한다. 가족체계 역시 끊임없이 변화하는 가족 내외의 환경에 적응하면서 일관성을 유지하고자 하는 경향성을 갖는데, 이를 가족항상성이라고 한다. 가족은 변화와 안정 사이의 역동적인 균형을 유지하는데, 만일 변화를 성장의 기회라기보다 가족에 대한 위협으로 지각하게 되면 완고하게 기존 가족과정의 방식에 집착하면서 가족 안에 역기능이 발생할 수 있다.

(8) 의사소통

가족원 간의 상호작용은 의사소통과정을 통해 이루어진다. 따라서 가족과정은 의사소통과정이라고 해도 과언이 아니다. 의사소통은 정보와 관계의 측면을 가지고 있으며, 이는 의사소통의 내용과 과정의 의미와도 일맥상통한다. 가족상담자가 관심 있는 것은 내용이나 정보보다 의사소통과정과 관계의 차원이다. 가족상담에서는 가족이 언어적 상징을 바탕으로 정보처리를 하고 가족원 간에 공유하는 방식에 주목한다.

(9) 가족규칙

가족은 하나의 체계로서 가족규칙은 가족의 상호작용을 지배하는 행동규범이나 기대라고 할 수 있다. 가족규칙은 성역할, 행동규범, 의사소통방식, 감정표현방식 등과 연관되며, 예컨대 식사준비는 누가 하고, 의사결정과정은 어떻게 이루어지고, 감정표현은 어떻게 해야 하는지 등은 모두 가족규칙을 나타낸다. 가족을 체계로 본다는 것은 개별 가족원의 특성보다 가족 상호작용을 주관하는 규칙을 파악함으로써 가족체계를 이해한다는 의미이다. Satir는 가족원의 발달에 맞게 조정 가능한 융통성 있는 규칙, 가족원 모두 수용할 수 있는 합의된 규칙, 가족원이 분명하게 이해할 수 있는 명확한 규칙 등이 좋은 규칙이라고 하였다. 좋은 규칙은 가족원의 자존감을 높이고 원활한 의사소통을 가능하게 한다.

(10) 피드백

인공두뇌학에서 피드백은 어떤 과정이나 행동의 결과에 대한 정보를 그 근원에 전달하는 과정으로, 쉽게 말해 체계의 자기조절 메커니즘이다. 피드백은 의사소통의 통제를 유지하며 정보를 교환하는 과정에서 서로의 행동을 통제하거나 확장하게 하는 역할을 한다. 가족체계 안에서도 가족이 변화에 저항하며 원래의 항상성으로 돌아가고자 하는 부적 피드백과 일탈을 도모하고 변화를 시도하는 정적 피드백 고리가 규칙에 의해 규제된다. 건강한 가족을 유지하기 위해서는 안정성과 변화가 모두 필요하기 때문에 부적 피드백과 정적 피드백이 맥락에 맞게 주어지는 것이 중요하다.

(11) 등결과성

등결과성(equifinality)이란 다양한 시작이 동일한 결과를 가져올 수 있다는 것이다. 예를 들어 고등학교 3학년 수험생을 둔 가족의 경우, 어머니의 새벽도시락, 아버지의 한밤 학원까지 차 태워주기, 언니가 친구들 집에 데려오지 않기 등은 모두 다양한 행태로 보이지만, 수험생인 가족원의 성공적인 입시결과라는 단일한 산물을 위해 체계의 각 부분들이 협력하고 있는 것이다.

(12) 개방성과 폐쇄성

체계의 개방성과 폐쇄성은 외부체계에서 들어오거나 외부체계로 내보내는 정보의 흐름이나 상호교류를 허용하는 정도를 나타낸다. 살아 있는 체계는 모두 외부환경과 끊임없이 상호작용하므로 어느 정도 개방적이며, 가족체계도 일종의 개방체계라고 할 수 있다.

(13) 자율성과 자기조직

유기체는 환경과 상호작용할 뿐 아니라, 자체적으로 재조직하며 전체 구조를 유지할 수 있는 자기조직적 능력을 갖고 있다. 인간체계인 개인이나 가족도 환경과의 상호작용에 의해서만 작동되는 것이 아니라 가족 내부에서의 자기성찰적 활동에 의해 변화가 이루어지기도 한다. 가족 자율성과 자기조직적 특성은 초기 가족상담 모델보다 후기 가족상담 모델에서 더 많이 강조된다.

3. 가족상담의 실제[1)]

1) 가족상담의 초기

(1) 면접상담 전 전화상담

초기 전화상담의 목적은 호소문제에 대한 개략적인 정보를 얻고, 가족원이 상담에 올 수 있도록 돕는 것이다. 전화상담자는 전화를 건 사람이 문제에 대해 말하는 것을 들은 후 의뢰 경로, 문제와 관련된 가족원 등을 확인하고, 첫 상담에 참석해야 할 사람과 날짜, 시간, 장소 등을 구체적으로 정한다. 대부분의 내담자는 막상 상담을 하기 위해 상담실을 방문하기 전 망설이기 때문에 첫 상담 약속일 전에 확인 전화를 함으로써 불참 확률을 줄일 수 있다.

1) 가족상담의 실제는 집필진의 임상경험을 토대로 'Nichols, M. P. (2010). 김영애 외 공역 (2011). 가족치료: 개념과 방법'을 참고하였다.

(2) 첫 면담

첫 면담의 목적은 제시된 문제를 듣고, 상담자와 내담자 가족 간의 라포(rapport)를 형성하며, 정보를 수집하는 것이다. 상담자는 먼저 가족에게 자기소개를 하고, 가족에게 자기소개를 부탁한다. 상담신청자가 전화통화로 이미 이야기한 내용을 간단히 요약하여 다른 가족원들이 궁금해 하지 않도록 배려한다. 상담신청자에게 호소문제를 좀 더 상세히 말해줄 것을 청하는 것도 괜찮다. 상담자는 상담을 신청한 가족원의 관점을 듣고 확인한 후("이런 말씀이시군요."), 다른 가족원들이 가지고 있는 문제에 대한 생각을 묻는다.

상담자는 가족에게 상담에 오게 된 소감을 물어봄으로써 가족의 솔직한 표현을 격려한다. 만약 내담자가 "나는 상담에 오고 싶지 않았어요." 또는 "상담에 별 기대 없어요."라는 식으로 말한다면, 상담자는 "솔직하게 이야기해 주셔서 고맙습니다."라고 응대할 수 있다.

가족상담 평가에서 고려할 사항들

1. 호소문제 파악하기: 상호작용적 관점에서 문제를 보도록 전환하기
2. 의뢰 경로: 어떻게 의뢰되었는지, 또 이전과 현재 치료받은 경험 여부 확인하기
3. 체계적 맥락 확인하기: 문제를 둘러싼 대인 간 상호작용의 맥락 확인하기
4. 가족생활주기단계: 새로운 생활주기단계에 적응하는 데 어려움 확인하기
5. 가족구조: 경계, 위계, 삼각관계, 가족원의 역할과 지위 등 확인하기
6. 의사소통: 경청하기, 말하는 방식, 대화시간과 빈도, 의사소통 채널 등 확인하기
7. 약물/알코올중독: 음주 빈도와 양, 블랙아웃 빈도, 음주로 인한 가족불만 등 확인하기
8. 가정폭력: 아내구타, 아동학대, 부모폭력 등이 의심되는 경우 신고의 의무 있음
9. 혼외관계: 외도 상대자들이 부부관계에 끼어 있는 경우 부부관계의 해결이 어려움
10. 가족 내 양성평등: 부부간 권력, 성역할, 성차 등의 이슈 탐색하기
11. 문화적 요인: 국적, 인종, 민족, 종교, 지역, 사회계층 등 문화적 민감성 확인하기

출처: Nichols, M. P. (2010). 김영애 외 공역 (2011)에서 수정, 발췌

① 상담의 통제

초보 상담자의 걱정 중 하나는 가족이 상담실에서 다투거나 심한 긴장상황에 빠져 통제불능이 되면 어떻게 하나 하는 것이다. 물론 어떤 내담자들은 문제에 대해 이야기하기 시작하면 감정이 고조되어 상호 비난을 심하게 주고받는 경우도 있다. 상담자는 가족이 한 사람씩 말해야 하며, 다른 사람이 말하는 동안 방해하지 않아야 한다는 규칙을 미리 알려준다. 특히 다른 가족원의 말에 감정적으로 반응하는 가족에게 이러한 규칙은 특히 중요하다.

② 정보수집 및 가설 세우기

첫 상담의 대부분은 제시된 문제에 대해 할애하게 되지만, 문제에만 초점을 두는 것은 분위기를 가라앉힐 수 있다. 상담자가 가족원의 흥미와 업적(성공의 경험)에 시간을 할애해 탐색하는 것은 상담의 정서적인 에너지를 극적으로 바꿀 수 있다. 상담의 성공을 위해서는 가족의 강점, 탄력성에 대한 정보수집의 중요성도 놓치지 않아야 한다. 내담자는 자신이 맞이했던 최악의 순간뿐만 아니라 최고의 순간에도 관심을 가져주는 상담자에게 감동한다.

상담자는 가족원이 문제해결을 위해 무엇을 했는지에 대해 질문하고, 가족의 상호작용을 관찰함으로써 가족의 연쇄과정에 대한 가설을 발전시킨다. 어떤 상담자는 정보수집을 위해 표준화된 심리검사나 가계도, 기타 설문지 등을 활용하기도 한다.

③ 생활주기 파악 및 계약

가족이 처한 가족생활주기에 대한 정보를 수집하는 것도 가설 세우는 데 도움이 된다. 많은 가족들이 가족생활주기의 전환기에 적응하지 못해 상담을 청하기 때문이다. 젊은 상담자들은 내담자가족이 겪는 생활주기를 경험해 본 적이 없을 수 있는데, 이러한 경우 상담자는 성급히 결론짓기보다는 가족이 겪고 있는 어려움에 대해 호기심을 가지고 존중하는 것이 좋다. 첫 상담 말미에 가족과 합의하에 상담계약을 맺게 되는데, 약속시간, 상담에 소요되는 시간, 상담에 참여할 가족원, 관찰자 참관 및 녹화 여부, 상담비용 등에 대해 이야기한다.

첫 회기 점검사항

1. 가족원 각각과 접촉하며 문제에 대한 각자의 견해, 상담에 대한 감정을 나눈다.
2. 상담의 구조와 속도를 조절함으로써 리더십을 발휘한다.
3. 온화함과 전문성을 균형 있게 갖춤으로써 가족과의 협력 관계를 발전시킨다.
4. 가족원의 긍정적인 행동과 강점을 칭찬한다.
5. 개인에게 공감해 주고 가족의 행동방식을 존중한다.
6. 구체적인 문제와 시도했던 해결책에 초점을 맞춘다.
7. 문제로 제시된 상호작용에 대한 가설을 발전시킨다.
8. 불참한 가족원, 친구 또는 다른 조력자들이 문제에 관여될 수 있다는 점을 고려한다.
9. 치료를 구조화한다(가족의 목표 인정, 상담자의 계획 구체화, 치료적 계약 협상).
10. 가족이 질문할 수 있도록 한다.

출처: Nichols, M. P. (2010). 김영애 외 공역 (2011)에서 수정, 발췌

(3) 초기면담

① 변화를 위한 노력

상담 초기단계란 일반적으로 3회기 이내를 말한다. 초기단계에서 상담자는 무엇이 문제를 유지시키는지에 대한 가설을 세우고, 상담목표를 정립하며, 문제해결을 위한 작업을 시작한다. 대다수 상담자는 변화를 위해 무엇이 필요한지 알고 있으며, 훌륭한 상담자란 변화를 위해 기꺼이 밀고 나가겠다는 의지와 헌신을 가진 사람이다.

상담자가 내담자와 강한 치료적 동맹을 유지하는 것은 중요하다. 치료적 동맹이란 내담자의 견해를 경청하고, 인정하는 공감적 이해를 유지하며, 가족원이 존중받고 있다고 느끼게 하는 것을 의미한다.

② 순환적 사고로의 전환

가족들에 의해 한 사람이 문제의 원인으로 지목되면, 상담자는 다른 가족원이 문제에 어떻게 개입되어 있는지를 질문함으로써 일방적 인과관계에 도전한다. 도전하는 방식은 상담자의 스타일에 달렸지만, 중요한 것은 특정 가족원(예를 들면, 말 안 듣는 아이)을 비난하는 대신 다른 사람(훈육을 효과적으로 하지 못하는 부모)을 비난하는 것이 아니라, 문제를 상호작용적인 것으로 확대하여 공유되고 유지되는 것으로 보는 것이다.

고착된 상호작용에 도전하는 가장 좋은 방법은 가족의 역동을 정체시키는 패턴을 직접 지적하는 것이다. 때로는 상담자가 내담자에게 "당신이 X를 하면 할수록 그는 Y할 것이며, 당신이 Y를 하면 할수록 그녀는 X를 할 것입니다."라고 설명해 주는 것도 유용하다.

③ 경청

경청은 상대방의 언어적 메시지뿐만 아니라 의도, 기대, 감정 등도 공감하고자 노력하는 듣기 자세이다. 상담자는 내담자와 시선을 맞추고, 내담자 쪽으로 몸을 기울이며, 내담자의 진술의 흐름에 적절하게 따라가는 질문이나 반응을 제공함으

초기단계 점검사항

1. 주요 갈등을 확인하고 가족이 갈등에 대해 어떻게 대처해왔는지 확인한다.
2. 가족 연쇄과정에 대한 가설을 세우고 구조, 경계, 삼각관계 등의 체계론 개념으로 공식화한다.
3. 문제를 악화시키는 관계적 상황에 초점을 맞추는 한편 건설적인 상호작용은 지지한다.
4. 문제를 지속시키는 상호작용에 대해 가족원들이 이야기해 보는 과제를 부여한다.
5. 가족을 괴롭히는 문제에 각 구성원이 어떻게 기여했는지 생각해 보도록 한다.
6. 가족이 다음 상담에 올 때까지 변화를 위해 밀고 나갈 수 있게 한다.
7. 공식화된 가설의 타당성과 개입의 효과를 검증하기 위해 슈퍼비전을 활용한다.

출처: Nichols, M. P. (2010). 김영애 외 공역 (2011)에서 수정, 발췌

로써 경청하고 있음을 내담자에게 확인시켜 줄 수 있다. 가족상담자가 각각의 가족원의 감정과 관점을 지속적으로 경청할 때 내담자는 자신의 생각과 감정을 자유롭게 표현할 수 있고, 자신의 방식으로 문제를 탐색하며 상담의 주체로서 책임감도 가질 수 있다.

2) 가족상담의 중기

(1) 상담 중기의 고려사항

① 가족원 간의 상호작용 늘리기

중기단계에서 상담자는 한 발 뒤로 물러나, 상담에서 덜 적극적인 역할을 하면서 가족원들끼리 더 많이 상호작용할 수 있도록 격려한다. 가족이 서로 건설적으로 교류하는 데 관심을 집중하고, 가족이 상호작용하는 동안 상담자는 뒤로 물러나 그 과정을 관찰한다. 단, 대화가 정체될 때에는 상담자가 개입해 가족이 대화를 지속하도록 도와준다. 녹음이나 녹화를 통해 상담자는 자기 모니터링을 하며, 과도하게 상담에 개입하고 있지 않은지 점검해야 한다.

② 가족의 불안 다루기

가족원끼리의 상호작용을 늘리는 것이 필요하나, 때로는 가족원 중 누군가 갈등에 대해 직접적으로 이야기하는 것에 대해 다른 가족원은 불안해하며 반응적이 되기 쉽다. 일단 불안이 높아지면 경청이 어려워진다. 이럴 때는 가족원이 가족원끼리 서로 이야기하기보다 상담자에게만 말하게 함으로써 가족의 불안을 통제할 수 있다. 또는 가족원이 서로에게 덜 방어적으로 말하는 방법을 가르침으로써 불안을 가족 스스로 다루게 할 수도 있다. 가족원이 서로 대화하거나 상담자와 함께 대화하는 것을 번갈아 하게 함으로써 불안 수준은 조절될 수 있다.

③ 자기표현 증진 촉진하기

상담 중기에 상담자는 지시적인 역할을 가능한 한 자제하면서 가족이 스스로의 자원에 의존할 수 있게 격려해야 한다. 상담자는 다양한 기법을 활용해 가족원이 단지 비난하는 수준을 넘어 자신이 느끼는 것과 원하는 것을 직접적으로 이야기할 수 있도록 돕는다. 비생산적인 상호작용이 상대방 탓이 전부가 아니라 자신도 어떤 역할을 하고 있는지 깨닫도록 배울 수 있도록 한다.

(2) 변화를 촉진하는 상담자의 자세

① 침착함

상담자가 침착함을 잘 유지할 수 있으려면, 첫째 가족문제를 상담자가 해결해야 한다는 책임감을 갖지 않아야 한다. 내담자가 아닌 사람이 내담자의 문제를 풀 수 있다는 환상을 버릴 때 상담자는 내담자가 회기에서 새롭고 유익한 것을 발견하게 돕는 작업에 집중할 수 있다. 둘째 가족의 문제해결을 방해하는 요소를 어디서 찾아야 하는지 이해해야 한다. 상담자의 침착함은 내담자의 불안을 가라앉히고, 가족들이 전체 맥락에서 문제를 볼 수 있도록 돕는다.

② 호기심

해결중심 모델에서는 상담자가 호기심을 유지하는 것을 특별히 강조한다. 호기심을 갖는다는 것은 상담자가 모든 답을 알고 있지 않다는 의미이다. 상담자는 알지 못함의 자세를 가지고 내담자에게 기꺼이 들을 준비를 할 수 있어야 한다. 상담자는 내담자의 어려운 상황에 대해 "당신의 경험에 대해 알고 싶습니다. 저에게 말해 주세요."라고 이야기할 수 있어야 한다.

③ 공감

상담자와 내담자 간의 공감적인 유대는 상담자로 하여금 내담자의 저항을 받지 않고 변화를 위해 밀고 나갈 수 있게 한다. 공감이란 내담자의 감정과 태도, 신념 등에 대해 정확하게 의미를 포착하고 이해하며, 이해하고 있다는 사실을 내담자에게 전달하는 일종의 소통을 의미한다. 언어적, 비언어적 방식으로 공감적 소통을 할 수 있는데, 따로 어떤 상담자는 내담자를 제대로 이해하지 못하면서도 "이해합니다."라고 쉽게 말하거나 공감적인 몸짓을 습관적으로 하기도 한다. 과장된 공감은 진정한 공감이라 할 수 없다. 오히려 상담자가 "제가 그런 경험을 한 적이 없어서 잘 모르겠는데, 당신이 두려워하는 것이 무엇인지 말씀해 주세요."라고 말하는 편이 나을 수 있다.

④ 존중

존중이란 내담자가 화나는 것이 두려워 선심을 쓰거나 내담자의 의견을 무조건 따르는 것이 아니라. 내담자를 존중한다는 것은 내담자에게 정직한 것, 진실을 다루는 내담자의 능력을 존중하는 것, 생각을 말할 상담자의 권리를 존중하는 것과 같이 내담자의 권리를 존중하는 것을 뜻한다. 사람을 존중한다는 것 역시 변화할 수 있는 그의 능력을 신뢰한다는 의미이다.

중기단계 점검사항

1. 집중하기, 저항을 극복하기 위해 창의적 방법을 사용하기, 공감하기 등을 활용한다.
2. 상담자가 가족 상호작용에 지나치게 개입하지 않는다.
3. 가족문제에 있어서 각 개인의 책임과 상호이해를 향상시킨다.
4. 관계 개선을 위한 노력은 현재의 불평에 긍정적 영향을 미친다는 것을 분명히 한다.
5. 하위집단을 만날 때 전체 가족에 대한 모습을 염두에 둔다.
6. 특정 가족원과의 관계를 회피하지 않는다.
7. 중기단계에서 특별히 고려할 사항은 다음과 같다.
   - 대화 주제 선택에서 상담자가 지나치게 적극적인 역할을 맡고 있지는 않는가?
   - 가족과 상담자가 갈등보다 더 중요한 사회적 관계 발달에 신경을 썼는가?
   - 상담자가 내담자 가족 내의 결여된 기능 또는 특정 역할을 대신하지는 않았는가?

출처: Nichols, M. P. (2010). 김영애 외 공역 (2011)에서 수정, 발췌

3) 가족상담의 종결

(1) 종결의 신호

단기상담을 선호하는 상담자는 제시된 문제가 해결되는 대로 상담을 마치는 반면, 정신분석 치료자의 상담은 수년 이상 걸릴 수도 있다. 가족이 상담목표를 달성했다고 느끼는 것은 상담자가 문제(증상)가 감소하는 시점에 이르렀다고 느끼는 것과 관련이 있다. 종결 시기를 알려주는 신호 중 하나는 가족이 갈등을 회피하는 것이 아님에도 불구하고, 상담실에서 사소한 이야기밖에 딱히 할 말이 없는 경우와 꼭 해야 할 작업이 없는 경우이다. 종결을 준비하기 위해 상담의 간격을 늘리며 작별을 준비하는 것이 적절하다.

(2) 종결의 절차

① 회고와 작별

종결단계에서 가족은 상담자와의 관계를 회고하고 작별 인사를 하는 데 초점을 둔다. 종결은 그간 가족이 함께 성취한 것을 되짚어 보는 것이 좋다. 대부분의 가족상담은 교육적인 기능을 갖고 있으므로, 가족이 서로 잘 지내는 방법에 대해 배운 것을 종결에서 확인한다.

② 문제 재발에 대한 대비

내담자에게 미래에 좋아진 상태가 다시 나빠질 수도 있다는 것을 예상하게 하고, 그럴 때 난관을 어떻게 다룰 것인지에 대해 토의하게 하는 것이 도움이 된다. "상황이 악화된다는 것을 어떻게 알 수 있으며, 무엇을 하겠습니까?"라는 질문을 해볼 수 있다. 또한 가족에게 현재의 안정과 조화가 영원히 유지될 수 없다는 사실을 상기시키고, 문제 재발의 신호에 과잉반응하는 것이 악순환을 야기할 수 있음도 알려주는 것이 도움이 된다.

③ 추후 확인

상담이 종결된 다음 몇 주 후에 가족이 어떻게 지내고 있는지 확인해 보는 것이 바람직하다. 전화나 이메일, 혹은 짧은 추후 상담으로 확인할 수 있다. 가족은 상담자의 관심에 감사할 것이고, 상담자는 사례가 제대로 종결되었음을 느낄 수 있다.

종결단계 점검사항

1. 제시된 문제가 개선되었는가?
2. 가족이 목표를 달성한 것에 만족하는가?
3. 가족이 자신들에 대해 더 알고 싶어하며 가족 관계 개선에 관심을 갖는가?
4. 가족은 자신들이 효과 없는 방법을 썼다는 사실을 이해하고, 앞으로 비슷한 문제에 당면할 때 어떻게 피해야 할지 알고 있는가?
5. 사소한 문제의 재발은 가족의 역동에서 해결책이 부족하다는 것을 보여주는 것인가? 혹은 단순히 가족이 상담자의 도움 없이 기능하도록 재조정해야 하는 것인가?
6. 가족원이 가족의 맥락 안팎에서 관계를 발전시키고 개선해 왔는가?

출처: Nichols, M. P. (2010). 김영애 외 공역 (2011)에서 수정, 발췌

활동하기

1. 최근 우리 사회에서 심각하게 나타나는 가족문제를 세 가지 꼽아 보고, 그 배경에 대해 소그룹 별로 토론해 봅시다.

2. A4 용지를 한 장씩 나누어 갖고, "가족이란?"이라는 질문에 떠오르는 이미지를 그려 보고 활자로 표현해 봅시다. 작품이 완성되면 구성원들의 가족에 대한 개념을 나누어 보고, 작품을 벽에 붙이고 함께 감상합니다.

준비물
A4 용지 (구성원 수만큼), 크레파스나 색연필, 스카치테이프

3. EBS 방송 프로그램인 "(우리 아이가)/(남편이) 달라졌어요" 중 한 편을 선택해 다 함께 시청하고 문제의 배경과 가족역동, 상담자의 개입방법 등에 대해 소그룹으로 토론해 봅시다.

FAMILY COUNSELING

02

CHAPTER

가족상담 현황과 전달체계

1. 개요
2. 가족상담 실천 영역
3. 가족상담 공적 전달체계
4. 가족상담 전달체계 의의와 과제

02 CHAPTER

가족상담 현황과 전달체계

1. 개요

한국에서 가족상담 도입은 1970년 후반에 이루어졌으며 초기 가족상담의 실천은 몇몇 임상가들의 개인적 활동에서 시작되었다. 1980년대 이후 가족상담이 본격적으로 보급되기 시작하였으나(신혜종, 2005), 가족문제를 다룰 때 여전히 증상을 가진 개인만을 대상으로 최소한의 사후적 · 치료적 서비스만을 제공하였을 뿐 가족 전체를 대상으로 하는 서비스를 위한 통합적 정책이 없었다(여성개발원, 1991). 또한 가족문제 발생에서 해결에 이르기까지 가족과 관련된 책임을 개별 가족의 문제라 여겨 개인상담 및 사후상담이 주를 이루었다.

1990년대 가족과 관련된 상담서비스가 가족복지정책 내에서 이루어지기 시작했으나 가족구성원의 욕구와 문제를 해결하기 위한 서비스를 명시적으로 밝힌 관련법을 독자적으로 갖추지는 못하였다(김태현, 2000). 그러나 1997년 12월에 제정되어 1998년 7월 1일부터 시행된 「가정폭력범죄의 처벌 등에 관한 특례법」, 「가정폭력방지 및 피해자보호 등에 관한 법률」에 이르러, 가정폭력과 같은 가정문제가 더 이상 개별 가정문제가 아니며 사회가 함께 나서서 예방하고 해결해야 할 문제로 인식되기 시작했다. 이와 함께 과거에 비해 전반적으로 사회경제적 수준과 교육수준이 향상되고 사회적 인식수준이 높아지면서 가족문제와 관련된 상담에 대한 수요도 증가하였다(김태현, 2000).

오늘날 가족문제는 더 이상 가족 스스로 해결할 수 있는 개인만의 문제가 아니며 국가적 차원에서 통합적 정책 마련으로 예방하고 해결할 문제로 인식되고 있다. 가족상담은 한국 가족의 변화와 가족문제에 대한 새로운 방식의 개입이 요구됨에 따라 2000년대 중반 여성가족부를 중심으로 가족상담의 공적 전달체계가 구축되었다. 공적 전달체계의 가족상담은 가족문제에 대해 정책적 · 조직적 그리고 체계적으로 개입하며 예방적 차원에 초점을 두고 있다.

건강가정지원센터라는 공적 전달체계가 구축된 지 약 10년이 지난 2015년 현 시점에서 공적 영역에서의 가족상담 현황 및 전달체계를 살펴보는 것은 향후 공적 영역에서의 가족상담 발전 방안에 대한 보다 건설적 고민을 위해 필요한 일이라 하겠다. 그러나 본장에서는 공적 영역에서의 가족상담 현황 및 전달체계에 대해서만 살펴보고자 한다. 왜냐하면 대학 부설 상담 센터, 사설기관 등에서 이루어지는 사적 영역의 가족상담에 대한 자료는 제한적이거나 비공개가 많기 때문이다.

❖ **표 2-1** 한국의 가족상담 관련법

연 도	법률명	전달체계
1994	성폭력방지 및 피해자보호 등에 관한 법률 정신보건법	성폭력상담소
1998	가정폭력범죄의 처벌 등에 관한 특례법 가정폭력방지 및 피해자보호 등에 관한 법률	가정폭력상담소
2004	건강가정기본법 제정	건강가정지원센터
2007	이혼숙려제도 및 상담 권고	가정법원
2008	다문화가족지원법 제정	다문화가족지원센터
2009	학교상담망 Wee센터와 Wee클래스, Wee스쿨 구축	교육인적자원부
2009	기업의 EAP(Emplolyee Asssistance Program) 도입 근로자 상담	근로복지공단

2. 가족상담 실천 영역

가족상담은 진행하는 주체에 따라 공적 영역과 사적 영역으로 나눌 수 있다. 공적 영역에서의 가족상담은 여성가족부 건강가정지원센터, 다문화가족지원센터, 가정폭력상담소, 성폭력상담소, 법무부 가정법원에서의 이혼상담, 교육인적자원부의 학교 상담, 노동부 근로복지공단, 보건복지부 사회복지관 등에서 이루어지고 있다.

사적 영역에서의 가족상담은 사설 상담기관, 대학 부설가족상담기관, 종교기관, 병원 등에서 이루어지고 있다. 또한 아동상담소나 심리치료센터 등에서도 가족상담이 이루어지고 있다. 성당이나 교회 등 종교기관에서도 전통적으로 가족관계 증진을 위한 프로그램을 운영하고 있는데, 목회자나 전문가를 초빙해 가족생활교육 프로그램이나 가족상담을 진행하기도 한다.

소아정신과나 대형 종합병원의 정신과에서도 가족상담을 실행하고 있다. 외래 환자들의 정신, 심리적 문제를 다루기 위해서는 가족 개입의 중요성을 알기 때문이다. 가족상담 대학원을 운영하고 있는 대학교에도 부설 가족상담센터가 설치되어

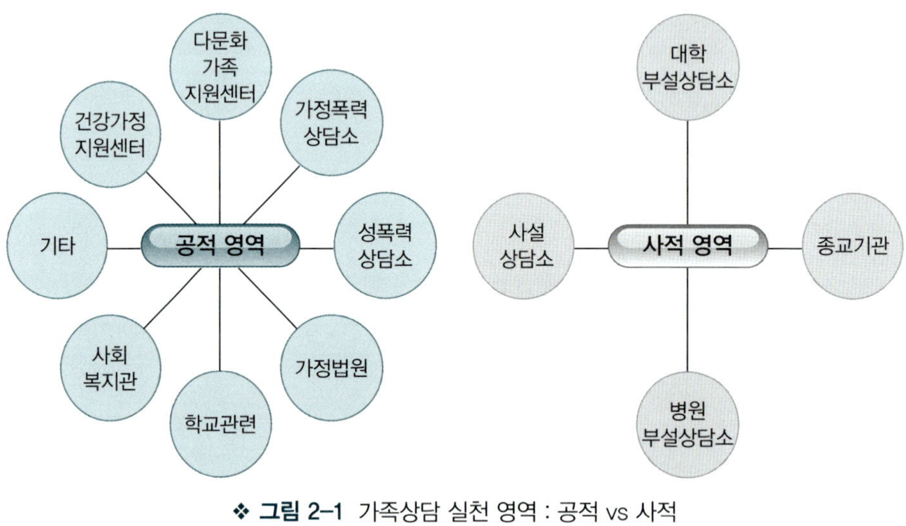

❖ **그림 2-1** 가족상담 실천 영역 : 공적 vs 사적

있는 경우가 종종 있다. 대학부설 가족상담센터는 내담자 가족을 만나는 임상의 장일 뿐만 아니라 교육훈련에 활용하기 위해 운영된다.

한국 가족상담 분야는 서구와 마찬가지로 가족문제에 관심을 갖고 있는 여러 학문 분야가 모여 이루어진 다학제적 성격을 가지고 있다. 정신의학, 가정의학, 가정학, 가족학, 아동학, 교육학, 교육심리학, 목회상담학, 사회복지학, 심리학 등 다양한 분야의 학문적 배경을 가지고 있는 전문가들이 모여 가족상담을 공부하고 실천현장에서 일하고 있다.

아직까지 가족상담 관련 국가공인 자격제도는 마련되어 있지 않고, 한국가족치료학회, 한국상담학회, 한국가족관계학회등의 민간단체를 중심으로 자격심사와 자격증 교부가 이루어지고 있다. 한편 가족상담에 대한 구체적 자격제도를 운영하고 있지는 않지만, 가족상담이나 치료 관련 훈련프로그램 등 회원에게 긴접적 지원을 제공하는 관련 단체(협회) 및 학술단체도 여러 개 존재하고 있다.

3. 가족상담 공적 전달체계

한국은 1997년 아시아 금융위기 이후 출산율 감소와 고령화, 혼인율 감소와 이혼율 증가, 맞벌이가족, 위기가족, 다문화가족의 증가와 같은 다양하고 급격한 변화를 경험하고 있다. 이러한 변화를 통해 더 이상 가족 스스로 가족문제를 해결할 수 없으며, 국가적 차원에서 통합적 정책을 준비하여 가족문제를 예방하고 해결해야 한다는 인식을 하기 시작하였다(김인숙, 2003).

이와 같은 현상은 한국 사회의 여러 변화에 따른 가족문제에 대한 새로운 방식의 개입이 필요하다는 사회적 공감대 형성과 더불어 공적 전달체계의 중요성에 대한 사회적 인식과 관심을 불러왔다. 그리하여 1990년대 중반 이후 한국에서는 '성 · 가정폭력법'에 의한 상담명령이나 가정법원의 이혼숙려제도에 의한 이혼 상담프로그램과 같이 가족갈등, 이혼, 가정폭력, 자녀학대문제에 대한 법적, 제도적 장치를 기반으로 한 공적 전달체계의 가족상담 운영기관이 구축되기 시작하였다(이선혜 외, 2005).

공적 영역에서 가족상담의 목표는 국민의 건강한 가정생활 영위와 가족의 유지 및 발전을 위해 정책적인 지원을 하는 것이다. 그러므로 공적 영역에서 실시되고 있는 가족상담은 가족문제의 예방 및 해결, 가족해체 예방, 전반적인 가족기능의 증진과 활성화를 목적으로 한다. 이를 위해 다양한 대상별로 이루어지는 여러 공적 서비스 기관들은 서로 연계를 강화하고 교육 및 자문기관의 역할을 수행한다. 다음에서는 공적 영역에서 가족상담을 실시하고 있는 다양한 서비스 기관들의 가족상담 현황 및 전달체계에 대해 살펴보고자 한다.

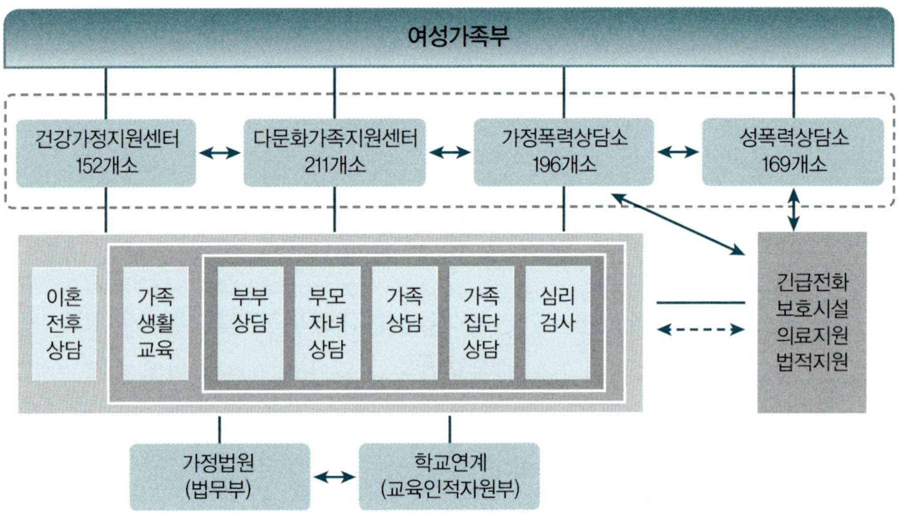

❖ **그림 2-2** 가족상담 공적 전달체계 현황

출처: 전영주, 황경란, 배윤민 (2015).

1) 건강가정지원센터

건강가정지원센터는 가족정책 전달체계로써 지역사회 내 모든 가족구성원의 행복한 삶을 위하여 가족상담 서비스와 긴급상담 발생 시 조기개입을 통한 예방적 차원의 상담을 진행하고 있다. 2004년 여성가족부에서 3개 지역의 센터(서울 용산구센터, 경남 김해시센터, 전남 여수시센터)를 시범운영한 이후, 2015년 기준 전국 152개소가 운영되고 있다.

건강가정지원센터는 가족관계에서 나타나는 다양한 갈등 및 문제상황 해결, 개인 및 가족의 역량 강화, 긴급상담 발생 시 조기개입을 통한 예방적 차원의 상담을 진행하는 대표적인 공공기관이다.

❖ **표 2-2** 건강가정지원센터 가족상담 현황

관련법	2004년 건강가정기본법 제정, 건강가정기본법 2005. 1. 1. 시행
센터 수	2015년 현재 152개소 운영
상담목적	생애주기에 따라 발생되는 가족 내 다양한 갈등과 문제상황을 면접상담, 전화상담, 사이버상담, 집단상담, 심리검사 실시를 통한 문제해결을 유도하고 개인 및 가족의 역량 강화
주요 상담	부부상담, 부모-자녀상담, 가족상담, 이혼 전/후 상담 2007년 이혼숙려제도 도입으로 법원과 연계

출처: 여성가족부 (2015). http://www.familynet.or.kr

건강가정지원센터는 가정 중심의 통합적 서비스를 제공하기 위해 법적 · 제도적 기반 마련의 필요성으로 설립된 정부 차원의 가족서비스 기관이다. 또한 다양한 가족갈등 및 문제상황에 있는 가족에게 면접상담, 전화상담, 사이버상담, 집단상담, 심리검사 실시를 통한 역량강화를 목적으로 상담을 진행하고 있다(한국건강가정진흥원, 2015).

부부문제	자녀문제	가족문제	개인문제
부부관계 갈등 부부의사소통 부부성격차이 원가족 갈등 가치관 갈등 종교 갈등 외도 부부성 문제 등	부모자녀 갈등 자녀 간 갈등 자녀 양육 자녀 성격 이성교제 학교폭력 자녀학대 등	원가족 갈등 친지 갈등 세대차이 역할분담과 기대 종교 차이 등	우울 자살 성격 대인관계 사회부적응 인터넷 중독 등

❖ **그림 2-3** 건강가정지원센터 상담 내용

출처: 한국건강가정진흥원 (2015).

2004년 개소 이후 가족상담은 꾸준히 증가하고 있으며 2014년 가족상담에 참가한 내담자는 약 25만 명이다. 여성내담자가 남성내담자보다 2배 많으며 센터에 내방하여 받는 면접상담이 증가하는 추세이다. 또한 내담자 연령은 30대와 40대가 많으며, 2014년에는 80대 이상이 증가하는 추세이다. 건강가정지원센터에서는 가족지원통합시스템을 구축하여 내담자의 성별이나 연령과 같은 개별상황에 알맞은 장기간 구조화된 상담을 진행하고 있다(여성가족부, 2015).

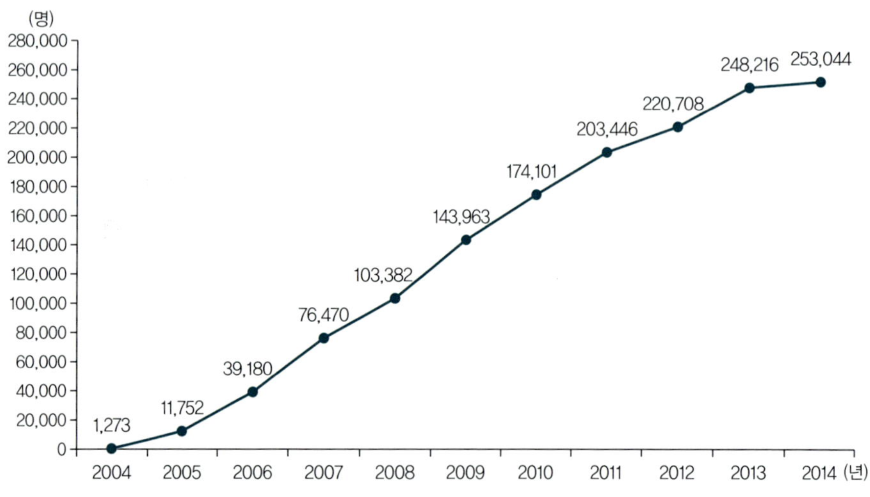

❖ **그림 2-4** 건강가정지원센터 가족상담사업 참여인원 현황

출처: 한국건강가정진흥원 (2015).

또한 건강가정지원센터에서는 2010년부터 위기가족지원서비스(화재를 포함한 인적재난 피해가족, 교통사고 피해자가족, 자살유가족, 소아암을 포함한 난치 및 만성질환 가족 등)를 지원하고 있다. 가족이 기존의 자원과 대처기제를 가지고 있다고 할지라도, 예기치 못한 사고나 사건을 경험하면 가족의 해체 가능성이 높아지기 때문이다. 그러므로 위기를 경험한 당사자뿐만 아니라 관련 가족에게도 외상 후 스트레스 장애(Post Traumatic Stress Disorder: PTSD)를 치료 및 예방하기 위한 상담을 지원하고 있다.

예를 들면 2014년 경기도 안산시 및 목포시 건강가정지원센터를 중심으로 긴급대책위원회를 구성하여 세월호 사고 피해가족을 위한 긴급지원서비스를 제공하였다. 여기에는 사고를 경험한 당사자를 포함한 해당 학교의 나머지 학생들을 위한 심리 · 정서적 힐링 프로그램, 피해자 가족을 위한 상담, 피해가족의 어린자녀나 노부모 등을 위한 돌봄지원 서비스 등이 제공되었다.

2) 다문화가족지원센터

다문화가족지원센터는 여성가족부가 시행하는 다문화가족을 위한 주요 전달체계로써 '다문화가족지원법'에 근거하여 설치 운영되는 종합적 서비스 지원기관이다. '다문화가족지원법'에서 말하는 '다문화가족'이란 대한민국 국민과 혼인한 적이 있거나 혼인관계에 있는 재한 외국인 그리고 '국적법'에 의해 대한민국 국적을 취득한 자로 이루어진 가족을 의미한다. 건강가정지원센터보다 4년 늦은 2008년도에 설립되었지만 2015년 현재 전국에 211개소가 운영될 정도로 급격히 증가하였다.

❖ **표 2-3** 다문화가족지원센터 가족상담 현황

관련법	2008년 다문화가족지원법 제정(2008. 3. 21), 다문화가족지원법 시행(2008. 9. 22)
센터 수	2015년 현재 211개소 운영
상담목적	다문화가족의 심리정서적 문제에 대한 가족스트레스 완화와 자존감을 향상
주요 상담	부부상담, 고부관계상담, 자녀상담, 가족상담, 이혼 전/후 상담

출처: 여성가족부 (2015). http://liveinkorea.kr

주요 상담 내용은 다문화가족의 부부문제, 의사소통 및 가정폭력문제, 자녀양육문제를 포함한 취업, 체류 및 국적 등 전반적 생활에 관련한 상담을 진행하고 있다. 그러므로 이 공적 기관의 상담특징은 내담자 가정을 직접 찾아가 진행하는 방문상담이 이루어진다는 것과 한국 적응에 필요한 정보제공을 위한 상담이 많다는 것이다. 또한 부부, 부모, 고부관계, 자녀관계 문제 및 심리정서지원 상담을 통한 가족

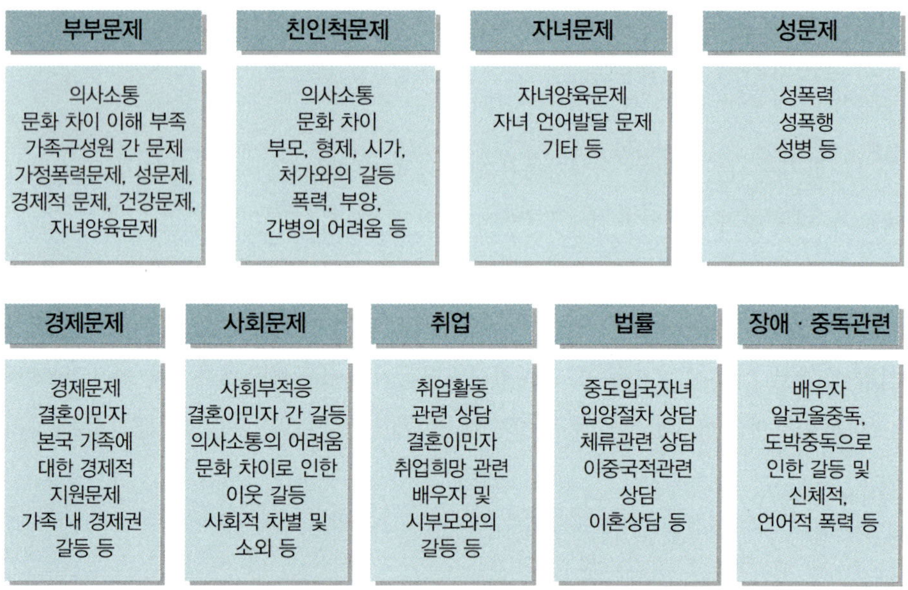

❖ **그림 2-5** 다문화가족지원센터 상담 내용

출처: 한국건강가정진흥원 (2014).

관계 향상, 다문화가족의 심리적 스트레스 완화 및 문제해결능력 강화, 다문화가족 긴급지원 및 전문기관 연계를 통한 다문화가족의 갈등해소 및 가족해체 방지를 위한 상담이 이루어지고 있다.

그리고 다문화가족지원센터에서는 심리정서적 상담뿐만 아니라 타 전문기관(법률사무소, 쉼터, 이주여성 긴급지원센터, 경찰서, 전문상담기관, 교육기관, 지자체 및 공공기관, 보건기관 등)과 연계상담을 진행하기도 한다. 또한 다문화가정의 가정폭력 피해상담 및 보호를 위해 다누리콜센터 1577-1366을 통한 위기개입 상담을 진행하고 있으며, 생활 적응과정에서 발생하는 각종 고충상담 및 생활정보에 대한 상담도 이루어지고 있다(한국건강가정진흥원, 2014).

2007년 이후 다문화가족은 중국(조선족)과 중국, 베트남 출신의 결혼이민자 및 혼인귀화자를 중심으로 꾸준히 증가하고 있다. 이러한 다문화가족의 증가는 한국문화에 대한 적응문제, 자녀양육과 교육방식의 차이, 경제적 어려움, 시댁갈등 등을 포함한 가족문제 역시 증가하고 있음을 의미한다. 그리하여 2007년 이후 다문화에 대한 관심과 더불어 다문화가족을 위한 다양한 정책들이 마련되고 있지만, 실제로 다문화가족을 대상으로 전문적 상담을 실시할 수 있는 전문인력이 부족한 실정이다(한국건강가정진흥원, 2014).

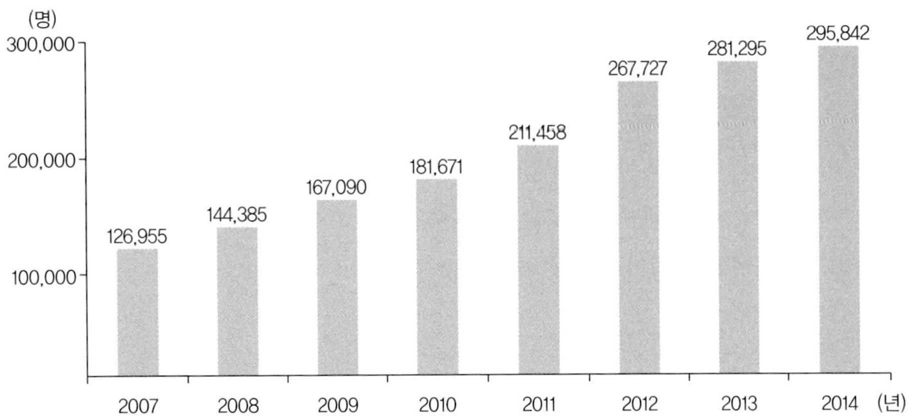

❖ **그림 2-6** 결혼이민자(혼인귀화자) 현황

출처: 한국건강가정진흥원 (2014).

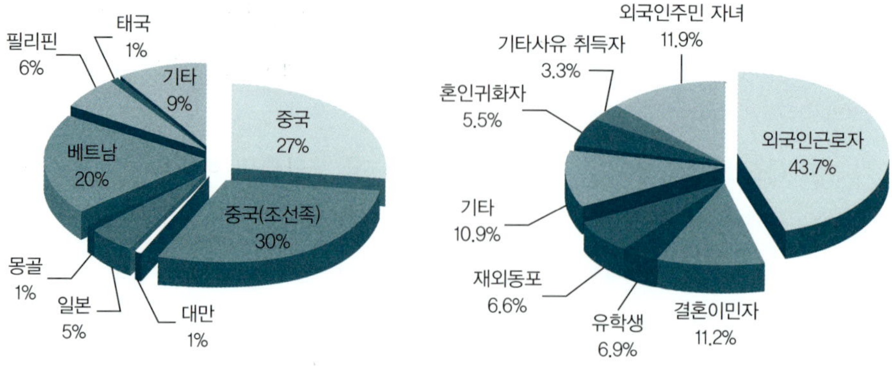

❖ **그림 2-7** 다문화가족 현황

출처: 통계청 (2015).

3) 가정폭력상담소

가정폭력상담소는 1988년 가정폭력방지 및 피해자 보호 등에 관한 법률을 근거하여 설립된 가정폭력방지 및 피해자 보호사업을 추진하는 기관이다. 주요 사업 내용으로는 가정폭력범죄와 그로 인해 보호처분 대상이 되는 가정보호사건, 조사 및 심리, 항고와 재항고, 민사처리에 관한 특례, 벌칙 등에 대한 지원을 하고 있다. 예를 들면, 전국적으로 국번 없는 특수전화 '1366'을 24시간 365일 운영하여 전화상담을 실시하고 있다. 이것은 또한 가정폭력뿐만 아니라 성폭력 및 성매매 등으로 긴급한 구조 · 보호 또는 상담을 필요로 하는 여성들을 위한 전화이다. 이러한 지원을 통해 가족갈등문제, 부부문제, 이혼 등에 관한 서비스가 필요한 내담자를 중심으로 가족상담을 진행하고 있다(여성가족부, 2015).

❖ **표 2-4** 가정폭력상담소의 가족상담 현황

관련법	1998년 가정폭력방지 및 피해자보호 등에 관한 법률
센터 수	2015년 196개소 운영
상담목적	가정폭력 피해자 및 자녀에게는 치료를 통해 자존감 회복 및 완전한 사회인으로 복귀, 가해자에게는 가정폭력의 재발 방지
주요 상담	피해자 및 가해자 모두에게 전문가를 통한 개인/집단 심리상담, 부부가족캠프를 실시, 이혼, 부부갈등, 가족문제, 중독 등 (가해자는 검찰, 법원, 경찰로부터 치료를 연계받음)

출처: 여성가족부 (2015). http://www.moget.go.kr

가정폭력상담소는 가정폭력을 예방하고 가정폭력피해자를 보호함으로써 건전한 가정유지 및 가정해체의 예방을 목적으로 한다. 그리고 가정폭력의 발생 원인을 단순히 부부나 가족 간의 문제로 보지 않고 개인적 · 사회적 요인들이 복합적으로 상호작용하여 발생하는 가정 및 사회의 병리현상으로 바라본다. 이를 위하여 전

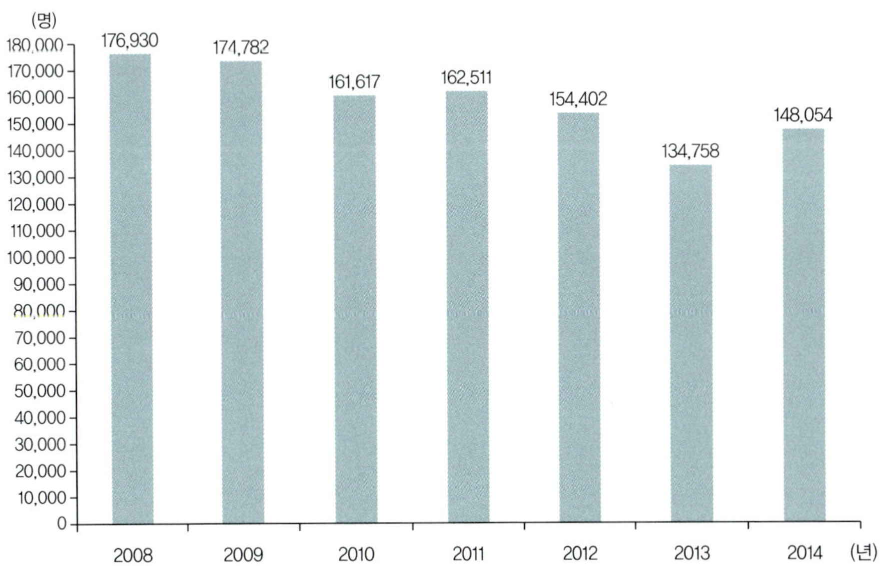

❖ **그림 2-8** 가정폭력상담소 상담현황

출처: 여성가족부 (2015).

화상담, 면접상담, 방문상담, 기타 상담, 사이버 상담 등 다양한 형태의 가족상담을 실시하고 있다.

실제로 2009년 이후 가정폭력상담소의 상담현황을 살펴보면 상담 실적이 감소하기 시작하였다. 이 결과에는 여러 가지 요인이 있을 수 있으나 가정폭력을 가족의 문제로 취급하거나 신고를 해도 적극적인 공적 보호조치가 이루어지지 않는 것이 주요 요인이었다(여성가족부, 2015).

그러므로 국가에서는 이러한 문제점을 해결하기 위해 가해자의 퇴거와 접근금지, 긴급임시조치와 같은 제도를 통해 피해자 보호와 안전을 강화하는 '가정폭력특례법'(2011.10.26)과 '가정폭력방지법'(2012.5.2)을 개정하였다. 그 결과 가정폭력을 더 이상 개인의 문제로 바라보지 않고 사회적 문제로 인식하게 되었으며, 부부강간, 근친 성폭력, 부모학대, 부부갈등, 데이트 폭력, 중독 등 다양한 가정폭력 현상들도 사회적 이슈로 조명되기 시작하였다. 특히 가정폭력에 대한 인식개선과 더불어 다문화가족에서 발생했던 가정폭력이 드러나기 시작하면서 가정폭력신고와 상담건수는 증가하기 시작하였다. 이러한 영향으로 심리정서지원을 위한 상담뿐만 아니라 수사 및 법적 지원, 시설입소연계, 의료지원, 기타 등의 공적 영역의 지원이 증가하게 되었다(여성가족부, 2015).

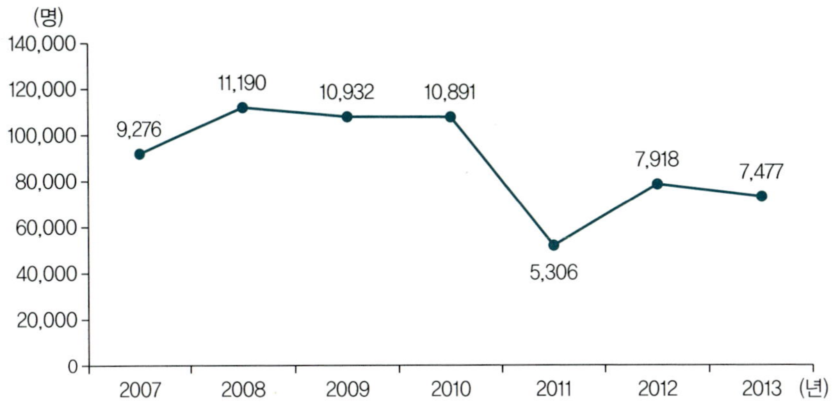

❖ **그림 2-9** 결혼이주여성 가정폭력 현황

출처: 여성가족부 (2015).

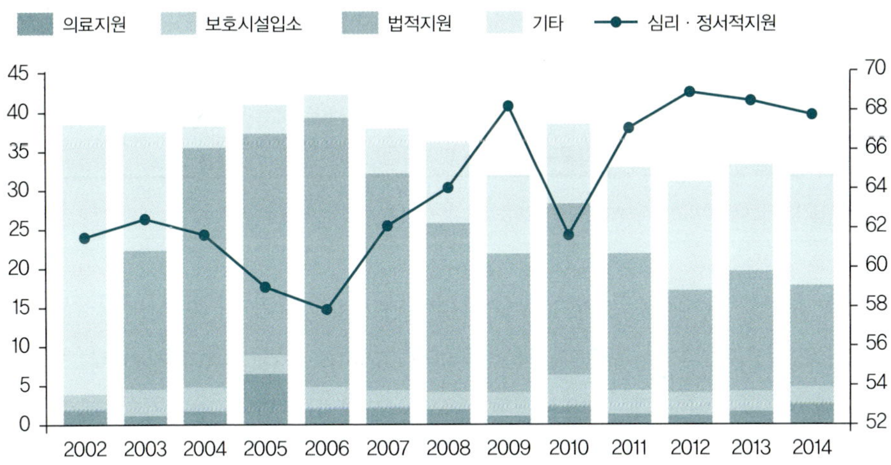

❖ **그림 2-10** 가정폭력상담소 운영실적

출처: 여성가족부 (2015).

4) 성폭력상담소

성폭력상담소는 1994년 성폭력방지 및 피해자보호 등에 관한 법률을 근거로 성폭력범죄를 예방하고 그 피해자를 보호하여, 국민의 인권신장과 건강한 사회질서 확립을 목적으로 설립되었다. 그 이전까지는 성문제와 가족문제를 사적 영역으로 간주하며 공적으로 관련하지 않았던 탓에 피해자는 법적 보호를 받지 못하였다. 그러나 1990년에 들어와서 성문제와 가족문제를 사회적 문제로 인식하기 시작하면서 공적 전달체계 접근을 통한 성폭력 예방 및 상담이 진행되기 시작하였다.

❖ **표 2-5** 성폭력상담소의 가족상담 현황

관련법	1994년 성폭력방지 및 피해자보호 등에 관한 법률
센터 수	2015년 169개소 운영
상담목적	성폭력 피해자를 위한 치료를 통해
주요 상담	피해자 및 가해자 전문상담가와 연계하여 심리치료, 부부상담을 실시 의료, 법률지원, 아동, 청소년, 지적장애인 전문상담 등 (가해자는 검찰, 경찰로부터 상담을 연계받음)

출처: 여성가족부 (2015). http://www.moget.go.kr

성폭력상담은 전화상담, 면접상담, 방문면접상담, 기타 상담, 사이버상담으로 진행되고 있으며, 주요 상담 내용은 성폭력, 성상담, 가정폭력, 가족문제, 부부갈등, 중독, 기타 등에 관한 것이다. 또한 심리정서지원, 수사 및 법적지원, 의료지원, 시설입소 연계, 기타 등에 대한 지원도 이루어지고 있다. 성폭력상담은 2004년 이후 꾸준하게 증가하고 있으며 2013년 기준 8만여 명이 상담을 받았으며, 10년 동안 2.5배 늘어날 정도로 증가 추세이다(여성가족부, 2014).

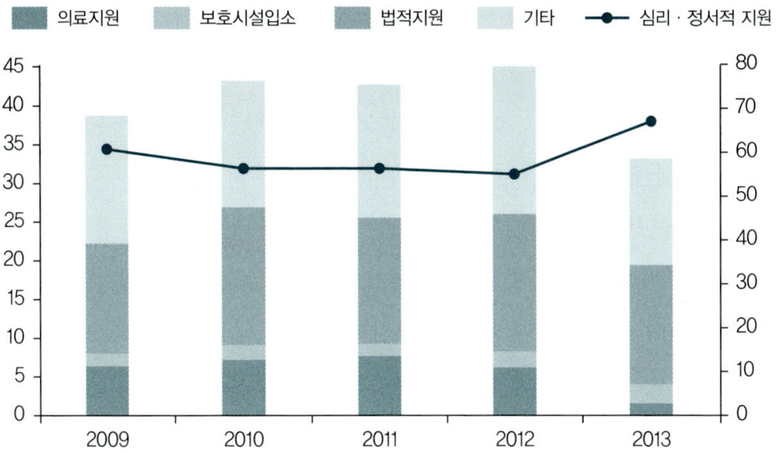

❖ **그림 2-11** 성폭력상담소 운영실적

출처: 통계청 (2014).

5) 가정법원

한국은 홧김이혼을 감소하고자 2007년 12월 21일 민법 제836조의 2를 신설하여 이혼에 따른 상담을 권고하고 일정한 숙려기간이 지나야 협의이혼 사실을 확인해 주는 이혼숙려제도를 2008년 6월 22일부터 시행하였다. 이것은 1990년대 말부터 아시아 금융위기와 같은 사회적 변화로 인하여 이혼율이 증가하고 특히 2000년대가 되면서 미성년 자녀를 둔 부모의 이혼이 증가하면서 사회적 문제가 되었기 때문이다(위키백과). 이에 가정법원에 따라 2008년부터 이혼을 신청한 부부를 대상으로 상담을 권고하는 '협의이혼 전 상담제도'를 실시하고 있다.

부산가정법원에서는 2012년부터 협의이혼 전 의무상담제도를 시행하고 있으며, 부부관계회복과 자녀의 복리증진 등 여러 부분에서 긍정적인 역할을 하고 있다. 협의이혼 전 의무상담에서는 자녀의 양육과 친권자 결정에 관한 협의서 내용이 자녀의 복리에 적합한지 여부, 부부갈등문제, 자녀와의 관계, 자녀들의 심리상태 등에 대한 가족상담이 이루어진다.

대구가정법원은 2014년 9월 1일부터 협의이혼 의사확인 신청 접수 시 만 6세 이하의 미성년 자녀를 둔 부부, 2015년 3월 1일부터 접수되는 사건에 대하여는 만 15세 이하(2015년 기준, 2000.1.1. 이후 출생자) 자녀 및 포태 중인 자녀를 둔 부부로 의무상담 대상을 확대하여 협의이혼 전 의무상담을 진행하고 있다.

2015년에는 인천지법, 창원지법 및 대전가정법원 역시 건강가정지원센터와 연계하여 만 13세 미만 자녀를 둔 협의이혼 신청 부부들을 대상으로 협의이혼 전 의무상담제도를 시행하여 부부상담이 이루어지고 있다(대한민국 법원, 2015).

또한 가정법원은 건강가정지원센터와 연계하여 이혼 전 · 후 가족지원사업으로 이혼 신청 또는 소송 중인 가족의 상담 및 치유 프로그램을 운영하고 있다. 가정법원에 의해 건강가정지원센터로 연계된 재판 및 협의이혼의 당사자들에게 부부갈등조정 프로그램, 협의이혼 상담지원, 부모교육 등이 진행되고 있다(여성가족부, 2014). 협의이혼 및 가사재판이혼을 신청한 가족들을 대상으로 가족캠프, 부부간 감정조절 및 관계개선, 협력적 부모역할, 부모자녀관계 향상을 위한 프로그램 및 가족상담을 진행하고 있다.

협의이혼 전 숙려기간, 상담절차

현재 법원에서 실시되고 있는 협의이혼 숙려기간 및 상담제도에 대해서 알아보겠습니다.
협의이혼의사 확인절차를 통한 이혼에 있어 감정이 흥분된 상태에서 충분한 숙려기간을 갖지 아니한 채 협의이혼을 하게 되는 부부들이 적지 않습니다.
그로 인해 이혼율이 증가되고, 이혼에 따른 결손가정도 증대되어 이혼이 심각한 사회문제화되고 있습니다. 협의이혼의사 확인절차에서 숙려기간 이혼 당사자들에 대한 상담이 필요하다는 인식하에 2006년 숙려기간 및 상담절차제도를 시행하고 있습니다.

- 숙려기간제도: 숙려기간을 통하여 당사자들이 다시 한 번 이혼에 대하여 생각해 볼 수 있는 기간
- 숙려기간: 미성년 자녀 및 임신 중인 경우–3개월/성인 자녀가 있는 경우–1개월
- 상담제도: 협의이혼 전 상담 진행

출처: 대한민국 법원 (2015).

통계청(2015) 발표에 의하면 2004년부터 2014년까지 이혼건수는 감소하고 있다. 이혼 감소 이유 중에 하나는 조혼인율 감소와 결혼에 대한 의식변화로 인한 미혼율 증가가 원인이기도 하다. 또한 2008년 이후 시행된 이혼숙려제도에 의한 이혼 전 · 후 상담의 확대를 통해 미성년 자녀를 둔 부부의 협의이혼의 수가 지속적으로 감소한 것도 그 요인 중 하나이다. 이것은 공적 영역의 가족상담의 효과라고 할 수

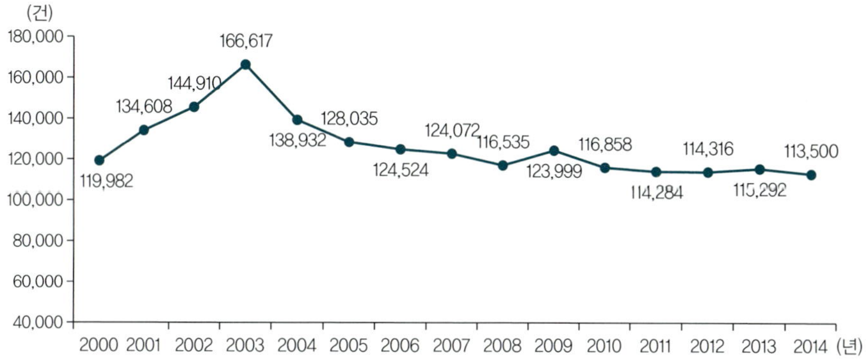

❖ **그림 2-12** 이혼 건수 현황

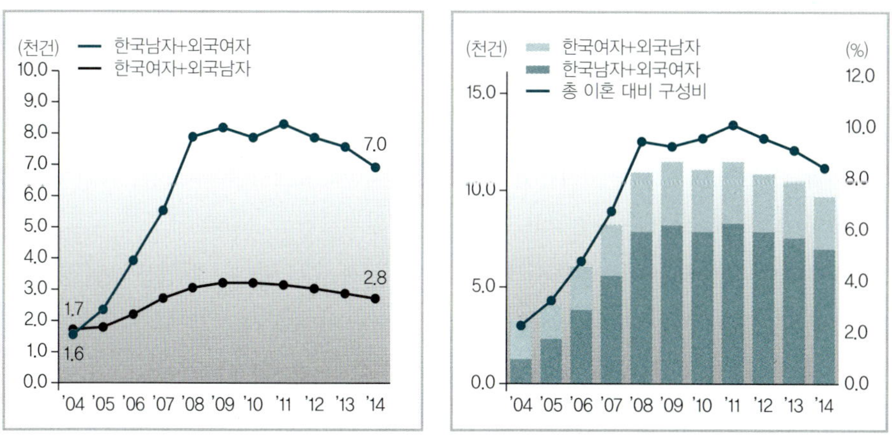

❖ **그림 2-13** 외국인과의 이혼 건수 현황

출처: 통계청 (2015).

있을 것이다.

그러나 다문화가족의 이혼은 점차 증가하고 있는 추세이다. 부산가정법원에서는 다문화가정의 부부를 위해서 부산국제교류재단과 협력하여 협의이혼 전 부부상담에 통역서비스를 지원하고 있다. 또한 총 8개의 외국어(중국어, 영어, 파키스탄어, 베트남어, 몽골어, 필리핀어, 러시아어, 일어)를 번역한 서류를 가정법원에 비치하여 의사소통의 어려움이 감소되도록 노력하고 있다.

6) 학교 연계

2004년에 제정 · 공포된 「학교폭력예방 및 대책에 관한 법률」과 「초 · 중등교육법」 제19조 2항의 규정에 따라 각 학교에 상담교사가 배치되어 학교에서 발생되는 문제에 대한 상담을 진행하고 있다. 그리고 학교가 아닌 지역사회의 위기청소년을 지원하기 위해 시 · 군 · 구 청소년상담지원센터가 중심이 되어 지역사회청소년통합지원체계(Community Youth Safety-Net: CYS-Net)가 구축되어 운영되고 있다(온경자, 2009).

학생문제와 청소년문제를 해결하기 위하여 정부는 2009년부터 학교상담의 새로운 모델로서 'Wee프로젝트'를 운영, 위기학생을 위한 국가 차원의 학생안전통합시스템을 구축하여 운영하고 있다. 1차 안전망으로 단위 학교에 'Wee클래스', 2차 안전망으로 시 · 군 · 구 교육청 단위에 'Wee센터', 3차 안전망으로 권역 단위에 대안교육기관으로 'Wee스쿨'을 운영하고 있다(교육인적자원부, 2009).

학교상담은 성장하는 학생들의 비행, 심리 문제, 대인관계, 학업문제해결, 개인적인 성장을 돕고 학교생활과 관련된 제반 문제의 예방과 해결을 위한 상담이 이루어지고 있다. 또한, Wee클래스에서는 학생의 학교생활 적응을 위한 가족문제, 대인관계, 학업 및 진로, 성, 성격에 대한 학생상담 및 가족상담을 진행한다.

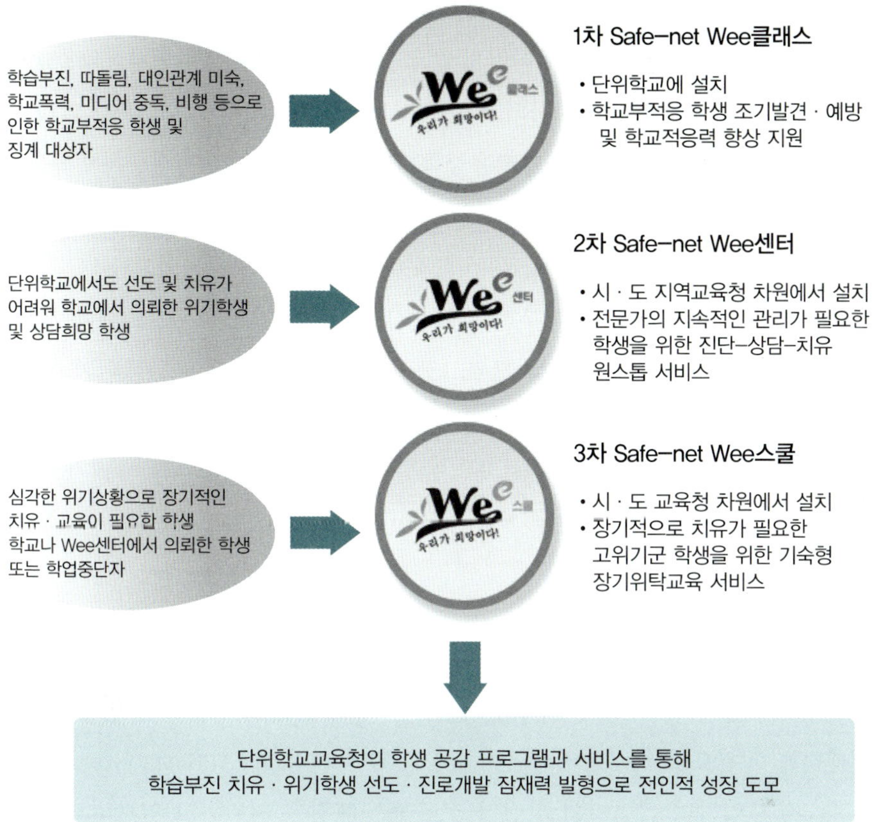

❖ **그림 2-14** Wee프로젝트 체계도

출처: 한국교육개발원 (2015).

7) 사회복지관

사회복지관에서 실시되고 있는 가족상담은 가족복지사업의 한 분야로 가족관계 증진과 가족문제 예방을 그 목적으로 한다. 주요 내용은 부부 및 부모교육 프로그램, 개인 및 가족상담, 심리검사, 법률 및 의료상담 등이 포함된다. 주요 상담문제는 가정문제, 학업과 진로, 심리정서문제, 경제적 어려움, 가족문제 등이 있다(오영진, 2010). 상담과정은 초기 면담과 사후관리 심리검사, 회기별 상담 순서로 진행되며, 실제로 전문적 상담이 이루어지지 않고 있다는 의견도 있다(배정희, 2005).

그러나 사회복지관에서 실시되고 있는 상담은 특수성을 가진 경우가 많다. 우선 중도장애인이나 정신장애인, 알코올중독자와 같은 신체 및 정신장애가족을 위한 상담이 진행되고 있다. 상담에서도 음악치료, 놀이치료, 미술치료, 운동치료, 동물치료와 같은 다양한 특수 대상을 위한 특수한 기법이 많이 제공되고 있다.

청소년 범죄예방학교, 학교부적응 학생상담, 징계 청소년 프로그램 등 역시 사회복지관에서 실시하는 특수한 프로그램이다. 또한 사회복지관은 위기가정(이혼 및 위기 해체가정, 재혼가정, 아동학대 및 방임, 노인학대, 성폭력, 가정폭력 등)에 대한 서비스를 많이 실시하고 있다(보건복지부, 2004).

8) 기타

지금까지 살펴본 다양한 공적인 기관들과 더불어 근로자에 대한 전문적 상담을 진행하는 기관으로 근로복지공단에서는 2009년 기업의 EAP(Emplolyee Asssistance Program) 도입하여 근로자의 정신적 스트레스 해결을 지원하고 있으며, EAP 전문기관 상담 위탁으로 (사)한국EAP협회에서 상담이 운영되고 있다.

근로복지공단에서는 근로자의 직무만족, 개인 및 가족의 부정적인 영향을 미치는 다양한 문제들을 해결할 수 있도록 개인상담, 집단상담, 가족상담, 온라인 상담, 게시판상담, 채팅상담, 전화상담, 오프라인 상담, 찾아가는 면접상담을 진행하고 있다. 근로자가 느끼는 다양한 고민, 직장 내 스트레스로 업무에 어려움이 있을 때, 성격 및 정서, 조직 내 관계갈등, 가족문제, 부부관계, 자녀양육 등 다양한 문제에 대한 상담을 진행하고 있다.

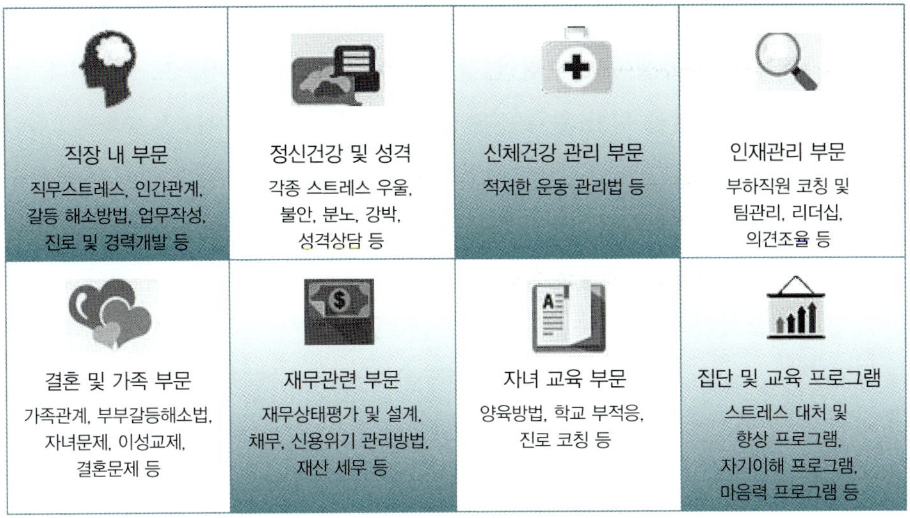

❖ **그림 2-15** 근로복지넷 EAP 서비스 주제

출처: 근로복지넷 (2015).

4. 가족상담 전달체계 의의와 과제

한국 가족상담의 공적 전달체계는 1994년 성폭력방지 및 피해자 보호 등에 관한 법률 제정을 시작으로 2000년대 초반 여성(가족)부와 관련 법률의 제정으로 이어지는 일련의 과정 속에서 구축되기 시작하였다. 현재 가족상담의 공적 전달체계는 건강가정지원센터, 다문화가족지원센터, 가정폭력상담소, 성폭력상담소, 법원(가정법원), 사회복지관, 근로복지관에서 주관하는 근로자상담 등이 있다.

공적 영역에서의 가족상담의 목표는 가족원 간의 갈등해결이나 위기가족의 대처능력의 향상뿐만 아니라 가족원의 문제나 어려움을 사전에 진단하고 개입하여 가족관계 증진 및 가족해체를 예방하는 것이다. 주요 상담은 개인상담, 가족상담, 집단상담, 전화상담, 부모역할 교육을 포함한 상담 및 교육, 정보제공의 형태로 이루어진다. 주요 상담 내용은 부부문제, 가족문제, 자녀문제, 성문제, 경제문제뿐만 아니라 공적 기관의 특성에 따라 취업, 장애, 중독, 법률지원서비스도 포함된다.

한국에서 가족상담을 위한 공적 전달체계가 구축된 지는 1994년 성폭력상담에 관한 법률을 기준으로 하면 약 20년이 지났으며, 가족을 주요 대상으로 다루는 여성가족부의 건강가정지원센터를 기준으로 하면 약 10년이 되었다. 이것은 한국에서 가족문제는 사적으로 해결해야 한다는 관점에서 벗어나 공적 차원에서 적극적인 개입과 정책지원이 구축되고 있음을 의미한다.

가족상담을 위한 공적 전달체계에서 이루어진 긍정적 효과를 살펴보는 것은 보다 발전된 미래의 가족상 정책 및 개입을 위해서 필요한 일이다. 첫째, 통계청 발표를 기준으로 살펴보면, 2004부터 2014년까지는 이혼건수와 조이혼율이 감소하였다. 2000년대 중반 부동산 경기의 일시 회복이라는 사회경제적 현상으로 인해 이혼이 감소되기도 하였지만, 보다 중요한 원인은 2008년 이후 시행된 이혼숙려제도에 의한 이혼 전후 상담의 실시와 밀접한 관련이 있다(김진영, 2014). 이러한 결과가 가지는 의의는 이혼 전후 상담을 통해 성급한 협의이혼의 수가 감소한 것과 공적 전달체계의 연계(건강가정지원센터와 가정법원)가 이루어지고 있다는 것이다.

둘째, 성폭력 및 가정폭력에 관한 법률 제정과 상담소의 설치 및 운영을 통한 공적 개입으로 폭력은 개인의 문제가 아닌 범죄라는 사회적 인식의 변화가 일어났다. 이러한 과정에서 아내 구타뿐만 아니라 부부강간, 근친성폭력, 부모학대, 데이트폭력 등 다양한 가정폭력과 성폭력 현상이 사회적 이슈로 조명되기 시작하였다. 특히 2011년 '가정폭력특례법'을 시작으로 피해자를 보호하기 위한 가해자에 대한 긴급임시조치, 접근금지, 수강명령 등이 다양한 형태의 상담과 함께 구체적으로 시행되고 있다.

셋째, 위기가족(이혼, 자살, 폭력피해, 자연 및 인적재난 등)의 어려움을 '개인 또는 가족'의 문제라고 보지 않고 공적 전달체계를 통해 가족상담을 포함한 다양한 지원이 이루어지고 있다. 위기를 경험하는 가족은 가족기능의 약화, 가족불안정 심화를 겪으면서 취약가족이 되거나 가족해체 가능성이 높다(김승권, 2012). 그러나 이러한 공적 전달체계의 적절한 개입을 통해 가족위기를 사전에 예방하고 보다 건강한 가족을 유지할 수 있게 된 것이다. 또한 가족이 위기를 경험할 때 공적 차원에서 전문적 개입과 서비스를 요구할 수 있다는 인식의 변화가 일어났다는 점은 의의가 있다 (이승미 외, 2011).

지금까지 우리는 한국의 공적 영역에서의 가족상담 현황과 전달체계와 그 의의에 대해 살펴보았다. 공적 영역의 가족상담의 현황과 전달체계를 살펴본 것은 사적 영역의 정보 및 자료가 제한적이었기 때문이다. 그러나 현대사회가 점점 더 다원화 · 다변화되고 있는 시점에서 공적 전달체계를 통해 가족상담을 제공하는 것 또한 한계가 있다. 왜냐하면 공적 전달체계에서는 의사결정의 복잡성, 공적 서비스 기준에서 벗어나는 가족에 대한 지원의 어려움 등이 있기 때문이다. 그러므로 특수한 가족에 대한 적절한 개입을 위해 사적 영역의 가족상담 전달체계와 서로 연계하는 과제가 남아 있다.

마지막으로, 공적 전달체계의 가족상담을 제공하는 전문인력의 자격과 관련한 과제가 있다. 현재 국가공인의 전문상담자격증이 거의 없는 현실에서 공적 전달체계에서는 사회복지사 자격을 위주로 상담전문인력을 선발 및 배치하고 있다. 이러한 점에서 빠른 시일 안에 상담에 관한 국가자격증제도가 도입되어 전문가를 배출하고 임상현장에 투입할 필요가 있다.

활동하기

1. 가족 관련 영화를 관람 한 후, 그 영화에서 다루고 있는 가족문제에 대해 논의하고, 어떤 가족상담 관련 기관에서 도움을 받을 수 있을지 토의해 봅시다.

2. 지역에 있는 건강가정지원센터를 방문하거나 홈페이지(사이트)를 찾아 가족상담사업에 대해 살펴보고, 각 센터의 특징을 잘 드러낸 프로그램에 대해 알아봅시다.

02

PART

정서모델

II부는 가족관계의 어려움을 겪고 있는 가족원의 느낌과 반응, 즉 정서적 상호작용을 중요시하는 정서모델을 다룬다. 3장 대상관계 가족상담에서는 가족원의 무의식적인 욕구뿐만 아니라 원가족과 관계 경험에서 획득한 주요 정서와 대인관계방식에 미치는 영향을 살펴본다. 4장 Bowen 다세대가족상담에서는 여러 세대를 거쳐 내려온 가족원의 정서적 반응 과정을 검토하고, 이전 세대와는 다른 건강한 가족관계를 맺는 방법을 다룬다. 5장 Satir 경험적 가족상담에서는 가족이 과거에 해결하지 못했던 어려움을 현재에서 새롭게 경험하고 과거의 상처를 치유하고 성장하는 방법을 살펴본다. 각 장에서는 가족상담이론에 따른 주요 개념, 상담목표와 상담과정, 상담기법을 소개하고 사례 연구를 통해 실제 상담현장에 적용하는 과정을 보여준다.

FAMILY COUNSELING

CHAPTER 03

대상관계 가족상담

03 CHAPTER 대상관계 가족상담

1. 개요

대상관계 가족상담은 Freud의 정신분석이론에서 출발한 대상관계이론과 가족상담이론을 통합하여 생겨난 모델이다(Scharff & Scharff, 1995, 오규훈 외 공역, 2008). 1960년대와 1970년대 가족상담자들은 체계이론의 영향으로 가족 상호작용을 강조하였으나, 1980년대에 들어 가족원의 심리 내면에 숨겨진 부분을 탐색하는 것이 내담자 가족을 돕는 데 필요하다는 인식을 하게 되었다(Nichols, 2010, 김영애 외 공역, 2011).

대상관계 가족상담은 사람은 태어나면서부터 다른 사람과 관계를 맺으려는 욕구를 가지고 태어나며, 어린 시절 부모님을 포함한 주요 타인과의 상호작용 경험을 통해 형성된 심리구조가 현재의 인간관계에서 미치는 영향을 분석하는 가족체계이론이다(한재희 외, 2013; Scharff & Scharff, 1991, 이재훈 역, 2006).

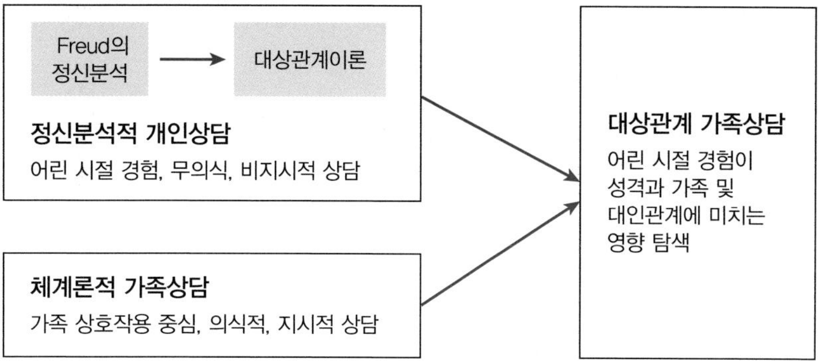

❖ **그림 3-1** 대상관계 가족상담의 탄생

대상관계이론은 한 이론가에 의해 만들어진 것이 아니라 여러 이론가들이 발전시킨 것이다. 대상관계 학자들은 공동적으로 주요 양육자와의 관계 경험이 성격 형성에 영향을 미친다고 주장하였으며, 크게 영국학파와 미국학파로 구분된다. 영국학파의 초기 이론가는 Melanie Klein, Ronald Fairbairn, Donald Winnicott, Michael Balint, John Bowlby 등이 있으며, 미국학파의 이론가는 Otto Kernberg, Heinz Kohut 등이 있다(김진숙, 2001; 현대정신분석연구소).

주요 영국학파인 Klein에 의하면, 유아는 대상과의 실제 관계 경험뿐만 아니라 자신의 무의식적인 환상을 통해 복잡한 대상관계 경험을 구성하며, 한 대상과의 경험이 좋을 수도 나쁠 수도 있다는 것을 인식해 나가는 과정이 자신을 통합해 나가는 과정이라고 하였다(현대정신분석연구소; Hamilton, 1996, 김진숙 외 공역, 2008).

Fairbairn은 완전한 자기를 가지고 태어난 유아는 출생 이후 경험한 대상관계 경험의 질에 의해 자아가 분열된다고 주장하였다. 즉, 이상적인 대상이 유아를 잘 돌봐주면 건강한 성격을 갖게 되지만, 유아를 함부로 다루거나 미워하는 등 잘 돌봐주지 못하면 대상의 사랑을 지나치게 갈구하거나 대상에게 주눅 들거나 실망하는 성격이 된다는 것이다. Fairbairn은 사람이 현실적 대상관계를 하지 않고 마음속 대상에 집착하거나 충돌이 일어날 때 정신병리를 갖게 된다고 하였다(Cashdan, 1988, 이영희 외 공역, 2005).

Winnicott은 충분히 좋은 엄마(good enough mother), 보듬어 주는 환경(holding environment), 중간대상(transitional object)과 같은 개념을 통해, 어머니라는 대상이 유아의 신체적, 심리적 필요를 적절하고 충분히 충족시켜줄 때 유아의 참자기가 형성된다고 주장하였다(한재희 외, 2013).

미국학파인 Kernberg는 고전적 정신분석이론과 대상관계이론을 통합하였으며, 특히 경계선 증상을 가진 내담자를 위한 치료기법을 만들었다(현대정신분석연구소). 마지막으로 Kohut에 의하면 유아는 어머니를 자신의 일부인 자기대상(self object)으로 지각하며, 만약 유아에게 안전하고 공감적인 환경이 제공되지 않으면 어머니와 건강하게 분리하지 못하고 병리적인 자기애적 성격을 형성한다고 주장하였다(Cashdan, 1988, 이영희 외 공역, 2005).

2. 주요 개념

대상관계이론가들은 각자 서로 다른 주요 개념을 제시하고 있다. 여기에서는 한 개인의 어린 시절 경험과 현재 대인관계와의 관련성을 이해하기 위해 대상관계이론가들이 공통적으로 제시한 개념을 중심으로 소개한다.

1) 대상관계

대상관계(object relationship)의 단위는 한 사람의 삶에 주요한 의미를 가지는 대상에 대한 경험(대상표상: object-representation)과 그 대상과 상호작용하는 과정에서 느끼는 자기에 대한 경험(자기표상: self-representation), 그리고 이것들을 연결짓는 정서 상태로 구성된다. 사람의 성격은 자기표상과 대상표상, 그리고 정서로 연결된 여러 쌍들로 이루어진다(Stadter, 1996, 이재훈 외 공역, 2006).

2) 대상

대상(object)이라는 용어는 Freud가 《성에 관한 세 편의 에세이》(1905)에서 처음 사용한 용어로서, 개인의 심리 내면에서 일어나는 성적 충동을 충족시켜 주는 대상을 의미한다(Hamilton, 1990, 김진숙 외 공역, 2007). 그러나 대상관계이론에서는 한 사람에게 주요한 의미를 가지는 아버지와 어머니 같은 실제 외적 대상과 그 대상과의 경험으로 인해 형성된 심리 내면의 내적 대상, 두 가지 모두를 대상이라고 말한다(Scharff & Scharff, 1995, 오규훈 외 공역, 2008).

3) 자기

자기(self)는 한 사람의 인생 전체를 통해 다른 사람과의 관계 안에서 형성되고 성장하는 총체적 인격을 말한다. 자기는 영유아 시기부터 주요한 대상과의 경험을 통해 점진적으로 조직화된다(Scharff & Scharff, 1995, 오규훈 외 공역, 2008).

4) 표상

표상(representation)은 유아가 주요 대상과의 관계 경험을 내면화하며 심리내적으로 소유하는 방식을 말한다. 예를 들면, 유아는 처음부터 어머니를 나쁨과 좋음을 동시에 갖고 있는 전체 대상으로 경험하고 받아들이는 것이 아니라, 배가 고플 때 다가오는 어머니의 젖가슴은 좋음으로 경험하고, 자신을 거칠게 안아주는 어머니의 팔은 나쁨으로 경험하는 등 한 대상에 대해 부분적, 주관적으로 경험한다. 이처럼 표상은 개인이 주관적으로 받아들이는 정신적 이미지로 실제 대인관계와 다를 수도 있다(임종렬, 2005).

사례를 통한 대상관계 주요 개념 탐색 및 대인관계 영향 살펴보기

20대 중반의 남자대학생이 수업시간의 발표 불안과 친구문제를 호소하며 상담실에 내방하였다. 어린 시절부터 모범생으로 자라난 이 남학생은 발표 과제를 함께 하는 조원들이 과제 준비를 하지 않아 불만이 있지만, 말도 못하고 혼자 책임을 지는 것을 힘들어한다. 무엇보다 과제를 혼자 열심히 했지만, 실제로는 다른 사람 앞에서 평가받는 것을 매우 힘들어 하며 발표 불안을 호소하였다.

내담자의 아버지는 무섭고 엄격한 성격으로, 자신은 가난한 집에서 자라 중학교만 졸업하였지만 힘든 공장생활을 하며 자녀들을 대학까지 공부시킨 것에 자부심이 강하다. 그러나 아버지는 장남인 내담자를 비롯해 자녀들의 행동에 만족하는 법이 없다. 내담자가 좋은 성적을 받아도 칭찬보다는 더 공부 잘하는 친구들을 생각하라고 말한다. 또한 내담자의 이러한 좋은 성적이나 행동은 아버지 자신이 희생한 결과라고 말한다.

이러한 아버지와의 관계 경험이 내담자의 대상관계에 어떤 영향을 미쳤을지 살펴보면 다음과 같다.

1. 어떤 대상관계가 내재화되었을까? (대상표상, 자기표상, 정서)

내담자를 엄격하게 양육하던 아버지의 모습을 통해 비난하고 심판하고 실망하는 모습(대상표상)을 내재화하였고, 그러한 아버지와의 관계를 통해 자신에 대해서는 어떤 일을 하더라도 제대로 완벽하게 잘하지 못하고 미숙한 모습(자기표상)을 내재화하였을 것이다. 그리고 이러한 자기표상과 대상표상을 연결하는 실망감, 억울함, 부족감, 화남과 같은 고통스러운 정서가 내재화되었을 것이다.

2. 내담자의 대인관계에 어떤 영향을 미쳤을까?

1) 아버지 이미지(대상표상)와 유사한 사람을 만나는 경우

대상표상(아버지 이미지)을 외부세계에 투사하여 예전에 익숙했던 정서(부족감, 실망감)를 다시 느낄 가능성이 높다. 학교생활을 비롯한 여러 환경에서 자신의 아버지와 유사한 대상을 만나면 무의식적으로 그 대상도 어릴 때 아버지처럼 자신을 비난하거나 평가할 것 같은 두려움을 느끼는 것이다. 즉, 내담자의 발표불안은 발표상황에서 교수나 친구들이 자신의 부족함을 알아차려서 실망할 것이라는 염려가 원인일 수 있다.

2) 자기 이미지(자기표상)와 유사한 사람을 만나는 경우

위와는 반대로, 자기표상(자기이미지)을 닮은 사람을 만나면 그 사람을 어린 시절의 미숙했던 자신으로 바라보고 자신이 그 사람을 아버지처럼 평가하고 비난하는 모습으로 경험할 수도 있다. 즉, 발표 준비를 하는 친구들을 미숙하고 부족한 자기로 느끼기에 혼자 과제를 다 책임지려고 하는 것이다.

3) 친구나 커플을 선택할 때, 과거에 중요한 대상과 유사한 사람을 선택하는 경우

과거에 자신을 힘들게 했던 대상을 닮지 않으려고 노력하거나 만나지 않으려고 하지만, 무의식적

으로 과거에 경험했던 유사한 사람들을 선택하기도 한다. 예를 들면, 발표수업의 팀원을 선택함에 있어 자기와 유사한 내성적이고 소극적인 친구를 선택한다든지, 아버지와 유사한 대상인 엄격하고 깐깐한 교수의 수업을 굳이 수강하면서 혼자 힘들어하는 경우가 여기에 속한다. 이것은 과거의 실패 경험을 만회하고자 현재에 유사한 경험을 반복하는 경향이 있음을 의미하는 Freud의 반복강박(Repetition Compulsion)과 유사한 개념이다.

실제로 내담자의 조별 친구들이 발표수업을 잘 준비하지 않을 수도 있고 담당교수가 엄격한 사람일 수도 있다. 그러나 여기서 중요한 것은 어릴 때 어떤 상황을 경험한 사람은 그러한 경험을 하지 않은 다른 사람들보다 과거에 경험했던 방식과 정서로 경험하고 왜곡할 가능성이 더 높다는 것이다.

출처: Stadter (1996). 이재훈 외 공역 (2006); 김도애 (2009).

5) 내면화 과정

내면화(internalization)란 유아가 주요 대상과의 상호작용 경험을 통해 자기를 형성해 나가는 과정을 말한다. 내면화 과정은 함입과 내사, 동일시, 그리고 자아정체감 획득과정이 있으며, 뒤로 갈수록 더 복잡하고 성숙된 과정을 의미한다(Cashdan, 1988, 이영희 외 공역, 2005).

(1) 함입

함입(incorporation)은 자기와 대상 간의 경계가 분명하지 않은 상태로 대상을 자기의 내부로 삼키는 것을 말한다. 이것은 유아가 어머니의 따뜻한 젖을 빨아먹는 모습과 비유할 수 있으며, 외부의 대상을 있는 그대로 입속으로 빨아 넣어 자기와 함께 하려는 융합환상을 불러일으킨다(Hamilton, 1990, 김진숙 외 공역, 2007).

1. 천주교의 영성체 의식
2. 자신의 몸에 상처를 내어서 대상을 벌하고자 하는 행위
   - 자기와 대상 간 경계가 없기에 자기를 아프게 하는 것이 대상을 아프게 한다고 생각함과 동시에 아픔을 통해 자기존재감을 느끼려고 하는 절박함의 표현일 수 있다.

(2) 내사

내사(introjection)는 대상과 자기가 어느 정도 분화가 되어 대상표상과 자기표상의 이미지가 서로 융합되지 않고 그대로 보존되는 것을 의미한다. 예를 들면, 유아가 배가 고프거나 기저귀가 젖어서 울 때 자신을 돌봐주는 어머니는 좋은 대상으로 내사되고, 유아를 돌보면서 짜증을 내거나 거칠게 다룬 어머니는 나쁜 대상으로 내사한다. 이러한 과정을 통해 내면화된 대상은 유아의 심리내면세계에서 강력한 정서적 힘을 발휘하며, 동일시 과정에서 어떤 자기표상을 가지게 되는가에 중요한 영향을 끼친다(Hamilton, 1990, 김진숙 외 공역, 2007).

1. 좋은 사람들과 함께했던 좋은 경험들을 사진으로 찍어서 앨범에 넣어두고 가끔씩 꺼내 보면서 흡족해 하는 것은 좋은 경험을 내사한 모습
2. 자동차 사고를 경험했던 사람이 자신을 덮치는 위험한 대상이 나타나는 꿈을 꾸는 경우, 이때 꿈속에 나타나는 위험한 대상은 자동차 사고라는 나쁜 경험이 내사된 경우

(3) 동일시

동일시(identification)는 외부대상과의 상호작용과 경험을 통해 내사한 대상표상의 여러 측면들 중에서 가치가 있다고 여겨지는 것들을 자기표상으로 받아들이는

과정을 의미한다. 이 단계는 함입이나 내사보다 더 세련된 것으로 자기표상과 대상표상의 이미지를 뚜렷하게 구분한다(한재희 외, 2013).

1. 인형을 달래 주는 아이의 모습은 자신을 돌봐주고 공감해 주던 좋은 어머니를 내사한 유아가 이를 동일시하여 좋은 자기표상을 가지게 되어 좋은 자기로 행동하는 모습
2. 자기비난을 많이 하는 내담자가 상담을 통해 상담자의 호의적인 태도를 내사한 후, 자기를 비난하려는 감정이 느껴질 때마다 상담자처럼 자신을 위로하고 수용하는 태도를 보이는 경우

(4) 자아정체감

자아정체감(ego-identity)은 '내가 누구인가'라는 자아개념이 발달하고 자기의 개성을 알아차리는 가장 발달한 단계이다. 이것은 한 대상에 대한 여러 가지 자기표상과 대상표상들이 통합되며 그에 대응하는 하나의 자기가 형성된 것이다(Cashdan, 1988, 이영희 외 공역, 2005). 특히 청소년기는 자기의 주관적인 세계에 관심이 생기면서 자아정체감 확립을 위해 노력하는 중요한 시기이다.

6) 분열

유아는 태어난 지 몇 시간이 지나면서부터 세상을 좋음과 나쁨으로 구분할 수 있는 원시적인 감각지능을 지닌다. 그러나 이때는 부모님과 같은 주요 대상을 전체 대상으로 받아들이지는 못하므로, 자신을 돌봐주는 젖가슴, 손, 머리카락과 같은 부분 대상을 좋음과 나쁨으로 따로 떼어놓는데 이를 분열(splitting)이라고 한다(Cashdan, 1988, 이영희 외 공역, 2005; 최규련, 2012).

이때 유아가 분열을 사용하는 이유는 자신을 잘 돌보아 주지 않는 주요 대상으

로부터 버림받았다는 불안과 고통에 대처하기 위해서이다. 이후 내면화 과정을 통해 통합되지 못하면, 대상과 자기의 좋음과 나쁨을 여전히 분리하여 지나치게 이상화하거나 평가절하를 하게 된다(한재희 외, 2013).

1. 알고 지내던 사람이 한 번 자신에게 인사를 하지 않고 지나가는 모습을 보이면, 지금까지의 그 사람이 자신에게 했던 행동 중 모든 부정적 측면만 찾아내어 비난함
2. 시험을 한 번 잘못 치는 경우처럼 자신이 어쩌다 한 번 실수를 하게 되면 자신을 지나치게 비하하고 우울에 빠짐
3. 자신이 한 번 좋다고 생각하는 사람(대상)이 있다면, 주변의 다른 사람들이 그에 대한 현실적인 이야기를 해주어도 듣지 않고 좋은 점만 보는 경우(사이비종교 심취)
4. 맏이가 하는 행동 모두가 마음에 들지 않는다고 하면서 막내의 행동은 그저 예쁘다고 말하는 부모님

7) 투사

투사(projection)는 내사와는 반대로 유아의 내적 상태를 외부로 던지는 현상으로, 영사기로 비유될 수 있다. 영사기 안에는 필름과 조명, 렌즈라는 핵심요소가 있지만 실제 외부 스크린에는 영상이라는 외부의 실체가 투영된다(Hamilton, 1990, 김진숙 외 공역, 2007). 발달과정에서 부모에 대한 나쁨 경험을 많이 내사하여 불안정한 자아구조를 가진 유아는 부모에 대한 내적 경험을 좋음과 나쁨으로 분열하고, 이를 외부세계로 투사하여 자아의 구조를 유지하려고 한다(한재희 외, 2013).

1. 아이가 기분이 나쁠 때 인형을 야단을 치거나 때리는 경우
2. 자신이 컵을 깨뜨리고는 사과를 하는 것이 아니라, 컵을 그곳에 둔 사람 또는 심지어 약한 컵을 사온 사람 탓이라고 오히려 비난하는 경우

8) 투사적 동일시

투사적 동일시(projective identification)는 자신의 힘든 감정이나 상황을 마음속에서 분리하여 다른 사람에게 무의식적으로 투사하고 그것을 통해 다른 사람의 행동이나 감정을 조정하거나 소유하려고 하는 것이다. 왜냐하면, 자신이 다른 사람에게 나쁜 것을 투사하고 이용하려고 한 것처럼 다른 사람이 자신에게 그렇게 할 것이라는 두려움이 있기 때문이다(최영민, 2013; Nichols, 2010, 김영애 외 공역, 2011).

1. 부모로부터 학대받은 경험이 있는 아이가 상담자를 괴롭히는 경우

- 이것은 상담자를 미워하는 것이 아니라 아이가 부모로부터 느꼈던 당혹함, 무력감, 좌절감, 분노를 상담자가 똑같이 느끼도록 투사한 것이다. 또한 상담자도 부모처럼 자신을 함부로 대할지도 모른다는 두려움 때문에 통제하려고 하는 것이다.

2. 남편과 아이들이 자신을 존중하지 않고 힘들게 한다며 휴식을 요구하고 외부활동에 몰입하는 아내

- 아내와 엄마로서 가정 일에서 벗어나 혼자 있고 싶은 마음을 가진 자신이 나쁜 사람 같아서 수용하기 어렵다. 그래서 자신의 부탁을 잘 들어주지 않는 남편과 말썽꾸러기 자녀들 탓이라고 말하며, 자신과 대화가 통하는 사람들과 어울리며 집안일을 소홀히 한다. 그러자 남편과 자녀들도 아내와 엄마로부터 자신들이 존중받지 못하고 소홀히 취급받는다는 것을 느끼게 되고, 아내를 더 비난하고 엄마에게 더 매달리며 귀찮게 한다. 가족의 이러한 태도는 아내이자 엄마인 자신의 외부활동에 몰입하는 것이 자신의 탓이 아니라 자신을 존중해 주지 않는 가족 탓이라는 마음을 확신하게 한다.

9) 분리와 개별화

Margaret Mahler와 동료들은 유아(38명)와 그 어머니(22명)를 대상으로 약 10년간의 관찰연구를 통해 만 3세까지 유아의 성장과정 단계와 하위단계에 따른 어머니와의 유대관계 중요성을 연구하였다. 이 과정을 분리개별화(separation-individuation) 과정이라 부르며 크게 세 개의 발달단계로 구분한다. 첫째는 정상적 자폐단계, 두 번째는 공생단계, 세 번째는 분리개별화와 그 하위단계이다(Hamilton, 1990, 김진숙 외 공역, 2007; 장진아, 2014).

첫 번째 정상적 자폐단계(0~2개월)는 유아의 탄생에서 시작하는 단계로 이때 유아는 심리적 껍질 속에 있는 것처럼 자기와 대상을 구분하지 못한다. 이때 어머니의 젖가슴을 찾는 것은 외부 대상을 인식하기보다는 근본적인 반사에 해당하는 것이며 어떤 대상과 관계를 맺기보다는 자기만의 세상에서 살아가는 것이다. 이 시기의 유아는 신체적 성장 촉진을 위하여 출생 이전과 같은 비슷한 상황이 유지되는 것이 매우 중요하므로, 극단적으로 자극적인 환경으로부터 보호받아야 한다.

두 번째 공생단계(2~6개월)는 생후 한 달 이후에 해당하는 시기로, 이때 유아는 어머니의 존재를 희미하게 인식은 하지만 자신과 분리된 개별적인 존재라고 경험하지는 못한다. 이 시기의 유아는 어머니라는 주요 대상의 좋고 나쁨에 대한 정서적 반응을 감지할 수 있다. 또한 이 단계에서는 어머니라는 주요한 대상의 신체적 심리적 상태에 따라 유아 자신에게 주어지는 보살핌의 양과 질이 결정된다는 것을 알게 된다. 그래서 유아는 자신을 돌보는 어머니의 감정을 민감하게 살피는 것을 배우기 시작하며 이것은 나중에 공감의 기초가 된다. 이러한 대상과의 정서적 경험을 통해 유아는 건강한 자아기능으로 발달하게 되고, 어른이 되었을 때 타인의 신뢰의 밑바탕이 되는 애착관계를 형성한다.

세 번째 단계는 가장 복잡한 분리개별화 단계(6~36개월)와 그 하위단계이다. 분리개별화기는 다시 첫 번째 하위단계인 분화단계(6~10개월), 두 번째 하위단계인 연습단계(10-16개월), 세 번째 하위단계인 재접근단계(16~24개월), 그리고 네 번째 하위단계인 정서적 대상항상성 획득단계(24~36개월)로 구분된다.

분화단계(6~10개월)에서 유아는 어머니를 자신과 분리된 존재로 점차 인식하며 낯선 사람에 대한 불안을 느끼기 시작한다. 이러한 불안을 이겨내기 위해 인형, 수건과 같은 부드러운 물건을 중간대상으로 받아들인다.

연습단계(10~16개월)에서는 운동신경과 인지가 급격히 발달하여 기거나 걷는 단계이다. 이때 유아는 자신이 무엇인가를 할 수 있다는 자신감으로 가득 차 있으며 세상과 사랑에 빠진다.

재접근단계(16~24개월)는 외부 세상에 대한 탐색과 어머니로부터 분화욕구를 가짐과 동시에 어머니와의 분리에 대한 불안감과 무력감을 느끼며 갈등을 경험하는 시기이다. 이때 언어능력과 현실검증능력이 매우 발달하며 양가감정을 느끼고 표현할 수 있다. 그리고 분화와 분리욕구 간의 갈등으로 인한 불안이 고조되며 중간대상에 대한 집착과 잠자리 의례가 증가한다.

마지막은 재접근단계의 해결을 통해 어머니가 자기 옆에 없다 할지라도 어머니의 사랑을 확신하고 안정감을 느끼는 정서적 대상항상성 획득단계(24~36개월)이다. 이러한 과정을 통해 유아는 어머니가 만족도 주지만 좌절도 주는 총체적 대상임을 통합하게 된다. 즉, 분리개별화 단계는 유아가 어머니로부터 독립하여 마음내로 하고 싶은 욕구와 다시 되돌아가 공생하고 싶은 욕구 간에 충돌을 경험하는 시기이다. Mahler는 이 시기의 두 욕구 간의 갈등해결수준이 사춘기 이후 삶의 병리적 수준을 결정한다고 하였다.

❖ **표 3-1** Mahler의 분리개별화 발달단계

단계	정상적 자폐단계	공생단계	분리개별화와 하위단계			
			1단계 (분화단계)	2단계 (연습단계)	3단계 (재접근단계)	4단계 (대상항상성 획득단계)
시기	0~2개월	2~6개월	6~10개월	10~16개월	16~24개월	24~36개월
주요 특성	• 심리적 껍질속(자기만의 세상) • 반사반응 우세 • 출생 이전 수준으로 보호 필요	• 대상을 희미하게 인식 • 정서적 반응 감지 • 애착관계형성	• 대상을 분리된 존재로 인식 • 낯선이 불안 시작(낯가리) • 중간대상 나타남(인형, 수건 등)	• 보행을 통해 세상에 대한 탐색수준이 높아짐 • 까꿍놀이와 같은 자기주도적 놀이 시작	• 심리적 갈등 시기(독립과 분화간 갈등) • 분리불안 최고에 달함 • 양가감정 느끼고 표현 • 짜증과 울음 증가함	• 어머니가 옆에 없어도 잠시 기다릴 수 있음 • 자신의 기분을 일정하게 유지할 수 있음

3. 상담목표와 상담과정

1) 상담목표

대상관계 가족상담은 가족의 호소문제와 갈등의 원인을 어린 시절 또는 현재의 주요 양육자와의 관계에 초점을 두고 그 대상관계에서 내재화된 대인관계 패턴을 분석함으로써 현재 가족의 관계 양상을 이해하고자 한다(한재희 외, 2013). 그리고 상담자와의 안정적이고 공감적인 상담 경험을 바탕으로, 내담자가 자아구조의 통합과 실제 삶에서의 현실적이고 수용적인 대인관계를 할 수 있도록 돕는 것이 상담의 목표이다(송정애, 2007).

2) 상담과정

대상관계 가족상담의 과정은 가족원이 수용하지 못하고 억압했던 경험과 그에 따른 정서를 탐색하고 인식하는 작업을 의미한다. 이러한 과정에서 내담자로 하여금 부모와의 관계에서 발생한 분열, 투사, 투사적 동일시와 같은 심리적 기제를 인식하고 통합을 시도하도록 지지한다. 그러므로 대상관계 가족상담자는 상담자와 내담자의 관계를 중요시하고 내담자의 과거 경험이 상담자와 내담자 관계에 어떤 영향을 미치는지를 탐색하기 위해 전이와 역전이에 주목한다. 상담자가 가족의 통합을 위해 참고해야 할 구체적인 내용들은 다음과 같다(한재희 외, 2013).

상담자가 가족의 통합을 위해 참고해야 할 구체적인 내용

1. 호소문제와 그 배경에 대해 탐색하기
2. 호소문제를 처리하는 가족의 문제해결능력 탐색하기
3. 호소문제를 해결하기 위한 지금까지의 가족 노력 탐색하기
4. 가족역동과 그와 관련된 가족원의 역할 탐색하기
5. 호소문제의 내력 탐색하기
6. 가족관계에 영향을 미치고 있는 투사적 동일시 과정 구체적으로 탐색하기
7. 가족원의 무의식적인 욕구 탐색하기
8. 가족원의 무의식적 욕구를 충족하는 방법과 가족관계 양상 탐색하기
9. 가족원의 분리와 개별화를 방해하는 요소 탐색하기
10. 가족원의 서로 다름을 수용하고 협상하는 기술의 정도 탐색하기
11. 문제해결을 위한 가족 개인의 의사소통능력 정도 탐색하기
12. 가족원의 정서적 지지능력 정도 탐색하기
13. 가족원의 부정적 감정표현이 가능하도록 지지적 환경 만들기
14. 가족원의 내면적 역동과 가족관계의 문제에 초점 두기
15. 개인의 성장발달과 가족의 성장발달에 초점 맞추기

출처: 한재희 외 (2013).

4. 상담기법

1) 경청과 분석적 중립 유지하기

대상관계 상담에서는 가족의 변화나 호소문제를 성급하게 해결하려는 압박감을 느끼지 않도록 주의해야 한다. 그러므로 가족원이 상담과정에서 자신을 저항하지 않고 솔직히 드러낼 수 있도록 경청하는 것이 매우 중요하다. 또한 가족상담자는 가족이 제공하는 정보의 의미를 선입견이나 편견 없이 받아들이고 내담자가족의

장점과 단점 모두를 탐색하는 분석적 중립 태도가 필요하다(Nichols, 2010, 김영애 외 공역, 2011).

2) 버텨주기

대상관계 가족상담에서 가장 중요하게 생각하는 상담자의 태도는 버텨주기이다. 이것은 어머니가 말 못하는 유아의 마음과 욕구를 공감적 태도로 알아차리고 적절하게 반응해 줌으로써 유아가 좋은 어머니(대상)를 통해 자신을 사랑받는 좋은 자기로 느끼는 것과 유사한 개념이다. 즉, 상담자는 경청과 중립적 태도도 중요하지만 내담자의 경험에 대한 깊은 공감과 수용적 태도, 내담자의 갈등과 불안을 담아내는 태도를 보여줌으로써 내담자도 주변의 다른 사람과의 관계를 이해하고 수용하는 태도를 갖도록 버텨주는 것이다(김진숙, 2001).

3) 해석하기

(1) 저항해석

내담자는 자신이 숨기고 싶은 감정이나 욕구를 드러내야 할 때 느껴지는 불안으로부터 자신을 보호하기 위해 저항현상을 나타낸다(서혜석 외, 2012). 대상관계 가족상담에서 주의할 저항해석은 한 개인이 나타내는 저항이 다른 가족원의 숨겨진 저항을 나타낼 수 있음을 파악하는 것이다(Scharff & Scharff, 1991, 이재훈 역, 2006).

말썽을 피우는 딸 때문에 상담을 신청한 어머니가 딸이 가족상담에 오는 것을 싫어한다고 말하는 경우

- 가족상담에 대한 딸의 개인적 저항으로 분석할 수도 있지만, 실제로는 상담의 효과를 믿지 않거나 딸 때문에 상담실에 오지만 자신의 욕구를 드러내고 싶지 않는 어머니의 저항을 딸이 대신 나타낸 것일 수도 있다.

(2) 전이해석

Freud(1895)는 처음에는 전이를 내담자들이 과거 주요 대상에게 경험했던 감정을 상담자에게 왜곡되게 연결시키는 방식이라고 정의하고 상담에서 전이를 부정적으로 해석해야 된다고 주장하였다. 그 후 Freud(1905)는 전이를 정신분석에서 필요한 과정이며 초기 주요 양육자와의 관계와 연결하여 해석할 필요가 있다고 긍정적으로 수정하였다.

개인상담에서 전이해석 사례

상담자가 상담시간에 늦게 나타나자, 내담자가 상담이 효과가 없다고 말하면서 불만을 표현하는 경우

- 어린 시절 부모가 약속을 잘 지키지 않은 경험이 있는 내담자가 상담자의 지각으로 인해 자신이 어릴 때처럼 무시당했다고 느낀 것이다. 그러나 이것을 직접 표현하지 못하고 상담 효과가 없는 것 같다고 불만을 표현하거나 상담에 저항적 태도를 보이는 것이다. 이러한 태도는 어릴 때 부모에게 하던 방식과 유사하다.

한편, 가족상담에서의 전이는 더욱 복잡할 수 있다. 가족원들은 이미 각자의 전이를 가지고 있기 때문에 한 상담자에게 가족이 보내는 전이는 복잡할 수 있다(Scharff & Scharff, 1991, 이재훈 역, 2006). 왜냐하면 상담실에서 보이는 가족들의 반응은 가족 간의 상호작용에서 나타나기도 하지만, 가족원 각자의 심리내면에 있는 자기표상 또는 대상표상들이 재현되는 것으로도 볼 수 있기 때문이다.

가족상담에서 전이해석 사례

말썽꾸러기 아들을 둔 부부가 상담실에서, 아버지는 아들의 친구관계나 성적을 가지고 자꾸 비난하고, 아들은 아버지가 말하는 동안에 자꾸 딴 짓을 하고 있으며, 어머니는 눈치만 보고 아무 말도 하지 않고 있다. 가족들이 이러한 태도에 대해 상담자는 아들의 잘못을 지적하는 아버지와 딴 짓을 하는 아들, 그리고 아무 말도 하지 않고 있는 어머니에 대해 불편함을 느낀다.

- 우선 아버지는 어릴 때 마음에 들지 않는 친구가 있다면 먼저 시비를 걸어서 친구들을 화나게 하거나 폭력을 당한 경험이 있다. 그래서 가족관계에서도 먼저 아내나 아들을 비난하거나 자극하여 그들로 하여금 화를 내고 잘못된 행동을 하도록 투사하는 경향이 있다. 또한 상담자에게도 불편한 감정을 느끼게 하여 상담자가 스스로 상담을 중단하거나 빠른 종결을 하도록 유도한 것으로 해석할 수 있다.
- 아들의 경우는 싸움을 자극하고 비난하는 아버지와의 대상관계방식을 내사하여 학교에서 친구들을 자극하거나 먼저 싸움을 거는 등, 결국에는 자신이 피해자(왕따)의 위치에 서도록 행동을 반복하고 있다고 해석할 수 있다.
- 어머니의 경우는 남편이 투사한 자기표상처럼 소극적이고 회피적인 피해자의 모습을 내사한 것으로, 이처럼 남편의 투사를 받아들이는 이유는 원가족에서 그러한 모습에 익숙해져 있기 때문으로 해석할 수 있다.

출처: Scharff & Scharff (1991). 이재훈 역 (2006).

(3) 역전이해석

초기 정신분석기법에서는 역전이를 내담자의 자극에 의해 상담자가 숨겨두었던 해결하지 못한 갈등이 나타나는 것으로, 상담자는 반드시 이것을 멀리해야 한다고 부정적으로 보았다. 그러나 클라인 학파인 Heinlich Lachka는 자신의 논문 〈역전이의 의미와 사용〉(1957)에서 '역전이는 가족상담에서 가장 유용한 도구'라고 주장하였으며, 역전이는 상담자의 문제에서 발생하는 것이 아니라 내담자의 투사를 받아들이는 상담자의 투사적 동일시 과정이라고 하였다.

역전이는 상담자가 내담자의 자기표상이나 대상표상과 동일시할 때 일어나는 것으로, 상담자가 역전이를 알아차려서 내담자와 더 깊은 공감과 라포를 형성하는 것이 중요하다. 그러므로 상담자는 자신의 미해결문제로 상담에서 역전이가 일어나지 않도록 자기치유작업을 먼저 할 필요가 있다(Scharff & Scharff, 1991, 이재훈 역, 2006).

1. **내담자가 폭력적인 남편으로부터 위협을 느꼈다고 말할 때, 상담자가 내담자의 남편에 대해 분노를 느끼거나 내담자의 안전에 대해 불안을 느끼는 경우**
   - 상담자가 내담자의 자기와 동일시하여 역전이가 일어났거나, 상담자 역시 원가족이나 현재 가족에서 가정폭력과 관련된 경험이 있어 자신의 분노를 느끼고 있는 것으로 해석할 수 있다.
2. **내담자가 상담자에게 상담에 대한 절차나 비용 등에 대해서 힘듦을 호소하거나 상담자의 해석이 자신을 공격하는 것 같다고 불평하여, 상담자가 공격성이나 좌절감을 느끼는 경우**
   - 내담자가 불만스러워 화를 내고 싶은 대상을 상담자가 동일시한 경우이거나, 상담자 자신의 경험 중에서 돈이나 절차와 관련된 미해결문제가 남아 있어 공격성이나 좌절감을 느꼈다고 해석할 수 있다.

(4) 지금-여기 관계 경험해석

대상관계 상담에서는 과거의 경험이나 상담실 밖의 경험인 "그때-거기"의 경험이 상담자와 내담자와의 "지금-여기" 관계에서 일어나는 경험과 관련성이 있는지를 나눈다. 왜냐하면 내담자의 대상관계 경험은 상담실의 지금-여기에서 재연될 가능성이 많으므로, 좋은 대상관계 경험을 제공하는 상담관계에서 과거의 힘들고 어려웠던 대상관계 경험을 다루는 것이 보다 안전하고 성공할 가능성이 높기 때문이다(김진숙, 2001). Michael Stadter는 내담자가 자기 자신과 상담자, 그리고 다른 사람을 대하는 방식을 자기(self)와 사람삼각형 도식으로 제시하였다.

T (Therapist): 상담자
P (Past): 과거
O (Other(s)): 타인
S (Self): 자기

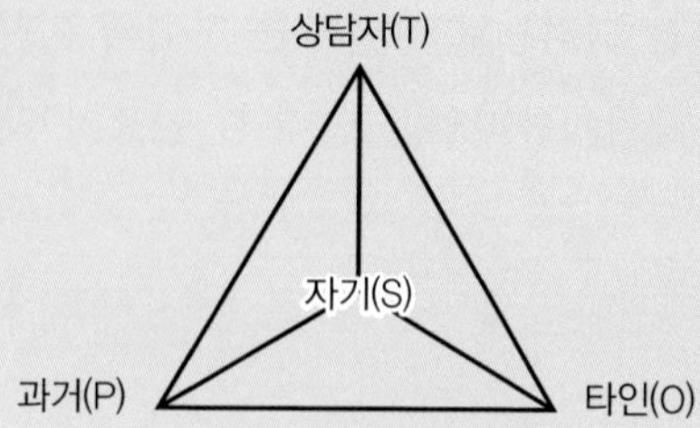

다음은 앞에서 다루었던 발표불안이 있는 남자대학생의 사례를 자기와 사람삼각형 도식을 활용하여 해석한 것이다. 앞의 사례를 간단히 요약하면 다음과 같다.

> 20대 중반의 남학생은 수업시간 발표불안과 친구문제로 상담실을 찾아왔다. 그는 평가받는 것에 대한 두려움으로 인한 발표불안과 과제 약속을 잘 지키지 않는 친구들에 대한 실망감으로 혼자서 책임을 지려고 하는 부담감을 호소하였다. 자수성가한 아버지는 아들이 자신보다 더 잘되기를 바라는 마음이라고 하며, 칭찬보다 비난을 더 많이 하였으며 자신의 뜻대로 되지 않는 아들에 대해 실망감을 많이 느꼈다. 한편 내담자는 상담효과에 대해서 회의적이었다.

- T-S 해석 : 상담을 해도 효과가 없을 거라 느끼고 있네요(T : 상담자). 이것은 종종 어릴 때 자신이 아버지의 기대와는 달리 성공하지 못할까봐 느끼는 것이기도 합니다(S : 자기).
- P-S 해석 : 발표 준비나 과제 준비를 열심히 했음에도 스스로를 인정하지 않는 것 같네요(S: 자기). 지금 자신을 대하는 방식은 당신 아버지가 당신을 대하던 방식처럼 보입니다(P : 과거).
- O-S 해석 : 자신이 어떤 일을 하든지 더 열심히 해야 한다고 느끼는군요(S : 자기). 이것은 과제활동에서 다른 친구들도 노력을 하지만 만족하지 못하고 자신이 책임을 다 맡으려고 하는 것과 비슷하네요(O : 타인).

출처: Stadter (1996). 이재훈 외 공역 (2006).

4) 과거의 경험을 새롭게 통찰하기

내담자는 자신을 힘들게 했던 과거의 대상관계방식을 무의식적으로 현재의 사람들이나 상담자와 재연하려고 한다. 그러므로 상담자는 이러한 것을 미리 인식하고 통찰하여 내담자가 과거의 경험을 되풀이하고자 할 때, 과거의 중요한 사람과는 다른 태도로 반응하는 것이 중요하다. 이러한 것을 교정적 정서 경험이라 한다(장진아, 2014).

5) 종결하기

주요한 대상과의 분리불안을 중요하게 다루는 대상관계상담에서는 상담종결 경험을 매우 중요하게 생각한다. 왜냐하면 누군가와 이별하는 것은 매우 힘든 일이기 때문이다. 내담자와 함께 종결을 직면하고 상실과정을 수용하며 그러한 과정의 느낌을 애도하는 것은 중요한 발달과정에 속한다. 그러므로 종결을 미리 예고하고 서로 협의하는 것이 좋다(장진아, 2014).

5. 사례 연구

1) 개요

1남 3녀를 둔 내담자(여, 48세, 주부)는 피로감과 무기력증, 우울감으로 상담실을 찾았다. 주요 호소문제는 우울증과 막내아들(중2)의 게임몰입이다. 아들이 사춘기라서 그런지 엄마 말은 전혀 듣지 않고 야단을 치면 방에서 나오지도 않고 얼굴도 보지 않으려 한다. 이럴 때 남편이 도와주면 좋겠는데, 남편은 자기 일이 바쁘다는 이유로 집안일에는 관심이 없다. 더구나 약 1년 전 남편이 자주 다니던 술집의 여자와 외도를 하여 이혼 위기를 겪었고, 아이들이 다 자라서 공부를 마치고 나면 이혼을 하고 내 인생을 살아야지 하며 견디고 있다.

내담자는 원가족에서 1남 2녀 중 둘째로, 딸로서는 장녀로 태어났다. 고향에서 조합장 등 유지로 활동하던 아버지와 훈장 딸로 성장한 어머니 밑에서 장녀로 자라면서 모범생으로 성장하였다. 대학에 진학하고 싶었으나 1살 위인 오빠가 재수를 하는 탓에 대학 진학을 포기하고 아버지의 소개로 농협에 근무하다가 친척 어른의 소개로 남편을 만나 결혼하였다.

신혼 때부터 시어머니와 시누이, 시동생과 함께 생활하였는데 시집살이가 너무 심했다. 시아버지가 일찍 돌아가시고 시장에서 식당을 하며 자녀를 키운 시어머니의 유세가 심해서 많이 힘들었다. 현재 시누이들은 결혼하여 분가를 하였지만 막내인 시동생은 40살이 되도록 특정한 직업도 없이 지내다가 최근에 베트남 아가씨와 결혼하였다. 그러나 시어머니의 뜻에 따라 매우 가까운 곳에 집을 얻어 생활하고 있어 지금도 내담자는 식사부터 생활 전반을 거의 해주고 있는 중이다. 한평생 착하게 열심히 살아온 것 같은데 자녀들도 제대로 키우지 못한 것 같고 남편의 사랑도 받지 못한 것 같아 너무 억울하고 힘들다고 호소하고 있다.

남편(52세)은 2남 2녀 중 장남으로 장사(식당업)를 하시던 부모님의 바람대로 대학을 마치고 공무원이 되었다. 평상시에는 거의 말이 없으나 술을 마시면 말을 하는 편이다. 직장에서도 매우 성실하다는 평을 받고 있으며, 외부의 사람들은 매우 좋은 사람이라고 평가를 한다. 그러나 자신의 현재 가족들에게는 무심한 편이다. 성격은 좋지만 경제적으로 무능력했던 아버지가 고등학교 1학년 때 돌아가시고 나서 식당을 하면서 자신과 동생들을 키우신 어머니에 대한 미안함이 많다. 결혼의 조건으로 어머니를 모시고 사는 것을 아내에게 제안할 정도로 시어머니를 비롯한 시댁 식구들의 일에는 적극적으로 임한다.

2) 가계도

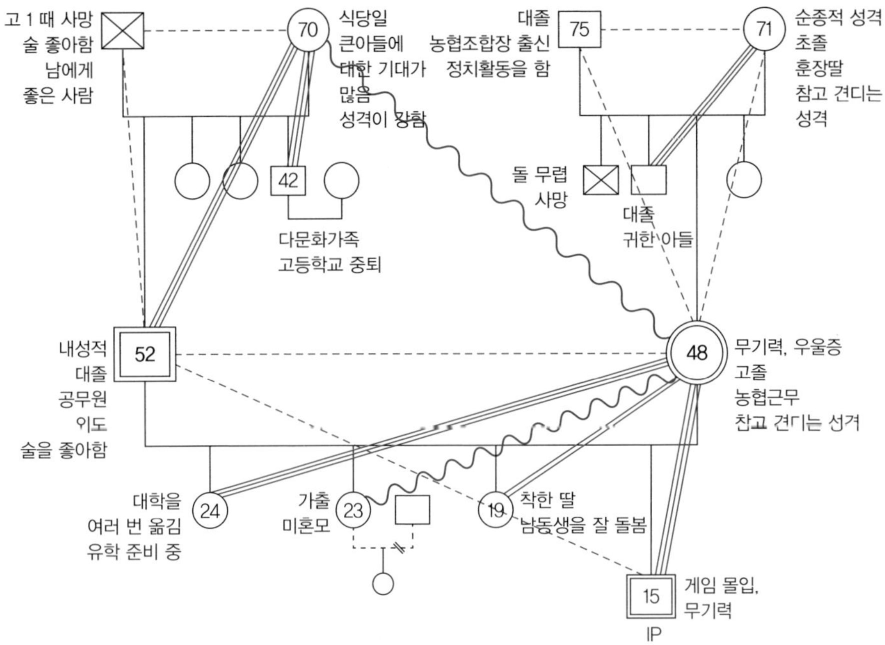

❖ **그림 3-2** 가계도

3) 대상관계 가족상담의 적용

(1) 상담목표 및 가설설정

대상관계가족상담의 목표는 어린 시절 주요한 양육자와의 관계경험방식이 현재 가족에게 미치는 영향력과 부정적 정서를 표현하도록 하여, 실제 생활에서 현실적이고 수용적인 대인관계를 할 수 있도록 돕는 것이다. 이를 위해서는 가족원의 어릴 때 경험에서 습득한 부정적 정서를 표현하도록 돕고 이러한 감정정화과정을 통해 가족원 서로 있는 그대로의 각자의 모습을 인정하도록 할 필요가 있다. 또한 사람의 심리발달과정의 이해를 통해 사춘기 자녀의 심리를 이해하고 이를 통해 부모와 자녀가 서로 분리개별화하도록 지지해야 한다. 대상관계 가족상담이론을 바탕으로 다음과 같은 가설을 세울 수 있다.

① 아내의 대상관계 패턴이 부부생활에 미치는 영향

친정어머니는 훈장님인 아버지의 뜻에 따라 한자공부를 많이 한 것에 대한 자부심이 강했으나, 초등학교만 졸업했다고 무시하며 바깥일에 더 관심이 많은 친정아버지에게 순종적으로 묵묵히 뒤에서 도와주는 것으로 자신의 역할을 하였다. 특히 첫 아들이 돌 무렵 홍역 때문에 죽자 몹시 상심하였으며, 이후 태어난 둘째 아들 역시 몸이 약해서 늘 신경을 쓰고 살았다. 그러기에 딸인 내담자에게는 거의 신경을 쓰지 못했다.

아내는 어린 시절 경험을 통해 "딸인 자신은 가만히 있으면 아무도 존재를 인정해 주지 않는 쓸모없는 존재"라는 자기표상을 가지게 되었으며, 스스로 자신의 존재의 의미와 중요성을 믿지 못하게 된 것이다. 아내가 가지게 된 대상표상은 "다른 사람을 있는 그대로 수용하기보다는 보조적 역할로만 판단하고 거부하는 존재"로만 인식되었고, 이러한 경험을 통해 자신에게 무조건 힘이 되어주는 대상이 존재할 것이라는 믿음이 없이 성장하였다.

그리고 아내는 자신의 어머니가 아버지의 무시와 외도를 견디는 방식을 내사하여 부모로부터 사랑받지 못하여 생긴 슬픔과 원망감, 좌절감을 직접 표현하기보다는 묵묵히 견디는 방식으로 성장하였으며, 결혼이라는 새로운 대상관계에서 자신의 존재를 인정받기 위해 무척 노력하며 살아왔다. 그렇지만 남편과 시부모가 어린 시절 부모님처럼 자신의 노력에 대해 인정해 주지 않고 더 많은 것을 요구하고 아내이자 어머니라는 자신의 존재를 인정받게 한 아들마저 자신의 뜻과 달리 공부보다는 게임에 빠지자, 실제보다 훨씬 더 큰 슬픔, 분노, 원망감과 좌절감을 느끼게 되었다. 그러나 어릴 때부터 이러한 부정적 감정을 표현하기보다는 참고 견디는 방식에 더 익숙하였기에 신체화 증상으로 자신의 아픔을 나타내고 있다.

❖ **표 3-2** 아내의 대상관계패턴 형성 과정

구분	자기표상 (아내의 인식에 비춰진 자기)	대상표상 (아내의 인식에 비춰진 어머니)
이미지	누구도 딸로서의 자신의 존재를 인정해주지 않아 슬퍼함	자신도 여자이면서 딸을 아들을 위한 보조적 역할로 판단하고 거부함
정서	슬픔, 분노, 원망감, 좌절감	
대처방식	착한 큰딸 역할을 함. 혼자 견딤	남편의 무시를 참음. 감정표현 안 함

② 남편의 대상관계패턴이 부부생활에 미치는 영향

남편의 아버지는 어머니와 함께 식당일을 하였으나 술과 친구를 좋아하였으며 힘든 일이 있을 때에는 그 친구들과 어울리는 것으로 회피하였다. 그래서 외부 사람들로부터 성격이 좋은 호인이라는 평가를 받았으나 집안에서는 무관심하고 무능력한 아버지라는 평가를 받았다. 남편은 아버지의 사망 이후 자녀들을 키우기 위해 고생하시는 어머니로부터 아버지 대신 애정과 기대를 동시에 받으며 자라났다.

이러한 경험을 통해 남편은 "타인의 기대에 보답해야 한다는 부담감과 그를 통해서만 인정을 받을 수 있는 존재"라는 자기표상과 "가족보다는 타인을 통해서만 인정받는 존재"라는 대상표상을 가지게 되었다. 그리하여 아내와 시댁의 갈등은 남편으로 하여금 어린 시절부터 가지고 있던 어머니와 동생을 외부 세력으로부터 보호해야 한다는 부담감을 자극하여 본가 식구들에게 더욱 친밀한 태도를 갖도록 하였다. 이것은 아내로 하여금 소외감을 느끼게 하여 자녀에게, 특히 아들에게 더욱 친밀한 관계를 갖도록 하였으며, 이러한 과정에서 가족원에 속하지 못한다는 외로움을 느낀 남편은 외부에서 위로를 받고자 외도를 하게 되었다.

❖ **표 3-3** 남편의 대상관계패턴 형성 과정

구분	자기표상 (남편의 인식에 비춰진 자기)	대상표상 (남편의 인식에 비춰진 아버지)
이미지	어머니의 기대에 따라 성공해서 보답해야 한다는 부담감이 많음	사람좋다는 평가는 받지만 실제는 무능하고 가족에게 외면당함
정서	부담감, 외로움, 죄책감, 분노	
대처방식	타인의 기대에 부응하려고 노력함	타인에게 인정받으려고 노력함

③ 부모의 대상관계 패턴이 아들에게 미치는 영향(분열, 투사, 투사적 동일시)

IP(아들)의 어머니는 자기 존재 그대로 인정받지 못한 자기표상과 타인을 거부하고 보조적 역할로만 판단하는 대상표상을 가지고 있고, 아버지는 타인의 기대에 보답해야만 하는 자기표상과 외부에서만 인정을 받는 대상표상을 가지고 있다. 부모님의 이러한 자기표상은 자신들의 있는 모습 그대로 수용하기보다는 "좋은" 면과 "나쁜" 면을 인위적으로 구분하는 경직된 태도, 즉 분열적 태도를 가지게 하였다. 즉, IP(아들)의 부모들은 타인에게 좋게 보이려고 하는 행동은 무조건 좋고, 다른 사람에게 화가 나거나 짜증을 내는 것은 자연스럽지 못한 무조건 나쁜 행동이라고 판단하여 주변 사람에게 무조건 잘 보이려고 노력하며 생활하였다. 또한 어린 시절 성장과정에서 내사한 대상표상을 주변 사람에게 투사하여, 주변 사람들을 있는 그대로 수용하기보다는 자신을 거부하거나 요구만 하는 사람으로 지각하였다.

IP(아들)는 어릴 때에는 부모의 기대대로 공부도 열심히 하고 말 잘 듣는 착한 아들로 성장하였다. 그러나 자신의 노력에도 불구하고 있는 그대로의 자신을 인정하기보다 지나친 기대를 하는 어머니의 지속적인 태도와 비난, 아버지의 무관심하지만 은근한 강요로 인해 결국 더욱 무기력해지고, 공부보다는 친구나 컴퓨터에 몰두하는 모습을 가지게 되었다. 그 결과 IP(아들)의 무기력한 태도는 부모를 더욱 자극하고, 그래서 부모는 더 큰 걱정과 비난을 통해 아들의 무기력을 또 자극하는 등 악순환이 되풀이되고 있는 것이다.

그리고 이러한 과정에서 주변 사람들, 특히 아들로 하여금 투사적 동일시를 일으켜 부모로 하여금 거리감을 두고 거부하도록 무의식적으로 유도하였다. IP(아들)의 어머니는 자신에게 누군가를 도와주어야만 인정을 받는 존재라는 부정적 감정을 가지고 있고, 아버지 역시 타인의 기대에 보답해야 한다는 부정적 감정을 가지고 있기에 두 사람은 누군가가 친밀해지는 것에 대한 불안감이 있다. 그러므로 어머니는 신체화 증상으로, 아버지는 외부로 회피하는 것으로 친밀한 관계를 단절하는 것이다. 이것은 IP(아들)의 부모가 자신들의 대상관계를 투사적 동일시를 통해 현실관계에서 지속적으로 반복해 오는 방식이다.

④ 분리와 개별화 관점에서 살펴본 IP(아들)에 대한 이해

중학교 2학년인 아들(IP)의 나이는 독립과 친밀함이 충돌하는 제2분리 개별화시기로 부모로부터 독립하고 싶지만 독립하면 버림받을까 두렵고 다시 친밀해지려면 부모의 뜻대로 살아야 할 것 같아 두려운, 양가감정의 소용돌이 속에 있는 시기이다. 한편 친정어머니로부터 아들을 통한 존재감 인정과 그러한 아들을 잃게 될까에 대한 분리불안을 물려받은 어머니는 아들이 사춘기가 되어 독립하려 하는 것을 인정하고 받아들이기가 무척 힘들었을 것이다. 그러므로 아들은 이러한 복잡한 감정을 소화하고 독립을 향해 나아가기에는 너무 힘이 들어 자기만의 방에서 컴퓨터를 하거나 외부에서 친구와 어울리는 것으로 자신의 불안을 떨쳐 버리려고 하는 것이다.

(2) 상담 개입

부부의 어린 시절 경험이 현재 부부관계나 자녀양육에 미치는 영향력을 다루는 과정에서, 서로 상대방의 탓이라고 비난할 가능성이 있었다. 그래서 우선 부부를 대상으로 부부상담을 하면서 부부 각자의 어린 시절 경험의 아픔에 대해 공감하고 경청하는 것을 먼저 진행하였다. 이러한 가정에서 부부 각자가 서로 아픔이 있음을 공감하고 동시에 투사나 투사적 동일시가 일어나지 않도록 부드럽게 해석해 주

었다. 그리고 부부의 어린 시절 경험이 자녀양육에 미치는 영향력과 사춘기 자녀에 대한 부모교육을 실시한 후에, IP(아들)를 가족상담에 참여시켰다. 이것은 IP(아들)의 문제행동이 가족 간 서로 영향을 주고받은 결과임을 알게 된 부모가 아들에게 보다 수용적이고 공감적인 부모역할을 할 수 있기 때문이었다. 이후 상담에서는 아들이 가족에서 느끼는 감정을 부모 앞에서 표현하도록 지지하고, 이를 통해 부모가 아들에게 좋은 대상이 되는 과제 등을 제시하였다. 부모는 사춘기 자녀의 독립적 성향을 인정하고 예전보다 자율적 행동을 더 인정해 주었으며, 부부는 부부 중심의 생활을 하겠다는 약속을 하였다.

활동하기

1. 영화 〈실버 라이닝 플레이북(silver linings playbook)〉에서는 분노조절문제가 있는 남자주인공이 아내의 외도를 목격한 뒤 극심한 분노를 표출하고 이로 인해 이혼과 정신과 치료를 받는 과정을 보여주고 있습니다. 이 영화에서 남자주인공은 자신이 건강을 찾게 되면 아내가 돌아오고 그러면 자신의 문제가 해결된다고 보고 있으며, 남자주인공의 아버지는 가족보다는 풋볼게임에 빠져 있습니다. 이 영화를 시청한 후 그러한 아버지와 남자주인공의 주요 감정을 살펴보고, 남자주인공이 아버지와의 관계에서 경험한 대인관계방식에 대해 분석해 봅시다.

2. 감정일기를 활용한 대상관계패턴 탐색과 수정하기
   1) 현재 자신이 대인관계에서 느끼는 힘든 점과 이와 관련된 자신의 감정, 생각을 떠올려 봅시다. 또한 이때 상대방의 감정, 생각 등도 추측해 봅시다.
   2) 과거의 경험 중에서 위의 현재 상황과 유사했던 상황이 있는지 떠올려 봅시다. 그리고 그때 자신의 감정이나 생각을 떠올려 봅시다. 또한 상대방의 그때 감정이나 행동을 추측해 봅시다.
   3) 과거와 현재의 상황에서 자신의 대처행동의 공통점과 차이점을 생각해 봅시다.
   4) 비슷한 경우: 만약 과거로 돌아간다면 어떤 다른 대처행동을 할지 생각해 봅시다.
   5) 다른 경우: 어떻게 과거와 현재에 다른 대처행동을 할 수 있었는지 생각해 봅시다.
   6) 이 활동을 하고 난 뒤 현재와 과거의 자신에 대한 느낌이 어떤지 살펴봅시다.

FAMILY COUNSELING

04

CHAPTER

Bowen 다세대가족상담

1. 개요

2. 주요 개념

3. 상담목표와 상담과정

4. 상담기법

5. 사례 연구

04 CHAPTER

Bowen 다세대가족상담

1. 개요

사람들은 개인이나 가족의 문제에 대해 '조상 탓'을 하거나 '조상의 죄'를 운운할 때가 있다. 이는 비과학적인 주장으로 보이지만, 암암리에 현재의 문제가 오랜 시간을 거슬러 윗세대의 문제와 연관되어 있다는 일반적인 믿음을 시사한다.

미국의 정신과 의사였던 Murray Bowen(1913~1990)은 개인의 증상을 다세대가족의 맥락에서 보고 가족 정서과정에 대한 가족체계이론을 구축하였다. Bowen은 가족의 정서과정이 핵가족을 넘어 여러 세대를 통해 지속되며, 이전 세대에서 제대로 해결되지 않은 문제는 다음 세대로 넘어가서 문제를 일으킨다고 보았다.

Bowen의 가족에 대한 관점은 자연체계이론(natural system theory)에 기반을 두었는데, 인간과 인간의 가족은 다른 생명체와 마찬가지로 '자연의 법칙에 따라' 동기화된 것으로 가정하였다. 그가 주목한 자연의 법칙은 당기는 힘(연합성)과 미는 힘(개별성) 간의 균형이었다. 가족은 일종의 정서적 단위(emotional unit)로 가족원은 가족이라는 '정서적 장(emotional field)' 안에서 반응하는 정서적 자극의 복합체라고 보았다. 그러나 우리 자신이 속한 정서적 장을 감지하는 것은 쉽지 않다. 따라서 가족으로부터 한 걸음 뒤로 물러나 가족의 정서적 과정을 이해하는 것이 필요하다.

Bowen은 정신질환(mental illness)이라는 용어 대신 정서질환(emotional illness)이

라는 용어를 선호했는데, 정서과정이 강해질수록 가족원은 서로 의존성이 높아지며 정서적 반응성이 높아진다고 보았다. 특정 가족을 기능적 가족과 역기능적 가족으로 나누는 것은 의미가 없으며, 모든 가족은 덜 심각한 문제에서 매우 심각한 임상문제까지 일련의 연속선상 위에 존재할 뿐이라고 보았다.

정신의학 전문가로써 Bowen은 조현병(정신분열증)에 관심을 갖고, 조현병 환자의 모자관계에서 강렬한 불안애착과 불안격리의 정서적 긴장이 주기적으로 반복되는 현상에 집중하였다. 이러한 병리적 애착을 '모자공생(mother-child symbiosis)'이라고 했는데, 어머니와 성인 조현병 자녀가 서로에 대한 정서적 개입이 지나치게 심한 나머지 별개의 두 사람이 아닌 하나의 존재 또는 하나의 자아로 간주될 정도의 강한 심리적 융합상태를 가짐을 의미한다(Bowen, 1978). 인간을 포함한 포유류는 출생 직후 엄마와 완전한 융합상태이자 공생상태로 삶을 시작하나 독립된 성인으로 자라면서 어머니에게서 떨어져 나가는 것이 자연스러운 성장과정이다. 그러나 조현병 환자의 경우에는 자녀에 대한 어머니의 개입의 정도가 매우 강렬하며, 이 정서적 강도는 자녀가 성인이 될 때까지 계속 이어진다.

미국립정신보건연구소(National Institute of Mental Health: NIMH)에서 일하게 된 Bowen은 초기에 주목하였던 어머니와 성인자녀 간의 강렬한 관계는 사실 전체 가족원 모두가 관여된 과정으로, 아버지와 형제 등 모든 가족원이 문제를 키우고 유지하는 데 역할을 하는 것으로 보고, 삼각관계, 핵가족 정서체계 등의 개념을 발전시켰다. 1959년 미국립정신보건연구소(NIMH)에서 조지타운대학교 의과대학으로 직장을 옮긴 Bowen은 이후 31년간 포괄적인 다세대가족상담이론을 세우는 데 힘을 쏟았다. 그의 가족체계이론은 가장 체계적이고 영향력 있는 가족상담이론으로 정립되었으며, 1978년 출간된 그의 저서 《임상현장에서의 가족치료(Family Therapy in Clinical Practice)》(1978)는 다세대가족에 대한 Bowen의 통찰을 보여주면서 가족상담의 역사에 큰 업적을 남겼다.

2. 주요 개념

Bowen 가족상담이론은 8가지 핵심개념을 포함하며, 이 개념들은 '불안'과 관련되어 있다. Bowen은 인간의 삶에는 늘 만성불안(chronic anxiety)이 존재한다고 가정한다. [그림 4-1]은 이인(네모와 동그라미)관계의 융합과 만성불안의 정도를 보여 준다. 관계 A는 강한 연합성을 보이는 미분화상태다. 관계 A에서는 두 사람 간의 정서적 상호의존이 너무 높아 매우 높은 수준의 만성불안을 만들어 낼 수 있다. 관계 B와 관계 C는 점진적인 분화상태를 보여 주며, 관계 D는 이론적 수준에서의 완전한 분화로 만성불안을 발생시키지 않는다.

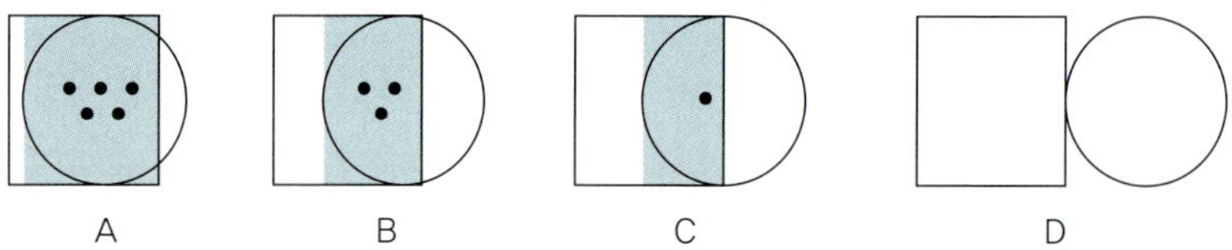

❖ **그림 4-1** 분화와 만성불안

주: • 만성불안의 정도
출처: Kerr & Bowen (2005), p. 101.

1) 자기분화

자기분화(differentiation of self)는 Bowen 이론의 핵심 개념으로, 자기 자신으로 기능(function as a self)하는 과정 또는 원가족의 정서적 혼돈에서 자유로워지는 과정, 또는 연결성과 개별성 간의 균형 등을 의미한다. 또한 정신내적으로는 사고와 감정을 분리할 수 있는 능력, 대인관계적으로는 자신과 타인 사이의 분화를 의미한다. 개인의 기능수준이나 인간적인 성숙도와 직결되는 개념이기도 한데, 분화 수준이 높은 사람은 자율적이고 독립적일 뿐만 아니라 타인과 잘 연결되어 있다. 분화의 정도가 높을수록 타인과의 정서적 융합이 적으며, 자아감이 확실하고 분명한 신념을 갖는다.

모든 상호작용에 입각한 관계의 성격은 정적인 관계라기보다 역동적인 평형상태에 가깝다. 이러한 관계균형을 유지하기 위해 관계 안에서 서로 조절하면서 체계의 역동적 특성을 만들어낸다. Bowen은 미분화 가족 자아군(undifferentiated family ego mass)이라는 개념을 제시했는데, 이는 온 가족이 감정적으로 한 덩어리가 되어 정서적으로 함께 고착되어 있는 상태를 의미한다. 융합이라고 할 정도로 지나치게 가까운 상태는 상대에 대한 정서적 반응성을 높이고, 관계를 불편하게 만듦으로써 결과적으로 상호 거부를 초래한다. 자신과 다른 관점을 가진 사람을 비난하거나 관계체계에서 등을 돌려 정서적 연결을 끊는 행위, 스트레스 상황에서 기능이 현저히 저하되는 상태 등은 모두 분화능력이 떨어지기 때문이다.

개인의 분화 수준은 기본분화와 기능분화로 분류된다. 기본분화(basic differentiation)는 원가족의 분화 수준, 즉 다세대 정서과정에 의해 결정되는 분화 수준이다. 기본분화 수준은 개인의 노력과는 무관하며 원가족과의 정서적 분리 수준에 의해 결정된다. 반면 기능분화(functional differentiation)는 현재에 맺고 있는 관계과정에 의존하는 기능으로, 개인이 원가족에게서 물려받은 기본분화 수준보다 높거나 낮게 기능할 수 있다. 예를 들어 기본분화 수준이 동일하게 50인 남성과 여성이 만나 결혼했을 때, 이들의 기본분화 수준은 같을지라도 결혼관계과정에서 기능분화가 '교환'될 수 있다. 즉, 남편의 기능분화 수준은 40으로 저하되고 아내는 60으로 증진될 수 있는데, 이러한 교환과정은 관계의 불안을 경감시키려는 의도와 관련이 있다. 이러한 경우 부부체계의 기본분화의 평균수준은 여전히 50으로 동일하나, 관계 속의 개인의 기능분화 수준에는 차이가 발생된다.

만성두통을 앓는 청년과 낮은 분화 수준

의대에 가기 위해 삼수 중인 영수(가명)는 심각한 만성두통으로 상담실을 찾아왔다. 할아버지와 아버지는 모두 의사이며, 장남인 영수가 의대에 진학하여 의사가 되는 것을 당연하게 생각하고 있다. 그러나 영수는 어릴 때부터 요리하는 것을 좋아하여 요리사가 되고 싶었지만 어른들의 반대로 포기하고 의대 진학을 위해 공부 중이다. 영수의 만성두통의 원인은 집안 어른들의 요구에서 자유로워질 수 없어 부모의 원대로 의사가 되고자 하는 생각과 그에 반하여 자신의 장래희망을 포기하는 것에 대한 감정(억울함과 원망감)의 불일치에 의한 신체화 증상으로 보였다. 부모는 자녀를 독립된 존재로 인정하지 않고 자신들이 원하는 직업을 갖도록 강요하고, 성인이 된 자녀는 자신의 원함을 요구하면 부모로부터 버림받을까봐 두려운 정서를 느끼고 신체적인 두통을 통해 나타내고 있는 것이다. 즉, 영수는 자기 자신으로 기능하는 데 어려움을 가지고, 부모의 인정에 의존해 기능하는 융합된 모습을 보이고 있으며, 부모 또한 자신들의 기대와 욕구를 장남에게 투사하는 미분화된 양상을 보이고 있다.

2) 삼각관계

삼각관계(triangles)는 Bowen 이론의 또 다른 핵심개념으로, 가족 내 불안과 긴장을 해소하기 위해 만들어지는 삼인체계의 정서적 역동을 의미한다(Kerr & Bowen, 1988, 전영주 외 공역, 2005). 안정된 개인이나 이인관계(dyad)는 삼각관계가 필요 없지만, 이인관계가 불안정해지면 불안이 증가하면서 긴장을 해소하는 방법으로 삼각관계가 만들어진다. 불안정한 이인관계에서 제삼자의 개입은 삼각관계를 통해 두 사람 사이에 확산되어 있는 불안을 감소시켜 주기 때문이다. [그림 4-2]에서 왼쪽의 첫 번째 이인관계는 안정된 관계를 보여 주며, 두 번째 그림은 긴장된 이인이 불안을 덜기 위해 관계에서 불편함을 더 많이 느끼는 A가 제삼자인 C를 관계에 끌어들이는 과정이다. 세 번째 그림은 삼각관계의 결과로 이인관계의 갈등이 B와 C 간의 관계로 이동한 것을 볼 수 있으며, 그 결과 A와 B의 관계는 편안해진다.

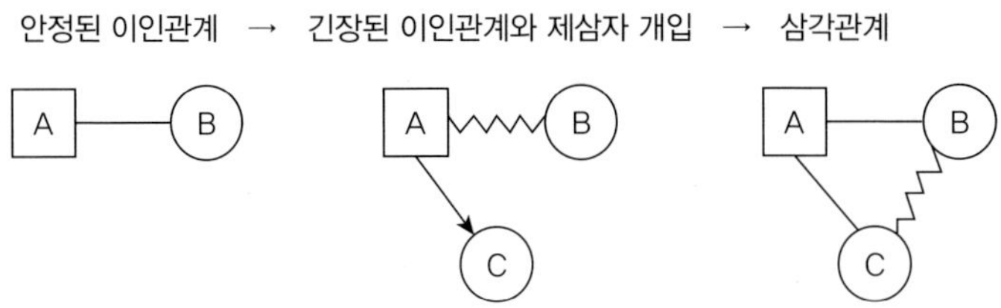

❖ **그림 4-2** 삼각관계로의 이동과정

출처: Kerr & Bowen (2005), p. 171.

일반적으로 가족의 융합 정도가 높을수록, 즉 가족원의 분화의 정도가 낮을수록 삼각관계를 만들려는 노력은 더욱 강렬하다. 반면 가족원의 분화 수준이 높을수록 삼각관계를 만들지 않고도 긴장을 다루고 불안을 관리할 수 있다. 예컨대 형제가 싸울 때 어머니가 화를 내지 않고도 어느 편도 들지 않으면서 양쪽 자녀 모두에게 공정한 태도로 이야기를 나눌 수 있다면, 형제의 고조된 감정은 차차 가라앉을 것이다. 가족 내 삼각관계의 가능성은 가족원의 미분화에 의해 높아지는 것이며, 문제를 풀기 위해 삼각관계에 의존하는 것은 특정 가족원의 미분화를 지속시킨다. 긴장 감소를 위해 삼각관계를 이루었음에도 불구하고, 관계 속의 불안이 계속 증가하면 또 다른 아웃사이더를 개입시켜 여러 개의 삼각관계로 확장되게 된다. 상호 맞물린 삼각관계는 가족을 벗어나 직장과 사회 등으로 확산될 수 있다.

삼각관계는 사람뿐만 아니라 사물이나 쟁점 등이 개입되어 형성될 수 있다. 현대 가족에서 흔히 개입되는 제삼자는 텔레비전이나 애완동물이다. 한 가족원이 텔레비전이나 애완동물에 몰두할수록 다른 가족원은 거기에서 소원해진다(McGoldrick, Gerson, & Shellenberger, 1999, 이영분 외 공역, 2005).

남편, 아내, 애완견의 삼각관계

50대 중반의 세련된 중년여성은 자신이 키우는 애완견 때문에 남편과 갈등 중이다. 젊은 시절, 이 부인은 사업을 하는 남편 덕에 경제적으로는 어려움이 없었지만 자녀양육과 가정생활에 거의 관심을 주지 않아서 혼자서 자녀들을 키우느라 고생이 많았다. 지금은 자녀들이 대학 졸업 후 대도시에서 직장생활을 하여 매우 행복한 편안한 생활을 하고 있다. 그런데 자녀들의 빈자리를 채우려고 키우고 있는 애완견이 남편이 퇴근하면 남편의 발뒤꿈치를 물거나 거칠게 짖어대 남편은 반려견과 자신 중에서 누구와 함께 살 것인지 선택하라고 요구 중이다. 상담을 통해 알게 된 것은, 젊은 시절부터 자신과 가족에게 소원했던 남편에 대한 원망감을 하루 종일 함께 있는 애완견을 통해 해소하고 있으며, 특히 자신이 "남편의 발뒤꿈치도 보기 싫다"라는 말을 자주 했음을 알게 되었다. 자녀보다 심리적으로 더 가까운 사이가 된 애완견과 아내, 그리고 남편이 삼각관계를 형성하고, 그 결과 아내는 남편과 더욱 소원한 관계가 된 것이다.

3) 핵가족 정서체계

핵가족 정서체계(nuclear family emotional system)는 다세대적 개념으로, 개인이 원가족으로부터 학습된 방식으로 타인과 관계를 맺게 되고, 자신과 유사한 분화 수준의 배우자 선택을 통해 다세대에 걸쳐 가족정서과정을 반복하는 방식을 의미한다. 핵가족의 정서적 분위기는 부모의 분화 수준에 의해 결정된다. 부모가 원가족으로부터 성취한 분화 수준에 따라 핵가족 내 정서 분위기가 결정되고 이는 다시 가족원(자녀)의 기능에 영향을 미친다. 예를 들어 분화 수준이 각각 50인 남녀가 결혼하였다면, 자녀의 분화 수준은 부모의 평균 분화 수준인 50보다 다소 낮거나 높을 수는 있지만 극단적으로 높거나 낮은 수준(예컨대 20 이하 또는 80 이상)이 되기는 어렵다. 왜냐하면 핵가족 정서체계는 세대를 통해 아주 천천히 변화되기 때문이다(Kerr & Bowen, 1988, 전영주 외 공역, 2005).

사람들이 무의식적으로 자신과 비슷한 수준의 분화에 있는 상대를 배우자로 선택하는 이유는 상대방이 자신의 원가족 경험과 유사한 경험을 가졌기 때문이다. 연애에서 결혼에 이르는 과정에서 두 사람이 이성적으로 자신들의 관계를 심사숙고하기보다 거의 무의식적 수준에서 자동적으로 이루어진다(Kerr & Bowen, 1988, 전영주 외 공역, 2005). 각 배우자는 자신의 원가족에서 겪은 경험을 서로에게 전이함으로써 깊이 사랑에 빠진 느낌을 가지며 상대가 아주 잘 맞는 사람이라는 인상을 받게 된다.

분화 수준이 낮은 남녀가 결혼하여 가족을 이루면 상대에 대한 감정적 의존욕구가 크고 상대가 이를 만족시켜 주지 못할 때의 불만과 두려움이 고조된다. 이렇게 미분화된 가족이 싸우거나 혹은 관계가 멀어지면 가족의 불안 수준이 높아지면서 배우자나 자녀에게 신체적, 정서적, 사회적 문제가 증상으로 나타난다. 반면 부부의 분화 수준이 높을수록 정서적 융합은 적으며 부부관계 내에서 신뢰와 성실, 상호존중 등의 요인에 의해 분화가 더욱 강화된다.

스트레스가 없는 상황에서는 핵가족 정서체계는 크게 두드러지지 않는다. 그러나 핵가족 융합이 심한 경우 가족의 내부 또는 외부 스트레스 상황은 가족의 불안을 급격히 상승시켜 서로에 대한 정서적 반응을 격렬하게 만들고 임상적 역기능을 발생시킨다. 일반적으로 핵가족 융합의 결과로서 세 가지 유형의 증상이 드러날 수 있다(Bowen, 1978).

[그림 4-3]을 보면 비록 핵가족과 남편의 원가족, 아내의 원가족에서 일어난 융합의 결과는 각각 다른 유형이지만, 세대 간 미분화의 전수가 이루어지고 있음을 볼 수 있다. 남편의 원가족(A) 불안의 핵심은 배우자의 역기능이다. 어머니의 과소기능(화살표 아래쪽 방향)과 아버지의 과대기능(화살표 위쪽 방향)이 이를 보여 준다. 반면 아내의 원가족(B) 불안의 주요 방식은 부부갈등이다. 남편과 아내의 핵가족(C)이 불안을 다루는 방식은 자녀의 역기능(손상)으로 나타난다. 따라서 남편의 원가족, 아내의 원가족 그리고 핵가족을 살펴볼 때 비록 동일한 증상이 발생하지 않는다고 할지라도 배우자의 역기능, 부부갈등, 자녀의 역기능이라는 세 가지 가족정서과정이 두 세대에 걸쳐 나타나고 있는 것이다.

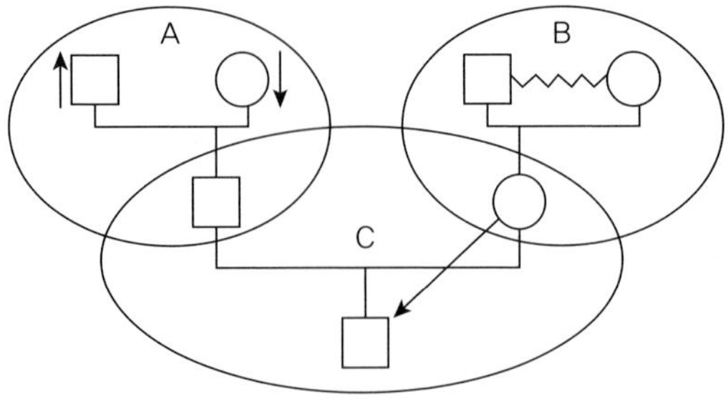

❖ **그림 4-3** 확대가족의 정서기능 양상

출처: Kerr & Bowen (2005), p. 377.

(1) 배우자의 역기능

가족의 불안이 한쪽 배우자에게 집중되어 흡수될 수 있는데, 그럴 때 그 배우자에게 우울증이나 두통 등의 만성적인 신체적 또는 정서적 역기능이 초래되기도 한다. 일반적으로 한쪽 배우자가 결혼생활 내내 잦은 신체적, 정서적 증상을 일으키는 경향이 있으며, 증상이 없는 배우자는 후에 심각한 증상을 나타내는 경우가 많다. 이는 부부가 불안을 해소하기 위해 서로 억지로 관계에 적응하려 하기 때문이다. 표면적으로는 부부 중 한쪽은 과소기능, 다른 한쪽은 과잉기능을 하고 있어 부부의 분화 수준이 다르게 평가될 수 있으나, 부부의 관계과정을 추적해 보면 남편과 아내는 유사한 분화 수준을 갖는 경향이 있다.

(2) 만성적인 결혼갈등

부부간의 정서적 거리와 과잉애착이 반복적으로 일어나는 역기능 유형이다. 이런 유형의 부부관계는 만성적인 긴장과 파괴적인 다툼, 서로에 대한 부정적인 태도의 특징을 갖지만, 가끔은 열정적인 친밀감으로 갈등이 정리되기도 하는 '롤러코스터'와 같은 관계를 지속한다. 부부갈등은 중독적 성격을 가지며 신랄하지만 때로 친숙하기도 하다. 부부 모두 다투기를 원치 않지만 그 대안을 알지 못한다. 흔히 돈 문제, 자녀문제, 성문제가 갈등의 원인이라고 여기지만, 실제로는 가족원에게 내재된 감정적인 미성숙이 문제이다. 이렇게 갈등이 많은 결혼의 특징은 각 배우자가 상대가 견딜 수 있는 것보다 더 많은 의존을 하려 하거나, 상대가 너무 많은 지배성을 가지고 있다고 느낄 때 발생한다.

(3) 자녀의 역기능

자녀의 역기능은 가족 불안이 특정 자녀의 손상된 기능으로 흡수되어 발생하는 유형이다. 자녀에게 나타날 수 있는 심리적, 사회적 역기능으로 가출 및 비행, 학습 문제, 왕따, 정서장애 등 매우 다양한 증상이 있을 수 있다. 자녀의 역기능이 발생하면 부모의 주의가 문제를 가진 자녀에게 쏠리면서 부모들은 자신들의 미분화를 무시하거나 부인한다. 가족 내 불안이 높을수록, 자녀의 분화 수준이 낮을수록 자녀에게 나타나는 임상적 역기능의 위험성은 크다. 투사가 집중적으로 이루어진 특정 자녀의 분화가 낮을수록 그 자녀의 기능은 가장 손상받기 쉽다. 종종 자녀의 역기능은 아이가 성장하는 동안 나타날 수도 있지만 자녀가 집을 떠난 후 생길 수도 있다.

"형세끼리 잘 시내라"는 가훈과 핵가족 정서체계

30대 중반에 늦은 결혼을 한 주부가 남편이 시댁에 대한 과도한 경제적 지원을 하는 문제 때문에 힘들어 하며 상담실을 찾아왔다. 남편은 30대 후반으로, 잦은 사업 실패로 이혼 위기에 있는 형님네를 돕느라 결혼도 늦게 하였으며, 자신의 가정을 꾸린 후에도 여전히 형님부부가 이혼을 할까봐 걱정하며 경제적 지원을 하고 있다. 이에 대해 아내는 남편의 행동에 대해 불만을 가지고 있지만 말로 표현하지 못하고 속상해만 하다가, 최근에는 과민성대장염 증상을 앓게 되어 신체적으로도 힘든 상황을 겪고 있음을 호소하였다.

아내의 친정 가훈은, "형제끼리 잘 지내는 것"이라는 것이며, 가훈대로 형제자매들끼리는 물론 타인들과도 싸움 한 번 하지 않고 잘 지냈다고 하였다. 친정아버지가 이러한 가훈을 만들게 된 배경은 친정아버지의 형님, 즉 아내의 큰아버지가 도박과 술로 집안 재산을 탕진하여 형제들 간에 큰 갈등이 있었지만 아버지가 이것을 수용하는 방식이었음을 알게 되었다. 즉, 아내는 원가족(친정아버지)으로부터 자신의 원망감이나 분노를 표현하기보다는 혼자 참고 견디는 관계방식을 습득한 것이었다.

아내의 이러한 관계방식과 정서는 원가족과 분화되지 못하고 융합하고 있던 남편에게도 익숙한 방식으로, 두 사람이 늦은 나이에도 결혼을 하게 된 배경이 되었을 것이다.

4) 가족투사과정

Bowen은 미성숙한 부모가 가족체계나 부부체계를 안정시키기 위해 무의식적으로 취약한 자녀를 자신들의 불안을 투사할 대상으로 선택한다고 보았다. 이런 현상을 '가족투사과정(family projection process)'이라고 한다. 일반적으로 어머니, 아버지, 자녀의 삼각관계 안에서 투사과정이 작동한다. 예를 들어 어머니의 불안에 자녀가 반응하고, 자녀의 문제에 어머니는 과잉지각하며, 아버지는 수동적으로 아내의 불안에 대처하며 투사과정이 진행된다. 가족의 융합이 클수록 투사과정에 많이 의존하게 되고, 자녀의 정서적 손상도 커진다. 투사가 심하면 두 명 이상의 자녀가 투사대상이 되기도 한다. 가족투사과정의 강도는 부모의 미숙함과 가족이 겪는 스트레스와 불안의 정도에 의해 결정된다.

동일한 가족 내에서도 부모는 각 자녀에 대해 같은 방식으로 대하지 않는다. 같은 가족 안에서도 첫째 자녀와 막내 자녀가 느끼는 가족의 환경은 매우 다를 수 있다. 분화의 측면에서 볼 때, 부모는 자녀에게 동일한 수준의 분화를 전수하지 않는다. 어떤 자녀는 부모보다 높은 분화 수준을 성취하나 어떤 자녀는 낮은 수준을 갖는다. 부모의 미숙함에 많이 노출되는 자녀일수록 다른 자녀보다 융합의 정도가 높고 가족 내 정서적 스트레스에 더 취약하며, 결과적으로 다른 형제에 비해 이성보다 감정에 의해 지배되는 삶을 살기 쉽다.

부모가 자녀의 기능에 과잉반응하며 집중할수록 오히려 자녀의 분화 수준을 낮추게 된다. 마찬가지로 불안을 전수하지 않으려는 부모의 시도는 오히려 불안을 전달하는 매개가 될 수 있다. 부모가 자녀에게 '분화'를 가르치는 것은 자녀의 분화촉진에 도움이 되지 않는 반면, 부모 스스로의 분화 수준을 높이는 데 주력하는 것은 자녀의 분화 촉진에 도움이 된다.

허약 체질 아들과 가족투사

8살 민호(가명)는 초등학교에 입학하였지만 학교에 가는 날보다 병원에 입원하는 날이 더 많은 아이이다. 남들은 쉽게 이겨내는 감기도 병원에 입원을 해야만 낫고 조금만 낯선 음식을 먹어도 알레르기 증상을 나타내어 학교급식도 제한하고 있다. 이러한 아들을 키우기 위해 어머니는 직장일도 그만두고 열심히 양육했지만 아들은 점점 더 허약하고 예민해지는 것 같아 걱정이 많다.

어머니의 가족력을 살펴보니 어릴 때 아버지가 병으로 일찍 사망하여 어머니와 둘이서 힘들게 살아왔으며, 고등학교를 졸업하고 다닌 첫 직장에서 10살 연상의 몸이 약한 남편을 만나 돌봐주고 싶은 마음 때문에 어머니의 반대에도 불구하고 동거와 혼전임신을 통해 결혼을 하게 되었음을 알게 되었다. 즉 민호 어머니는 아들이 자신의 아버지처럼 몸이 약해서 일찍 죽게 될까봐 또는 남편처럼 허약하여 사회적 위치를 잘 잡지 못할까봐 불안한 마음을 갖게 되었고 자신의 모든 노력을 통해 아들을 보호하려 한 것이다. 그러나 이러한 과정은 오히려 어머니가 자신의 불안을 아들에게 투사하는 과정이 되어, 아들은 점점 더 가벼운 병도 이겨내지 못하는 무기력하고 연약한 아이로 성장하고 있는 것이었다.

5) 정서적 단절

정서적 단절(emotional cut-off)은 주로 투사과정에 많이 개입된 자녀가 원가족과 단절하는 현상으로, 원가족을 접촉함으로써 생기는 불안을 줄이기 위해 부모의 집에서 먼 지역으로 이주하거나 부모와 말을 하지 않는 등 부모와의 접촉을 끊는 행위이다. 자녀는 이런 행동을 통해 가족과의 끈으로부터 해방되었다고 느끼지만, 사실은 부모와의 미해결된 융합에 대한 과장된 독립성의 표현이다.

정서적 단절은 정서적 의존성과 불안이 높은 가족에서 빈번하게 발생한다. 높은 융합과 불안은 강한 가족결속력을 요구하나 이것이 견딜 수 없는 수준에 도달하면 단절이 발생한다. 이렇게 되면 가족원은 매우 피상적이고 간결한 대화를 유지하며 잠시 방문하거나 짧은 전화통화 정도만 하는데, 이것도 단절의 표현일 수 있다. 잘 만나지 않던 가족이 만나는 추석이나 설과 같은 명절에 가족 간의 다툼으로 인한 사건이 많은 것도 분화 수준이 낮은 가족들이 한 자리에 모임으로서 불안수준이 급격하게 높아지기 때문이다.

정서적 단절 역시 세대 간 전수 가능성이 있다. 조부모와 부모 세대에 정서적 단절이 있었다면, 부모와 자녀 세대에서도 단절 가능성이 높다. 정서적 단절을 피할 수 있는 방법은 원가족과 접촉하고 분화를 촉진함으로써 원가족과의 미해결된 애착을 해소하는 것이다.

고향에 가기 싫은 직장인과 정서적 단절

30대 초반의 직장인 남수(가명) 씨는 명절이 다가오면 고민이 많아진다. 다른 사람처럼 고향을 방문할 것인지 아니면 직장이 있는 대도시에 혼자 남아 있을지 고민하는 것이다. 이렇게 고민을 하게 된 이유 중에 하나는 명절이 되어 고향을 방문할 때마다 마음 편하게 돌아온 적이 없었기 때문이다. 고향에 가면 처음에는 모두들 반갑게 맞아주고 분위가가 좋았다가도 시간이 지나면 술 마신 아버지의 큰 소리와 어머니의 울음과 하소연을 듣고, 그리고 자신이 아버지를 말리다가 오히려 싸움이 되어 마음이 상한 채 집을 떠나오는 경험을 자주 하기 때문이다.

남수 씨의 부모님은 오래 전부터 아버지의 음주문제로 인해 갈등을 겪고 있었으며, 이러한 과정에서 자라고 생각되는 어머니를 보호하기 위해 삼각관계를 맺고 어머니와 융합하였다. 공부 잘하고 모범생인 남수 씨는 부모님 불화를 잠재워 주는 보상이 되기도 했지만 남수 씨에게는 이러한 가정환경이 너무 힘들었고, 대도시에 있는 대학을 가면서 부모님과 정서적 단절을 하게 된 것이었다.

6) 다세대 전수과정

Bowen은 조현병을 비롯한 여러 가지 개인과 핵가족의 적응력 손상은 다세대 전수과정(multigenerational transmission process)의 결과로 발생한다고 보았다. 예컨대 분화 수준이 낮은 두 사람이 결혼했고, 이들의 자녀 중 투사의 결과로서 부부보다 더 낮은 분화 수준의 자녀를 갖게 되는 과정이 여러 세대 반복된다면 각 세대에서 점진적으로 불안과 융합에 취약한 개인이 양산된다. 특정 세대에서 이러한 전수과정이 느려지거나 유지될 수 있으나, 짧게는 3~4세대, 또는 8~9세대에 걸쳐 만성 알코올 중독이나 조울증, 강박증, 조현병 등의 역기능을 유발하는 수준에 이르게 된다.

이러한 맥락에서 개인의 '질병'은 개별 '환자'의 경계를 넘어 개인을 둘러싼 관계과정의 증상으로 간주된다(Kerr & Bowen, 1988, 전영주 외 공역, 2005). 예컨대 정신분열증은 가족의 정서체계 혼란을 의미한다. 조현병을 가진 사람의 형제, 고모, 삼촌, 사촌 그리고 조부모는 비록 조현병이 아니라 하더라도 적응력이 매우 손상된 상태일 가능성이 높다. 한 가족 안에서 특정 임상증상이 빈번하게 발생하는 것은 단순히 유전적 요인 때문만이 아니라 취약성을 결정짓는 정서과정 때문이다. 종종 증상은 한두 세대를 건너뛸 수 있다. 예컨대 할아버지가 60대에 처음 조울증이 발생하였는데 아들을 건너뛰어 손자가 20대에 조울증이 생길 수도 있다. 이는 증상이 한 세대 이상을 건너뛸 수 있지만 다세대 전수과정은 이어진다는 것을 의미한다(Kerr & Bowen, 1988, 전영주 외 공역, 2005). 한 세대의 기본분화 수준은 이전 세대의 기본분화 수준과 크게 다르지 않다.

다세대 전수과정에서 증상의 '유형'과 '정도'는 많은 정서적 변인에 의해 영향을 받는다. 예를 들어 한 세대에서 발생하는 심각한 외부 스트레스나 불안은 분화 수준과 상호작용하여 역기능 발생을 촉진한다. 외부 스트레스가 없다면 분화 수준이 낮아도 특별한 역기능 발생 없이 비교적 평탄하게 관계를 유지할 수 있다. 그러나 최근에는 건강한 정서체계의 다세대 전수과정의 사례에도 관심을 기울일 필요성이 제시되고 있다.

다세대 전수과정을 파악하기 위해서는 확대가족에 대한 자료를 수집해야 하며, 이 과정 자체가 분화를 촉진하는 수단이 된다. 정보 수집은 어느 정도 주관적일 수밖에 없으나, 정보를 수집하는 과정에서 각 배우자의 직계 원가족에 널리 확산된 기본 정서기능의 양식을 알게 해준다(Kerr & Bowen, 1988, 전영주 외 공역, 2005).

음주와 가정폭력의 다세대 전수

대학 졸업 후 취업을 준비 중인 철수(가명)의 어머니는 아들과 남편의 갈등 때문에 고민이 많다. 학교 다닐 때에는 모범생이었던 철수는 자신이 가장 싫어했던 술도 마시고 아버지와 말싸움을 넘어서 몸싸움을 하기도 한다. 철수의 아버지는 평소에는 유순한 편이나 술을 마시면 폭력적으로 변해, 어머니와 철수에게 폭언을 하거나 폭력적인 행동을 자주 하였다. 그래서 어릴 때부터 철수는 자신이 성공하여 어머니를 잘 모시겠다는 마음을 다짐하였으나, 생각처럼 취업이 잘되지 않아 몹시 스트레스를 받고 있다.

철수의 어머니는 가부장적이고 폭력적인 아버지 아래에서 딸이라는 이유로 차별받고 남동생을 돌보는 것으로 존재감을 인정받으며 주눅 들고 얌전한 아이로 성장하였다. 반면 철수의 아버지는 평소에는 조용하나 술을 마시면 폭력적으로 변하는 아버지 밑에서 성장하며 어머니를 돌보기 위해 노력한 아들이었다. 결혼을 통해 철수의 부모님은 서로 각자에게 원가족에서 갖지 못한 애정과 보살핌을 무의식적으로 요구하였지만, 아버지는 자기 대신 자신의 어머니(철수의 친할머니)를 돌봐주기를 더 요구하였다. 이러한 과정에서 고부갈등을 경험한 어머니는 아들인 철수에 몰두하는 것으로 남편과 삼각관계를 형성하게 되었다. 이러한 과정에서 소외감을 느낀 아버지는 자신의 아버지처럼 술을 마시는 것으로 아내와 삼각관계를 형성하였다.

이것은 어머니의 원가족에 있었던 아들(남동생)에 대한 선호를 재현하는 것이며, 아버지의 원가족에서 있었던 음주문제를 재현하는 다세대 전수를 확인할 수 있는 과정이다. 또한 어릴 때 어머니로부터 들었던 아버지에 대한 원망감을 듣고 자란 철수는 취업 스트레스가 극심하자 자신도 아버지, 할아버지처럼 술을 마시는 것으로 불안을 해결하려는 방식을 선택하고 폭력적인 행동을 하게 된 것이다.

7) 형제자매 위치

이 개념은 Toman(1961)의 출생순위와 성격관계에 대한 연구를 바탕으로 Bowen이 핵가족 정서과정에서의 형제자매 위치(sibling position)의 영향을 개념화한 것이다(Kerr & Bowen, 1988, 전영주 외 공역, 2005에서 재인용). Bowen은 출생순위 또는 형제자매 위치가 가족의 정서체계 안에서 특정한 역할과 기능을 한다고 보고, 배우자의 상호작용 역시 그들의 원가족에서의 형제 위치와 관련이 있다고 보았다. 예컨대 막내와 결혼한 장남이나 장녀는 결혼관계에서 좀 더 책임감 있고 의사결정의 권한을 갖는 경향이 있으나, 장남과 장녀의 결혼은 둘 다 책임감 있는 자리에 익숙한 나머지 갈등을 겪을 수 있다.

형제자매 위치는 반드시 출생순위와 일치하지는 않을 수 있다. 막내 역할을 하는 장녀도 있고, 장남의 역할을 하는 차남도 있는 법이다. 즉, 미래의 행동을 형성하는 것은 실제 출생순위보다 가족 내의 기능적 위치에 의존하는 경향이 있다.

특수한 형제자매 위치와 역할

쌍둥이들은 실제로 나이 차이가 없음에도 불구하고 어떤 부분에서는 일반적인 형제 역할을 서로 가진다. 한 사람은 맏이가 되고 다른 한 사람은 막내 역할을 하는 것이다. 그러나 쌍둥이 외에 또 다른 형제가 있을 경우, 쌍둥이는 한 사람처럼 하나의 역할을 하기도 한다. 즉 동생이 있다면 그들 모두 맏이처럼 행동하고, 반대로 그들보다 손위 형제가 있다면 그들은 모두 막내처럼 굴며 행동하기도 한다.

형제자매의 나이가 6살 이상 차이가 나는 경우, 두 형제자매들은 각자 외동아와 같은 역할을 할 가능성이 많다. 이것은 맏이의 성격이 거의 형성되고 난 후 동생이 생긴 경우로, 자신이 맏이보다는 외동아라는 인식이 더 강하게 자리잡게 되었기 때문이다.

자녀 중에 한 명의 외모나 재능 등이 부모나 특정 친척과 유사한 경우, 가족들은 그 자녀에 대해 특별한 관심이나 반감을 가지게 되기도 한다. 예를 들어, 어머니는 자신이 싫어하는 아버지의 외모와 행동을 닮은 자녀에 대해 양가감정을 가지거나 혹은 딸이 자신이 좋아하는 누이나 예전의 여자친구와 닮았다는 이유로 아버지가 딸을 응석받이로 키울 수도 있다.

출처: Torman (1993). 김도애 외 공역 (2009).

8) 사회적 정서과정

Bowen은 개인과 가족에 대한 정서과정 개념을 사회적 정서과정(societal emotional process)으로 확장하였다. 그에 따르면 사회도 가족과 마찬가지로 연합성과 개별성의 반대적 힘의 균형에 영향을 받는데, 전쟁이나 환경오염, 전염병 등 스트레스 상황에 처할수록 사회의 불안은 커지고 그 결과로 결속에 대한 압력이 강해지며 분화 수준은 감소된다. 분화 수준이 감소된 역기능적 삼각관계가 계속적으로 서로 맞물려 사회 전체로 확장된다.

Bowen의 이론은 진화론에 영향을 받았는데 인간이 포유류를 비롯한 다른 척추동물과 차별화되는 점은 응집성이나 이타주의, 협동과 같은 사회적 기능이라고 하였다. 특정 사회집단이나 가족의 분화 수준이 높을수록 그들은 좀 더 협동적이고 다른 사람의 복지를 고려한다. 또한 스트레스가 있을 때나 없을 때나 타인과의 접촉을 유지한다. 반면 집단의 분화 수준이 낮을수록 스트레스 상황에서 구성원들의 이기심과 공격성, 회피성이 매우 높아진다.

현재 젊은 세대는 위 세대로부터 누적된 수직적 스트레스를 전수받음과 동시에, 당대에서 직면한 취업환경의 불안과 환경오염 등의 수평적 스트레스를 경험하고 있다. 이러한 스트레스의 상호작용을 통해 증가된 만성불안은 어린 세대에서는 학교폭력이나 왕따 등의 현상, 청년 세대에는 혼인과 출산 기피, 중년 세대에서는 자녀에 대한 비정상적인 교육열, 심각한 음주문화 등의 사회적 역기능 발생에 일조했다고 볼 수 있다.

일간베스트 저장소(일베)와 사회적 정서과정

일베 이용자들이 사이버 공간에서 보이는 감정은 냉소이며 그 배후에는 분노가 있었다. 일베 이용자(특히 청년세대)들은 유동적인 노동시장과 살인적인 취업경쟁으로 인해 느끼는 한국 사회에 대한 불안과 좌절감, 나아가 공포를 사이버 공간에서 상대적으로 약한 대상인 여성과 호남인 등을 대상으로 표출하고 있는 것이다. 이것은 사회경제적 불안과 아버지 세대처럼 중산층으로 살지 못할 것이라는 분노, 그러한 사회에 대한 냉소의 표현이다.

출처: 김학준 (2014).

3. 상담목표와 상담과정

1) 상담목표

다세대가족상담 모델의 핵심은 여러 세대를 통해 반복되고 있는 가족과정과 구조를 파악하게 하여 원가족으로부터 자기분화를 높이고 가족체계를 변화시키는 것이다. 여기서 가족과정이란 정서적 충동에 속박된 반응성을 의미하며, 구조는 맞물린 가족 내 삼각관계를 의미한다. 다세대 정서체계에 퍼져 있는 만성불안 유형에서 벗어나기 위해서는 가족원의 불안을 경감시키고 자기분화를 촉진하여 삼각관계에서 벗어나도록 해야 하며 그것이 Bowen 상담의 목표다. 그 밖의 다른 것은 없다. 그렇게 함으로써 개인의 자주성과 성장의 문이 열리고 비로소 미분화의 세대 간 전수를 막을 수 있다(Titelman, 1998).

Bowen 모델의 관점은 다세대를 아우르는 광범위한 시각을 요구하지만 실제 상담의 개입 단위는 한두 명에 불과하다. Bowen 상담자는 증상이 무엇인지에는 별로 관심이 없다. 제시된 임상적 문제가 무엇이든 상관없이 개인 또는 부부를 대상으로 하여, 불안감소와 자기분화 촉진, 탈삼각화를 상담목표로 한다.

2) 상담과정

Bowen의 다세대상담은 차분한 분위기에서 내담자가 가족관계의 역사를 직면하고 현재 문제와의 관련성을 깨닫도록 돕는 데 중점을 둔다. 운동장에서 직접 경기를 할 때보다 관람석에서 경기의 흐름을 더 잘 파악할 수 있는 것처럼, 가족의 불안 유형과 정서과정의 흐름 역시 한 걸음 떨어져 감정을 통제하고 바라봄으로써 가족체계가 어떻게 작용하는지 잘 이해할 수 있기 때문이다.

Bowen 모델은 내담자에 의해 제시된 임상적 문제가 무엇이든 간에, 가족의 분화 수준을 높이기 위한 궁극적인 목표를 달성하기 위해서는 아래와 같은 일반적인 상담과정을 거친다. 상담과정의 첫 번째 단계인 가족평가는 가계도를 중심으로 개인력, 핵가족력, 확대가족력의 순서로 진행된다. 상담의 단위는 주로 개인이거나 부부가 된다(Kerr & Bowen, 1988, 전영주 외 공역, 2005).

첫째, 우선 가계도를 통해 정확한 가족정서체계(개인력, 핵가족력, 확대가족력)를 평가하여 현재의 문제를 다세대 체계의 맥락에서 분석한다. 둘째, 주요 가족원과 관련하여 불안과 정서적 반응성의 수준을 경감시킴으로써 가족 내 불안수준을 낮춘다. 셋째, 맞물린 삼각관계 중에서 가장 핵심적인 삼각관계 변수를 정의한다.

(1) 가족평가

Bowen의 다세대가족상담 모델은 역사적 관점을 취하므로, 개인력과 핵가족력, 확대가족력의 평가에 집중한다. 가족의 문제가 여러 세대에 걸쳐 전달되어 현재의 증상을 일으킨다고 가정하므로, 개입에 앞서 문제를 일으킨 다세대 정서과정의 기본 유형을 찾는 것이 무엇보다 중요하다. 평가 인터뷰는 신체적, 정서적, 사회적 증상에 초점을 두어 제시된 문제력과 증상이 그 사람의 관계에 미치는 영향에서 시작된다. 초기면접은 1회 이상의 회기를 통해 현재의 증상과 관련된 가족의 역기능을 측정하며, 평가는 개인력, 핵가족력, 확대가족력의 순서로 이루어진다(Kerr &

Bowen, 1988, 전영주 외 공역, 2005).

면담의 시작은 증상을 가진 개인이나 관계에 초점을 맞춘다. 언제 증상이 발병했는지, 재발했는지 등의 날짜를 확인한다. 증상의 발발은 가족의 정서적 기능이나 스트레스 사건과 시간적 관련성이 있기 쉽다. 그러한 관련성을 파악한다면 문제를 완화시킬 수 있는 단서를 얻을 수 있다. 한편 문제를 바라보는 관점은 가족원마다 다를 수 있다. 따라서 문제에 대한 가족원의 인식이 각각 어떠한가에 대한 평가도 놓치지 않도록 해야 한다.

핵가족의 평가는 남편과 아내가 처음 만났을 때부터 시작한다. 연애시절 전후로 이들의 경력, 증상, 연애동기와 결혼동기, 구혼, 신혼 생활환경, 결혼기간 동안의 별거나 이혼고려 등 심각한 문제가 있었는지 등을 자세히 물어본다. 첫 아이를 언제 가졌는지, 이사를 했는지, 배우자의 직업력은 어떠했는지, 상담이나 심리치료를 받은 적이 있는지 등도 조사한다.

확대가족의 평가는 모계와 부계를 모두 살펴보면서 현재의 핵가족의 위치를 알아보는 데 목적이 있다. 확대가족의 조사에서는 각 친척의 출생일, 사망일, 사망원인, 교육배경, 건강력, 장수, 직업력, 결혼력, 출산력, 이사 등 다양한 정보를 포함한다. 평가 인터뷰에서 관심 있게 살펴보는 내용은 다음을 참고한다.

(2) 개인을 대상으로 한 상담

Bowen은 한 명의 가족원이 성공적으로 분화한다면 그것은 전체 가족체계로 확산되어 가족체계의 분화 수준을 높일 수 있다고 보았다. 개인을 대상으로 할 때 상담의 목표는 확대가족 내의 신경증적 유형을 해결하는 데 초점을 둔다. 개인이 가족원을 만날 때 감정적으로 반응하기보다 한 개인으로서 볼 수 있도록, 그리고 삼각관계 안에서의 자신의 모습을 관찰할 수 있도록 돕는다. 궁극적으로 분화된 개인은 가족원 모두와 개인 대 개인으로서 성숙한 관계를 맺을 수 있다.

개인이 부모에게 얼마나 융합되어 있는가에 따라 방어기제나 신체적 거리를 통해 정서적 거리를 유지하려고 노력하게 된다. 부모와의 불안이 낮다면 단지 대화를 회피함으로써 불안을 피할 수 있지만, 세대 간 불안수준이 높으면 집을 벗어나는 것으로 불안을 처리하게 된다. 앞서 이야기한 것처럼 정서적 단절은 종종 융합을 의미하기도 한다. 분화 수준이 높아지면 개인은 가족과 갈등을 일으키는 대신 진지하고 친밀한 관계를 유지할 수 있는 개방적 관계체계를 갖게 된다. Bowen 상담은 개인의 분화 수준을 높이기 위해 확대가족과의 접촉을 늘리며 친밀감을 증진시키고 삼각관계에서 벗어나도록 한다.

확대가족 안에서 자아를 분화시키기 위한 선행조건은 두 가지다. 첫째, 가족체계가 어떻게 기능하는지 이해하는 것이고, 둘째, 변화를 위한 강한 동기다. 변화의 과정은 본인 가족의 역사를 깨달아 가면서 나타난다. 예컨대 가계도 작성을 위한 정보수집과정에서 개인은 분화를 이루어 나갈 수 있다. 확대가족의 구성원과 일대일 관계를 맺으며 심화시켜 나가는 과정에서 가족 내 정서적 힘에 대해 배우게 된다.

분화를 위해서 본인의 의지가 가장 중요하지만 전문적인 코치의 도움도 필요하다. 상담자는 중립적이고 객관적인 조언을 통해 개인이 가족의 정서적 반응성에 심리적 거리를 두고 대응할 수 있도록 계획을 세운다. 가족 내에 문제가 발생했을 때 그 문제행동은 가족과정의 한 부분이며 자신도 그 과정에 책임이 있는 법이다. 그러므로 가족의 문제가 발생하면 자신의 행동부터 살펴볼 수 있어야 한다.

(3) 부부를 대상으로 한 상담

Bowen 상담에서는 핵가족의 핵심단위인 부부를 상담의 대상으로 하는 경우가 많다. 그런데 상담실에 오는 부부는 간혹 감정적으로 격앙되어 있고 정서적 반응성이 지나치게 높아서 서로의 말에 대한 경청이 어렵다. 이럴 때 상담자는 질문을 통해 부부간의 상호작용의 양을 조절해야 한다. 부부끼리 이야기하게 두면 비생산적인 논쟁에 빠져 문제가 해결되기는커녕 서로에 대한 끝없는 비난만 계속되기 때문이다. 이런 경우에는 부부가 서로 이야기하는 것보다 상담자가 적극적으로 개입하여 부부 각각에게 조용히 질문하면서 자신의 생각을 말하도록 유도한다. 부부가 상대가 아닌 상담자에게 각자의 말을 하게 될 때, 부부는 서로 이야기할 때보다 훨씬 차분하고 수월하게 상대의 말을 들을 수 있게 된다.

이런 과정을 통해 부부가 상대를 비난하지 않고 부부문제에서의 자신의 역할에 대해 깨닫고 책임을 느껴 변화에 대한 동기가 생긴다. 갈등관계에 있는 부부를 성공적으로 상담하기 위해서는 각 배우자가 자신 안에서 일어나는 불안과 감정반응이 자신과 배우자에게 어떤 영향을 미치는지 잘 알게 하며, 자기방어를 위해 상대를 비난하거나 거부하는 것을 합리화한다는 사실을 깨닫게 해야 한다.

부부를 대상으로 상담을 진행하게 되면 필연적으로 상담자와 내담자 부부간에 삼각관계가 형성된다. 상담자는 당연히 삼각관계에 대한 지식을 갖고 있어야 하며, 부부와 삼각관계를 맺으면서 정서적으로 중립적 위치를 지키기 위해 노력해야 한다. 삼각관계의 정서역동에 말려들지 않으려면 가능한 한 차분한 목소리로 말하고 감정보다 사실을 이야기하도록 한다(Nichols & Schwartz, 2001). 만일 부부의 정서적 격앙이 좀처럼 가라앉지 않는다면 부부를 따로 만나 개별상담회기를 갖는 것이 도움이 된다. 상담자와의 삼각관계를 통해 부부의 불안이 경감되면 탈삼각화와 분화의 과정이 진행되게 된다. 드디어 여러 세대 동안 반복되어 온 가족정서체계에 심오한 변화를 일으키게 되는 것이다.

3) 상담자 역할

Bowen은 그의 이론을 자신의 원가족에 적용해 보았고 본인의 자기분화를 증진함으로써 Bowen 자신과 그 가족이 이론의 타당성을 증명하기 위한 실험의 첫 대상이 되었다. 그리고 이러한 실험은 상담자의 자질에 대한 중요한 준거가 되었다. 상담자 자신이 가장 중요한 상담 도구이므로 내담자 가족보다 더 높은 자기분화 수준을 유지해야 하며, 이를 위해 상담자 훈련과정에서 원가족 탐색이 요구된다.

Bowen 모델은 상담자의 객관적인 태도를 중시하므로, 상담자를 '코치' 또는 '컨설턴트'에 비유한다. 이것은 상담자가 냉담하거나 무관심해도 된다는 의미는 아니다. 코치(coach)는 가족원을 조용히 보조하는 능동적인 전문가로서 가족원의 말을 경청하고 그들의 정서적 반응성을 통제하는 역할을 하는 것이다.

특히 상담목표인 가족원의 분화와 불안의 감소를 성취하기 위해서 상담자는 가족에게서 탈삼각관계로 남아 중립성을 유지해야 한다. 이를 위해 상담자는 가족정서체계에 융합되거나 갈등적 삼각관계에 개입되지 않도록 주의하며 차분하고 객관적인 태도를 지키기 위해 노력한다. 또한 잘 정의된 '나의 입장(I-position)'을 시범 보이고 표현하는 모델이 되며, 내담자도 자기입장을 취할 수 있도록 돕는 역할도 한다. 상담자가 주체성 있는 자기 입장을 가질수록, 가족도 자신의 입장을 분명히 하게 된다.

상담자의 중립성은 매우 중요한 요인이다. 상담자가 부부 중 한쪽 편을 들지 않으면서도 양쪽과 접촉을 유지한다면 각 배우자의 분화 수준은 높아진다. 이인관계가 안정화되면 상담자가 아웃사이더로 회귀하며 탈삼각화가 이루어진다. 그러나 상담자가 배우자 중 한쪽과의 정서적 접촉을 하지 않는다면 이인구조로 전락되어 또 다른 삼자의 개입으로 삼각관계를 이루게 된다. 만일 상담자가 부부와 더불어 삼각관계를 만들더라도 상담자가 과잉기능하거나 정서적으로 반응하여 삼각관계의 정서과정에 사로잡히지만 않는다면, 삼각관계 내에서 불안하지 않은 존재로 남아 있음으로써 다른 두 사람의 관계에 변화를 가져올 수 있다(Goldenberg & Goldenberg, 2001, 김득성 외 공역, 2002).

4. 상담기법

Bowen 학파는 기법보다 가족체계가 어떻게 작동하는지 개념을 이해하는 것을 훨씬 중요하게 여긴다. Bowen 상담자들은 가계도나 과정질문 등을 통해 가족과정을 파악하는 데 관심을 두는 반면, 특징기법을 사용하는 데 크게 치중하지 않는다. Bowen 상담기법은 주로 질문이나 과제를 사용하는데, 내담자의 정서나 행동의 변화에 초점을 두기보다는 내담자의 인지적 자각을 촉진하고 삼각관계를 벗어나도록 유도하는 것이 많다.

1) 가계도

Bowen은 다세대적 정서체계가 현재의 핵가족과 개인의 기능에 중요한 영향을 미친다고 믿었기 때문에, 상담적 기법으로 최소한 3세대에 걸친 표식을 통해 문제를 폭넓게 진단하는 그래프적 방법(family diagram)을 사용했다. 가계도는 가족의 세대를 통해 저변에 흐르는 정서과정의 역동을 검토할 수 있게 해줄 뿐만 아니라, 가족과 함께 탐색할 수 있는 여러 가지 가설이 나올 수 있는 유용한 도구이다. 예컨대 원가족과의 융합문제, 미분화 문제, 핵가족 정서체계, 정서적 단절, 삼각관계 등의 Bowen 개념이 가계도를 통해 드러난다.

McGoldrick과 그의 동료들은 표준화된 가계도 작성법을 정리하였는데, 가족문제뿐만 아니라 가족의 강점 중심의 가계도, 혈연관계의 친족뿐만 아니라 의미 있는 타인을 포함한 가계도, 놀이적 요소를 가미해 그림이나 장난감 등의 소품을 이용한 놀이가계도(play genogram) 등을 개발, 활용하였다. 또한 프래임(Frame)은 영성적 가계도를 통해 가족의 종교와 영성이 다세대가족관계에 미치는 영향 및 문제에 대한 영성적 이해를 도울 수 있도록 하였다(이부덕, 2007에서 재인용). 영성적 가계도 작업을 함으로써 가족 내의 종교 예식이나 영성적 경험, 가치체계에 대한 이해의 폭이 넓어지고 문제를 해결할 수 있는 자원을 구할 수 있다(정문자 외, 2012).

2) 치료적 삼각관계

Bowen 가족상담의 기본 기법 중 하나는 두 성인과 상담자로 이루어진 삼각관계 안에서 작업하는 것이다. 두 사람의 긴장을 감소시키기 위해 내담자가 상담자를 자동적으로 삼각화 과정에 끌어들이려 할 때 상담자가 정서적으로 말려들지 않는다면 치료적 삼각관계(therapeutic triangle) 안에서 가족체계는 다시 평정을 찾아 문제를 해결할 방법을 찾게 된다. IP가 증상을 가진 아동일 때도 Bowen은 아동을 상담 대상으로 삼는 대신 부모의 결혼관계에 문제가 있다는 가정을 부모가 수용하기를 요구한다. 부부 중 한쪽(주로 좀 더 성숙하고 분화된)을 택하여 일정 기간 동안 개인상담을 통해 정서적으로 엉킨 유형을 깨트릴 수 있도록 돕기도 한다.

3) 코칭

상담자는 내담자가 직접 본인의 가족문제를 해결해 나가도록 조언한다. 코칭(coaching)을 통해 상담자가 내담자의 삼각관계에 끌려 들어가지 않으면서도 가족 스스로 가족의 정서과정을 이해하고 개인의 역할을 이해할 수 있도록 돕는 방법이다. 코칭의 목적은 자기 이해와 가족원에게 건강한 애착을 가질 수 있도록 하는 것이다. 친구와는 달리 전문적인 코치는 중립적이고 객관적인 조언을 통해 개인의 분화를 돕게 된다. 개인이 분명하게 정의된 자기 입장을 가지고 분화된 방향으로 체계에 영향을 미치게 되면, 코치해 주는 상담 횟수를 점차 줄여나간다. Bowen 상담자는 개인 또는 부부 내담자가 자신의 원가족으로 돌아가 부모와 조부모, 친척 등을 직접 만나 그들과 잘 지내는 방법을 배우도록 한다.

4) 과정질문

과정질문(process question)은 내담자의 감정을 가라앉히고 정서적 반응에 의해 유발된 불안을 낮추며 사고를 촉진하는 질문기법이다. 이 질문은 내담자의 감정이나 정서에 초점을 두기보다 인지에 초점을 두며, 내담자가 어떤 방식으로 관계 유형에 관여되어 있는지를 묻는다. 예를 들어 게임중독 아들을 둔 어머니에게 다음과 같은 일련의 질문을 통해 모자관계를 탐색하도록 한다. 이와 같은 질문과정을 통해 상담자는 내담자로 하여금 모자 과정에서 일어나는 일에 대해 자각하게 하고 상황을 개선하려면 본인이 어떤 역할을 해야 하는지에 대해 통찰을 격려한다.

상담자 : 아드님이 게임을 하면 어머니께서는 어떤 생각을 하세요? (인지에 초점)
내담자 : 화가 나죠.
상담자 : 아드님이 게임을 하는 데 어머니가 한 역할은 무엇인지 아십니까?
내담자 : 모르겠는데요.
상담자 : 아드님이 어머니에게 속마음을 이야기할 수 있었습니까?
내담자 : …….

5) '나의 입장' 기법

'나의 입장(I-position)' 기법은 상대방의 행동을 비난하거나 지적하기보다 자신의 감정에 초점을 맞추어 표현하도록 하는 방법이다. 예컨대 '당신은 왜 늘 늦게 들어와?'라는 말보다 '당신이 늦게 들어오면 내가 외롭고 걱정이 돼요.'라는 표현이 보다 적절할 것이다. 이 기법은 정서적 충동에 의한 반응을 막는 방법으로, 상담자도 내담자에게 '나의 입장'을 취하도록 돕는다.

5. 사례 연구[1)]

1) 개요

1남 3녀를 둔 내담자(여, 48세, 주부)는 피로감과 무기력증, 우울감으로 상담실을 찾았다. 주요 호소문제는 우울증과 막내아들(중2)의 게임몰입이다. 아들이 사춘기라서 그런지 엄마 말은 전혀 듣지 않고 야단을 치면 방에서 나오지도 않고 얼굴도 보지 않으려 한다. 이럴 때 남편이 도와주면 좋겠는데, 남편은 자기 일이 바쁘다는 이유로 집안일에는 관심이 없다. 더구나 약 1년 전 남편이 자주 다니던 술집의 여자와 외도를 하여 이혼 위기를 겪었고, 아이들이 다 자라서 공부를 마치고 나면 이혼을 하고 내 인생을 살아야지 하고 견디고 있다.

내담자는 원가족에서 1남 2녀 중 둘째로, 딸로서는 장녀로 태어났다. 고향에서 조합장 등 유지로 활동하던 아버지와 훈장 딸로 성장한 어머니 밑에서 장녀로 자라면서 모범생으로 성장하였다. 대학에 진학하고 싶었으나 1살 위인 오빠가 재수를 하는 탓에 대학 진학을 포기하고 아버지의 소개로 농협에 근무하다가 친척 어른의 소개로 남편을 만나 결혼하였다.

신혼 때부터 시어머니와 시누이, 시동생과 함께 생활하였는데 시집살이가 너무 심했다. 시아버지가 일찍 돌아가시고 시장에서 식당을 하며 자녀를 키운 시어머니의 유세가 심해서 많이 힘들었다. 현재 시누이들은 결혼하여 분가를 하였지만 막내인 시동생은 40살이 되도록 특정한 직업도 없이 지내다가 최근에 베트남 아가씨와 결혼하였다. 그러나 시어머니의 뜻에 따라 매우 가까운 곳에 집을 얻어 생활하고 있어 지금도 내담자는 식사부터 생활 전반을 거의 해주고 있는 중이다. 한평생 착하게 열심히 살아온 것 같은데 자녀들도 제대로 키우지 못한 것 같고 남편의 사랑도 받지 못한 것 같아 너무 억울하고 힘들다고 호소하고 있다.

1) 3, 4, 5장은 가상의 공통사례를 통해 사례 연구를 제시한다.

남편(52세)은 2남 2녀 중 장남으로 장사(식당업)를 하시던 부모님의 바람대로 대학을 마치고 공무원이 되었다. 평상시에는 거의 말이 없으나 술을 마시면 말을 하는 편이다. 직장에서도 매우 성실하다는 평을 받고 있으며, 외부의 사람들은 매우 좋은 사람이라고 평가를 한다. 그러나 자신의 현재 가족들에게는 무심한 편이다. 성격은 좋지만 경제적으로 무능력했던 아버지가 고등학교 1학년 때 돌아가시고 나서 식당을 하면서 자신과 동생들을 키우신 어머니에 대한 미안함이 많다. 결혼의 조건으로 어머니를 모시고 사는 것을 아내에게 제안할 정도로 시어머니를 비롯한 시댁 식구들의 일에는 적극적으로 임한다.

2) 가계도

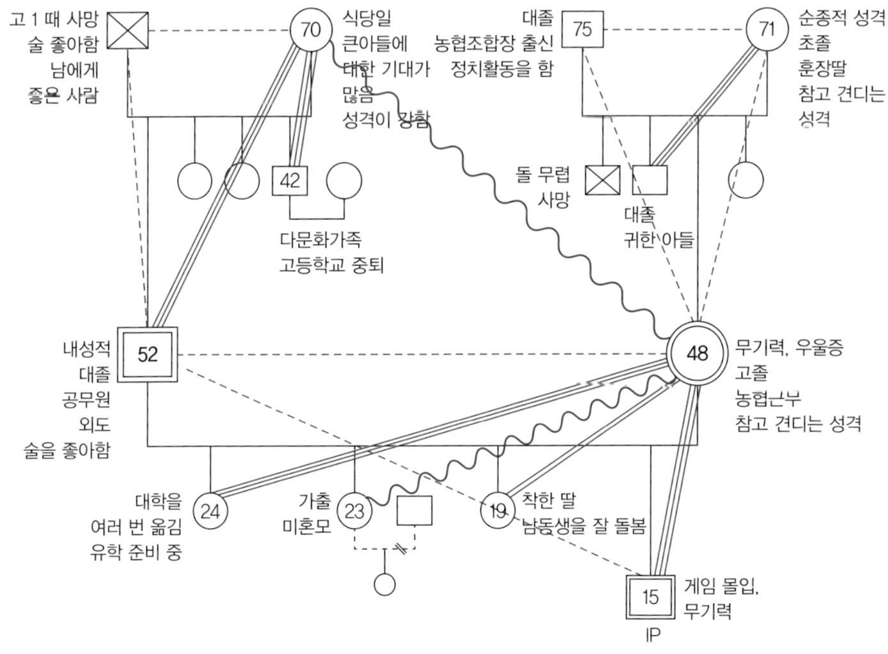

3) Bowen 가족상담의 적용

(1) 상담목표 및 가설설정

다세대가족상담의 목표는 내담자 가족의 불안을 낮추고 자아분화 수준을 높이는 것이다. 이를 위해서는 가족 내 여러 가지 삼각관계를 확인하고 벗어나도록 도와야 한다. 이 내담자 가족에게서 찾아볼 수 있는 가장 중요한 삼각관계는 IP와 어머니, 아버지의 삼각관계로, IP 부모님의 관계를 건강하게 하여 부부간 갈등으로 인한 불안을 IP에게 투사하지 않도록 하는 것이 중요하다. 또한 IP의 부모님의 원가족에서 발생한 삼각관계와 IP의 핵가족 내에서 발견되는 여러 가지 다른 삼각관계 또한 탐색하여 가족원 모두의 자아분화 수준을 높이도록 해야 한다. Bowen 이론을 바탕으로 다음과 같은 가설이 가능하다.

① 내담자 가족의 자기분화 수준

IP의 부모님은 모두 원가족과 정서적으로 분리되는 데 어려움을 겪으면서 자기분화 수준이 낮았다. 예를 들면, 어머니는 친정오빠에 대한 편애의 속상함이나 대학 진학에 대한 기대를 표현하지 못했고, 아버지 역시 사춘기 이후, 홀로 계신 어머니와 동생들을 돌보는 데 익숙해져 자신보다는 남을 위해 살아가야 한다는 압박감을 지니고 성장하여 자기분화 수준이 낮은 편이다. 이러한 부모님 아래서 성장한 아들(IP)은 어릴 때에는 어머니를 비롯한 가족의 바람대로 온순하고 순응하는 아이로 성장했지만, 자신의 뜻대로 성장하지 못하는 것에 대한 원망감과 사춘기 발달의 영향으로 정체성 혼란을 느끼며 컴퓨터 게임에 빠지거나 가족 간 대화에서 짜증을 내며 반항하는 등 정서적으로 반응하고 있다. 이것은 아들 역시 자기분화 수준이 낮음을 보여준다.

② 내담자 가족의 삼각관계

내담자 가족에서 나타나는 삼각관계는 어머니를 중심으로, 아들과 융합하여 아버지와 형성한 삼각관계, 큰딸과 융합하여 시댁 가족과 형성한 삼각관계가 나타나고 있다. 어머니는 자신의 친정처럼 시댁에서도 자신의 존재감을 인정받지 못하자 자신의 맏며느리 자리를 인정받게 해 준 막내아들과 자신처럼 장녀인 큰딸과 융합하였다. 이러한 과정에서 아들은 어머니의 지나친 관심에 대한 반작용으로 컴퓨터 게임과 융합하여 삼각관계를 형성하고 있다. 반면에 원가족과 매우 강하게 융합되었던 아버지는 어머니의 자녀에 대한 융합으로 인해 처음에는 홀가분함을 느꼈지만 점차로 소원함을 느끼게 되고, 외부에서 다른 대상(외도, 술)과 융합하여 삼각관계를 형성하고 있다.

③ 내담자 가족의 핵가족 정서체계

IP의 아버지는 홀로 동생을 키우며 고생을 하는 어머니(IP의 할머니)를 위해 자신이 희생하고 돌봐야 한다는 마음을 어릴 때부터 가지고 있어 심리적, 경제적으로 원가족과의 분화가 힘들었다. IP의 어머니 역시 "딸은 살림 밑천"이라는 어른들의 말대로 노력했지만 실망과 원망감을 가지게 되었고 이를 남편과 자녀들을 통해 보상받고자 하는 등 정서적으로 낮은 분화 수준을 나타내고 있다. IP 역시 부모의 요구에 대한 순응과 독립에 대한 갈등을 겪고 있으며, 이를 건강하게 표현하고 해결하기보다는 컴퓨터 게임으로 회피하고 있다.

④ 내담자 가족의 가족투사과정

IP의 어머니는 원가족에서 받았던 차별에 대한 억울함과 원망감을 큰딸을 통해 보상받고자 과도한 지원과 애정을 주며 양육하였다. 그 결과 큰딸은 좋은 대학, 좋은 직장이라는 성공을 통해 어머니에게 보답하고자 한다. 그러나 정서적으로 어머니와 매우 밀착하였기에 독립하는 것에 대한 불안이 매우 강하여, 잦은 대학 변경을 통해 무의식적으로 실패를 반복하며 어머니와 융합의 관계를 유지하고 있다. 한

편 어머니에게 있어 아들(IP)은 자신을 맏며느리라는 존재로 인정받게 한 고마운 존재이면서 동시에 자신의 오빠처럼 노력하지 않고도 지원과 애정을 갖는 얄미운 존재이다. 이러한 양가적 감정을 투사받은 아들은 실패도 성공도 할 수 없어 차라리 아무것도 하지 않고 가만히 있는 전략, 즉 컴퓨터 게임에 빠지게 된 것이다.

⑤ 내담자 가족의 다세대 전수

IP의 할아버지는 외부에서는 좋은 사람이라는 평가를 받았지만 가족에게는 충실하지 못한 사람이었다. IP의 아버지 역시 가족과 소통하기보다는 외부에서 지지를 찾거나 술에 의존하여 자시의 불안을 해결하고 있다. 이것은 가족 간에 발생하는 불안을 외부의 다른 것에 의존하거나 몰두함으로써 해결하고자 하는 방식으로, 컴퓨터 게임에 빠져 있는 IP의 관계방식이기도 하다. 즉, 이 가족의 남자들은 외부의 대상과 결합하여 자신의 불안을 회피하려는 다세대 전수가 있음을 알 수 있다.

⑥ 내담자 가족의 형제 순위

IP는 가족 내 막내이면서 장남이다. 부모님의 기대와 관심을 받는 자리로 본래 막내의 특성인 책임에 자유롭고 활발한 성격을 가지기보다는 맏이들에게 요구되는 의젓하고 책임감 있는 역할이 기대되었다. 이러한 역할에 대한 욕구는 부모님과 정서적으로 융합하게 하였지만 사춘기의 독립 욕구와 상충하여 현재 심리적 갈등을 갖게 된 것이다.

⑦ 내담자 가족의 정서적 단절

IP의 어머니는 친정에서 받지 못한 사랑과 지지를 남편과 시댁에서 받고자 결혼 초기에는 친정과 정서적 단절을 하고 오직 시댁 가족을 위해 노력하였다. 이러한 정서적 단절은 남편에게 더욱 의존하게 만들고, 그 의존이 실패하자 자녀들과 더욱 융합하게 만들었다.

한편 IP의 둘째 누나는 가족 내에서 느끼는 상대적 소외감을 외부에서 얻고자 가족과 단절하고 가출과 혼전 임신을 하여 빠른 독립을 한 것 같으나, 정서적으로는 결코 분화하지 못하여 불행한 결혼생활을 핑계로 다시 가족의 품으로 돌아온 것이다.

(2) 상담개입

다세대 모델의 과정에서 볼 때 IP의 문제행동은 단지 가족정서과정에서 부수적으로 나타나는 증상이므로, (원)가족 내 갈등과 심리적 융합을 해결하는 것이 우선이다. 상담자는 내담자 가족의 불안을 낮추고 자아분화 수준을 높이기 위해 가족 내 존재하는 여러 삼각관계를 확인하고 탈삼각화 작업을 시작해야 한다. 본 가족에서 찾아볼 수 있는 가장 중요한 삼각관계는 IP와 어머니, 아버지 간에 이루어진 삼각화로, IP의 부모의 부부갈등에서 발생하는 불안이 IP에게 투사되지 않도록 부부대상 또는 아버지나 어머니 개인 대상의 상담이 필요하다. 또한 IP의 부모님의 원가족에서 발생한 삼각관계와 IP의 핵가족 내에서 발견되는 여러 가지 다른 삼각관계 또한 탐색하여, 가족원 모두의 자아분화 수준을 높이도록 해야 한다.

이러한 작업을 하기 위해서는 개인과 핵가족, 확대가족에 대한 내력을 꼼꼼히 조사하고, 가계도 작업을 통해 가족원들이 대세대의 맥락에서 증상을 볼 수 있도록 촉진해 준다. 가족들이 서로의 생각이나 감정을 이해할 수 있도록 상담자는 중립적 입장에서 과정질문 등의 기법을 사용할 수 있다. 가족원들의 감정적 반응성이 높아지지 않도록, 감정보다 이성적인 사고를 할 수 있도록 돕는 질문을 하며 가족 내 정서 관리를 도와준다. 특히 상담의 효과를 위해 IP의 아버지가 상담에 참여하도록 독려하여 부부간 갈등 및 원가족의 미해결된 문제를 먼저 해결할 수 있도록 하는 도움이 필요하다.

활동하기

1. 영화 〈스토리 오브 어스(The story of us)〉를 시청하고, 만성갈등에 빠져 있는 부부의 역동과 가족의 역동에 대해 생각해 봅시다. 부부갈등의 원인은 무엇이며, 부부상담의 경험을 통해 부부가 깨닫게 되는 문제해결방법에 대해 토론해 봅시다.

2. Bowen은 개인의 기능 수준을 평가하기 위해 심리도구로서가 아닌 이론적인 의미에서 자기분화척도를 제안하였습니다(Bowen, 1978). 아래 척도를 살펴보고, 각자 자신의 자기분화 수준에 대해 생각해 봅시다. 현재의 분화 수준을 이룬 본인 가족의 정서적 배경에 대해 생각해 보고, 자기분화 수준을 높이기 위한 구체적인 방법을 논의해 봅시다.

100

75~100: 명확한 가치와 신념을 가지며, 목표지향적이다. 융통성이 있고 안정적이며 자율적이다. 갈등과 스트레스에 대해 인내심이 있으며 강한 자아감을 갖는다.

75

50~75: 분명한 신념을 가지고 있음에도 타인의 선택에 의해 의식하는 경향이 있다. 의사결정을 내려야 할 때 의미 있는 타인(부모)의 인정을 받을 수 있는지 의식하는 편이나, 스트레스 상황에서도 기능을 잘 잃지 않으며 역기능적이 되어도 금방 회복이 된다.

50

25~50: 안정에 대한 기본적 욕구가 있으며 갈등을 회피한다. 타인을 기쁘게 하려고 노력하며 의존적이고 자율적 능력이 부족하다. 독립적으로 결정에 이르거나 문제를 해결하는 능력이 별로 없다.

25

0~25: 척도의 가장 낮은 수준으로 감정과 사고의 융합이 너무 심해 삶이 온통 감정에 의해 지배된다. 이들은 타인의 인정을 받기 위해 개별성을 희생하며, 스트레스 상황에서 쉽게 역기능적이 된다.

0

❖ 이론적 자기분화 범위

출처: Bowen (1978).

FAMILY COUNSELING

05

CHAPTER

Satir 경험적 가족상담

1. 개요

2. 주요 개념

3. 상담목표와 상담과정

4. 상담기법

5. 사례 연구

05 CHAPTER Satir 경험적 가족상담

1. 개요

사람은 가족 내에서 경험한 정서를 통해 애착과 의사소통방식을 형성하며 이는 대인관계의 기초가 된다. 그러므로 경험적 가족상담은 가족원들의 정서적인 측면에 초점을 둔다. 특히 어린 시절 양육자와의 관계에서 정서를 제대로 표현하지 못하면 성인이 되어 자신의 정서표현을 두려워하여 친밀한 관계를 형성하기 어렵다. 이런 맥락에서 경험적 가족상담은 내담자 가족이 억압된 감정과 욕구를 느끼고 자유롭게 표현하여 '정서적 경험'을 확장하고, 지금-여기에서의 다양한 경험을 통하여 가족원 각자가 '자기'를 인식하고 '자기'를 수용하여 '인간적 성장'을 하도록 돕는다.

경험적 가족상담이론은 정신분석이론과 행동주의에 대한 반동으로 나타났으며 1960년대의 지금-여기에서의 경험을 중요시하는 인본주의, 실존주의 그리고 현상학에 뿌리를 두고 있다. 그러므로 인간을 과거의 경험에 의한 결정론적 존재가 아니라 현재 자신을 어떻게 경험하는가 하는 경험의 질적 수준에 따라 언제든지 변화가 가능한 긍정적이고 적극적인 존재로 인식한다. 그리고 가족원이 방어를 풀고 정서를 개방할 수 있도록 돕기 위해 게슈탈트 치료, 심리극, 역할놀이, 조각하기 등의 표현적인 기법들을 도입하였다.

경험적 가족상담의 대표적인 인물로 Carl Whitaker와 Virginia Satir가 있다. 이들은 상담과정에서 과거보다 현재의 정서적 경험과 내담자 가족에 대한 상담자의 개인적이고 적극적인 개입이 치료적 변화를 촉진한다는 점에서 공통점을 가지고 있지만 그 방법에서는 차이를 보인다. 정신과 의사였던 Whitaker(1912~1995)는 정신분열증을 앓고 있는 환자와 가족을 치료하기 위해 그들의 비언어적이고 상징적인 세계를 탐구하고 확장시켰으며 인간 대 인간으로의 '참만남'을 강조하였다. 그는 상징적으로 접근하였던 자신의 치료방법을 '상징적 경험주의'라고 하였다.

Satir(1916~1988)는 초등학교 교사로 6년간 근무하였는데, 이때 학생들의 가정을 방문하면서 '가족'에 관심을 갖게 되었다. 시카고대학 대학원에서 임상사회사업을 전공한 후 1951년부터 사회복지사로 직접 상담소를 개설하여 가족상담을 시작하였다. 1959년에 MRI(Mental Research Institute) 창립멤버로 참가하여 의사소통을 연구하였으며 1966년 캘리포니아의 Eshalen Institute에서 가족치료 지도자로 활약하였다. 그는 가족을 치료하기 위해 자아존중감, 의사소통, 가족규칙을 기능적으로 변화하도록 하였다. 이런 변화를 통해 가족원이 자기가치를 느끼고 자신의 삶을 스스로 선택하고 책임지는 '성장'을 경험하게 되므로 Satir의 치료방법을 '성장모델'이라고도 한다(정문자, 2007). Satir는 오랜 임상경험과 연구, 자신의 신념과 가치를 바탕으로 《Conjoint Family Therapy》(1964), 《Helping Families to Change》(1978), 《The New Peoplemaking》(1988), 《The Satir Model》(1991) 등 중요한 저서를 남겼다.

이 장에서는 가족원 개인이 성장한다면 다른 가족원들과 건강하게 의사소통할 수 있어 가족체계에 변화가 일어나며 나아가 가족이 당면하는 다양한 문제도 적절하게 해결할 수 있다고 가정하는 Satir 성장모델을 중심으로 경험적 가족상담을 살펴보기로 한다.

2. 주요 개념

Satir는 오랜 임상활동을 통해 가족은 네 가지 영역, 즉 자아존중감, 의사소통, 가족규칙, 지역사회와의 연계성에서 기능적으로 혹은 역기능적으로 작용하고 있음을 발견하였다. 문제가족은 이 영역에서 적절하게 기능하지 못하므로 문제해결능력이 낮고 고통을 겪게 되는데 다음과 같은 네 가지 공통점을 가지고 있다(Satir, 1988, 나경범 역, 2003).

① 자아존중감이 낮다.
② 의사소통이 직접적이지 않고 모호하며 솔직하지 못하다.
③ 가족규칙이 매우 엄격하며 융통성이 거의 없다.
④ 사회참여나 활동을 강하게 통제하며 책임을 회피한다.

그러므로 Satir의 경험적 가족상담에서는 각 개인이 성장하고 기능적인 가족으로 변화되기 위해 평가와 개입에 있어 자아존중감, 의사소통, 가족규칙을 특히 중요하게 다루고 있다.

Satir의 치료적 신념과 가정

Satir는 '모든 사람은 생명력이 있으며 성장하려는 욕구가 있다'고 가정하며 삶에 대한 긍정적인 사고를 갖고 내담자 가족에게 희망과 용기를 주며 성장을 촉진한다.

1. 인간에 대한 신념과 가정

사람은 가치 있는 존재이므로 자신의 가치와 자원을 찾아야 한다. 사람은 유사성을 근거로 함께 어울릴 수 있고 차이점을 근거로 이해하고 수용하는 과정을 통하여 성장할 수 있다.

2. 성장과 변화에 대한 신념과 가정

사람은 누구나 서로 다른 문화, 환경, 문제에 성공적으로 대처하고 성장할 수 있는 내적 자원과 적응력을 갖고 있다. 과거를 변화시킬 수는 없으나 그 사건으로 인한 영향력과 관점은 변화시킬 수 있다.

3. 감정에 대한 신념과 가정
   사고와 감정은 서로 연관되어 있으며 사람은 감정의 지배를 더 많이 받는다. 그러나 사람은 내면의 감정을 선택하고 조절하는 것을 학습할 수 있다. 성숙한 사람은 자신의 감정을 상황에 맞게 조절하고 책임지는 행동을 한다.

4. 문제와 스트레스에 대한 신념과 가정
   행동이 역기능적일지라도 그 행동은 생존하고 어려움에 대처하기 위한 방식이다. 문제 자체가 문제라기보다 대처하는 방식이 문제이다. 사람은 스트레스 상황에 반사적으로 반응하지 않고 적절하게 선택하며 대처할 수 있다.

5. 선택과 수용에 대한 신념과 가정
   사람은 상황과 환경에 반응하는 방법을 새롭게 선택할 수 있다. 새로운 선택을 하려고 할 때 과거의 영향을 받을 수 있다. 이때 과거를 인정하고 수용하도록 하며 현재를 통제할 수 있는 능력을 키움으로써 과거의 영향에서 벗어날 수 있다.

6. 부모에 대한 신념과 가정
   부모가 역기능적인 행동을 하였더라도 그 당시 상황에서는 나름대로 최선을 다한 것이다. 부모는 자신이 성장하면서 배웠던 익숙한 것을 반복한다. 부모에 대해 마땅히 부모역할을 해야 하는 사람으로 보지 않고 한계가 있는 한 인간으로 바라본다.

출처: Satir 외 (1991). 한국버지니아사티어연구회 역 (2000); 정문자(2007).

1) 자아존중감

자아존중감(self-esteem)이란 자기 자신에게 가치를 부여하고 자기를 수용하며 진실하게 대할 수 있는 능력을 말한다(Satir, 1988, 나경범 역, 2003). 자아존중감의 수준은 자기에 대한 생각과 감정이 얼마나 긍정적인가 혹은 부정적인가에 따라 평가된다. 자기가치는 한 존재로서 느끼는 감정과 욕구를 표현할 수 있고 존중받을 때 획득될 수 있다. 글을 배우지 않으면 공부하는 데에 장애가 발생하듯이, 성장과정에서 가기가치를 학습하지 못하면 이후 성인이 되어 자신감, 대인관계에 어려움을 겪게 된다. Satir(1988)는 개인의 자아존중감은 어린 시절 부모자녀관계에서 부모의 태도와 반응에 의해 많은 영향을 받는다고 보았다. 부모가 자녀의 감정과 욕구에 대해 민감하게 살피며 인정하거나 공감하였는지, 혹은 무관심하거나 비난, 거절하였는지에 따라 자녀의 자기존중감과 자기가치에 대한 느낌은 다를 수 있다.

Satir(1991)는 부모가 자녀를 양육하는 과정에서 자녀의 기대, 부모의 기대 그리고 상황을 인식하도록 하고 이에 알맞은 수준으로 자녀가 기대나 요구를 조절할 수 있도록 도울 때 자아존중감이 발달된다고 가정한다. 자아존중감이 높은 사람은 자기의 부족함을 인정하면서도 자기를 긍정적으로 수용하며 외부의 스트레스를 적절하게 다룬다. 반면 자아존중감이 낮은 사람은 자기를 긍정적으로 수용하지 못하므로 자기에 대한 타인의 평가에 과도하게 관심을 가지거나 영향을 받는다. 그러므로 타인으로부터 자기가치를 인정받지 못하면 쉽게 상처받고 위축된다.

Satir 모델(1991)은 내담자 가족이 제시하는 많은 문제는 낮은 자아존중감과 관련이 있는 것으로 진단하고 가족원들의 낮은 자아존중감을 회복시키려고 한다. 가족원들이 자기존재에 대해 보다 긍정적으로 느낄 수 있도록 돕기 위해 첫째, 자기의 고유성과 가치를 인정하고 수용할 수 있도록 힘을 북돋워 주며, 둘째, 자신의 장점과 자원을 발견하여 문제해결에 활용할 수 있도록 하며, 셋째, 역기능적인 의사소통방식을 일치적인 의사소통으로 변화하도록 한다.

화난 감정을 표현하지 못하는 여대생

여자 대학생 연지(21세)는 약속시간보다 자주 늦게 오는 남자친구에게 화가 나지만 웃으면서 "괜찮아, 그럴 수 있지 뭐"라고 말한다. 그리고 남자친구가 밤늦게 술 마신 상태에서 불쑥 전화하면 짜증스럽지만 내색하지 않고 전화를 받는다. 연지는 남자친구에게 하고 싶은 말을 제대로 하지 못하며 화가 나지만 화를 내지 못하는 자신을 못마땅하게 여기면서도 똑같은 행동을 되풀이하고 있다.

- 연지는 자기 자신을 가치 있게 여기지 않기 때문에 자신의 감정을 진실하게 대하지 못하고 있다. 즉, 화난 감정을 속이고 화가 나지 않는 것처럼 행동하고 있다. 이것은 어린 시절 자신의 감정을 부모에게 솔직하게 말했을 때, 존중받지 못하고 비난받았던 경험이 많았기 때문이다. 연지는 성인이 된 지금도 부정적인 감정을 상대방에게 표현하면 사랑받지 못하고 거부당할지도 모른다는 두려움을 느끼고 있다.

2) 의사소통 및 대처 유형

Satir(1991)는 언어적 · 비언어적 의사소통과정을 관찰하여 의사소통 유형을 역기능적 의사소통과 기능적 의사소통으로 나누었다. 역기능적 의사소통 유형에는 회유형, 비난형, 초이성형, 산만형이 있으며 기능적 의사소통으로 일치형이 있다. 역기능적 의사소통 유형은 긴장과 갈등이 있는 상황에서 자신의 생각과 감정을 솔직하게 표현하지 못하고 자기를 방어하는 대처방식으로 작용한다. 또한 이런 유형은 일종의 생존방식으로 스스로 생존을 책임지지 못하고 타인에게 생존을 의지하였던 어린 시절에 습득된 것으로 단지 생존을 위해 행동하는 것이다. 이처럼 대처방식 혹은 생존방식으로 기능하는 역기능적 의사소통 유형은 낮은 자아존중감에 대한 신체적, 정서적 그리고 언어적 표현이다.

Satir는 자아존중감의 3대 요소를 자기, 타인, 상황으로 보았다. 3대 요소가 온전하게 포함되지 못하면 역기능적으로 의사소통하게 되고 자아존중감이 낮아지므로 3대 요소 모두 기능하는 '일치형' 의사소통을 하도록 하였다. 네 가지 역기능적 의사소통 유형과 기능적 의사소통 유형인 일치형의 특징은 다음과 같다(Satir 외, 1991, 한국버지니아사티어연구회 역, 2000).

(1) 회유형

회유형(placating)의 사람은 타인의 사랑과 인정을 받기 위해 자신의 감정이나 생각을 억압하며 타인의 비위를 맞추려는 성향을 말한다. 이들은 상대방의 의견에 순종적이며 문제가 생기면 자기 책임으로 돌리며 지나치게 착한 행동패턴을 보인다. 즉 자아존중감의 3대 요소에서 타인이나 상황은 존중하지만 자기는 무시되고 있다.

이들에게는 억압된 감정을 찾아내고 그 감정에 머무르게 하는 등 감정을 통해 접촉하는 하는 것이 효과적이다. 이들은 남에게 자기가치를 인정받기 위해 노력하는 자신을 인식하고 자신의 감정과 욕구를 알아차리고 돌보도록 하며 자기주장과 분노표현을 할 필요가 있다. 회유형의 자원은 남에 대한 배려와 돌봄, 양육, 민감성이다.

말	동의한다:	"당신이 원하는 것이라면 뭐든지 좋습니다."
몸	양보한다:	"나는 아무 힘이 없어요."
내면		"나는 별로 중요하지 않아." "나는 쓸모가 없어."

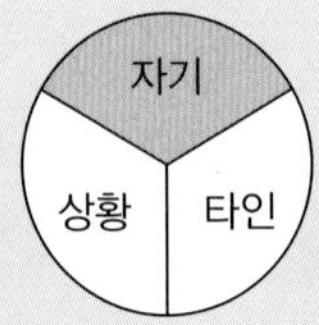

음영처리: 무시된 요소임

(2) 비난형

비난형(blaming)은 자신이 타인보다 힘이 있고 강한 사람이라는 것을 보여 주기 위해 타인의 말이나 행동을 인정하지 않고 비난하고 명령하는 성향을 보인다. 그러나 내적으로 소외감을 느끼며 외로운 실패자라고 생각한다. 내적으로 나약한 자신을 방어하기 위해 타인을 통제하거나 복종하도록 만들어 자신이 영향력이 있는 사람이라고 느낀다. 즉 자신과 상황의 두 요소는 존중하지만 타인은 무시되고 있다.

이들의 경우 내면에서 자기가치가 인정되지 않아 자신에 대한 기대가 높고 이것이 타인에 대한 기대로 확산되어 비난하므로 기대 부분을 먼저 탐색하는 것이 효과적이다. 이들은 타인의 감정과 욕구를 알아차리고 존중하면서 자기주장을 하도록 할 필요가 있다. 비난형의 자원은 자기주장성과 에너지, 지도력이다.

말	반대한다:	"당신은 뭐든지 제대로 하는 일이 없어."
몸	비난한다:	"내가 여기에서 대장이야."
내면		"나는 가치가 없다." "나는 외로운 실패자이다."

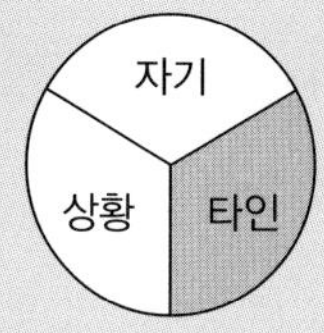

음영처리: 무시된 요소임

(3) 초이성형

초이성형(super reasonable)은 정확하며 합리적인 객관성과 논리성을 지나치게 중시하며 감정을 드러내지 않는 특징을 보인다. 내면은 상처받기를 두려워하며 소외감을 느낀다. 이들은 낮은 자아존중감을 지식과 논리로 방어하려고 하기 때문에 자신이 옳다는 것을 증명하고 갈등을 해결하기 위해 자료를 인용하여 장황스럽게 설명한다. 행동패턴은 권위적이며 완고하며 냉담하다. 즉 자기와 타인의 감정을 무시하고 상황만을 중시한다.

이들은 감정보다 지각한 것을 잘 표현하므로 지각체계를 통해서 쉽게 접촉할 수 있다. 이들의 경우 타인에 대한 배려와 공감을 하도록 하며 감정과 지적인 체계가 통합되도록 감정에 귀 기울이도록 할 필요가 있다. 초이성형의 자원은 지성과 세부사항에 대한 주의집중, 문제해결 의지이다.

말	초이성적:	"감정적이지 말고 생각을 좀 해라"
몸	계산한다:	"나는 조용하고 냉정하며 침착해"
내면		"나는 쉽게 상처받을 것 같아."

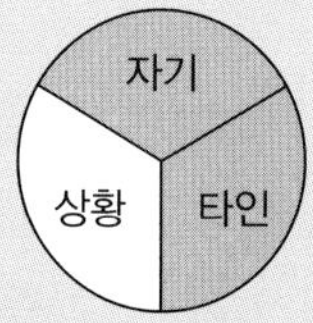

음영처리: 무시된 요소임

(4) 산만형

산만형(irrelevant)은 주제나 상황에 맞지 않는 말을 하며 산만하게 몸을 움직여 현재 의논하려는 문제로부터 사람들의 관심을 분산시키려는 특징을 보인다. 이들의 내면은 타인의 인정을 갈구하며 소외되는 것을 두려워한다. 대화할 때 주제를 자주 바꾸고 일관성 없는 말이나 뜻이 통하지 않는 말을 하며 심각한 상황에서도 즐거워하거나 농담 혹은 익살스러운 행동을 한다. 자기, 타인, 상황을 모두 무시하기 때문에 접촉하기가 가장 어렵다.

이들의 경우 처음부터 감정, 기대, 지각 등의 내면세계에 초점을 맞추기 어려우므로 신체적 접촉, 신체적 활동을 하며 내면으로 접근하는 것이 효과적이다. 이 유형의 사람에게는 자기, 타인 그리고 상황을 모두 알아차리고 존중할 수 있도록 도와주는 것이 필요하다. 산만형의 자원은 유머, 창의력, 순발력이다.

말	관련이 없다:	말에 논리가 없거나 관계없는 주제에 대해 말한다.
몸	어색하다:	"나는 다른 곳에 있어요."
내면		"아무도 내게 관심이 없어." "여기엔 내가 들어갈 자리가 없어."

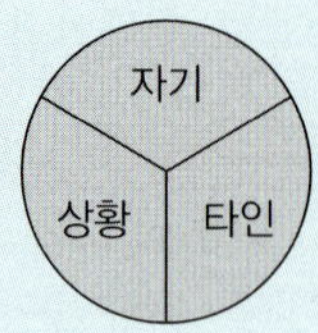

음영처리: 무시된 요소임

(5) 일치형

일치형(congrugent)은 위의 네 가지 유형과는 달리 기능적인 유형으로, 내면의 감정과 의사소통의 내용이 일치한다. 또한 자세, 목소리, 표정이 자연스럽고 말과 일치되어 있다. 일치형의 사람은 자신의 감정과 생각, 원하는 것을 알아차리고 이를 상황에 적절하게 표현한다. 또한 이들은 상대방의 의견을 경청하고 배려하여 진정한 관계를 형성한다. 자신에 대해 한 인간으로서 한계를 인정하면서도 자기의 가치와 소중함을 알고 자신을 신뢰하고 수용한다. 자원은 높은 자아존중감과 건강한 관계성이다. 자신과 상황, 타인의 세 요소가 모두 존중된다.

Satir는 내담자 가족에게 일치적인 의사소통을 하도록 돕기 위해 다음과 같은 지침을 개발하였다.

① 자기, 타인, 그리고 상황에 대하여 자각하도록 한다.
② 다른 사람과 대화할 때 충분한 관심을 보이도록 한다.
③ 신체 메시지를 자각하도록 한다.
④ 자신의 방어와 가족규칙을 자각하도록 한다.

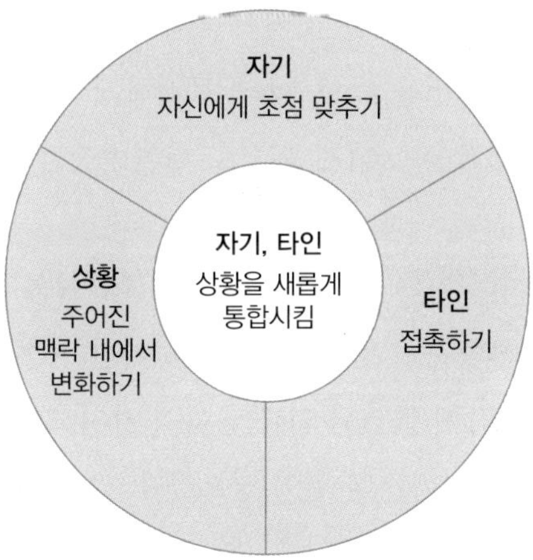

❖ **그림 5-1** 일치형으로의 변형작업

출처: Satir 외 (1991). 한국버지니아사티어연구회 역 (2000).

3) 가족규칙

가족규칙이란 반복적인 가족생활 경험을 통해 가족원들의 행동을 규정하고 제한하는 것으로 역할과 관련된 기대, 생각과 감정, 반응, 태도 등이 포함된다(최규련,

2013). 이러한 규칙은 분명하고도 명시적인 요소만이 아니라 암묵적으로 학습되며 '…해야만 한다' 혹은 '…해서는 안 된다'라고 내면화되어 있지만 거의 의식하지 못한다. Satir는 의사소통에 대한 규칙에 관심을 두었다. 보고 들은 것에 대해 감정을 솔직하게 표현할 수 있는지, 누군가의 의견에 거절 혹은 반대할 수 있는지, 질문할 수 있는지 등의 의사소통에 대한 규칙은 주로 '암묵적'이다. 이것은 강력하며 보이지 않는 힘을 형성하여 가족원들이 어떻게 느끼고 생각하고 반응하여야 하는지 영향을 미친다(Satir, 1988, 나경범 역, 2003).

가족규칙이 합리적일 경우 적절한 양육환경을 제공하여 가족원의 성장을 촉진시켜 주는 역할을 한다. 그러나 비합리적이고 적절하지 않을 경우 특히 자녀의 성장을 방해하고 낮은 자아존중감을 형성하게 한다(한재희 외, 2013). 예를 들어 '부모에게 말대꾸하면 안 돼'라는 규칙을 지키기 위해 자신의 솔직한 생각이나 감정을 가치 있게 여기지 못하고 감정을 억제, 회피, 무시하게 된다. 이때 자녀는 부모로부터 수용받지 못하고 거절감을 느끼게 되므로 자아존중감이 낮아지고 역기능적인 의사소통을 하게 된다.

상담자는 가족원의 자아존중감을 낮게 하는 가족규칙을 찾아내고 그 규칙이 가족원에게 어떤 영향을 끼쳤는지 탐색한다. 이때 어린 시절 부과된 규칙은 자신이 생존을 위해 받아들일 수밖에 없었던 점과 규칙이 가지고 있는 긍정적인 의도를 인정하면서 경험적으로 변화시키는 작업이 필요하다. 즉 이제는 성인이 되어 선택적으로 대처할 수 있는 능력이 있음을 알고 생존이 아닌 성장을 위해 자신의 삶을 엄격하게 제한하는 규칙을 상황에 따라 융통성 있게 변화시킬 수 있도록 한다(김영애, 2011).

가족규칙에 얽매여 있는 청년

20대 후반의 신입회사원인 종우는 팀원에게 업무에 관한 도움이나 조언을 요청하는 것이 힘들어 밤늦게까지 혼자 남아 일을 처리하는 경우가 많다. 요즘 심한 피로와 우울로 인해 상담실을 찾아왔다. 종우는 아버지로부터 "남에게 도움을 청하지 말고 항상 스스로 해내야 한다"는 말을 자주 들으면서 성장하였다. 아버지의 이 말 때문에 종우는 초등학교 때부터 준비물을 미리 챙기고 스스로 숙제를 해가는 모범생이었지만 힘들다는 말을 부모에게 해본 적이 거의 없었다. 종우 아버지는 시골에서 부산으로 나온 후 혼자 힘으로 여러 가지 자영업을 하며 경제적 안정을 이루었다. 그러므로 자녀들이 타인에게 의존하지 않고 독립적으로 살아가기 바라는 의도에서 타인의 도움이 필요한 어린 시기에도 스스로 하도록 지나치게 '요구'한 것이다. 모든 일을 스스로 극복해 온 아버지의 말이 강한 규칙이 되어 종우는 타인의 도움이 필요한 상황일 때에도 도움을 요청하지 못하여 심한 스트레스로 우울을 겪고 있다.

3. 상담목표와 상담과정

1) 상담목표

경험적 가족상담은 가족이 호소하는 문제나 증상은 다양하지만 본질적인 문제는 가족원의 낮은 자아존중감으로 인한 역기능적인 의사소통이며 그에 따른 정서적 단절로 간주한다. 그러므로 상담자는 내담자가 안전하고 가치 있게 느끼도록 하여 자신의 정서와 욕구를 표현하도록 하며, 자신, 타인, 상황에 적절한 일치형 의사소통을 할 수 있도록 하여 자아존중감을 향상시키는 것이 궁극적인 상담목표이다. 내담자의 변화와 성장을 이루기 위한 구체적인 상담목표는 다음과 같다(Satir, 1988, 나경범 역, 2003; 김영애, 2011).

① 자기 가치 및 자아존중감을 향상시킨다.

② 가족원의 역기능적인 의사소통 유형을 일치형이 되도록 한다.
③ 가족규칙을 합리적이고 현실적으로 수정하며 분명하게 표현한다.
④ 역기능적인 대처방식을 자각하고 새로운 방식을 선택하도록 한다.
⑤ 가족원이 스스로 의사결정을 하며 결정에 대한 책임을 지도록 한다.

2) 상담과정

Satir 모델은 가족이 어떠한 문제를 호소하더라도 상담자는 일치적 의사소통 및 자아존중감 향상이라는 궁극적인 목표를 달성하기 위해 일반적으로 초기 준비단계, 중기 변화단계, 말기 변화유지단계로 상담을 진행한다(정문자, 2007).

초기 준비단계에는 내담자를 접촉하고 가족평가를 한다. 첫 면담시간에는 내담자와 접촉하기 위해 내담자에게 주의를 기울이며 희망을 갖게 하고 자원을 확인시켜 준다. 또한 가족원 각자에게 문제를 바라보는 관점을 질문하여 가족원의 개별성을 인정한다. 가족평가는 스타의 현재 가족 지도 및 원가족 지도, 스타의 아버지의 원가족 지도, 스타의 어머니의 원가족 지도 등을 이용하여 가족체계의 개방성과 폐쇄성, 가족원들의 자아존중감의 정도와 의사소통 유형, 가족규칙, 세대 간의 유사성과 차이점 등을 가족체계적 관점에서 살펴보고 가족의 역사를 검토한다.

중기 변화단계에서는 내담자가 역기능적인 지각, 신념, 기대, 대처방식, 가족규칙 등이 자신에게 끼친 영향력을 알아차리고 기능적 의사소통과 새로운 대안에 도전하도록 한다. 특히 내담자에게 부정적인 영향을 끼치고 있는 사건이나 걸림돌을 확인한 후 '경험적'으로 변화시킨다. '경험적'이란 과거의 경험이 내담자의 심리내면에 끼쳤던 영향을 지금-여기에서 '재경험'해 보는 것이다. 재경험과정에서 상담자는 내담자가 생존하기 위해 억압하였던 감정들을 느끼고 충족되지 못했던 자신의 기대와 열망을 이해하며 자기를 수용하도록 돕는다. 그리고 일치적 의사소통을 하도록 하며 가족규칙 등을 변화시켜 자아존중감을 향상시킨다.

말기 변화유지단계에서는 새로운 행동을 연습시키고 내담자의 긍정적인 변화를 확인하고 강화하여 새로운 행동과 변화가 일상생활에서 지속적으로 실천되도록 한다. 가족원들이 대처방식, 감정, 지각, 기대, 열망 등에 있어 새롭게 경험하고 변화한 것을 서로 나누도록 한다. 가족원들이 자신의 감정과 기대를 분명하게 말할 수 있고 서로 다른 의견을 수용할 수 있을 때 종결한다.

3) 상담자 역할

경험적 가족상담은 상담자 자신을 치료적 도구로 삼아 가족의 변화를 촉진하므로, 어떤 기법보다 상담자의 자질을 더 강조한다. 상담자가 경험하고 성장한 수준만큼 내담자를 도울 수 있고 실제로 모델이 되어줄 수 있기 때문이다. 그리고 내담자의 행동에 초점을 두지 않고 내면으로 들어가 경험적으로 변화시키므로 상담과정이 구체적으로 구조화되어 있지 않고 상담자의 감수성과 직관에 따라 진행되는 경우가 많다.

첫째, 상담자는 수용과 관심으로 내담자의 정서적 경험을 확장시킨다. 상담자로부터 따듯하게 수용받을 때 내담자는 안전감을 느끼고 자기를 노출할 수 있다. 상담자는 내담자가 억압한 정서와 욕구를 느끼고 표현하면서 자기의 감정, 기대, 열망 등을 만나도록 한다. 나아가 이를 통해서 자기가치를 인정하고 자기를 긍정적으로 수용할 수 있도록 촉진한다.

둘째, 상담자는 일치적인 의사소통의 롤모델이 된다. 이를 위해 상담자는 내담자보다 자아존중감이 높아야 한다. 상담자는 자신의 내면에서 느끼는 감정과 말하는 내용이 일치되어야 하며 다른 가족원의 말을 경청하고 인정하거나 자신의 기대와 감정을 표현하는 의사소통의 롤모델이 되어야 한다.

셋째, 내담자가 자기성장을 위해 도전하도록 지지한다. 어떤 단계에서도 새로운 것을 배울 능력이 있다는 것을 분명하게 말해줌으로써 내담자로 하여금 희망을 가지게 한다. 그리고 스스로 필요한 변화를 만들어낼 수 있는 자원을 가지고 있다는 것을 볼 수 있도록 돕는다.

4. 상담기법

1) 빙산 탐색

Satir는 개인의 내면을 탐색하기 위해 빙산 탐색기법을 고안하였다. 가족원은 빙산의 극히 일부분인 수면 위에서 이루어지는 행동과 대처방식은 보게 되지만 실제 경험의 대부분은 수면 아래 부분에서 이루어지므로 잘 알아차리지 못한다. 이런 맥락에서 빙산 탐색은 가족원의 심리내적 역동을 구체적으로 탐색할 수 있는 기법으로 말과 행동의 내면에 자리 잡고 있는 감정, 지각, 기대, 열망, 자기를 자각할 수 있도록 도와준다(한재희 외, 2013). 빙산 탐색을 통해 가족원은 자기를 이해하고 수용함으로써 자아존중감이 향상되어 문제행동과 대처방식을 변화시킬 수 있다. 부부·가족상담의 경우 자신과 상대방에 대한 감정, 기대, 열망 등을 알아차리고 공감하는 데 도움이 된다. 특히 서로에게 거는 기대가 달라서 많이 싸우는 부부는 빙산 탐색을 통해 상대방에 대한 이해가 깊어지며 상대방의 기대와 열망을 충족시키려는 노력을 할 수 있다.

인간에 대한 통합적 이해: 빙산 메타포

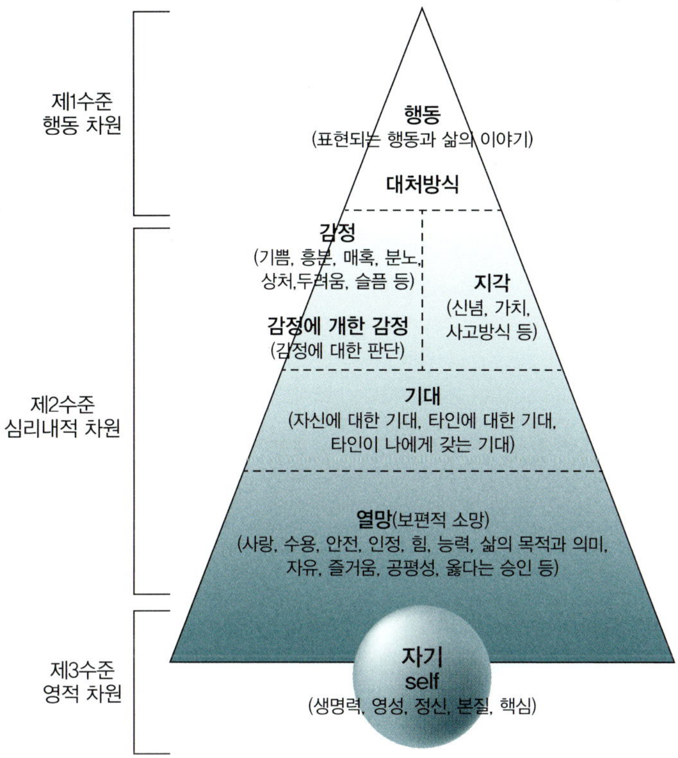

❖ **그림 5-2** 빙산 탐색에 활용되는 개인의 경험 수준

출처: 김영애 (2011).

사소한 일로 자주 싸우는 커플

남편(30세, 회사원)은 퇴근할 무렵 아내(29세, 과외교사)로부터 '좀 늦게 들어갈게'라는 문자를 받고 몇 시에 올 것인지 물어보고 싶어 여러 번 전화를 했지만 아내는 받지 않았다. 아내가 집에 도착하자 남편은 "왜 무시하니" 아내는 "숨이 막힐 것 같아"라며 말싸움하기 시작하였다. 상담실을 찾은 커플은 빙산 탐색을 통해 서로 보이지 않는 내면을 경험적으로 알게 되었다.

- 남편의 경우 어릴 때 맞벌이를 하는 부모님이 저녁 늦게 돌아오는 경우가 많아 혼자 밥을 챙겨먹

곤 하였다. 그래서 퇴근한 후 아내와 함께 식사하고, 대화를 나누고 싶은 기대가 매우 컸고, 이 기대를 통해 친밀감, 소통, 사랑의 열망을 충족시키고 싶었다. 이런 기대와 열망이 채워지지 않아 실망하고 화가 나서 아내에게 여러 번 전화하였고 아내가 돌아왔을 때 비난하는 대처방식을 사용하였다. 자아존중감이 낮아 아내로부터 '거절당하고 있다'라는 위협감을 느끼고 자신을 방어하기 위해 비난하는 것이다.

- 아내의 경우 어릴 때 부모님 특히 아버지가 자녀들에게 많은 관심을 가지고 자녀들을 엄격하게 보살폈다. 이런 환경의 영향으로 아내는 스스로 선택하고 결정하고 싶은 기대와 자유, 독립, 즐거움에 대한 열망을 가지고 있었다. 편안하게 친구와 교제하다가 자유롭게 귀가하고 싶은데 남편으로부터 전화를 받으면 '통제받고 있다'라는 위협감이 들어 회피하는 대처방식을 사용하였다. 남편을 회피하는 것은 수용받지 못하는 자기를 방어하기 위한 것이다.

Satir의 빙산 탐색과정을 구체적으로 살펴보면 다음과 같다(Banmen 2001; 김혜숙, 2008).

(1) 행동 및 대처방식에 대한 탐색

갈등상황이나 위기상황에서 무의식적으로 표출되는 내담자의 대처방식, 반응양식, 행동방식 등에 대해 알아본다.

- 상대방이 …할 때 당신은 어떻게 행동하세요?
- 지금까지 그 문제에 대해 어떻게 대처해 왔나요?
- 상대방이 당신을 비난하거나 무시하면 어떻게 하나요?
- 그런 행동방식을 어떻게 변화시키고 싶은가요?

(2) 감정에 대한 탐색

행동 이면에 있는 감정을 느끼고 자각할 수 있도록 감정의 의미에 대해 알아본다. 그리고 과거에 억압했던 감정들이 어떻게 느껴지는지, 그 감정과 만나는 자신이 어떻게 느껴지는지 탐색한다.

- 누가 …라고 말할 때 어떤 감정이 느껴졌어요? 그 감정을 어떻게 다루나요?
- 이런 억울한 감정은 무엇을 의미하는 걸까요?
- 이런 감정은 신체 어디서 어떻게 느껴지나요?
- 지금 그 감정에 머무를 수 있겠어요?
- 이런 감정을 언제, 누구에게 느껴본 적이 있나요?

(3) 지각에 대한 탐색

상황이나 사건에 대한 개인의 주관적인 해석, 신념, 가치, 사고방식, 규칙 등을 탐색한다. 자신의 지각체계를 경험하고 재구조화하면 감정도 변화하고 대처방식도 달라질 수 있다.

- 이 사건에 대해 어떻게 생각하시나요?
- 자신의 이런 사고방식이 가족원들에게 어떤 영향을 미친다고 보시나요?
- 자신의 이 행동에 대해 다르게 해석해볼 수 있을까요?
- 이 신념은 어떤 도움이 되었나요? 지금도 도움이 되고 있나요?
- 지금까지 살아온 자신의 삶에 대해 어떻게 생각하시나요?

(4) 기대에 대한 탐색

자신에 대한 기대, 타인에 대한 기대 그리고 자신에 대한 타인의 기대가 무엇인지 탐색한다. 내담자의 충족되지 못한 기대감을 표출하게 하며 현실적인 대안을 선택할 수 있도록 한다.

- 부모님에게 원하는 것은 무엇인가요?
- 그 기대를 채우기 위해 어떤 노력을 해왔나요 ?
- 원하는 기대를 이제는 내려놓을 수 있나요? 내려놓을 수 없다면 그 이유는요?
- 부모에 대한 기대를 채울 수 있는 현실적인 방안들은 무엇이 있을까요?
- 이 기대를 채우는 것이 당신의 삶에서 어떤 의미가 있나요?

(5) 열망에 대한 탐색

사랑, 소속, 수용, 인정, 연결됨, 자유, 인생에 대한 의미와 목적 등 인간 내면 깊은 곳에 존재하고 있는 열망들을 탐색한다. 자기의 열망을 자각하고 인정하는 것은 자신의 내적 생명력과 충만함을 경험할 수 있다.

- 당신의 삶에서 간절하게 원하는 것은 어떤 것입니까?
- 당신은 삶의 진정한 의미는 어떤 것이라고 생각하나요?
- 인정받는다는 것을 어떻게 하면 알 수 있을까요?
- 사랑의 열망을 어떻게 충족시키고 있나요?
- 이 열망을 채우기 위해 어떤 노력을 하였나요? 앞으로 어떻게 해야 한다고 생각하세요?

(6) 자기에 대한 탐색

자신을 지탱해온 생명력, 정신, 삶의 본질, 자아존중감, 영성 등을 탐색한다. 자기가치와 존재감이 긍정적인지 부정적인지 그리고 자신을 사랑받을만한 가치가 있다고 생각하는지 등을 알아본다.

- 자기 자신에 대해 어떻게 느끼고 생각하고 있나요?
- 자신을 있는 그대로 수용할 수 있나요? 어떤 것들을 수용하기 힘드나요?
- 자신은 사랑받을 만한 가치가 있다고 생각하나요?
- 자기 자신을 어떻게 사랑하고 있나요?
- 자신을 지탱하게 하는 생명력은 무엇인가요?

2) 원가족 지도

Satir가 사용한 원가족 지도(family of origin map)는 가족상담에서 주로 사용하는 가계도(McGoldrick, Gerson, & Shellenberger, 2005)와는 구성과 내용이 다르다. Satir는 내담자(IP)를 스타(Star)라고 칭하였다. 원가족 지도는 스타의 원가족, 스타의 아버지의 원가족, 스타의 어머니의 원가족 세 가지가 있다. 원가족 지도를 이용하여 가족원들의 성격, 대처방식, 가족규칙, 세대 간의 유사성과 차이점, 자아존중감의 정도 등을 파악할 수 있으며 가족원 개인의 내면세계뿐 아니라 가족역동성을 이해하고 평가할 수 있다(정문자 외, 2012). 그리고 자아존중감을 향상시키고 일차적 의사소통을 이루기 위해 어떤 변화와 개입이 필요한지 치료계획을 세울 수 있다.

대부분의 역기능적 행동이나 대처방식이 원가족 삼인군(아버지, 어머니, 자녀)에서 온다는 전제하에 원가족 지도를 이용하여 내담자의 자아존중감을 향상시킬 수 있다. 아동기의 경험은 제한된 감각과 능력으로 보고 들으며 이에 기초하여 이해하고 판단하므로 사실과 다르게 지각할 수도 있다. 그러므로 내담자가 성인이 된 관점에서 어린 시절을 바라보게 하여 부모를 한 인간으로 만나게 한다. 또한 부모가 조부모로부터 영향받은 것을 보게 하고 주어진 상황에서 부모는 나름대로 부모 역할에 최선을 다했음을 인정하고 수용하도록 한다. 특히 기대를 표면화시켜 부모로부터 충족되지 않았던 아동기의 열망을 내려놓게 하거나 다른 방법으로 해결할 수 있도록 한다. 부모로부터 배운 긍정적인 자원을 발견하도록 하여 내적 경험에 긍정적인 변화가 일어나도록 촉진한다. 그리고 생존을 위한 역기능적인 대처방식이나 가족규칙, 부모의 기대에서 벗어나 자신의 개별성을 갖도록 한다(정문자, 2007).

자신의 열망을 딸을 통해 이루고 싶었던 엄마

30대 후반의 여성 영민은 이혼한 후 딸을 잘 키우기 위해 재혼하지 않고 열심히 살아왔지만 늘 자신이 부족하게 느껴졌다. 특히 딸이 사춘기가 되면서 편두통을 호소하고 성적이 점점 떨어져 상담실을 찾아왔다. 영민은 초등학교 시절 아버지가 외항선을 타는 동안 어머니가 외도한다는 소문을 듣게 되었다. 결국 어머니의 외도로 인해 부모는 이혼을 하였고 영민은 남동생을 돌보며 아버지와 함께 살게 되었다.

영민은 상담을 통해 어머니가 외할머니로부터 관심받지 못하고 외롭게 자랐으며, 아버지는 가난한 집안의 장남으로 일찍부터 돈을 벌어야 했음을 알게 되었다. 어머니의 외도로 인해 수치심을 느끼며 어머니를 원망하며 살아왔는데, 지금 어른이 되어 한 여자로서 어머니를 바라보니까 부모와 남편으로부터 관심과 사랑을 받지 못했던 어머니를 수용할 수 있었다. 그리고 아버지를 돌보아 온 착한 딸로, 동생을 뒷바라지한 대견한 누나로, 자식에게 부끄러운 부모가 되지 않으려고 정직하게 그리고 경제적으로 자립하기 위해 최선을 다해 살아온 자신을 인정하고 수용할 수 있게 되었다.

또한 자신의 공부에 대한 열망 때문에 딸에게 공부를 강요하였으며 경쟁사회에서 강하게 키우기 위해 딸의 감정을 공감해 주지 않았음을 알게 되었다. 이제부터 딸에게 공부를 강요하지 않고 자신이 하고 싶었던 공부를 스스로 하기 위해 방송통신대학에 진학하기로 결심하였다.

원가족 지도를 그리는 방법은 다음과 같다(최규련, 2013).

① 1단계: 스타의 원가족 지도 작성

스타의 아버지와 어머니를 각각 도형으로(□, ○) 그리고 각 도형 안에 현재 나이를 적고 그 옆에 출생지, 학력, 직업, 종교 등을 적는다. 부모가 사망한 경우에는 도형에 사선을 긋는다. 부모의 결혼기간이나 별거연도, 이혼연도 등도 적는다. 스타의 형제를 출생 순으로 도형을 그리고 개인의 인구학적 정보를 적는다.

② 2단계: 가족의 성격특성, 대처 유형, 관계양상 작성

18세 이전으로 돌아가 그때 생각했던 가족원들의 성격적 특성 중 긍정적 특성 세 가지, 부정적 특성 세 가지를 형용사로 적는다. 스트레스 상황에서의 과거 대처 방식을 적고 가족관계 양상을 선으로 표시한다. 스타에게 ★표시를 한다.

③ 3단계: 스타의 아버지, 스타의 어머니 원가족 지도 작성

위와 같은 방법으로 스타의 아버지의 원가족 지도에 할아버지, 할머니, 아버지의 형제자매에 대한 정보와 관계양상을 표시한다. 그리고 스타의 어머니의 원가족 지도에도 외할아버지, 외할머니, 어머니의 형제자매 등에 대한 정보와 관계양상을 표시한다.

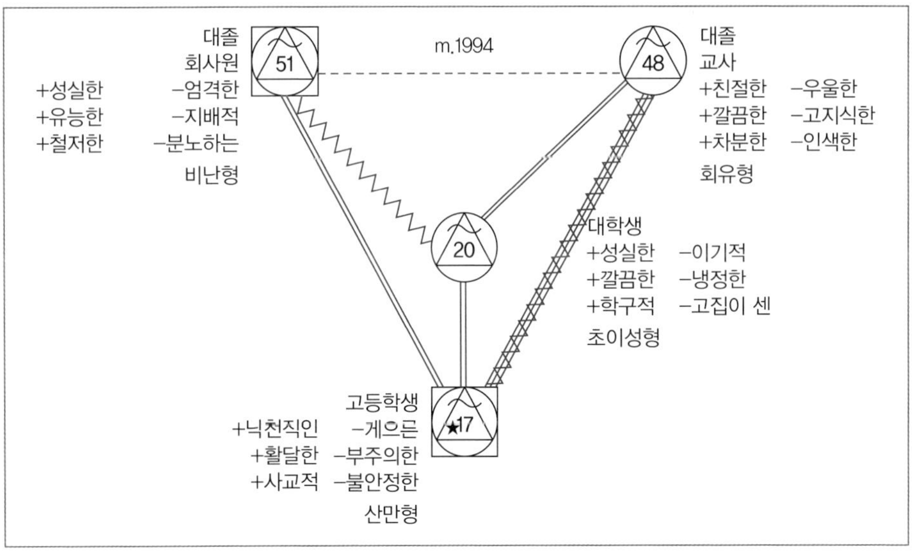

❖ 그림 5-3 원가족 지도의 예

3) 가족조각

가족조각(family sculpture)이란 가족원 한 명이 어느 시점을 정하여 그 시점에서 다른 가족원에게 느끼는 내적 정서상태를 동작과 자세 등으로 표현하는 비언어적 기법을 말한다. 이 기법을 사용하는 목적은 가족원 각자가 자신의 억압된 감정을 느껴보고, 자신과 가족의 역동성을 시각적으로 파악하여 새로운 대처방법을 찾아보게 하는 것이다(최규련, 2013). 가족조각에서 나타난 가족 간의 거리, 얼굴과 신체 표정, 자세, 동작 등을 통해 가족의 대처방식, 권력구조, 경계선, 가족규칙, 가족관계 등을 어느 정도 파악할 수 있으므로 내담자 가족을 진단하고 평가하고 치료하는 데 활용되고 있다.

그 구체적인 방법으로 상담자는 상담 중에 가족에 대해 잘 이해하기 위해 좀 색다른 작업을 해도 좋은지 물어서 동의를 얻으면 가족 전원을 일어나도록 한다. 가족조각의 실시과정은 다음과 같다(김영애, 2011).

① 상담자는 조각을 실시할 스타를 선택한다.
② 스타는 갈등을 겪었던 어느 시점을 선택하고 그때의 상황적 장면을 분명하게 떠올린다.
③ 스타로 하여금 갈등상황이나 갈등관계를 나타내기 위해 가족원들을 배치시키고 가급적 사실적으로 조각(묘사)하도록 한다.
④ 조각이 끝난 후 가족원들에게 그 자세를 1분 정도 유지하면서 감정을 느껴보도록 한 다음 말로 표현하도록 한다.
⑤ 상담자는 빙산 탐색기법을 사용하여 스타가 가족조각을 보며 내면에서 경험하고 있는 것을 말로 표현하도록 한다.
⑥ 상담자는 스타로 하여금 가족원들과 차례로 만나 걸림돌을 해결하고 열망 차원에서 서로 연결될 수 있도록 하며 새로운 대처방식을 배우도록 한다.
⑦ 스타가 원하는 가족의 모습을 새롭게 조각하도록 한다.

가족상담에서는 이 작업을 가족원 모두가 차례대로 해볼 수 있다. Satir(1991)는 의사소통 및 대처방식, 가족규칙은 어렸을 때 학습된 것이므로 언제든지 새롭게 배움으로써 바뀔 수 있다고 보았다. 가족조각을 통해 역기능적인 의사소통, 가족규칙을 시각적으로 표현한 후 자아존중감의 3대 요소인 자신, 타인, 상황에 알맞도록 경험적으로 변화시키려고 하였다.

(a) 갈등상황의 한 시점을 가족조각으로 표현

(b) 스타가 원하는 가족을 가족조각으로 표현

❖ **그림 5-4** 가족조각의 예

5. 사례 연구

1) 개요

1남 3녀를 둔 내담자(여, 48세, 주부)는 피로감과 무기력증, 우울감으로 상담실을 찾았다. 주요 호소문제는 우울증과 막내아들(중 2)의 게임몰입이다. 아들이 사춘기라서 그런지 엄마 말은 전혀 듣지 않고 야단을 치면 방에서 나오지도 않고 얼굴도 보지 않으려 한다. 이럴 때 남편이 도와주면 좋겠는데, 남편은 자기 일이 바쁘다는 이유로 집안일에는 관심이 없다. 더구나 약 1년 전 남편이 자주 다니던 술집의 여자와 외도를 하여 이혼 위기를 겪었고, 아이들이 다 자라서 공부를 마치고 나면 이혼을 하고 내 인생을 살아야지 하고 견디고 있다.

내담자는 원가족에서 1남 2녀 중 둘째로, 딸로서는 장녀로 태어났다. 고향에서 조합장 등 유지로 활동하던 아버지와 훈장 딸로 성장한 어머니 밑에서 장녀로 자라면서 모범생으로 성장하였다. 대학에 진학하고 싶었으나 1살 위인 오빠가 재수를 하는 탓에 대학 진학을 포기하고 아버지의 소개로 농협에 근무하다가 친척 어른의 소개로 남편을 만나 결혼하였다.

신혼 때부터 시어머니와 시누이, 시동생과 함께 생활하였는데 시집살이가 너무 심했다. 시아버지가 일찍 돌아가시고 시장에서 식당을 하며 자녀를 키운 시어머니의 유세가 심해서 많이 힘들었다. 현재 시누이들은 결혼하여 분가를 하였지만 막내인 시동생은 40살이 되도록 특정한 직업도 없이 지내다가 최근에 베트남 아가씨와 결혼하였다. 그러나 시어머니의 뜻에 따라 매우 가까운 곳에 집을 얻어 생활하고 있어 지금도 내담자는 식사부터 생활 전반을 거의 해주고 있는 중이다. 한평생 착하게 열심히 살아온 것 같은데 자녀들도 제대로 키우지 못한 것 같고 남편의 사랑도 받지 못한 것 같아 너무 억울하고 힘들다고 호소하고 있다.

남편(52세)은 2남 2녀 중 장남으로 장사(식당업)를 하시던 부모님의 바람대로 대학을 마치고 공무원이 되었다. 평상시에는 거의 말이 없으나 술을 마시면 말을 하는 편이다. 직장에서도 매우 성실하다는 평을 받고 있으며, 외부의 사람들은 매우 좋은 사람이라고 평가를 한다. 그러나 자신의 현재 가족들에게는 무심한 편이다. 성격은 좋지만 경제적으로 무능력했던 아버지가 고 1 때 돌아가시고 나서 식당을 하면서 자신과 동생들을 키우신 어머니에 대한 미안함이 많다. 결혼의 조건으로 어머니를 모시고 사는 것을 아내에게 제안할 정도로 시어머니를 비롯한 시댁 식구들의 일에는 적극적으로 임한다.

2) 원가족 지도

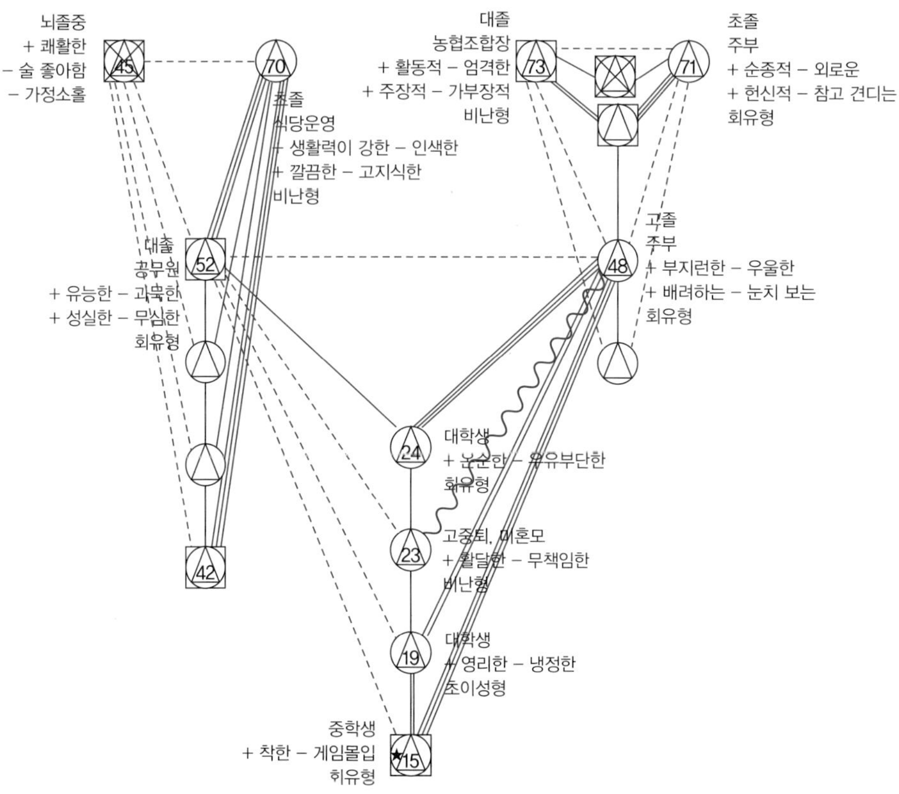

3) Satir 가족상담의 적용

(1) 상담목표 및 가설 설정

경험적 가족상담의 목표는 자아존중감을 향상시켜 자신의 삶을 스스로 선택하고 책임질 수 있도록 하는 것이다. 이를 위해 내담자 가족이 억압한 감정과 욕구를 표현하도록 하며, 자신, 타인, 상황에 적절하게 의사소통을 할 수 있도록 도와야 한다. 위의 내담자 가족원들은 자아존중감이 낮아 자신의 감정과 욕구를 진솔하게 표현하지 못하므로 정서적으로 단절되어 있고, 소통하지 못하고 있다. 이런 정서적 단절은 중년기가 되면서 남편의 외도, 아내의 신체화 증상, 아들의 게임몰입으로 나타나고 있다. Satir의 성장모델을 바탕으로 다음과 같은 가설을 세울 수 있다.

① 아내의 빙산

대처방식은 자신의 욕구나 기대, 부정적 감정을 잘 표현하지 못하고 남편이나 시댁가족, 자녀의 필요를 보살펴 주고 그들로부터 인정받고 보상받기 원하는 회유형을 주로 사용한다. 자녀들에 대해서는 기대가 높아 자신의 뜻대로 되지 않을 때는 비난형을 사용하기도 한다. 감정은 막내아들의 게임몰입, 1년 전 남편의 외도 등으로 실망, 불안, 우울, 배신감, 분노, 외로움, 억울함 등을 느꼈으며 이런 감정에 대한 감정은 우울, 무기력이다.

자신 및 가족에 대한 지각은 '남편에게 사랑과 인정을 별로 받지 못했던 것' 같고 '자녀들도 제대로 못 키운 것' 같은 생각이 자주 든다. 그리고 '열심히 노력하고 착하게 살면 복 받는다'라는 신념으로 살아왔는데 '행복하지도 않고 바보같이 살아온 것' 같은 생각도 든다.

열망은 어린 시절 가부장적인 분위기에서 존재감 없이 부모의 눈치를 보며 자랐기 때문에 남편으로부터 관심과 사랑, 존중을 받고 싶었다. 따라서 이런 열망을 충족시키기 위해 남편과 대화하며 시댁 가족을 돌보느라 힘들었던 자신의 마음을 알아주기를 바랐으며, 주말에는 자녀들과 함께 해주기를 기대하였다. 그러나 남편으로부터 충족되지 않은 기대나 열망은 자녀들에 대한 교육열과 과보호로 나타난다.

자신을 돌보지 않고 가족을 위해 희생하며 살아온 한 인간으로서의 자기존재(self)를 잠잠히 바라보니 불쌍하고 초라하게 느껴지고 작아 보인다. 그렇지만 어려운 상황 속에서 시집살이를 잘 견디며 오늘날까지 결혼생활을 지탱해 온 힘은 자녀들이었으며 앞으로 자신의 인생을 잘 살아보고 싶은 생명력이 자신의 내면에 있음을 발견한다.

② 남편의 빙산

무능한 아버지 대신 자신은 능력 있는 존재가 되어 가족을 책임지고, 주위 사람으로부터 인정과 사랑을 받고 싶은 열망을 가지고 살아왔다. 이런 열망을 충족시키기 위해 아내에게 가족을 위해 열심히 일하지만 외롭고 힘든 자신을 지지받고 싶었고, 젊어서부터 고생해온 자신의 어머니를 공경하고 돌봐주며, 자녀양육도 알아서 잘 해주기를 기대하였다.

아내에 대한 기대가 이루어지지 않으면 화, 답답함, 공허함, 실망감, 좌절감을 느끼게 되고 이런 감정에 대한 감정은 분노, 좌절감이다. 자신과 가족에 대한 지각은 '결혼하더라도 동생이나 어머니를 잘 보살피고 책임져야 한다'라는 부담감이 많다. '아내는 자식들만 챙기고 나에겐 관심이 별로 없다'는 생각이 든다. 그리고 '정말 열심히 살았는데 일에서도 가정에서도 성취한 것이 없는 것 같다'고 여겨지며 자신에 대한 가치가 인정되지 않는다.

대처방식은 자신을 부족한 사람으로 여기고 주위 사람들의 지지나 인정을 통해 자신의 가치와 존재감을 찾으려는 회유형이다. 또한 아내에게는 상황만을 강조하고 아내의 감정이나 요구를 회피하는 초이성형을 사용하기도 한다. 가족을 위해 열심히 살면서도 만족감을 느끼지 못하며 또한 아내와 단절되어 있는 자기 존재(self)를 조용하게 바라보니 왠지 초라하고 답답하고 공허하게 느껴진다. 그러나 어떤 상황에서도 최선을 다해왔고 가족을 사랑해온 자신의 생명력을 믿으며 앞으로 더 나은 자기와 가족이 되고 싶은 성장욕구를 느낀다.

③ 내담자 가족의 자아존중감

IP의 어머니는 원가족에서 가부정적인 아버지의 영향으로 부모의 기대와 요구에 따르기 위해 자신의 욕구와 감정을 억압하며 자라왔다. 그러므로 자신을 가치 있는 소중한 존재로 느껴보지 못해 자아존중감이 낮게 형성되었다. 성인이 된 이후에도 자신의 정서를 표현하면 거절당할지도 모른다는 두려움이 있어 남편과 친밀감을 형성하지 못하였다. 이처럼 IP의 어머니는 자신의 정서를 표현하지 않고 남편의 인정과 사랑을 얻으려고 노력하여 왔지만 점점 관계가 소원해짐에 따라 신체화 증상을 초래하고 있다.

IP의 아버지의 경우, 어머니가 장남에게 관심과 애정을 표현하며 집안의 대들보가 되어주기를 기대하였다. 그러므로 IP의 아버지는 부모에게 자신의 감정이나 욕구를 솔직하게 표현하지 못하였고 자신이 원하는 삶이 아니라 어머니의 기대에 맞추며 성장하였기 때문에 자아존중감이 낮게 형성되었다. 결혼한 이후에도 어머니와 동생들까지 돌보고 있으며 이 역할을 아내에게도 과도하게 요구하였다. 자신의 정서를 잘 표현하지 않는 그는 아내의 수고와 정서적 욕구를 헤아려 주지 못하고 회피함으로써 부부 간에 정서적으로 연결되지 못하고 외롭게 지내왔으며 1년 전에 외도를 하였다.

자신의 감정이나 욕구를 표현하고 수용받은 경험이 거의 없는 IP의 어머니와 아버지는 IP의 감정이나 욕구를 인정하거나 공감하기보다 비난하거나 회유하는 방식으로 반응하였으며, 높은 학업성취를 기대하며 IP를 양육하여 왔기 때문에 IP 또한 낮은 자아존중감이 형성되었다. IP는 초등학교까지는 부모의 인정을 받기 위해 공부했지만 중학교에 와서는 공부에 흥미를 느끼지 못해 방황하고 있다. 또한 사춘기에 접어들어 심리적 독립을 취하고 싶지만 그동안 자기주장을 해보지 못했기 때문에 불안과 답답함을 느끼고 있다. 이처럼 IP는 학업에 대한 부담감과 심리적 독립에 대한 불안감으로 힘들지만 가족에게 표현하거나 의논하지 못해 짜증을 내며 게임몰입으로 회피하고 있다.

④ 내담자 가족의 의사소통 유형

IP의 어머니는 자아존중감이 낮아 갈등상황에서 긴장이 느껴지면 자신의 감정을 표현하거나 생각을 주장하지 않고 상대방의 요구에 순종함으로써 착한 사람이라는 평가를 받기 바라는 회유형을 주로 사용하여 왔다. 결혼한 후에도 가까이 살고 있는 시동생 부부를 챙겨주라는 시어머니의 요구가 싫지만 거절하지 못하고 참으면서 돌봐주고 있나. 자녀들에 대해서는 기대가 높아 자신의 뜻대로 되지 않을 때는 비난형을 사용하기도 하였다.

IP의 아버지는 자신의 어머니의 사랑과 기대에 보답해야 하는 심리적 부담감으로 인해 자신보다 상황과 타인에게 맞추는 회유형의 대처방식을 사용하여 왔다. 또한 아내가 어려움을 호소할 때 상황만을 강조하고 자신이나 아내의 감정과 기대를 회피하며 냉정한 태도를 취하는 초이성형을 사용하기도 하였다. 이처럼 그는 낮은 자아존중감과 생존을 위한 대처방식으로 인해 가족과 친밀한 관계를 맺지 못하고 자신의 아버지처럼 바깥에서 다른 사람들과 어울리거나 술을 마시며 외로움과 스트레스를 해소하여 왔다.

IP의 부모는 자녀에게 느끼는 다양한 정서를 말로 표현하지 못하였으며 또한 자녀의 감정을 공감하거나 인정해 주지 않으면서 행동을 통제하여 왔다. 그러므로 IP는 자아존중감이 낮아 자신의 정서나 욕구를 표현하기보다 억압하였으며 부모가 원하는 기대에 맞추며 인정받기 위해 회유형을 주로 사용하여 왔다.

⑤ 내담자 가족의 가족규칙

장남인 IP의 아버지와 장녀인 IP의 어머니는 원가족에서 성장하면서 '부모에게 순종해야 한다', '가족을 위해 자신을 양보해야 한다', 그리고 '자기의 감정을 표현하지 않고 참아야 한다'라는 규칙들을 자신도 모르게 내면화하여 왔다. 이 규칙들은 현재 결혼생활에도 영향을 미치고 있다. 즉, 두 사람은 부부보다 부모나 자녀들을 우선 돌보게 되었고, 서로에 대한 감정과 기대를 표현하지 못해 정서적으로 소원하게 지내왔다. 또한 이런 가족규칙들로 인해 부모는 IP에게 자기를 표현하고 주장하도록 허용하기보다는 부모의 말을 잘 듣도록 요구해 왔다. 사춘기가 된 IP는 심리적 거리감을 유지하고 싶고 자신을 뜻을 주장하고 싶지만 잘 조절되지 않아 수동공격적으로 대처하며 스트레스를 게임몰입으로 해소하고 있다.

(2) 상담개입

IP의 어머니가 호소하는 IP의 게임몰입과 본인의 신체와 증상은 가족의 역기능적인 의사소통으로 인한 정서적 단절과 낮은 자아존중감에서 비롯된 증상이다. 즉, IP의 어머니와 아버지는 자아존중감이 낮아 정서표현을 두려워하며 역기능적 의사소통을 해왔기 때문에 소원한 부부관계를 지속하였다. 이로 인해 IP의 어머니는 IP에게 많은 기대를 하였고 기대만큼 성과가 나타나지 않은 IP 또한 힘든 정서를 표현하지 못하고 억압해왔다. 또한 IP는 사춘기가 되면서 부모로부터 독립성을 확보하고 싶지만 자아존중감이 낮아 자기주장을 하지 못하므로 무력감을 느끼고 있다. 그러므로 상담자는 내담자 가족원들이 억압하거나 회피하고 있는 정서를 표현하도록 하여 가족원들이 정서적으로 연결되고 일치적 의사소통을 할 수 있도록 하여 자아존중감을 높여주는 작업을 하여야 한다.

상담자는 먼저 부부상담을 통해 원가족 지도 및 빙산 탐색기법을 활용하여 각자 어린 시절 생존을 위해 억압되었던 감정과 기대, 지각, 열망 등을 표현하도록 하여 자신 및 배우자의 상처를 이해하고 수용할 수 있도록 한다. 그리고 배우자에게 원했던 기대와 열망을 현재 실천 가능한 수준에서 서로 충족시켜 주도록 한다. 회피하거나 비난하는 역기능적인 의사소통방식을 자신, 타인, 상황을 고려한 일치적 의사소통으로 변화시켜 서로 소통하며 자아존중감이 향상되도록 한다. 그리고 부부의 성장과정 및 낮은 자아존중감이 자녀양육에 미친 영향력, 청소년기 자녀의 심리적 발달 및 부모역할에 관한 부모교육을 실시하여 부모자녀관계를 회복할 수 있도록 돕는다. 부부상담을 마친 다음 IP가 참석하는 가족상담에서는 부모가 IP의 감정과 욕구를 알고 공감하도록 하며 IP의 진로문제에 대해서도 서로 의견을 나누도록 돕는다.

활동하기

1. 영화 〈굿 윌 헌팅(Good Will Hunting)〉은 어린 시절 양아버지로부터 폭력을 당한 청년이 대인관계에 어려움을 겪지만 상담을 통해 상처가 치유되어 가는 과정을 보여 줍니다. 이 영화를 시청하고 주인공 청년이 상담자와의 어떤 다양한 경험을 통해 성장해 가는지 토론해 봅시다.

2. Satir는 원가족 지도를 통해 가족원의 자아존중감, 의사소통방식 그리고 가족규칙을 파악하고 치료계획을 세웠습니다. [그림 5-3]을 참고로 하여 자신의 원가족 지도를 그려 보세요.

   1) 부모님, 자신, 형제자매의 성격적 장점 및 단점 세가지와 의사소통방식을 기입해 보세요.

   2) 자신의 자아존중감 정도를 살펴보고 일치적 의사소통을 위한 구체적인 방법을 논의해 봅시다.

   3) 명시적 규칙과 암묵적 규칙을 각각 다섯 개씩 적고 비합리적 규칙은 현실에 맞게 수정해 봅시다.

PART 03

행동 교류모델

FAMILY COUNSELING

III부는 가족원들의 상호작용 속에서 행동 교류를 살피고 치료자가 적극적으로 개입하여 가족을 돕는 이론들을 다룬다. 6장에서는 체계적인 관점에서 가족원의 상호작용 패턴을 가족구조로 설명하며, 가족의 재구조화를 목적으로 하는 구조적 가족상담에 대해 살펴본다. 7장에서는 가족의 파괴적이고 역기능적인 상호작용에 주목하여 반복적이며 부정적인 가족행동의 악순환을 끊어버리는 것에 초점을 둔 전략적 가족상담에 대해 다루어 본다. 그리고 8장에서는 가족의 증상이나 문제해결을 위해 인지적 개입과 행동적 개입을 적절하게 통합하여 사용하는 인지행동 가족상담에 대해 살펴볼 것이다.

FAMILY COUNSELING

06

CHAPTER

구조적 가족상담

1. 개요

2. 주요 개념

3. 상담목표와 상담과정

4. 상담기법

5. 사례 연구

06 CHAPTER

구조적 가족상담

1. 개요

구조적 가족상담은 Salvador Minuchin이 그의 동료들과 공동으로 저술한 《빈민가의 가족(Working with Families of the poor)》을 통해서 처음 소개되었다. Minuchin은 뉴욕에서 비행청소년을 교정하는 정신과 의사로서 활동하면서 비행청소년들이 일으키는 문제가 그 개인만이 아닌 가족의 역기능적인 상호작용과 관련이 있다고 가정하며 구조적 가족상담 모델을 발전시켰다(정문자 외, 2012).

상담과정에서 Minuchin은 당시 대부분 중산층 가족들에게 적용되고 있었던 대화를 사용한 지적인 가족상담의 방법으로는 한계가 있다는 것을 깨닫게 되었다. 저소득층 가족의 대부분이 복합적인 문제를 지니고 있는데 그러한 어려움을 극복하기 위한 대안도 부족하고, 이들에겐 고치기 힘든 굳어진 습관이 있음을 발견한 것이다. 그리하여 Minuchin은 상담자가 좀 더 적극적으로 개입하고 구체적이면서도 행동적인 접근을 해야만 가족의 변화를 이끌어낼 수 있음을 치료적인 경험을 통해 알게 되면서 구조적 가족상담이론을 개발하였다.

체계적인 관점을 기반으로 하여 발전한 구조적 가족상담은 가족들 간의 상호작용 패턴을 가족구조로 설명한다. 사회적인 존재로서의 개인과 그 개인을 둘러 싼 가족의 상호작용은 일정한 구조를 가지고 있다. 따라서 그 가족구조가 변하게 되면 가족을 이루는 구성원의 행동이나 심리과정이 변화한다는 것이다(최규련, 2013).

가족의 여러 가지 생활 기능들 속에서 가족은 스스로를 조직한다. 누구는 일을 하여 수입을 창출하고, 누군가는 그 범위에서 가정경제를 관리하게 된다. 자녀들을 양육하고 훈육하며, 집안을 청소하고 집을 수리하는 등 가족원들은 각자의 역할을 발달시키고, 서로의 관계를 패턴화하는 것이다. 가족원들이 맡게 되는 역할은 융통성을 가지고 상황에 따라 변하게 된다. 모든 관계는 삶의 다양한 요구들에 잘 대처하기 위해 다양한 구조들을 갖고 있는데, 모든 가족은 각기 자신들만의 독특한 구조를 발달시킨다. 가족원들은 각자의 기질과 서로에 대한 다양한 감정들 그리고 자신들만의 가족적, 문화적 그리고 종교적 틀에 의해서 영향을 받게 되고 각 가족이 수용할 수 있는 범위 내에서 그러한 양식들을 선택한다(Aponte, 1994, 엄예선 역, 1995).

구조적 가족상담은 가족구조의 변화에 초점을 두는 것을 주요한 상담의 목적으로 하고, 상담자는 가족의 재구조화를 위해 적극적인 자세를 가지고 개입하는 것이 특징이다. 내담자의 증상이나 호소하는 문제들은 이러한 목적을 달성하는 과정에서 자연스럽게 사라진다고 본다. 구조적 가족상담자는 가족의 구성원으로 가족에 합류하고 가족의 있는 그대로의 모습을 존중하면서 가족을 재구조화하기 위한 상담적인 개입을 시도한다.

2. 주요 개념

1) 가족구조

Minuchin은 가족구조(family structure)를 가족원의 상호작용방식을 조직하는 기능적인 요구라고 설명한다. 가족구조가 가족원의 행동을 일일이 통제하거나 결정하게 하는 것은 아니다. 하지만 일정하게 지속적으로 반복되는 행동양식들은 예측 가능하여 가족원은 특정한 행동을 서로 간에 기대하게 되면서 자신들만의 상호작용 유형을 만들어내게 된다(Minuchin, 1974, 이명홍 역, 1988; 한재희 외, 2013). 예를 들어 형을 무시하는 동생의 태도를 부모가 용납하면서 형에게 동생을 이해해야 한다고 교육한다고 하자. 동생은 점점 더 형을 무시하게 되고 형이 이를 제압하려할 때 동생은 부모 뒤로 숨게 되는 상호작용이 만들어지게 될 것이다. 결국 이러한 구조 속에서 형제가 성장하게 되면 형의 의견은 동생에 의해 무시되는 것이 다반사일 것이고, 부모는 원치 않겠지만 형제의 우애가 깨질 수도 있다.

가족구조를 쉽게 설명하는 것은 어렵다. 그렇기 때문에 가족구조를 알아보기 위해서는 구조를 설명하는 이론적인 체계와 가족들의 실제 행동을 살펴보면서 그들 사이의 상호작용을 관찰할 필요가 있다. 가족의 상호작용 자체를 넘어 상호작용이 일어나고 있는 가족 내의 조직적인 틀을 살펴보아야 가족이 만들어내는 구조를 이해할 수 있다. 또한 어느 한 부분에서 일어나는 가족의 상호작용이 가족 전체 체계의 조직에 영향을 받고 있다는 것을 기억하여야 한다. 현재 드러난 사실만으로 가족구조에 대해 단정할 수 없으며, 시간을 두고 가족원들 간의 실제적인 상호작용을 관찰할 때 구조를 분명하게 알 수 있다. 특히 가족 상호작용은 특정 상황에 영향을 받을 수 있으므로, 반복적인 행동양식을 통해서 정확하게 가족구조를 파악할 수 있다(한재희 외, 2013; Nichols & Schwartz, 2001, 김영애 외 공역, 2002).

반복적이면서 일관적이고 조직화되어 예측하기 쉬운 가족 행동의 양식들은 기능적인 의미에서 나름의 구조를 가지고 있다. Minuchin은 이러한 구조가 가족을 진단하고 상담하는 데 적절하고 필요한 지침을 제공해 줄 수 있다고 주장한다. 가족구조를 설명하는 경계, 연합, 하위체계 등은 추상적인 개념이긴 하지만, 가족의 상호작용을 이해하고 적절한 개입을 가능하게 한다. 비교적 단기간에 가족의 문제점을 파악하여 가족이 가지고 있는 역기능적인 가족구조를 변화시키고, 그 변화를 통하여 가족원들의 변화를 유도할 수 있다는 점에서 구조적 가족상담은 많은 임상가들이 선호하는 가족상담 모델의 하나로 영향력을 발휘하고 있다.

2) 하위체계

체계로서 가족을 보면 가족 안에는 다양한 하위체계(subsystem)가 있다. 가족원 각 개인도 하위체계이고, 부부나 형제자매, 부모, 모녀, 부자 등 이인관계도 하위체계이다. 하위체계는 세대나 성별, 흥미나 기호에 따라 형성될 수 있다. 또한 가족원 개인은 가족 내에서 다양한 하위체계에 속하게 된다. 남성은 아버지로, 아들로, 형, 동생, 남편으로서 다양한 역할의 하위체계에 속하게 되며, 여성 또한 아내, 엄마, 누나, 언니, 며느리 등이 되어 각각의 하위체계 안에서 서로 다른 권력과 역할을 가지고 고유의 기능을 수행하면서 서로 상호작용하게 된다.

모든 가족원은 여러 개의 하위체계에 속하여 많은 역할과 기능을 하게 된다. 부부, 부모, 부모자녀, 형제자매 등의 하위체계가 제기능을 잘 수행할 수 있어야 건강한 가족이라고 할 수 있다. 또한 가족은 유기체와 같아서 각 구성원이 성숙하고 유연한 적응력으로 하위체계에서 잘 적응할 때 건강하게 유지되며, 개인은 자신이 속한 다양한 하위체계에서 안정적으로 행동하게 된다(Minuchin, Nichols & Lee, 2007, 오진미 외 공역, 2007; 한재희 외, 2013).

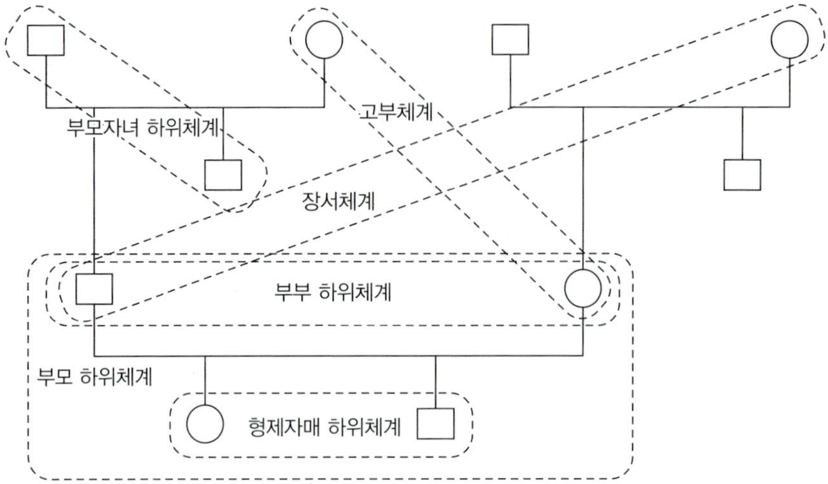

❖ **그림 6-1** 가족체계와 하위체계

(1) 부부 하위체계

두 사람의 결혼으로 형성되는 것이 부부 하위체계이다. 부부 각자는 자신의 원가족에서 고유한 생활방식에 맞춰 살아왔다. 그러나 결혼이라는 것을 통해 부부가 된 뒤에도 자신의 방식만 고집한다면 갈등을 초래할 수밖에 없을 것이다. 서로 존중하고 지원하는 자세로 협상과 타협을 통해 나름의 규칙과 역할을 정하는 것이 필요하다. 남편과 아내로서의 역할, 그리고 나아가 부모로서의 역할 등에서 독립적이면서도 적절하게 기능할 수 있을 때 부부 하위체계는 건강하게 상호작용할 수 있다. 건강하고 기능적인 부부 하위체계는 가족 내의 위계질서를 세우는 데 기초가 된다. 성, 사랑, 친밀감 등이 잘 기능하여 협상과 조정을 통해서 건강한 부부 하위체계를 유지할 수 있다(한재희 외, 2013).

시어머니의 지나친 간섭으로 흔들리는 부부 하위체계

남편은 결혼 9개월만에 어머니의 반대로 이혼을 하고 현재의 아내와 재혼하였으며, 아내는 초혼으로 시집 와서 11세, 9세, 6세의 세 딸을 키우고 있다. 결혼 후 부부는 시부모님, 출가한 막내시누이와 같은 아파트에 살고 있었는데, 아내는 시댁으로부터 시시콜콜 간섭을 받아왔다고 한다. 또한 시부모님이 시누이네 아이들과 자신의 아이들을 차별하거나 무시하는 것처럼 보일 때 아내는 시부모님께 분노를 느꼈다.

- 시어머니의 지나친 간섭과 남편의 우유부단한 태도로 인해 부부 하위체계가 흔들리고 부부갈등이 빈번히 유발되고 있다.

(2) 부모 하위체계

부모와 자녀라는 두 세대로 이루어진 체계가 부모 하위체계이다. 결혼으로 새로 형성된 가족 단위는 부부 중심의 부부 하위체계만 존재한다. 이후 자녀가 출생하게 되면서 가족구조가 변하게 되고 부모와 자녀가 상호작용하며 부모 하위체계를 형성하게 된다. 부부는 서로의 관계를 해치지 않고 자녀들이 연령 및 발달단계에 따라 건강하고 독립적으로 잘 성장하여 사회화할 수 있도록 도와야 한다. 건강하게 기능하는 가족은 부부 하위체계와 부모 하위체계가 기능적으로 분리되어 존재하면서 부모 하위체계보다 부부 하위체계가 더 상위에 존재해야 한다(한재희 외, 2013).

부부갈등으로 인해 역기능적이 된 부모 하위체계

시어머니의 지나친 간섭으로 시어머니가 다녀간 날은 어김없이 아내가 긴장하고 분노하여 부부싸움을 하게 된다. 아내가 분노를 폭발하면 남편은 일방적으로 당하고 자녀들도 부모의 눈치를 보면서 무서워한다. 아내의 분노는 시간이 갈수록 그 빈도와 강도가 점점 더 심해지고 있다.

- 역기능적인 부부 하위체계는 부모 하위체계를 약화시키고 부정적인 영향을 끼친다. 시어머니와의 관계뿐만 아니라 자라나는 어린 세 자녀들 또한 상호비난하고 무시하는 부모의 모습을 통해 불안과 긴장을 경험하게 되고 당연히 부모 하위체계는 역기능적일 수밖에 없다.

(3) 부모-자녀 하위체계

부모-자녀 하위체계는 부모와 자녀 두 세대로 이루어지며, 부자, 부녀, 모자, 모녀 관계로 구성된다. 이 체계의 중요한 기능은 부모-자녀 간의 위계구조와 부모의 권위가 잘 확립되어서 가족원 모두가 행복하고 건강하게 발전하는 것이다. 부모는 적절하고 타당한 권위와 통제를 통해 자녀를 훈육하고 성장발달을 도와야 한다. 권위와 통제가 적절하게 사용되지 못할 경우 부모-자녀 간 갈등이 생기거나 역기능적인 관계를 형성하기도 한다. 부모-자녀의 각각의 체계는 분화된 권위를 사용하는 것이 바람직하며 이를 통해 가족원 모두가 건강하게 기능할 수 있다(정문자 외, 2012).

고부간의 갈등으로 역기능적이 된 부모-자녀 하위체계

아들이 결혼한 지 10년이 지났는데도 여전히 시어머니는 아들 집을 허락 없이 수시로 들락날락하면서 육아나 살림살이를 하나하나 간섭하고 잔소리를 한다. 처음엔 시어른에 대한 공경으로 참고 참았던 며느리는 이젠 더 이상 견딜 수 없다고 분노하여 남편에게 시댁을 택하든지 우리 가정을 택하든지 하라며 극단적인 분노를 표출하기에 이르렀다.

- 노부모와 성인 자녀 체계에서는 서로 간의 발달적 욕구를 지지하고 지원하는 상호작용을 통해 자녀는 노부모를 공경하며 효를 행하고, 노부모는 자녀세대의 독립과 권위를 인정하는 것이 기능적이다. 그러나 본 사례에서는 출가한 아들의 가정을 독립적으로 바라보지 못하고 인정하지 않는 부모의 태도로 인해 서로 간에 미움과 원망으로 갈등이 빚어져 부모-자녀 하위체계가 역기능적이 되고 있다.

(4) 형제자매 하위체계

동일한 세대의 형제자매로 구성되는 이 하위체계에서는 성별이나 가족 내에서의 역할 등에 따라 자연스러운 위계구조를 가지게 된다. 일상생활 속에서 경험하게 되는 다양한 갈등 속에서 양보와 타협, 협동과 경쟁을 배우면서 서로를 지지하고 분화하고 희생하는 법 등을 배우게 된다. 형제자매 관계에서 상호작용하며 배우고 획득하게 되는 학습이나 위치는 이후 성인의 삶에서도 매우 중요하다. 이 체계가 기능적이기 위해서는 부모의 영향력에서 자유로운 자신들만의 세계와 즐거움을 개발하고 확립할 수 있어야 한다. 또한 사생활의 보호 및 시행착오를 겪는 것에 대한 자유가 주어져야 한다(정문자 외, 2012).

부모의 역할은 형제자매가 서로 간에 친밀감과 유대감을 높이고 형제자매 사이에서 일어나는 갈등이나 문제를 스스로가 자율적으로 해결할 수 있도록 기회를 주는 것이어야 한다. 또한 형제자매 중 그 어느 쪽도 억울함을 느끼지 않도록 공평하게 대하여야 할 것이다.

형제자매 간의 갈등 사례

군복무 후 복학한 대학생 내담자 S군은 1남 1녀 중 장남으로 연년생인 여동생이 있다. 언제부터인지 알 수 없으나 가족과 단절되어 필요한 말 이상은 전혀 하지 않고 집에서도 자기 방에만 머무르고 있다. 부모님께 필요한 용돈을 달라는 소리도 안 해서 제때에 납부해야 할 학교 경비들도 기일을 어기는 경우가 많다고 하였다. 그러한 아들의 모습이 걱정되어 부모님은 상담을 신청하였는데, 5~6회기 개인 상담이 진행될 동안에도 S군은 가족에게 별다른 감정이 없다고 하였다. 이후 상담이 계속 진행되면서 상담자와 어느 정도 라포가 형성되자 S군은 중학교 때 가족 외식 중 아버지에게 용돈을 달라고 하는 자신을 보면서 동생이 심하게 면박을 주고 무시했던 일이 있었음을 이야기하였다. 그 이후로 매번 부모님보다도 더 심하게 잔소리를 해대는 여동생에게 심한 스트레스를 받고 있었다. 그럴 때마다 부모님은 매사에 똑 부러지고 자신의 일을 척척 알아서 하는 여동생의 편이 되었다고 한다. 항상 여동생의 말이 다 맞고 내담자는 동생처럼 좀 야무지게 뭐든 해보라는 소리를 많이 하셨던 것이 S군에게는 깊은 상처가 되고 있었다. 그 이후 자연스럽게 가족들에게서 정서적으로 멀어지면서 가족과 소통할 필요를 느끼지 못하였음을 알 수 있었다.

- 이 사례에서는 형제자매 체계 간의 위계가 바뀌어 동생은 오히려 오빠보다 권위를 가지고 오빠의 일에 누나와 같은 위치에서 오빠에게 지시하는 것을 볼 수 있다. 그런 역기능적인 형제자매 체계에 부모님이 여동생의 편을 들어주며 힘을 실어주게 되면서 오빠는 더더욱 소외감을 느끼고 스스로 관계를 거부하는 패턴으로 나아가게 되었고 형제자매 체계는 경직된다.

(5) 기타 하위체계

가족 내에는 이외에도 다양한 하위체계가 존재한다. 고부간에 형성되는 고부체계뿐만 아니라, 자녀의 육아를 도와주며 처가가 가족 내에서 영향력을 행사하게 되면서 장모와 사위 간의 장서체계나 장인과 사위의 옹서체계 갈등도 새로운 가족의 이슈로 떠오르고 있다. 특히 한 자녀 가족이 등장하면서 형제자매 하위체계가 없는 가족이 등장하고 있고 체계 간의 권위와 질서, 영향력에 따라 가족원은 다양한 역할을 수행하면서 협력과 갈등을 겪기도 한다. 유기체로 연결된 가족원이 각 하위체계 내에서 잘 적응하며 기능할 때 가족은 건강하게 유지될 것이다.

3) 경계선

경계선은 가족원인 개인과 다른 하위체계를 둘러싸는 눈에 보이지 않는 선으로 체계의 안과 밖을 구분한다. 다른 가족원들과 접촉하는 양과 성격을 결정하며, 개인-개인, 하위체계-하위체계 간의 상호작용에서 누가, 어느 정도, 어떻게 관여하는지를 정하는 규칙이 된다. 또한 가족의 경계선의 성격을 통해 가족원의 친밀도, 외부체계와의 정보, 에너지, 자원의 교류 등을 알 수 있다. 경계선은 개인이나 하위체계의 건강성과 성장에 매우 중요하며, 독립과 자율성을 보호하는 기능과 구성원 간의 상호교류와 친밀성을 보호하는 두 가지 기능이 조화를 이루어야 한다(김혜숙 외, 2012).

경계선은 체계 간의 차이점을 보호하는 기능을 한다. 개인이나 하위체계 간의 경계가 명확하여 가족원이 방해받지 않고 자신들의 기능을 잘 수행할 수 있을 때 가족이 건강하게 기능하고 있음을 알 수 있다(이명홍 역, 1988). 경계선에 의해 하위체계가 보호받지 못하면 그 하위체계 내의 개인들이 상호작용기술을 제대로 발달시키지 못하게 된다. 대부분의 경우에는 가족의 경계선이 명확한 것이 가장 바람직하다. 하지만 가족이 직면하게 되는 발달상황이나 여러 가지 스트레스 상황을 고려하여 경계선을 조절할 수 있는 것이 이상적이다.

경계선을 정한다는 것은 가족들로 하여금 가족 내에서의 자신의 역할과 위치를 규정하는 것을 의미하는데, 가족원 간의 분명한 위치와 역할은 불필요한 가족들 사이의 갈등을 감소시킨다. 너무 딱딱하거나 불분명한 경계선은 가족원 간의 역기능을 초래한다. 경직된(rigid), 명확한(clear), 밀착된 혹은 모호한(diffuse) 경계선이라는 세 가지 범주로 가족의 경계선을 설명할 수 있다(김용태, 2000).

명확한 경계선이 자율적인 가족 경계선의 형태로 가장 바람직하다. 가족이 부딪히게 되는 여러 가지 발달상황이나 스트레스 상황들을 고려하여 가족 경계선은 융통성 있게 조절될 수 있어야 한다. 가족원 개인의 발달적인 욕구 충족을 지원하면서 또한 외부환경과도 끊임없이 상호작용하는 체계가 가족이다. 가족을 둘러싼 내외적 상황에 적절히 적응하기 위해서는 경계선을 적절하게 조율하는 것이 필요하다.

(1) 경직된 경계선

가족원들의 상호작용에서 '나는 나이고 너는 너'라는 태도로 서로에게 개입하지 않고 지나치게 독립적인 태도를 취하는 경우가 경직된 경계선(rigid boundary)이다. 이러한 가족의 형태를 유리된 가족(disengaged family)이라고 부른다. 지나치게 엄격하고 외부의 하위체계들과의 접촉을 거의 하지 않기 때문에 개인의 정체성의 구분이 모호하고 유리된 관계로 서로 뿔뿔이 흩어져 고립된다. 가족원들이 자율적으로 기능하고 독립적으로 보이지만, 충성심이나 소속감과 유대감이 부족하며 도움이 필요할 때조차도 서로에게 도움을 구하는 것을 어려워한다. 가족의 의사소통이나 상호교류가 거의 없고 따뜻한 사랑과 돌봄을 받지 못하므로, 서로에게 거리감을 많이 느끼게 된다. 가족의 심한 스트레스 상황이나 서로의 지지와 격려가 필요한 경우에도 문제해결능력이 적절하게 제공되지 못한다.

경직된 부부관계

내담자 부부는 친구 모임에서 알게 되어 석 달 정도 교제를 한 후 결혼을 한 4년차 부부로 4세 딸아이를 키우고 있다. 활발하고 사교적인 아내는 과묵하고 진지해 보이는 남편에게 호감을 가졌고, 남편은 자신과는 다르게 붙임성이 있고 유쾌한 아내에게 호감을 가져 결혼을 하게 되었다고 한다. 그러나 결혼 생활이 시작되자 남편은 아내가 지나치게 간섭을 한다고 생각했고, 아내는 의사소통이 되지 않는 남편으로 인해 너무도 답답함을 느끼며 서로에 대한 불만을 쌓아가게 된다. 결혼 후 1~2년 동안은 아내가 지속적으로 대화를 시도하고 남편과 소통하고자 하였으나 남편은 아내의 불만을 이해하지 못했다. 오히려 아내의 잔소리를 피곤하게 여겨 입을 더 닫게 되면서 아내 또한 이제는 남편과의 소통을 포기하고 정말로 필요한 한두 마디 외에는 일절 대화를 하지 않고 지내고 있다. 부부 관계도 거의 없으며 부부가 함께 있게 되면, 아내는 4세의 자녀와 방으로 들어가 버리고 남편은 거실에서 TV를 보면서 대화를 거의 하지 않고 있다고 한다.

- 서로의 역할을 구분하여 아내는 육아와 가사를 담당하고, 남편은 직장을 다니며 가정 경제를 책임지는 것으로 독립적인 기능을 하는 부부체계이다. 그러나 서로 간의 의사소통이나 지지, 유대감 등이 결여되어 부부 사이가 경직되고 거리감을 느끼고 있다. 정서적인 소외감을 부부 모두 느끼고 있지만 먼저 다가가 도움을 청하지 않고 있어 부부 사이의 거리감은 더 멀어지고 있다. 시댁이나 친정에 문제가 생기면 아내는 남편의 도움을 얻지 못하고 극심한 스트레스 상황이 되어 우울감을 호소하고 있었다.

(2) 명확한 경계선

가족원 각각의 역할과 위치가 잘 정해져 있어 서로가 서로의 영역을 침해하지 않고 독립적인 영역을 인정하면서도 필요한 경우에는 서로 돕고 지지하면서 협동하는 가족을 기능적이라고 볼 수 있다. 이렇듯 가족원 각각이 '나'라는 정체감과 '우리'라는 소속감을 동시에 가지면서 상호작용하는 가족은 명확한 경계선(clear boundary)을 가지고 있다고 볼 수 있다. 즉 개인의 자주적이고 독립적인 영역을 보장하면서도 서로의 도움이 필요한 경우에는 소속감을 가지고 협동하고 지지하며 돕는다(한재희 외, 2013).

명확한 경계선을 가진 가족의 예들

- '식사시간에는 텔레비전을 보지 않는다.'라는 규칙은 외부의 방해로부터 우리 가족을 보호하는 경계선을 확고하게 해준다.
- 일주일은 각자 자유롭게 생활하지만 주말은 꼭 함께 저녁을 먹으면서 서로의 생활을 나누며 서로의 생각을 나누기로 한 가족규칙은 가족원들의 자율성을 보장하면서 서로 함께하는 시간을 통한 유대감과 소속감을 갖게 한다.
- 저녁식사는 7시 30분에 가족이 함께 한다는 규칙을 정하였으나, 아들 회사에 중요한 회의가 있어 늦어질 경우 융통성 있게 허용하고 시간을 유연하게 적용할 수 있다.
- 자녀를 양육하는 것에 부부가 힘을 합하고 부모로서의 역할에 충실하면서도 부부만의 시간을 따로 만들어 영화를 본다든지 외식을 한다든지 대화를 나누는 것을 통해 부부의 역할에도 충실한 것이 명확한 경계선을 가진 부부의 모습이다.

(3) 모호한 경계선

가족이라면 모든 것을 함께 하고 같은 목표와 방향으로 가야 한다고 굳게 믿으면서 가족 내의 결속과 단결을 강조하는 가족은 모호한 경계선(diffuse boundary)을 가졌다고 볼 수 있다. 개인의 생각과 의견보다는 가족이 모든 것의 우선이 되어야 하고 가족의 가치가 가장 중요한 관심이 된다. 가족을 위해 가족원 개인은 희생하고 양보하는 것을 미덕으로 생각한다. 이렇듯 모호한 경계선을 가진 가족은 구성원들이 지나치게 융합되어 있으며 감정적으로 밀착되어 있어서, 필요 이상으로 서로에게 개입하고 관여한다. '나의 일이 너의 일이고 우리 모두 함께' 해야 하므로 이러한 가족구조에서는 한 가족원의 행동이 즉각적으로 다른 가족원에게 영향을 미치게 된다. 가족원들 사이의 경계는 모호해지고 거리감이 없으며 서로에 대한 강한 소속감 때문에 개인의 독립성과 자율성은 방해를 받게 된다(송성자, 2004).

또한 최대한 가족의 일체감을 강조하면서 개인시간이나 영역은 허용되지 않는 밀착된 가족(enmeshed family) 형태를 보인다. 모든 가족원이 같이 생각하고 느껴야 한다고 하여 서로의 독립성과 개별성을 인정하지 않는다. 이러한 가정의 부모들은 사랑이 많고 사려 깊어서 자녀들과 함께 많은 시간을 보내고 자녀들을 위해 많은 것들을 해준다. 하지만 부모들과 밀착된 자녀들은 의존적이 될 수밖에 없다. 그들은 혼자 있는 것에 불편함을 느끼며 가족 외부의 사람들과 관계를 맺는 것에 어려움을 겪을 가능성이 높다.

모호한 경계선을 가진 가족의 예들

- 시집을 간 큰 딸이 싸우고 친정에 와서 하소연한다. 부부는 사위를 불러 다짜고짜 왜 자기 딸 마음 고생을 시키느냐며 잔소리를 퍼붓고 앞으로도 계속 이렇게 행동하면 곤란하다는 경고를 한다.
- 미국으로 시집 간 친구가 들어와 오랜만에 주말 여고모임이 잡혔다. 거의 10년 만에 만나는 친구들이 있어서 설레고 기대에 부풀어 있는데, 금요일 저녁 시어머니가 김장을 한다고 아침 일찍 오라신다. 늘 이런 식으로 일방적인 시어머니의 태도에 맘이 상하고 답답하다. 말대꾸라도 하는 날이면 불호령이 떨어지고 몇 달간 눈치를 보아야 하기에 결국 친구에게 양해를 구했지만 너무도 속상하다.
- 형제가 싸우면 부모가 항상 끼어들어 해결해 주려고 하여, 자녀들은 스스로 싸우는 법과 문제를 해결하는 법을 배우지 못한다.

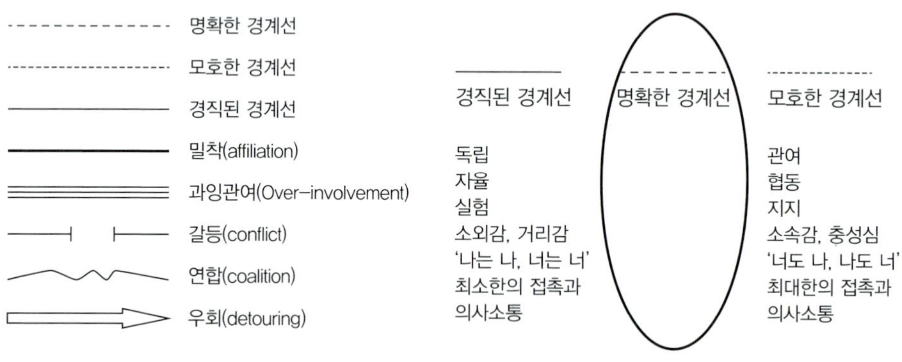

❖ **그림 6-2** 경계선의 종류와 범주

출처: http://blog.naver.com/light_153?Redirect=Log&logNo=70110823146

4) 위계구조

가족의 위계구조는 하위체계 간의 경계선과 기능을 기반으로 발생되는 권력과 관련이 있다. 가족이 적절히 기능하기 위해서는 효율적인 위계구조가 확립되어 각 구성원이 적합한 위치에 있는 것이 중요하다. 부모와 자녀가 분화된 구조를 가져야 하며 부모 하위체계는 자녀의 성장과 발달을 책임져야 한다. 따라서 부모 하위체계는 자녀 하위체계보다 위계구조의 위쪽에 존재하면서 권위와 영향력을 가지고 있어야 한다(한재희 외, 2013). 이러한 보편적인 위계구조가 위반되어 가족이 상호작용하게 되면 역기능이 발생할 수 있다. 이러한 역기능은 가족원이 서로 연결되는 방법을 의미하는 제휴(alignment)라는 개념으로 설명 가능하다. 제휴는 가족원 간의 정서적 혹은 심리적인 연결에 관한 것으로, 다른 가족원의 활동에 대해 협력하거나 대립하는 관계를 가지는 것을 말하며 연합과 동맹이 있다.

(1) 연합

연합은 가족원 두 사람이 제3의 가족원에게 대항하려고 서로 협력하는 것으로서, 안정연합과 우회연합이 있다. 안정연합은 가족원 중 두 사람이 서로 밀착된 관계를 형성하여 다른 한 사람을 배타적으로 밀어내는 현상으로, 두 사람이 정서적으로 깊이 연합하여 제3자인 다른 가족원에 대한 통제와 지배를 하는 것이다. 가부장적이고 강압적인 남편으로 인해 스트레스를 심하게 받는 아내가 있다면, 이 아내는 자녀 중 한 명과 정서적으로 밀착하게 된다. 자녀와의 밀착을 통해 아내는 정서적인 안정감을 가지게 되고 가족 내의 정보와 이야기들을 자녀와만 공유한다. 결국 남편을 심리적으로 불편하게 하면서 은연중에 지배하고 통제하게 되는 것이다(김용태, 2000).

우회연합 또한 역기능적인 위계구조로 가족원들 사이에서 갈등이 발생하게 될 경우, 이를 피하기 위해 갈등 밖에 있는 가족원 중 다른 사람을 끌어들여서 정서적으로 연합하려는 것을 말한다. 위의 경우에서처럼 부부의 갈등이 심한 경우 아내가 남편과의 갈등을 직접 해결하려 하기보다는 갈등을 피하려는 방법으로 자녀 중 한 명을 선택한다. 선택한 자녀와 정서적으로 밀착된 관계를 형성하면서 정서적인 연합을 통해 부부간의 갈등을 우회적으로 해결하는 역할을 하는 것이다. 이러한 경우 우회연합의 대상으로 지목되는 자녀는 정서적 · 행동적인 문제를 일으킬 수 있고, 부모자녀 간의 경계가 파괴되어 결국 가족의 위계구조가 무너질 수 있다.

가족연합의 한 형태인 삼각관계는 서로 갈등 속에 있는 두 가족원이 똑같이 가족원 중 제3자를 통해서 상대방을 제압하려고 맺는 연합관계를 말한다. 부부갈등이 심하지만 서로 해결하지 못할 경우에 남편과 아내는 각자 자녀에 대해 관심을 집중함으로써 이러한 갈등관계를 해소하려고 한다. 집중된 관심은 자녀를 자기의 편으로 끌어들이는 시도를 통해 자연스럽게 상대방을 배제하려 한다. 그 사이에서 자녀는 과도한 부모의 관심으로 인해 심한 스트레스를 받게 되고 혼란에 빠지게 된다. 결국 자녀는 서로 양립할 수 없는 부모의 의견을 동시에 수용해야 한다. 양쪽 부모 모두에게 정서적이고 심리적인 연결을 해야 한다는 부담감과 압박감을 느끼면서 자녀는 부부 사이의 희생양이 된다(김용태, 2000).

(2) 동맹

동맹은 이해를 같이 하는 가족원 두 사람이 공동의 목적이나 이익을 위해서 제휴하는 것으로 제3자와 관계가 반드시 적대적이진 않다. 대표적인 예로 형제들이 서로 합세하여서 부모님에게 용돈 인상을 요구하거나 귀가 시간을 늦춰달라는 요구를 하는 것, 혹은 부부가 연합하여 규칙을 정하고 자녀를 통제하는 경우 등을 들 수 있다. 그러나 세대를 넘어 동맹이 형성되는 경우에는 부모의 권위가 약화되고 가족의 위계구조가 무너질 수도 있다(김혜숙 외, 2012).

3. 상담목표와 상담과정

1) 상담목표

구조적 가족상담자는 가족의 역기능적인 구조에 의해서 문제나 증상이 지속적으로 유지된다고 본다. 따라서 구조적 가족상담의 목표는 가족의 구조를 변화시켜서 가족 내의 문제해결을 돕는 것이다. 상담자는 가족원들의 구조 변화를 돕기 위해 가족체계에 같이 참여하여 경계선을 바꾼다. 또한 하위체계를 재조정하기 위하여 가족원들의 경험과 행동을 바꾸게 된다. 문제해결은 가족원들의 역할이며 가족의 기능이 변화하도록 돕는 것은 상담자의 역할이다.

일반적으로 가장 중요한 목표는 '효과적인 위계질서 세우기'로 가족 안에서 자녀-부모가 연합하지 않도록 하며, 부모의 건강한 권위를 세울 수 있도록 각 하위체계 간의 적절한 위계질서를 유지하도록 구조를 바로잡는 일이다. 경직되거나 모호한 경계선을 바로 잡아 명확한 경계선으로 바꾸기 위해 가족이 가지고 있는 규칙을 재조정하고 강화하거나 유연하게 만들어 가족원들의 기능 수준이 향상되도록 한다. 또한 부모가 연합하여 일관된 모습으로 서로 지원하고 적응하는 모습을 보일 때, 자녀들은 더 이상 부모와 연합하지 않고 동년배의 형제자매 체계로 건강하게 기능할 수 있다(김영애 외, 2011).

2) 상담과정

구조적 가족상담의 과정은 크게 세 단계로 이루어지는데, 첫째는 상담자가 가족에 적응하는 단계로 기존의 가족과 자연스럽게 관계를 맺으면서 합류한다. 두 번째는 가족원들의 역기능적인 행동을 탐색하여 가족의 구조를 파악하고 확인하는 단계이며, 마지막으로는 그러한 가족을 재구조화시키는 단계이다(최규련, 2013).

(1) 제1단계: 가족과 합류하기

가족의 재구조화 작업을 순조롭게 진행하려면 상담자와 가족의 상호이해와 적응을 통한 신뢰할 수 있는 관계를 형성하는 것이 필요하다. 상담자는 가족의 조직 및 가족원들의 상호작용 유형들을 있는 그대로 수용하면서, 그들만의 방식을 존중하고 강점을 경험하면서 가족체계와 관계를 맺는 것이 필요한데 이것이 합류(joining)이다(김혜숙 외, 2012).

상담 초기에 가족은 불안해하면서 서로 비난하거나 약간의 죄책감을 가지고 비협조적일 수 있고, 가족 안에 고착된 행동과 어려움을 가지고 있을 경우 변화에 어려움을 겪을 수도 있다. 효과적인 상담을 위해서는 상담자가 가족에게 영향력을 발휘할 수 있어야 하는데, 가족상담자가 그 가족과 구성원들을 이해하고 수용한다는 것을 직접 경험으로 보여줄 수 있어야 한다. 상담자는 따뜻하고 수용적인 방식으로 말하고 가족에게 말할 기회를 동등하게 주어야 하며, 서로의 강점을 부각해 주고 긍정적 행동을 강화해 준다. 또 모든 사람들이 다루고 싶어 하는 사안을 골고루 다루어 주도록 하며 가족원 간의 긍정적인 상호작용 분위기를 이끌어내는 방법 등을 사용하여 성공적인 합류를 이끌어낸다(정문자 외, 2012).

(2) 제2단계: 가족의 구조 확인

합류 후 상담자는 가족의 상호작용과 가족구조를 사정하고 평가하기 위해서 가족원의 성별이나 연령, 직업, 가족주기에 따른 발달단계, 스트레스 상황들과 제시하는 문제 등에 대한 다양한 질문을 통하여 가족에 대한 일반적인 특성을 탐색한다. 상담실에서의 가족들이 앉는 위치나 물리적인 거리, 가족들 간의 상호작용 모습 등을 관찰하는 것은 가족 내 하위체계의 기능이나 경계선, 그리고 가족원들의 제휴나 위계구조 등에 대한 단서를 얻을 수 있어 중요하다(최규련, 2013).

구조적 가족상담에서는 상담자가 임의로 가족구조에 대해 미리 가정하지는 않는다. 상담 장면에서 가족이 보여주는 상호작용을 관찰하고 실연(enactment)하게 하여 가족의 구조와 유형을 파악하는 것을 강조한다. 실연은 상담자가 가족에게 상담 장면에서 자신들의 상호작용을 실제로 행동해 보이도록 요청하는 것이다. 상담자는 실연기법을 통해 가족원 중 한 사람과 먼저 대화를 시도하고 다른 사람들을 끌어들여 평소 가족이 행동하는 모습을 실제로 해보도록 한다. 상담자는 실연을 관찰하는 동안에 가족이 서로 다른 방식으로 상호교류를 시도하도록 제시하기도 하고, 상담 중 가족의 재구조화 작업을 진행하기도 한다(정문자 외, 2012).

(3) 제3단계: 가족의 재구조화

가족의 재구조화란 가족의 역기능 구조를 변화시키는 것을 말하는데 가족의 경계선 조정, 하위체계의 기능 강화, 위계구조의 확립 등이 포함된다. 가족의 증상은 개인의 문제가 아니라 역기능적인 가족의 체제를 반영하고 있다고 보고 상담자는 가족들이 문제를 정의하는 방식에 대해 도전해야 한다. 또한 가족이 마주하고 있는 현실은 가족원들이 공유하고 있는 믿음에 근거하고 있기에 가족들의 그러한 믿음에 도전함으로써 가족을 재구조화한다. 그리고 그러한 문제들이 경계선에 대한 믿음과 어떠한 관련이 있는지 이해시키고 가족의 경계선을 다른 방식으로 설정하게 하면서 가족을 재구조화할 수 있다(김용태, 2000).

식욕부진증을 보이는 딸과 어머니 : 문제 정의 방식의 재구조화

식욕부진증을 보이는 딸과 어머니가 상담을 받으러 왔을 때, 어머니는 식사를 하지 않는 자신의 딸에게 문제가 있지 않은지 걱정한다. 상담자는 언제, 그리고 어느 때에 딸이 식사를 하지 않는지 분명하게 드러날 수 있도록 돕는다. 만일 딸의 몸매에 대한 어머니 언급이나 직접적인 지적이 있고 난 뒤 딸이 식사를 거부한다는 사실을 발견하게 됐다고 하자. 상담자는 몸매에 대한 언급과 딸이 식사를 하지 않는 행동을 연결하는 상호작용을 하도록 어머니와 딸에게 실연화기법을 사용한다. 그리고 딸의 식욕부진이 단순한 개인의 행동에 국한된 현상이기보다는 딸과 어머니 사이의 상호작용으로 인해 나타나는 현상이라는 사실을 강조함으로써 가족 내의 문제를 정의하는 방식을 재구조화하게 된다.

출처: 김용태 (2000).

3) 상담자 역할

구조적 가족상담자는 가족의 재구조화라는 상담목표를 위해서 가족에게 합류한다. 가족을 수용하고 존중하며 가족원들의 상호작용에 적응해 나가면서 가족 고유의 상호교류 및 패턴을 관찰한다. 그러한 관찰을 토대로 가족원과 가족의 고유한 환경을 고려하여 가족에게 이상적인 구조가 무엇인지를 명확히 파악하려 한다. 또한 지도자의 역할을 통해 확고한 방법으로 개입해 나가면서 가족이 새로운 방법을 시도할 수 있도록 지지하면서 가족의 재구조화를 돕는다(정문자 외, 2012).

4. 상담기법

구조적 가족상담의 상담기법은 가족에 대한 개입단계에 따라서 합류를 위한 기법, 가족의 구조를 사정하기 위한 기법, 그리고 가족을 재구조화하기 위한 기법으로 구분할 수 있다.

1) 합류를 위한 기법

상담자와 마주한 가족들은 초기에는 상담에 대한 불안을 느끼며 가족상담에 저항하면서 상담자에게 협조하기를 꺼릴 수 있다. 그때 상담자는 효과적인 상담으로 이끌기 위해 강력한 도전과 직면을 할 수 있어야 한다. 그러기 위해서 상담자는 가족과 가족원을 이해하고 수용한다는 것을 보여주면서 가족에게 효과적으로 합류할 수 있어야 한다. 가족에게 합류하기 위해서는 가족원들의 사랑, 갈등, 아픔 등을 함께 느끼면서 가족의 조직과 유형을 수용할 수 있어야 한다. 이러한 합류는 상담의 초기과정을 단축시키고 상담의 효과를 극대화하게 되는데 합류의 기술에는 유지, 추적, 모방 등이 있다(한재희 외, 2013).

(1) 유지

가족의 구조를 분석하면서 의도적으로 상담자가 현재 가족의 전체 구조를 지지해 주는 것이 유지(maintenance)이며, 가족의 체계에 대한 적극적인 승인과 지지를 포함한다. 또한 가족원 개개인의 장점이나 가능성을 인정해 주면서 특정 가족원의 위치도 지지해 준다. 예를 들면 부모님에게 억지로 상담에 끌려 와서 입을 다물고 있는 청소년에게 억지로 말을 시키기보다는 '지금은 말을 하고 싶지 않구나. 말하고 싶을 때 말을 하면 된다.'라고 하면서 자녀의 입장을 존중해 주는 것이다.

유지는 가족을 재구조화할 수도 있다. 상담자가 가족 내 특정 하위체계를 있는 그대로 지지하면서 존중할 때 다른 가족들은 적응을 위해 재구조화하여야 할 것이기 때문이다. 시어머니와 남편이 모호한 경계선으로 융합되어 있을 때, 상담자가 상대적으로 약한 부부체계를 지지하게 되면 남편과 시어머니의 하위체계는 재구조화할 필요성을 느낄 수밖에 없다(정문자 외, 2012).

(2) 추적

가족의 의사소통 및 상호작용하는 행동양식을 따라가면서 그것이 계속되도록 격려하며 가족의 구조와 체계의 기능을 탐색하는 것을 추적(tracking)이라 한다. 상담자는 가족의 이야기에 도전하지도 반박하지도 않으면서 가족의 이야기를 명확하게 하기 위한 질문이나 찬성하는 의견을 표현한다. 그리고 가족이 말한 내용을 토대로 가족문제의 핵심을 이끌어내는 작업들을 위해 추적기법을 사용한다. "네, 그렇군요", "아이의 그런 행동을 보실 때마다 어머니는 어떻게 하세요?" 등의 추적 질문들을 통해 가족 하위체계의 기능을 파악할 수 있다(김혜숙 외, 2012).

(3) 모방

상담자가 가족의 의사소통방식이나 내용을 흉내 내거나 따라하고 공통된 경험을 함께 이야기하면서 가족에 합류하는 방법이 모방(mimesis)이다. 이 모방을 통해 상담자는 가족원과의 친밀감이나 동질감을 형성할 수 있다. 가족들이 사용하는 단어나 어조, 상호작용하는 행동유형 등을 모방한다. 이러한 과정에서 상담자는 가족과 자연스럽게 친밀해지고 필요한 경우에 지시적인 자세를 취할 수 있는 영향력도 확보하게 된다(한재희 외, 2013). 예를 들어, 부부가 함께 상담을 받는데 아내는 남편이 이야기를 할 때마다 자신도 모르게 콧방귀를 뀌며 비웃는 태도를 취한다고 하자. 분명 남편은 아내의 그런 태도에 기분이 상해 보이는데도 갈등을 피하려는 듯 모른 척 넘어간다. 그때 상담자는 아내가 이야기를 할 때마다 그러한 모습을 모방하며 아내의 기분을 묻는 과정을 통해 남편과의 대화에서 아내가 스스로의 행동을 일깨우도록 도울 수 있다.

2) 가족구조 사정을 위한 기법

(1) 실연

실연(enactment)이란 상담자가 상담에서 가족들이 그들만의 상호작용을 그대로 재연하도록 만드는 것이다. 실연을 통해 상담자는 가족의 역기능적인 가족구조를 한 눈에 파악할 수 있다. 가족들 또한 자신들의 역기능적인 상호작용을 확인하게 되면서 개인에게 맞춰져 있던 문제의 초점을 가족체계로 넓혀 인식할 수 있게 된다. 실연화 과정을 통해 가족에 대한 실제적인 정보를 얻은 상담자는 적절한 개입과 지지를 통해 가족원들이 새로운 상호작용과 새로운 가족 위계구조를 상담 장면에서 안전하게 실험할 수 있도록 도울 수 있다(김혜숙 외, 2012). 상담자는 가족이 외식을 하게 될 때 누가 결정권을 갖는지, 가사분담은 어떻게 결정하는지 등의 질문을 던지게 된다. 그리고 가족들이 의견을 수렴하는 과정을 상담에서 직접 실연해 보도록 한 뒤, 그 과정에서 탐색되는 가족의 상호작용을 통해 가족의 구조를 사정한다.

(2) 가족 지도

하위체계의 기능과 경계선, 그리고 위계구조 등을 간단하게 그림으로 나타낸 것이 가족 지도(family map)이다. 가족구조를 가족 지도의 기호를 활용하여 나타내면 현재의 가족구조를 보다 쉽게 이해할 수 있다. 구조의 변화과정을 평가하거나 상담의 목표를 정하는 데 가족 지도를 사용할 수 있다. 예를 들어 상담 초기에는 남편과 시어머니가 밀착하여 아내를 지배하고 있지만 상담 중기에 남편과 시어머니가 분리되고 남편과 아내는 친해진다. 그러나 아직 시어머니와 아내가 소원한 관계인 경우에 상담자의 적절한 개입과 지지로 상담 종결단계에서 시어머니와 아내가 친해지게 되는데 그 경우의 가족 지도를 [그림 6-3]과 같이 나타낼 수 있다.

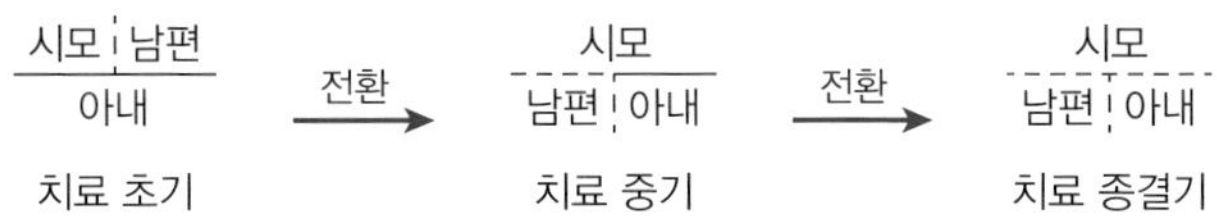

❖ **그림 6-3** 치료단계별 변화되는 가족 지도

출처: 최규련 (2013). 재인용.

3) 가족 재구조화를 위한 기법

가족의 역기능적인 구조를 변화시키기 위해 상담자는 긴장을 고조시키는 방법, 가족의 문제를 재정의하는 방법, 가족원 간의 경계선을 설정하는 방법, 가족의 자원과 강점을 찾아내어 사용하는 방법, 그리고 과제를 주는 방법 등의 기법을 사용하게 된다.

(1) 긴장고조기법

상담자는 가족 내의 역기능적인 행동들을 깨닫고 가족원들이 동맹이나 연합 등의 역기능적인 가족구조의 익숙한 평형상태에서 벗어나 가족을 재구조화할 수 있도록 일시적으로 가족체계에 스트레스를 증가시키고 도전하게 된다. 이러한 상담자의 기법을 긴장고조기법이라고 한다. 이러한 기법에는 상담자가 가족들의 역기능적인 의사소통이나 익숙하게 사용하는 행동양식을 중단시키거나 방해하는 방법, 역기능적인 가족의 상호작용이 무엇인지 집중적으로 부각시키는 방법, 그리고 가족 내의 숨겨진 갈등들을 자극하고 표면화시키는 방법, 가족원들의 차이점을 부각시키는 방법들이 있다.

(2) 재정의기법

가족이 문제로 지적하는 증상을 가족의 역기능적인 구조와 연관시켜서 긍정적인 의도로 부각시키는 기법이다. 증상을 부정적으로만 보던 가족은 가족구조의 역기능과 증상을 연결시켜 새로운 시각으로 보게 되고 결국 가족구조의 변화에 협력하게 되는 결과를 가져다준다. 예를 들어, 엄마에게 지나친 집착을 보이는 아이의 과잉행동은 아버지와 갈등관계에 있는 어머니의 외로움을 달래 주려는 행동이라고 재정의할 수 있다(최규련, 2013).

(3) 경계선 설정기법

가족을 재구조화하기 위해서 가족원 간의 경계선 설정방식을 다르게 할 필요가 있다. 밀착된 경계를 가지고 있는 가족원에게는 경계를 분명히 하도록 도와 개인의 자율성과 독립심을 키워 주어야 한다. 유리된 가족에게는 가까이 접근하도록 도와 접촉을 증가시킬 필요가 있다. 상담자는 가족의 경계선 방식을 바꾸기 위해 상담에서 부부끼리, 자녀끼리 자리를 배치하여 앉게 하기, 부모의 영향력과 권위를 강화하기, 가족원들의 세대 간 연합을 깨기, 취약한 하위체계를 파악하여 일시적으로 동맹을 맺기 등의 기법을 사용하게 된다(김혜숙 외, 2012).

(4) 강점인식기법

상담자는 가족이 가지고 있는 강점이나 자원을 찾아내어 충분히 활용할 수 있어야 하는데, 강점인식은 상담자가 가족들의 긍정적인 자원과 강점을 찾아내어 활용하는 기법이다. 가족의 역기능을 탐색하여 변화시키려는 노력과 더불어 가족의 긍정적인 자원을 충분히 발견해 주고 이를 가족들에게 인식시켜 준다. 가족들이 새로운 현실을 보게 하고, 가족원 간의 상호작용을 새롭게 할 수 있도록 돕는 역할을 하게 하는 기법이다(김용태, 2000).

(5) 과제주기기법

상담자는 가족의 재구조화가 진행되는 과정에서 미흡한 부분을 지적하고 활성화시키기 위해 과제주기기법을 사용한다. 과제를 수행하는 과정을 통해 상담자는 가족의 재구조화를 도울 수 있을 뿐만 아니라 가족의 구조를 주의 깊게 관찰할 수 있는 새로운 기회를 가질 수 있게 된다. 과제주기는 상담 장면 중에도 가능하고 상담 후 집에서 하도록 부여할 수도 있다. 상담자에 의한 일방적인 과제 부여보다는 내담자에게 도움이 되는 것으로 내담자가 실천 가능한 것을 찾아 부과하여야 한다(정문자 외, 2012).

경직된 경계선을 가진 부부에게 부여하는 과제

말이 없는 남편과 육아 스트레스로 지쳐 있는 아내는 결혼 5년차 부부로 경직된 경계선을 가지고 있었다. 부부상담을 통해 서로에게 바라는 것을 묻자 남편은 아내가 야근을 하고 돌아오면 수고했다고 이야기해 주며 맞아주길 원했고, 아내는 남편이 오늘 하루도 수고했다고 하며 안아주기를 원했다. 상담 이후 집에 돌아가 일주일에 세 번 남편은 아내에게 잠자리에 들기 전 안아주면서 수고했다고 하도록 과제를 부여하고, 아내에겐 그 주에 2번 있는 남편의 야근 때 남편이 귀가하면 수고했다고 말하며 간단한 간식을 챙겨주는 것을 과제로 내주어, 부부간 경계가 좀 더 밀착될 수 있도록 돕는다.

5. 사례 연구

1) 개요

내담자는 40대 부부이다. 남편은 가부장적이고 억압적이면서 다혈질인 부와 잔소리가 심하고 간섭이 많은 모, 결벽증상이 있는 예민한 누나, 그리고 모와 결탁하여 가족의 주도권을 쥐고 있는 예민하면서도 똑부러진 여동생 사이에서 장남으로 성장하였다. 남편은 조용하고 차분한 성격으로 이성적이며, 별다른 사고 없이 성실하고 책임감 있게 성장하였다고 한다. 부에게 많은 억압을 겪고 있고 두려움까지도 느끼고 있어 원가족에 대해 부정적이지만 장남의 도리를 다해야 한다는 의무감을 가지고 있었다.

남편은 결혼 9개월 만에 어머니의 반대로 이혼을 하고 현재의 아내와 재혼했는데, 아내는 초혼으로 시집와서 11세, 9세, 6세의 세 딸을 키우고 있다. 결혼 후 부부는 시부모님, 출가한 막내 시누이와 같은 아파트에 살고 있었는데, 아내는 늘 시댁으로부터 시시콜콜 간섭을 받아왔다고 한다. 또한 시부모님이 시누이네 아이들과 자신의 아이들을 차별하면서 무시한다고 생각하며 시댁의 처사에 분노를 느끼고 있었다.

조용하고 차분한 남편은 시댁과 아내와의 갈등 속에서 힘들어하면서 아내의 비위를 맞추며, 집안일과 육아에 많은 도움을 주고 있었다. 하지만 아내는 남편이 시댁에 뚜렷한 입장을 보이지 않고 끌려가는 모습으로 모든 갈등이 유발되고 있다고 생각하고 있었다.

남편은 거칠고 가부장적인 아버지와 소심하지만 잔소리가 너무도 심한 어머니, 정신질환을 앓고 있는 예민한 누나, 가족의 대소사를 쥐락펴락하며 모와 연합하여 주도권을 행사하는 여동생 사이에서 소외당하고 있었다. 외아들이었지만 남편은 원가족 안에서 눈치를 보면서 외로운 어린 시절을 경험했다. 반면 아내는 자유롭고 화목한 가정에서 지지와 사랑을 받으며 2남 2녀의 장녀로 집안의 주도권을 쥐고 있었다. 이러한 상반된 원가족 배경 속에서 성장한 남편과 아내는 서로를 이해하고 수용하기가 어려웠다.

다혈질이며 활달하고 자유로운 기질의 아내는 남편의 소심함과 우유부단함을 견디기 힘들어하고 그러한 분노를 아이들과 남편에게 쏟아내면서 폭력과 폭언, 욕설을 일삼고 있었다. 결국 견디다 못한 남편이 더 이상은 이러한 모습으로 가정을 유지할 수 없다는 생각에 상담을 신청한 사례이다.

2) 가계도

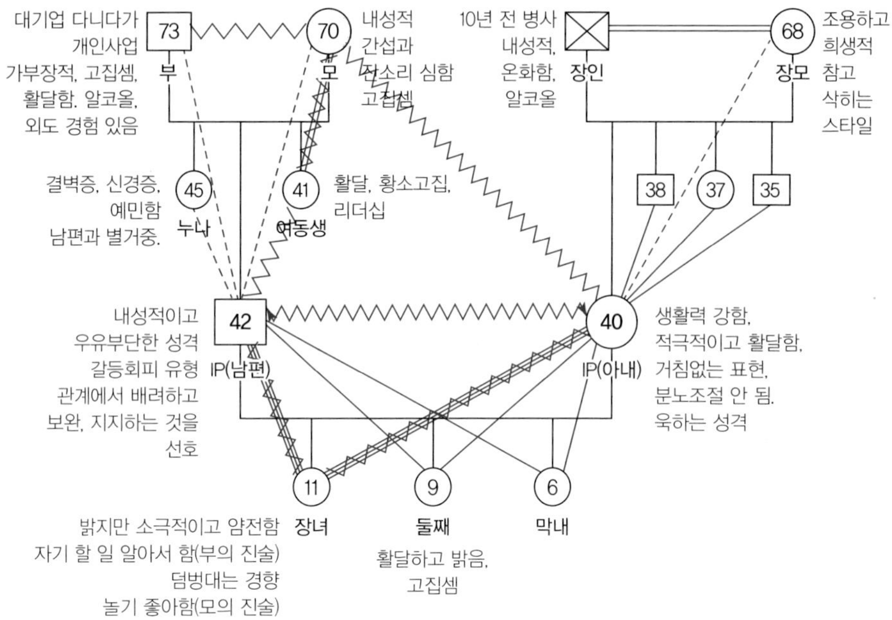

3) 구조적 가족상담의 적용

(1) 상담목표 및 가설설정

구조적 가족상담에서의 상담목표는 가족의 구조를 재구조화하는 것이다. 가족의 변화를 위해서 상담자는 적절한 개입을 통해 가족과 상호작용하게 된다. 가족은 상담자를 수용하면서 적절하게 반응해야 하는 스트레스를 안게 되고 가족들이 가지고 있었던 기존의 자연스런 규칙들이 흔들리는 경험을 하게 된다. 결국 이러한 상담과정에서 가족의 구조는 자연스럽게 변화하게 되는 것이다.

현재 이 가족은 부부 하위체계는 물론 부모자녀체계까지 경직되어 있고 때로는 산만하게 서로의 영역을 거침없이 침범하면서 부부갈등이 고조되고 있었다. 지나친 시어머니의 간섭으로 부모자녀체계가 역기능적이 되고 있었고 그로 인해 부부 하위체계까지 경직되고 있었다. 가설을 세우기 위해 이 가족이 가지고 있는 경계선을 살펴보는 것이 중요했는데, 남편은 어머니와 모호한 경계선을 가지고 있고, 아내와는 지나치게 경직된 경계선을 가지고 있었다. 그런 남편에게 맞서는 아내는 큰 딸과 연합하여 남편을 정서적으로 통제하고 지배하고 있었다. 결국 부부는 큰 딸과 삼각관계를 이루며 각자 자녀에 대해 관심을 집중함으로써 자기의 편으로 끌어들이는 시도를 하고 있었는데, 그 사이에서 자녀는 심각한 스트레스를 받고 있었다.

(2) 상담개입

이 가속을 재구조화하기 위해 남편이 원가족의 영향력에서 벗어날 수 있도록 돕는 것이 중요했다. 효과적인 위계질서를 세우기 위해 가족 안에서 부모-자녀가 연합하지 않도록 돕고, 부모가 건강한 권위를 세울 수 있도록 각 하위체계 간의 적절한 위계질서를 유지하도록 구조를 바로잡는 것이 필요하다. 아들로서의 역할이 부모에게 무조건적으로 복종하는 것이 아님을 설명하고 원가족과의 분명한 경계를 가질 수 있도록 도왔다. 현 가족 내에서는 부부가 긍정적인 의사소통을 통해 적절한 가족규칙을 정하도록 도우면서 부부 간의 신뢰를 회복하게 했다. 그 과정에서 적절한 과제를 제시하며 부부가 친밀함을 갖게 하여 삼각관계에 있는 자녀가 부부 사이에서 희생양이 되지 않도록 도왔다.

아 내 : 네, 선생님, 사실 상담을 받기 전에는 이 사람에 대해 촉각이 뭐 꼬투리를 잡을 게 없나 늘 그랬었는데, 지금은 무슨 얘기를 해도 기분 좋게 받아들이게 되고. 요즘은 정말 애들 키우는 게 예전처럼 그렇게 많이 힘들지는 않은 것 같아요.

상담자 : 네, 남편 분이 많이 노력하시는 것 같아요.

남 편 : 지난 2주 전 상담에서 선생님께서 집안일을 도와주는 것보다는 아내의 맘을

알아 주는 게 더 중요하다 그러시면서 굳이 집안일을 억지로 많이 도와주려고 하지 않아도 된다고 하셨잖아요? 사실 요즘은 안 도와준 게 아니라 못 도와줬어요. 도와주고는 싶은데….

상담자 : 아, 네에 바쁘셔서….

남 편 : 네. 사실 제가 회사에서 설계 일을 하고 있지만 이런 저런 일이 너무 많거든요. 요즘은 다른 일도 맡아 가지고. 그리고 체력적으로도 나이를 먹고 해서 그런지 많이 지쳐 있는 것 같아요. 집에도 계속 늦게 들어간 데다가 가면 그냥 쓰러지는 거예요. 그래서 거의 2주 정도 와이프 혼자서 살림을 하고 하나도 도와주질 못했어요. 투정을 하면서도 2주를 혼자서 하더라고요. 어제도 나도 너무 피곤하다면서 설거지 좀 해달라고 그러기에 '해줄게'라고 했는데 어느새 자기가 하고 있더라고요.

상담자 : 그러니까, 아내도 많이 노력하고 계시네요.

남 편 : 바뀌어 가고 있고. 처음에 상담을 하면서도 과연 아내가 바뀔 수 있을까 의심이 들기도 했는데 눈으로 보이고 드러나니까 아, 잘했구나 하는 생각도 들고, 그 이전에 아내에게 고맙다는 생각, 따라줬다는 생각이 들더라고요.

상담자 : 그렇죠. 아무튼 두 분 다 저로서는 너무 감사하구요. 아내 분은 어떻게 그렇게 하실 수 있으셨죠?

아 내 : 선생님께서 아이들과 함께 하는 것도 중요하지만, 부부만의 시간을 갖고 부부만이 공유할 수 있는 활동들을 찾으라고 하신 것을 남편이 좀 노력해 준 것 같아요. 정말 몇 년 만에 영화도 같이 보고 외식도 하고 그랬거든요. 그러니까 남편이 가사를 도와주고 안 도와주고 하는 것이 예전보다는 덜 중요하고 안 도와줘도 내가 하게 되고 그렇더라고요...

상담자 : 그렇게 두 분의 관계가 친밀해지셨다니 정말 기쁜 이야기이네요. 앞으로도 두 분이 가장 친밀하고 그 다음 우리 아이들과 함께 하는 것을 중요하게 생각하셨으면 좋겠네요.

남 편 : 사실 상담을 2회, 3회 받으면서 제가 느낀 게 뭐냐면 아, 회기가 끝나고 나면 어떤 일이 벌어질 것이며 또다시 상담을 받으러 가야 되나 그런 생각이 먼저 들었었어요. 근데 오늘까지 오면서 느낀 것은 아, 상담이 중요한 게 아니다….

그것보다 더 중요한 것은 부부 두 사람에 있는 숙제를 어떻게 풀 건지 조율해 가는 과정이구나 하는 생각이 들었어요.

상담자 : 네. 저도 이제부터 두 분이 가족의 중심이 되셔서 각자의 자리에서 역할을 감당하면서 함께 조율해 나가시고 우리 가족만의 규칙들도 만들어 나가면서 문제들을 해결하실 수 있겠다는 생각이 듭니다.

활동하기

1. 영화 〈고령화 가족〉은 건달 출신인 첫째 아들 한모와 유명 대학을 졸업하고 영화감독이 되었지만 흥행 실패와 아내의 외도로 자살시도까지 한 둘째 인모, 두 번 이혼을 하고 다시 친정집에 들어와 사는 셋째 미연과 그녀의 딸이 어머니와 함께 아웅다웅하며 살면서 결국 가족애를 찾아가는 영화입니다. 이 영화를 보고 이 가족의 구조, 가족 내의 하위체계, 그리고 가족원의 경계선에 대해 이야기를 나눠 봅시다.

2. 각자 자신의 가족 상호작용을 떠올려 보면서 다음의 질문에 답해 봅시다.

   1) 가족이 함께 TV를 볼 때 리모컨은 누가 가지고 있나요?

   2) 가족이 외식할 때 메뉴는 누가 결정하나요?

   3) 가족이 자동차를 타고 외출합니다. 아버지가 운전할 때 운전석 옆자리는 누가 앉나요?

   4) 가족원들 간의 친밀도를 경계선을 통해 그려 봅시다.

FAMILY COUNSELING

07

CHAPTER

전략적 가족상담

1. 개요

2. 주요 개념

3. 상담목표와 상담과정

4. 상담기법

5. 사례 연구

07 CHAPTER

전략적 가족상담

1. 개요

전략적 가족상담은 만성적으로 지속되는 가족문제에 대해 전략적으로 접근하여 역기능적 상호작용을 끊어버리는 데 초점을 둔 단기상담 모델이다. 이 모델의 이론적 토대는 일반체계론(general systems theory)과 사이버네틱스(cybernetics)에서 유래한 의사소통이론과 상호작용주의이론이다.

전략적 가족상담은 캘리포니아 팔로알토(Palo Alto)에 위치한 연구소인 MRI (Mental Research Institute)에서 수행된 가족의사소통연구 프로젝트에서 시작되었다. 연구를 시작할 당시에는 단순히 가족 상호작용을 관찰하는 인류학 연구였다. 그러나 연구과정에서 문제해결 시도가 오히려 문제를 악화시키는 가족의 연쇄과정을 식별해 내게 되었고 가족 상호과정을 교정하는 개입작업까지 하게 되었다. MRI 연구팀은 혁신적 최면기법을 사용했던 정신의학자 Milton Erikson의 영향을 받아 가족 스스로 반복적인 역기능적 패턴 및 증상을 포기할 수 있도록 유도하는 역설적 기법을 활용하게 된다. 상담자는 가족의 악순환적 연쇄과정 행동에 직접적으로 개입하여 간결하지만 강력한 기법을 통해 단기간에 가족의 변화를 유도한다.

MRI는 이후 가족상담의 메카로서 초창기의 연구와 훈련을 주도하게 되며, 캘리포니아에서 시작된 전략적 접근은 이후 동부 워싱턴(Washington D.C.)과 이탈리아 밀란(Milan)으로 거점을 확대해 나갔다([그림 7-1] 참고). 미국 서부에서는 Don Jackson과 Paul Watzlawick 등이 이끈 MRI 상호작용 모델, 동부에서는 Jay Haley의 전략적 구조주의 모델, 이탈리아에서는 Mara Selvini-Palazzoli가 이끈 밀란의 체계적 모델 등 세 가지 학파가 대표적인 전략적 가족상담 모델로 자리 잡았다. 이들 모두는 Gregory Bateson의 순환적 인식론에 영향을 받아 가족의 상호작용에 상담의 초점을 둔다는 점은 공통적이나, 핵심개념과 개입방식에서는 다소 차이가 있다(정문자 외, 2012).

❖ 그림 7-1 전략적 가족상담의 세 거점

출처: 정문자 외 (2012), p. 257.

2. 주요 개념

1) MRI 상호작용 모델

MRI 연구팀은 가족의 파괴적이고 만성적인 역기능적 상호작용에 주목하면서, 의사소통의 '내용'이 문제가 아니라 의사소통 '과정'이 문제라는 것을 발견하였다. 순환적 인식론에 근거한 이러한 발견은 가족상담 분야의 초점을 개인의 심리내적 역동에서 문제를 유지시키는 상호작용으로 전환시키는 데 기여했다(Jackson &

Watzlawick, 1963). MRI 가족연구팀은 그들의 의사소통 연구와 Erikson의 역설적 접근을 접목하여 가족과정의 악순환적 연쇄고리를 끊어버릴 수 있는 단기전략적 접근모델을 개발하였다.

전략적 개입은 반복적이며 부정적인 가족행동의 악순환을 끊어버리는 데 초점을 두었으며 10회 미만의 단기상담 모델로 자리를 잡았다. MRI의 접근은 세 단계로 나눌 수 있는데, 첫째, 같은 해결방법에 고착되어 문제를 유지시키는 정적 피드백 고리를 확인한다. 둘째, 이러한 역기능적 상호작용을 유지하는 가족규칙을 파악한다. 셋째, 가족규칙을 변화시킬 수 있는 전략을 찾는다(Nichols & Schwartz, 2010, 김영애 외 공역, 2011).

(1) 의사소통

의사소통은 MRI 상호작용 모델의 핵심개념으로 오늘날까지 가족상담 분야의 토대가 되고 있는 개념이다. 가족 의사소통은 가족역동 및 가족과정을 보여주는 척도로, MRI가 밝혀낸 중요한 의사소통 원리는 다음과 같다.

① 모든 행동은 어느 수준에서 의사소통이다.
② 모든 의사소통은 내용과 지시의 측면을 갖는다.
③ 의사소통이 이루어지는 관계는 대칭적이거나 보완적 관계다.
④ 상위의사소통은 의사소통에 대한 의사소통이다.

(2) 가족항상성

항상성이란 생물체가 몸을 일정한 상태로 균형을 유지하려는 작용 또는 성질을 의미한다. 이것을 가족체계에 적용하면, 가족 역시 끊임없이 변화하는 가족 내외의 환경에 적응하면서 일관성을 유지하고자 하는 기능을 갖는다고 볼 수 있다(류경남 · 최수정, 2006). 체계는 입력(input)과 출력(output)과정에서 변화 대신 기본적인 성격을 유지하기 위해서 피드백 고리를 통한 자기규제가 이루어진다.

가족은 안정을 유지하고자 하는 기능뿐만 아니라 변화하고자 하는 기능을 동시에 갖고 있는 체계다(Jackson, 1965). 그런데 병리적인 가족일수록 변화보다 안정성을 위해 가족의 엄격한 연쇄과정을 유지하며, 기존 방식에 완고하게 집착한 나머지 변화를 성장의 기회라기보다 가족에 대한 위협으로 지각한다. 문제가 심각한 가족일수록 기존 체제의 안정(status quo)을 위해 더 많은 에너지를 쏟는다(Fisch, 1965). 전략주의자들은 증상이란 대인관계에서 어떤 이득을 취함으로써 유지되는 것이므로, 만일 증상이 관계에서 불이익을 가져다주면 사라질 것이라고 보았다.

(3) 이중구속

이중구속(double-bind) 개념은 권력을 가진 송신자가 의사전달을 할 때 의사소통의 수준이 일치되지 않는 모순된 메시지를 보냄으로써 수신자가 둘 이상의 상반된 메시지를 받고 어느 것에 반응해야 할지 몰라 결국 정서적 혼란에 빠지게 되는 역기능적 의사소통방식을 의미한다. 일반적으로 '언어적' 메시지와 '비언어적' 메시지가 상반되는 경우가 많은데, 예컨대 부모-자녀관계에서의 지속적인 이중구속 상황은 자녀를 갈등과 불안에 빠지게 하며 궁극적으로 사회적 판별능력을 마비시켜 정신분열과 같은 역기능을 일으킨다고 보았다. 이중구속의 개념이 소개된 초기에는 이중구속 상황이 자녀의 정신분열증을 유발하는 요인으로 알려졌지만 오늘날에는 더 이상 그렇게 생각하지 않는다. 많은 가족이 때때로 이중구속 의사소통을 사용하는 것으로 알려졌으며, 역기능적 상황이 지속되거나 심하지 않는 한 이중구속의 개념을 덜 사용하는 경향이 있다.

(4) 피드백 고리

사이버네틱스의 개념인 피드백 고리(feedback loop)는 MRI 연구팀의 의사소통 연구에서 도출된 중요한 개념 중 하나이다. MRI 팀은 피드백 개념을 도입하여 자극과 반응의 반복적인 의사소통 형태를 분석하였는데, 가족은 피드백을 통해 서로 정보를 교환하면서 서로의 행동을 통제하거나 확장한다. 부적 피드백은 체계의 일탈을 최소화하며 가족이 현재 상태를 유지하도록 하는 체계 환원적 단서이며, 정적 피드백은 체계의 변화를 유도해 다른 수준으로 재조정하는 체계 일탈적 단서다. 가족 내의 피드백 고리는 가족규칙을 유지 또는 조정하는 기제가 된다. 많은 역기능적 가족은 문제를 해결하기 위해 새로운 시도(정적 피드백)를 하지만 문제가 악화되는 것을 보고 당황하여 기존의 의사소통방식(부적 피드백)으로 돌아간다. 이는 문제를 더욱 악화시키며 결과적으로 부정적 순환을 가져온다.

(5) 가족규칙

가족규칙은 시간에 걸쳐 가족행동을 제한하는 관계상의 합의로서, 대부분의 규칙은 '… 해야만 한다' 혹은 '… 하지 말아야 한다'는 유형을 갖고 우리의 행동에 영향을 미치지만 우리는 규칙의 존재나 기능을 거의 의식하지 못한다. 가족규칙의 종류로 의식적이고 명백한 '명시적 규칙(explicit rules)'이 있는 반면 무의식적이며 암암리에 이루어지는 '암묵적 규칙(implicit rules)'도 존재한다. 전략적 가족상담에서는 가족의 변화를 가족원의 행동이 바뀌는 일차적 변화(first order change)와 가족체계의 규칙이 바뀌는 이차적 변화(second order change)로 나눈다. 일차적 변화는 표면적 행동의 변화에 그치지만 내재된 규칙은 동일한 상태며, 진정한 변화는 가족규칙이 변화됨으로써 가족의 행동뿐만 아니라 신념이 바뀌는 수준이 되어야 한다.

가족규칙에서 중요한 개념은 상위규칙(meta-rule)의 존재다. 상위규칙은 많은 일반적 규칙 위에 작용하는 '규칙을 총괄하는 규칙'이다. 이는 가족원이 가족규칙을 어떻게 유지하고 변화시킬 것인가에 대한 규칙을 의미한다. 역기능적 가족일수록 자신들의 가족규칙을 어떻게 변화시킬 것인지에 대한 상위규칙을 갖고 있지 않다. 경직되고 현상유지의 경향이 강한 가족일수록 가족규칙을 언급하거나 변경할 수 없다는 강력한 상위규칙을 갖는다(김유숙 외, 2003).

2) 전략적 구조주의 모델

MRI 연구원이었던 Haley는 특별히 의사소통이론과 역할이론에 관심을 갖고 송신자와 수신자가 교환하는 메시지에 내재되어 있는 권력투쟁과 통제에 주목하였다. Haley는 권력과 통제에 대한 자신의 입장, 그리고 최면 정신외학자인 Erikson의 임상적 방식(저항을 처리하는 방법, 지시와 은유적 언어 사용, 역설적 개입 등)을 통합해 독특한 전략적 상담 모델을 발전시켰다. 그는 증상행동이 다른 가족원에 대한 부적응적 통제전략이라고 보았고, 이중구속의 개념을 치료적으로 활용할 수 있다고 생각하였다(Haley, 1964).

1967년 MRI를 떠난 Haley는 필라델피아로 가서 아동지도센터(Philadelphia Child Guidance Clinic)의 책임자이며 구조적 가족상담 모델을 개발한 Minuchin과 교류하면서 구조적 관점의 영향을 받게 되었다. Haley의 전략 모델은 증상을 유지시키는 가족의 위계와 조직의 문제에 특별한 관심을 두었기 때문에 전략적 구조주의 모델로 분류한다. 그의 전략적 구조주의 모델은 가족의 구조적 질서에 관심을 갖고 있었으며 가족원이 갖는 통제와 힘의 균형으로 가족의 위계질서가 지켜질 때 기능적이라고 보았다. 그는 증상이 가족항상성을 유지하기 위해 존재한다고 보았으며, 동시에 내담자(IP)가 증상을 통해 가족원을 통제한다고 믿었다. 역기능적 가족일수록 위계구조가 혼란하여 세대 간 권력의 순서가 거꾸로 놓여 있거나 세대 간 연합의 특징이 있으며, 이러한 가족은 가족체계의 항상성에 고집스럽게 집착하며, 상황 변화에 융통성이 없어 변화에 적절하게 대처하기 어렵다.

(1) 권력과 통제

Haley의 관심은 권력(power)과 통제(control)에 있었다. 그는 가족원이 자신의 위치에 맞는 권력과 통제를 가질 때 위계질서가 유지되며 힘의 균형이 깨지면 위계질서에 문제가 발생한다고 보았다. 따라서 증상을 해결하기 위해서 상담자는 관계 이면의 권력과 통제 관계를 파악해야 하며 권력투쟁에 관한 가족관계를 파악함으로써 명확한 상담목표설정과 구체적인 개입방식을 계획할 수 있다. 증상은 가족의 항상성을 유지하기 위한 기제이며 증상의 이면에는 관계를 통제하기 위한 IP의 전략이 있다고 보았다. 예를 들어 아이의 분노발작 증상은 자신을 통제하려는 불안한 어머니를 통제하는 전략으로 볼 수 있다. 이는 증상을 통해 아이가 엄마와의 관계에서 권력과 통제를 얻고 있다고 볼 수 있다.

(2) 위계

Haley는 기능이 잘 되는 가족일수록 가족 내 위계질서가 제대로 서 있다고 보았다. 부모는 부모로서, 자녀는 자녀로서의 위치가 제대로 지켜져야 하며, 윗세대가 더 많은 권력과 통제를 가지고 규칙을 집행할 수 있어야 한다. 또한 가족은 세대 간 구조와 경계를 분명히 갖고 서로 침범하지 말아야 한다. 명확한 경계를 통해 가족원은 각각의 위치(position)를 구조적으로 유지해야 하며 이러한 구조적 질서가 잘 유지되는 가족일수록 기능적으로 볼 수 있다.

Haley가 통제와 권력의 관점에서 위계에 접근하였다면, 그의 동료인 Madanes는 모든 인간의 딜레마를 사랑과 폭력 간의 투쟁 때문에 발생한다고 보고 보호와 관심이라는 측면에서 위계에 접근하였다. 가족의 구조가 제대로 유지되기 위해서는 권력의 측면과 돌봄의 측면이 균형을 이루어야 한다.

(3) 역설적 지시

역설적 개입의 핵심은 상담자의 '증상처방'을 통해 내담자가 자신의 통제 밖에 있다고 포기했던 문제행동을 내담자의 통제 안으로 끌어들인다. 가족은 상담자에게 도움을 청하지만 막상 상담자가 도움을 주려고 하면 저항한다. 왜냐하면 상담자가 가족의 안정성을 위협한다고 지각하기 때문이다. 이 결과 상담자와 내담자 가족 간에는 미묘한 권력투쟁이 일어난다. 이러한 가족저항을 다루기 위해 상담자는 잘 고안된 치료적 이중구속의 상황을 만들어 내담자가 역설적 개입에 저항하는 과정에서 증상행동을 포기하도록 만들어야 한다. 역설적 개입은 내담자가 역기능적 행동을 포기하도록 하기 때문에 상담자가 이끄는 게임으로 비유되기도 한다. 상담 초기부터 역설적 개입을 사용하는 것보다는 다른 상담적 방법이 효과가 없을 때 역설적 개입을 활용하는 것이 좋다.

3) 밀란 모델

이탈리아 밀란에서는 MRI에서 사이버네틱스에 관해 훈련받고 온 Mara Selvini-Palazzoli, Boscolo, Cecchin, Prata 등 네 명의 이탈리아 정신분석가인 치료자들이 1971년 '밀란 가족연구센터'를 설립, 가족규칙과 항상성에 대한 체계적 모델을 발전시켰다. 초기 밀란 모델에서는 역기능적 가족의 '가족게임'을 멈추기 위해 상담자가 MRI 접근과 유사한 역실적 개입을 활용하였다. 그러나 후기 밀란 모델은 역설적이고 지시적인 접근에서 멀어졌고, 협동적이며 중립적인 형태로 전환되었다.

후기 밀란 모델은 이차 사이버네틱스의 핵심인 '정보'에 초점을 두었고 가족의 상호작용 유형 변화보다 가족의 신념체계를 변화시키는 데 더 관심을 가졌다. 밀란 체계론자들은 역기능적 가족이 '인식론적 오류'에 빠져 있는 것으로 보았으며, 가족이 고착되어 있는 그릇된 신념체계에 개입함으로써 가족체계에 새로운 정보를 유입시켜 역기능적 가족관계 유형을 변화시키고자 하였다. 상담자는 중립적 위치에서 가족게임의 규칙을 파악하고, 순환질문을 통해 가족원이 스스로의 인식론을 검토하여 새로운 신념체계를 도입함으로써 소모적인 가족게임을 멈추도록 유도하였다. 가설설정-순환질문-중립성의 개념은 밀란 모델이 미국의 전략적 모델과 차별화되어 Bateson의 순환적 인식론을 개념적, 방법론적으로 가장 순수하게 적용함을 보여 주는 것이다.

통상 남녀 공동상담을 실시하며 상담팀이 상담 장면을 관찰한다. 상담은 평균 한 달에 한 번 이루어지며 10회 이내로 제한된다. 회기 간의 간격이 긴 이유는 내담자 가족이 역설적 처방의 효과에 반응할 충분한 시간이 필요하기 때문이다. 대신 한 회기의 시간이 상대적으로 길었는데, 네 명의 상담자가 한 팀이 되어 한 회기를 다섯 단계로 나누어 진행하는 '장시간 단기치료(long brief therapy)'는 밀란 모델의 독특한 치료방식이다.

(1) 가족게임

가족 안에서 비밀리에 진행되는 가족의 상호작용은 오랫동안 발전된 일련의 의사소통 규칙과 관계규칙을 갖는다. 밀란 모델에서는 이러한 규칙을 유지하기 위한 복잡한 가족 상호작용을 '가족게임(family game)'이라고 명명하였다. 조현병(정신분열증)을 비롯한 역기능적 가족에서는 가족원 모두 게임의 규칙에 합의하지 않으면서 서로 힘을 얻기 위해 끝없는 게임을 한다. 승자도 패자도 없는 이 게임은 순환적인 연쇄과정을 이루기 때문에 원인과 결과를 정확히 구분할 수 없다(류경남 · 최수정, 2006).

(2) 가설설정

가설설정(hypothesizing)은 상담의 전 과정을 통해 상담자(또는 상담팀)가 지속적으로 가족기능에 관해 추측하고 가정하는 행위를 말한다. 가족을 만나기 전부터 가족의 문제가 어떻게, 왜 발생했는지, 어떻게 유지되고 있는지 가설을 세워본다. 가설이 맞거나 틀리는 것과 관계없이 '가설설정' 작업을 통해 체계적 면접과 정보의 조직화를 촉진할 수 있다.

(3) 순환 질문

순환 질문(circular questioning)은 상담과정에서 각 가족원이 돌아가면서 가족 상호작용이나 가족관계에 대해 이야기하도록 유도하는 대화기법이다. 순환적 질문을 통해 내담자 가족은 개별 가족원의 반응을 경청하면서 가족을 새롭게 인식하는 경험을 하게 한다. 밀란 모델의 독특한 기법으로 내담자가 자신을 관계적 맥락에서 바라보게 하는 질문기법이다.

(4) 중립성

중립성(neutrality)은 각 가족원이 문제에 대해 인식하는 것을 도전 없이 수용하는 상담자의 자세를 의미하는데, 이는 상담자가 편견을 갖지 않고 내담자에 대해 알고자 하는 순수한 호기심을 필요로 한다. 상담자의 중립성은 가족체계에 대한 여러 가지 가설에 대해 개방적인 태도를 가질 수 있도록 해 준다.

밀란 모델의 의의

밀란 모델에서의 상담자 역할은 MRI 학파나 워싱턴 학파의 전략적 상담자들의 지시적인 역할과는 차별화된다. 밀란 관점에서 상담자는 가족체계와 별개로 작동하는 객관적 존재가 아니라, 내담자 가족과 합류된 전체 체계의 일부로 작동한다고 보았다. 따라서 상담자의 객관성은 있을 수 없으며, 상담과정 역시 상담자와 가족원이 서로 영향을 미치면서 가족이 스스로 본인들의 인식론을 재검토하는 과정으로 보았다. 따라서 밀란 모델의 상담자는 중립적인 위치에서 가족이 스스로 신념체계를 검토하며 해결책을 찾아가도록 조력하는 역할을 한다. 2차 사이버네틱스 개념이 함축된 밀란 모델의 시도는 가족상담 분야에서 포스트모더니즘의 도래를 촉진하였으며, 구성주의 접근을 발전시키는 데 중요한 역할을 하였다.

3. 상담목표와 상담과정

1) 상담목표

전략적 모델의 일차적 상담목표는 제시된 문제(증상)를 해결하는 것이다. 그러나 증상행동의 제거뿐만 아니라 행동을 규제하는 가족체계의 변화인 이차적 변화도 목표에 포함된다. 상담목표의 설정은 매우 구체적으로 이루어진다. 상담자는 '언제', '어디서', '얼마나 자주' 등의 개방형 질문을 통해 내담자가 객관적이며 행동적인 언어로 문제를 분명히 규명하고 기대하는 구체적인 변화목표를 설정하도록 유도한다(양승은, 1995). 목표가 분명할수록 개입도 구체적이고 상담효과도 크다. 궁극적인 목표달성을 위해 중간 목표를 설정하여 단계적으로 접근한다.

전략주의 모델은 가족의 발달단계별 과업과 전환기에서의 위기에 관심을 갖는다. Haley의 경우 상담목표 안에 가족생활주기에 따른 단계 이행기의 과업달성과 성장을 포함시키기도 한다. 가족의 문제가 가족생활주기의 한 단계에서 다음 단계로 넘어가는 이행기에 발생하기 쉽다고 보았는데, 잘못된 문제해결방식 때문에 고착되어 있는 가족이 문제를 잘 극복하여 성장하도록 도움으로써 다음 발달단계로 나아갈 수 있도록 하는 것도 상담목표의 일부가 된다.

2) 상담과정

전략적 상담과정은 구조화된 방식으로 진행된다. 상담과정은 일반적으로 다음 세 단계로 진행된다. 첫째, 현재의 문제를 정의한다. 둘째, 가설을 설정하고 구체적인 문제(증상)를 제거하기 위한 목표를 설정한다. 셋째, 목표달성을 위해 상담 개입을 단계적으로 계획한다(Nichols & Schwartz, 2010, 김영애 외 공역, 2011).

(1) 문제 정의하기

전략적 상담 모델에서 초기 면접은 전체 상담과정의 계획을 세우기 위한 중요한 단계이므로, 첫 면담에는 가능한 한 모든 가족원이 참석하도록 한다. 초기 면접에서 상담자는 내담자에게 문제(증상)에 대해 구체적이고 행동적인 용어로 정의해 줄 것을 요구한다. 일단 문제와 목표가 구체적으로 정해지면 지금까지 문제에 대해 내담자가 시도했던 해결책에 대해 질문하는데, 이는 문제를 유지시키는 내담자 가족의 연쇄과정을 파악하고 문제를 해결할 수 있는 가족의 새로운 행동을 찾아내기 위함이다. Haley의 초기 면접은 매우 구조화되어 있는데, 전형적으로 친화단계, 문제규명단계, 상호작용단계, 목표설정단계 등 네 단계를 따른다(양승은, 1995).

Haley의 전략적 가족상담 초기 면접

① 친화단계

상담실에 들어온 가족은 원하는 대로 자리를 잡는다. 상담자는 자신을 먼저 소개한 후에 가족 개개인에게 소개를 요청한다. 만일 모두의 소개가 끝나기 전에 가족원 중 한 명이 먼저 문제에 대해 이야기하기 시작하면 상담자는 그의 말을 잠시 제지시키고 나머지 가족원의 소개를 마치도록 한다. 이 단계에서는 상담에 참석한 모든 가족이 협동적이고 편안한 분위기를 느낄 수 있도록 하는 것이 중요하다. 상담자는 모든 가족원이 가족상담에 대한 의견을 말할 수 있도록 돕는 한편, 가족의 상호작용을 관찰한다. 특히 부모가 자녀를 어떻게 다루는가를 보고 세대 간 위계관계에 주목한다. 또한 가족 중 누가 상담자와 거리를 두거나 반대로 밀착하려 하는지에 대해서도 관심을 갖는다.

② 문제규명단계

가족이 왜 가족상담실에 왔는지에 대해 질문한다. '왜 도움을 청하십니까?', '여러분 각자 어떤 변화를 원하나요?'와 같은 질문을 통해 문제에 대한 정보를 얻는다. 그러나 이와 같은 질문을 IP에게 가장 먼저 하는 것은 바람직하지 않다. 처음부터 문제에 대한 질문을 하면 IP는 문제의 책임감과 가족상담에 대한 위협감을 느낄 수 있기 때문이다. Haley는 주로 아버지에게 가장 먼저 질문했는데, 이는 아버지의 참여를 높이고자 하는 전략적 이유 때문이었다. 종종 문제와 가장 관련이 적은 가족원이나 가족을 상담에 데려올 만한 영향력이 있는 가족원에게 먼저 질문하기도 한다. 이 단계는 각 가족원의 문제에 대한 관점을 보는 때이므로, 가족원의 의견에 대한 어떤 해석이나 충고, 비평을 하지 않는다. 질문의 초점은 가족이 어떻게 느끼는가에 대한 정서적 측면이 아닌 사실과 의견에 대한 정보 수집에 둔다.

③ 상호작용단계

가족원이 서로 문제에 대한 다양한 관점을 교환하는 단계다. 가족이 중심이 되어 이야기를 나누는 동안, 상담자는 가족 상호작용에서 드러나는 가족의 의사소통방식과 연합, 삼각관계, 권력위계 등을 관찰하는 한편 가족이 대화를 계속하도록 돕는다. 주의할 것은 상담자가 의사소통의 내용보다 의사소통의 과정에 집중하면서 들어야 한다는 점이다. 이 단계에서 상담자는 제시된 문제를 상담실에서 재현해 보도록 요구할 수 있다. 예를 들어 아이가 손톱을 심하게 물어뜯는 증상이 있고 그것을 수정하고 싶어 한다면, 상담실에 직접 손톱을 물어뜯어 보라고 한 후에 가족의 반응과 아이의 행동에 대하여 관찰한다. 이러한 과정을 통해 증상을 유지하는 가족의 연쇄과정과 가족구조가 좀 더 분명하게 드러나게 되고, 앞으로 진행될 상담의 개입 단서를 잡을 수 있게 된다.

④ 목표설정단계

가족이 해결하기를 바라는 문제(증상)에 대하여 상담자와 가족이 명확하게 정한다. 변화하기 원하는 부분에 대해 구체적이고 행동적인 언어로 말하도록 유도한다. 문제를 변화시키기 위한 첫 과제나 지시와 함께 초기 면접을 마친다.

출처: Nichols & Schwartz (2010). 김영애 외 공역 (2011).

(2) 가설설정과 목표설정하기

전략주의 모델의 사정은 가족원 개개인이 문제를 어떻게 보는지를 파악하여 문제를 정의하는 데서 시작된다. 상담자는 가족의 구조적 정렬, 즉 가족위계가 어떻게 가족의 문제와 관련되는지 알기 위해 회기 중 가족의 상호작용을 면밀히 관찰한다.

진단은 IP의 증상이 가족 항상성을 유지하는 기제로 유지된다는 가정하에 내려진다. 전략주의자들은 증상이란 내담자가 타인과 의사소통하는 방식이며 자발적인 것이라고 본다. 즉, 가족은 가족의 평형상태를 유지하기 위해 종종 IP의 증상을 필요로 하며, IP 또한 타인에 대한 통제방식으로 증상을 이용한다. 따라서 증상이 우울증이든 알코올 문제든 공포증이든 분노발작이든 그것은 가족항상성을 위한 적응적인 측면을 갖는다.

가족원의 세대 간 연합이나 동맹, 거리감 등에 대한 질문을 바탕으로 수립된 예비가설은 초반 회기의 확인 작업을 통해 잘못된 가설임이 밝혀지면 수정된다. 진단의 목표는 문제에 대한 체계적인 관점을 얻는 것이며 사정결과는 구체적인 상담계획을 설정하는 자료가 되므로 매우 중요하다.

(3) 개입하기

전략적 모델은 잘 계획된 아주 작은 개입이 엄청난 상담적 연쇄효과(domino effect)를 가져올 수 있음을 가정한다. 따라서 전략주의자는 정밀한 관찰과 면접을 통해 가족 상호작용의 반복적 연쇄과정을 파악한 후 역기능적 연쇄과정을 수정할 수 있는 작지만 의미 있는 개입을 계획한다. 상담과정에서는 내담자의 저항을 최소화하기 위해 직면이나 설명은 되도록 하지 않으며, 직면보다는 우회적인 역설적 개입을 통해 과제를 주거나 지시를 하여 회기와 회기 사이의 변화를 유도한다.

전략적 접근은 문제별 독특한 요구에 따라 개별적인 맞춤형 전략을 세운다. 각 과제는 사례별로 주의 깊게 계획된 것으로 가족 스스로 자신의 문제를 다루면서 가족체계의 변화를 일으키도록 고안되며, 상담과정에서 내담자 스스로 '할 수 있다'는 생각을 갖고 상담에 대한 동기와 성취감을 느낄 수 있는 작은 것으로 정한다(상담자가 내담자에게 생각나는 문제를 모두 적어 보라고 하고 빨리 해결해야 할 것과 천천히 해결해도 되는 것을 스스로 정하도록 할 수도 있다).

내담자에게 문제 증상을 계속 실행하라고 지시하는 역설적 개입은 내담자로 하여금 변화하지 않을 수 없는 모순적 상황에 있도록 함으로써 변화를 끌어내는 상담적 방법이다. 역설적 개입은 상담상황에서 내담자의 저항을 처리하는 효과적인 방법으로, 지시와 은유적 언어의 사용, 역설적 개입, 시련기법 등 다양한 방식으로 내담자를 상담적 이중구속에 빠지게 한다. 치료적 이중구속에 속박된 내담자는 문제 증상을 포기하거나 증상에 대한 자발적 통제력을 인정해야만 하는 모순적 상황에 빠지게 되며, 결국 어떤 쪽을 택하든 변하지 않을 수 없게 된다.

단 상담상황에서 내담자 가족에게 15분 이상의 논쟁을 허락하지 않도록 주의한다. 가족의 상호작용을 관찰하는 것이 필요하다고 해도 과도한 언쟁은 상담상황을 통제하기 어렵게 만들므로 만일 부부가 언쟁을 벌이더라도 15분 이내로 제한한다. 한편 전략적 상담자는 종종 '관찰팀'과 함께 작업을 한다. 관찰팀은 일방경 뒤에서 가족 상호작용과 상담 장면을 보며 상담실과 관찰실에 설치된 인터폰을 통해 상담자에게 직접 지도감독이나 지시를 준다.

3) 상담자 역할

(1) 전략적 기술

전략적 모델에서 상담자는 전략가의 역할을 맡는다. 전략주의 상담자는 다른 상담 모델에 비해 변화에 대한 직접적인 책임을 진다. 전략적 상담자는 내담자의 문제해결을 위해 합리적인 전략을 세울 수 있는 기술을 갖추어야 한다. 상담과정에서 상담자는 각각의 내담자 가족에게 맞는 구체적인 상담계획을 가지고 매우 지시적으로 접근하며, 내담자 가족에게 상담자의 지시를 잘 따라줄 것을 요구한다. 상담자는 직접적인 지시를 내리기도 하고 역설을 통해 간접적으로 우회하기도 한다. 상담자가 내담자에 대해 강력한 권위를 갖고 있다면 직접적인 지시를 사용할 수 있지만, 내담자가 상담자의 지시를 잘 따라줄 것인지에 대해 확신이 없다면 간접적인 접근법이 나을 수 있다.

(2) 활동성과 책임성

또한 전략주의 상담자는 활동적이며 강한 책임감을 가져야 하며 변화를 만들어내고자 하는 강한 의지를 가져야 한다. 만일 문제해결이 원만히 진행되지 않을 때에 전략적 상담자는 내담자보다 상담자 자신에 대한 비난과 책임에 직면하게 된다.

전략주의 상담자는 재명명을 통해 가족원이 서로의 행동에서 긍정적인 측면을 볼 수 있도록 돕는 역할을 한다. 예를 들어 '우울하다'라는 표현 대신 '게으르다'는 말로 바꿀 수 있다. 남편의 잔소리는 아내의 살림살이에 대한 불평이 아니라, 아내와 가까워지기를 원하는 마음을 제대로 표현하지 못한 것으로 재명명할 수 있다. 가족이 역기능적이라고 규정한 행동을 선한 것으로 이해하도록 돕는 것은 치료적 변화를 용이하게 한다.

(3) 통제 유지

전략주의자들은 상담과정을 상담자와 내담자 간의 권력다툼으로 보고 이 권력투쟁의 결과가 상담결과에 영향을 미친다고 본다. 상담자는 상담상황에 대한 통제를 잃지 말아야 하며 내담자에게 권위를 가져야 한다. 이를 위해서 상담자는 때로 목적을 위해 특정 가족원과 연합하기도 하지만 가족분쟁에 개입되기 전에 재빨리 벗어나기도 한다. 또한 상담자를 통제하려는 내담자의 시도에 대해서는 공개적으로 언급하기도 한다. 그러나 주의할 점은 상담자의 권위가 권위주의적인 것과는 차별되는 편안하고 융통성 있는 권위여야 한다는 것이다.

(4) 팀의 활용

전략적 상담자들은 적극적으로 팀 접근법을 활용하였다. 상담자가 상담하는 동안 동료나 지도감독자는 일방경 뒤에서 상담과정을 관찰하다가, 관찰실과 상담실을 연결하는 인터폰을 통해 가설이나 전략적 개입을 상담자에게 실시간 전달한다. 밀란 모델의 상담자들은 남녀 상담자가 공동 회기로 진행하기도 하였다.

4. 상담기법

1) 역설적 개입

전략적 상담자들은 개별 사례와 문제에 맞는 맞춤형 개입을 강조하였는데, 전략적 상담의 핵심적 기법은 '역설적 개입(paradoxical intervention)'이라고 할 수 있다. 역설적 개입은 '변화하라'는 메시지와 '변화하지 말라'는 메시지, 즉 두 가지 모순된 메시지를 동시에 전달하는 '치료적 이중구속'의 상황을 만드는 것이다. 변화시켜야 하는 증상에 대하여 변화시키지 말라는 지시를 함으로써 내담자는 일종의 이중구속 상황에 빠지게 되는데 만일 상담자가 변화하지 말라고 지시한 것을 충실히 따른다면 내담자는 이미 증상을 통제할 수 있게 되는 것이고, 만일 상담자의 지시를 따르지 않는다면 증상을 포기하게 되는 것이다.

비전략적 상담자들은 내담자의 증상과 반대되는 행동을 하도록 격려하는 데 반해, 전략적 상담자는 가족원의 행동을 유심히 관찰한 후에 오히려 증상 그대로 행동하도록 지시한다. 이러한 역설적 지시나 과제를 받은 내담자는 당황하고 격분할 수 있다. 심각한 문제에 대해 장난스러운 지시를 내린다고 생각할 수 있기 때문이다. 따라서 상담자의 전문성에 대한 내담자의 신뢰가 부족하다면 역설적 개입은 성공하기 어렵다. 만일 내담자가 왜 이런 처방을 주느냐고 질문한다면 상담자는 '가족 스스로 증상을 통제할 수 있도록 해주기 위함'이라고 설명해 준다.

역설적 개입을 계획하기 위해서는 재정의, 처방, 제지 등의 세 가지 단계를 거친다. 재정의는 문제에 대한 가족의 생각을 변화시키기 위하여 증상을 긍정적 의미로서 재명명하는 것이다. 두 번째 단계인 처방은 '부모에게 반항하라', '우울하게 행동하라'와 같이 간단하지만 수용하기 어려운 증상처방을 하는 것이다. 세 번째 단계는 '천천히 변하라'는 메시지를 내담자에게 주는 제지단계로 가족이 너무 빨리 변화하는 것을 견제하는 것이다. 이는 내담자가 변화에 저항할 것을 미리 예견하고 시작된 변화를 견고하게 만들기 위함이다(Nichols & Schwartz, 2010, 김영애 외 공역, 2011).

(1) 증상 처방

증상 처방(symptom prescription)은 역설적 개입의 일종으로 내담자에게 증상행동을 자발적으로 계속하도록 격려하는 지시나 과제를 주는 기법이다. 예를 들어 불면증을 호소하는 내담자에게는 오히려 잠을 자지 않고 밤새 깨어 있도록 지시하는 식이다. 그 결과 내담자가 상담자의 지시를 거부하고 증상을 버리든지, 혹은 지시대로 순종하여 증상이 본인의 통제권 아래 있음을 인정하도록 선택하게 한다.

증상 처방의 예

아내에게 고압적이고 태도를 가진 내담자(남편)에 대해 상담자는 더욱 지배적으로 행동하라는 지시를 내린다. 이러한 지시는 내담자를 딜레마에 빠지게 한다. 그가 아내에게 권위적인 행동을 한다면 그것은 상담자의 지시에 순응하는 것이지만, 이것으로서 증상(권위적 행동)은 통제 가능한 것이 되어 버린다. 반면 상담자의 지시를 따르지 않는다면(권위적 태도를 수정한다면) 남편은 권위적 행동을 포기하는 것이 된다.

또 다른 증상처방의 예로 잦은 부부싸움을 호소하는 남편과 아내에게 상담자는 매일 2시간씩 부부싸움을 하게 하는 지시를 들 수 있다. 상담자의 말대로 부부가 매일 규칙적으로 합의한 시간에 부부싸움을 한다면 내담자 부부는 부부싸움을 통제할 수 있게 된 것이며, 상담자의 지시를 어긴다면 그 또한 부부싸움을 포기하는 것이 된다.

(2) 고된 체험기법

고된 체험기법(ordeal technique)은 증상이 나타날 때마다 내담자가 괴로워하는 일을 수행하도록 지시하는 직접적이며 처방적인 개입이다. 예를 들어 우울증을 호소하는 내담자에게 우울해질 때마다 집안 걸레질을 하도록 지시할 수 있다. 이 기법의 원리는 내담자가 증상을 포기하는 것보다 증상을 유지하는 것이 더 고통스럽다는 것을 알게 될 때 내담자는 그 증상을 포기할 수 있다는 전제를 갖는다. 고된 체험의 과제로는 운동이나 숙제, 독서, 다이어트 등 다양하다.

고된 체험기법의 예

시어머니와 만성적인 고부갈등을 겪는 여성 내담자가 시어머니에 대해 생각하는 것만으로도 힘들다고 호소한다. 전략적 상담자는 내담자에게 시어머니에 대한 부정적인 생각이 들 때마다 시어머니에게 비싼 선물을 주도록 지시할 수 있다. 내담자는 시어머니에게 비싼 선물을 하는 것보다는 시어머니에 대한 부정적 생각과 감정을 내려놓는 것이 낫다고 판단할 수 있다. 또한 선물은 시어머니를 누그러뜨려 며느리에 대한 부정적인 반응이나 행동을 줄이게 할 수도 있다. 내담자에게는 증상을 갖는 것보다 더 고된 체험의 결과가 있다면 차라리 증상을 포기하는 것이 나은 선택이 된다. 그러나 고된 체험의 처방은 내담자의 바람과 일치하는 것이어야 하며, 불건전하거나 해를 입히는 일이 되어서는 안 된다. 이런 고된 체험은 내담자가 상담자와의 치료적 약속과 스스로의 변화에 대한 헌신이 강해야 성공할 수 있다.

출처: 양승은 (1995).

(3) 위장기법

전략적 상담 모델의 기법 중 비교적 부드럽고 덜 직면적인 위장기법(pretend technique)은 내담자가 증상을 가진 '척하고' 부모는 도와주는 '척하는' 연극적인 기법이다. Madanes가 고안한 이 기법은 환상과 유머, 놀이에 기초하여 상담에 대한 내담자의 저항을 극복하도록 돕는다.

위장기법의 예

분노발작 증상을 가진 아이에게 시간을 정해 엄마 앞에서 '헐크 놀이'를 하도록 하고(분노발작을 일으키는 '척'하도록 지시하고), 아이가 성공적으로 헐크 흉내를 내면 엄마는 아이를 도와주는 '척'하도록 지시한다. 이렇게 되면 아이의 분노발작도 위장이고 부모의 걱정도 위장이기 때문에 가족상황은 긴장되고 심각한 싸움에서 쾌활한 가상적 게임으로 변형된다. 역설적 개입이 상담자의 지시를 거부하는 가족의 저항을 활용한 접근이라면, 위장기법은 놀이를 즐기는 기분으로 저항을 우회시킨다. 위장기법을 이용해 가족이 통제할 수 없다고 믿는 증상에 대해 자발적으로 통제하는 상황을 연출해 볼 수 있다. 이는 가족의 이중적 위계구조를 재구조화하여 궁극적으로 증상을 유지하는 가족의 연쇄과정을 포기하도록 한다.

출처: Madanes (1981). 오창순 역 (1998).

(4) 은유기법

은유기법(metaphoric task)은 가족이 자신들의 문제를 밝히는 것을 수치스럽게 생각하거나 토론을 꺼릴 때 비유나 이야기를 통해 변화를 유도하는 방법이다. 우선 가족의 행동 목표를 정한 후에 그 행동과 유사하되 좀 더 쉬운 행동(은유적 행동)을 선택하여 실행하도록 한다. 실행과정에서 은유적 행동에 대한 내담자의 사고방식을 이야기하도록 하고, 그에 대한 과제를 준다.

은유기법의 예

성문제로 갈등을 겪는 부부가 이 주제를 편안하게 다루기 난처해한다면 상담자는 성적 행위를 먹는 행위에 비유하여 이야기할 수 있다. 상담자는 아이들 없이 단 둘이 식사를 한 적이 있는지, 음식 맛을 즐기기 위하여 어떻게 먹는지, 즐거운 식사를 위해 서로 어떤 배려를 하는지 등의 질문을 한다. 또는 남편과 아내의 서로 다른 식욕과 음식 취향에 대해 이야기해 볼 수도 있다. 이와 같이 먹는 행위에 대해 부부가 생각하는 바를 이야기하게 함으로써, 자연스럽게 부부가 성적인 문제에 대해서도 생각해 볼 수 있게 하는 것이다. 그러나 은유기법이 유용한 방식이라고 그것에 너무 의존하여 상담을 진행하는 것은 바람직하지 않다. 왜냐하면 은유가 치료적 계약에 대한 상담자의 관점을 분명하게 보여 주지 못하기 때문이다.

출처: 양승은 (1995).

2) 밀란 모델의 기법

전략적 상담의 핵심적 기법은 '역설적 개입'의 사용이지만, 후기 밀란 모델의 경우 상담자가 중립적 위치에서 질문을 통해 가족 스스로 자신들의 인식론적 오류를 발견할 수 있도록 자극하는 기법들을 고안하여 활용하였다. 대표적으로 긍정적 의미 부여, 의식, 불변의 처방 등 타 전략적 모델과 차별화되는 독특한 기법을 발전시켰다.

(1) 긍정적 의미부여

긍정적 의미부여(positive connotation)는 밀란 모델의 기법으로 문제를 지속시키는 가족의 행동을 재구성하는 방법이다. 주로 부정적인 증상행동을 긍정적인 동기로 설명해 주는데, '증상은 가족체계의 균형을 유지하고 가족의 응집성을 촉진하기 때문에 긍정적인 것'이라는 의미를 부여하여 파괴적인 가족게임을 무력화시키는 기법이다.

긍정적 의미 부여의 예

자녀의 우울증으로 가족상담을 받게 된 가족에게 'IP의 우울증이 가족을 보호하고자 하는 기능'을 갖고 있다고 설명해 준다. 왜냐하면 IP의 우울증으로 인해 어머니는 IP를 과보호하고 아버지는 어머니를 비난하면서 가족체계를 유지하고 있기 때문이다. 따라서 상담자는 IP가 계속 우울하도록, 그리고 어머니는 과보호를 계속하고, 아버지는 어머니를 계속 비난하도록 처방한다. 또 다른 예로 등교를 거부하는 아동의 부모에게 '당신의 자녀가 등교거부를 하는 이유는 엄마의 외로움을 덜어 주고 싶어서입니다'라고 재명명해 주며, 자녀는 계속 학교에 가지 않고, 어머니는 IP를 돌보며 분주하게 지낼 것을 처방한다. 이와 같이 긍정적 의미 부여는 결과적으로 가족이 가족게임에 대한 인식을 증가시키고 증상이 자발적인 것임을 깨닫게 도와준다. 동시에 가족원 서로의 동기를 긍정적으로 바라보게 되면서 상담자가 자신들을 이해하고 있다고 느끼게 되고, 변화에 대한 저항도 줄게 된다. 무엇보다 통제될 수 없는 병리적 증상행동이 실제로는 자발적이고 좋은 의도로 생각될 수 있음을 암시하여 가족의 변화 동기를 강화시키고 미래의 상담적 변화에 대한 저항을 줄일 수 있다.

출처: 김용태 (2000).

(2) 의식

의식(ritual)기법은 밀란 모델의 기법으로 일정한 의식을 만들어 게임을 하게 함으로써, 가족게임을 과장되게 인식하도록 하는 기법이다. 과장된 의식을 통해 본인들의 인식론적 오류를 깨달을 수 있도록 유도한다.

의식기법의 예

우울증을 가진 자녀(IP)와 과보호하는 어머니, 어머니를 비난하는 아버지에게 이러한 연쇄과정(게임)을 계속하도록 처방하면서 특별히 일주일에 하루는 온 가족이 모여 자녀는 증상을 계속 가질 수 있도록 도와주는 부모님에게 감사드리고 어머니는 더욱 과보호하는 행동을, 아버지는 강도 높게 아내를 비난하는 시간을 갖도록 한다. 이와 같이 경직된 가족규칙과 신화를 과장하는 의식에 가족원 모두 참여함으로써 자신들이 얼마나 어리석은 게임을 지속하고 있는지 깨닫게 하여 게임을 중단하도록 유도한다.

(3) 불변의 처방

불변의 처방(invariant prescription)은 역기능적 가족의 '게임'에 유사성이 있음을 발견한 Palazzoli와 Prata가 모든 가족에게 적용할 수 있는 불변의 처방을 고안했다(Goldenberg & Goldenberg, 2001, 김득성 외 공역, 2002). 이러한 역기능적 패턴을 해체하기 위해, 부모의 동맹을 강화하고 다른 가족연합을 해체함으로써 가족의 경직되고 파괴적인 상호작용에서 벗어나도록 유도한다.

역기능적 가족의 '게임'

부부관계의 교착이 지속되면, 한쪽 부모가 자녀를 끌어 들인다. 가족게임에 끌려 들어간 자녀는 약한 쪽의 부/모의 편에 서서 강한 쪽 부/모를 통제하기 위해 증상을 발달시킨다. 약한 부/모는 자녀와 한 편이 되는 대신 강한 부/모의 편을 든다. 자녀는 배신당했다고 느껴 증상을 더 심하게 함으로써 강한 쪽 부/모를 파멸시키기로 하고 약한 쪽 부/모에게 어떻게 해야 하는지를 보여 준다. 결과적으로 가족체계는 증상행동을 중심으로 안정화된다.

초기 가족면접 이후에, 상담자는 부모만 따로 만나서 세대 간에 명확하고 안정된 경계선을 형성하기 위한 처방을 준다(아래 박스). 부부가 함께 행동하고 비밀을 유지함으로써 부모의 동맹은 처방에 의해 더욱 강화되며 이전에 존재했던 동맹과 연합은 깨진다. 이것은 기존의 가족게임을 방해하게 된다. 불변의 처방은 경직되고 파괴적인 가족게임을 깨뜨림으로써 가족원이 더욱 융통성 있는 생활방식을 함께 개발하도록 하는 기법이라고 하겠다.

불변의 처방

"두 분이 상담에서 나누신 모든 것을 가정에서 비밀로 하세요. 오늘 저녁 두 분만 외출하시면서 아무에게도 알려서는 안 됩니다. 그저 '엄마와 아빠가 오늘밤에 외출한다.'는 메모만 남기세요. 집에 돌아왔을 때 딸(아들)이 어디 다녀왔느냐고 물어보면 '엄마와 아빠 두 사람의 일이야.'라고 대답하세요. 그리고 부부 각각 아이들이 볼 수 없는 곳에 일지를 보관하세요. 일지에는 날짜를 기록하고 다른 가족원이나 아이들 각각에 대한 언어적, 비언어적 행동을 기록하세요. 이것은 두 분이 따라야 하는 처방과 관련된 것입니다. 이러한 것을 하려면 부지런해야 합니다. 어떤 것도 잊어버리거나 생략해서는 안 됩니다. 다음 상담모임에 올 때 그 일지를 가지고 와서 그동안에 일어났던 일을 읽어 주시기 바랍니다."

출처: Goldenberg & Goldenberg (2001). 김득성 외 공역 (2002)에서 수정, 발췌

5. 사례 연구

1) 개요

IP는 중학교 1학년 남학생으로 현재 아버지, 어머니, 두 명의 누나와 살고 있다. 주요 문제는 충동조절이 잘 안 되고, 어머니와 누나에게 자주 폭력을 행사하고 있으며, 학교 부적응으로 학교폭력 피해자로 연루된 적도 있다. 학교에서 실시한 정서발달심리검사에서 불안, 우울, ADHD, 강박문제 등에서 높은 점수가 나와 상담을 받게 되었다. 아버지는 아내의 투박한 말투와 집 청소가 제대로 안 되는 것, 아들(IP)과의 관계단절을 호소하였고, 어머니는 아들의 우울과 불안에 대한 걱정, 아들이 공부를 열심히 하지 않는 것을 호소하였으며, IP는 엄마의 간섭과 잔소리, 무기력감에 대해 호소하였다.

IP의 어머니는 결혼 후 남편의 구타와 경제적 어려움, 시어머니와의 갈등 등으로 힘든 결혼생활을 해왔다. 시어머니는 남편에게 며느리에 대한 험담을 하곤 했는데 그때마다 남편은 아내에게 언어적, 신체적 학대를 가했고, 아내는 우울증이 심해져 가출을 한 적도 있다. 현재 남편에 의한 신체폭력은 발생하지 않고 있지만, 경제적 어려움과 정서적, 언어적 폭력은 계속되고 있으며, 아내는 남편과의 갈등을 피하고자 회피와 무시로 대처하고 있었다. 아내는 가계에 보탬이 되기 위해 마트 아르바이트를 하며 열심히 일하고 있지만 남편에 이어 이제 아들에게까지 폭행을 당하니

삶의 의욕이 없는 상태이다. 평소 잔소리가 심한 편이며 넋두리처럼 같은 말을 반복하며 끊임없이 이야기하는 경향이 있다.

IP의 폭력은 주 2~3회 정도 발생하고 있으며, 누나들은 IP의 행동에 어떤 식으로든 벌을 주며 이는 더욱 IP를 폭력적으로 만드는 상황이 반복되고 있었다. 가족들은 모든 문제가 IP 때문이라고 생각하고 있었고 부는 수동적인 자세로 갈등에 관여하지 않고 있었다.

2) 가계도

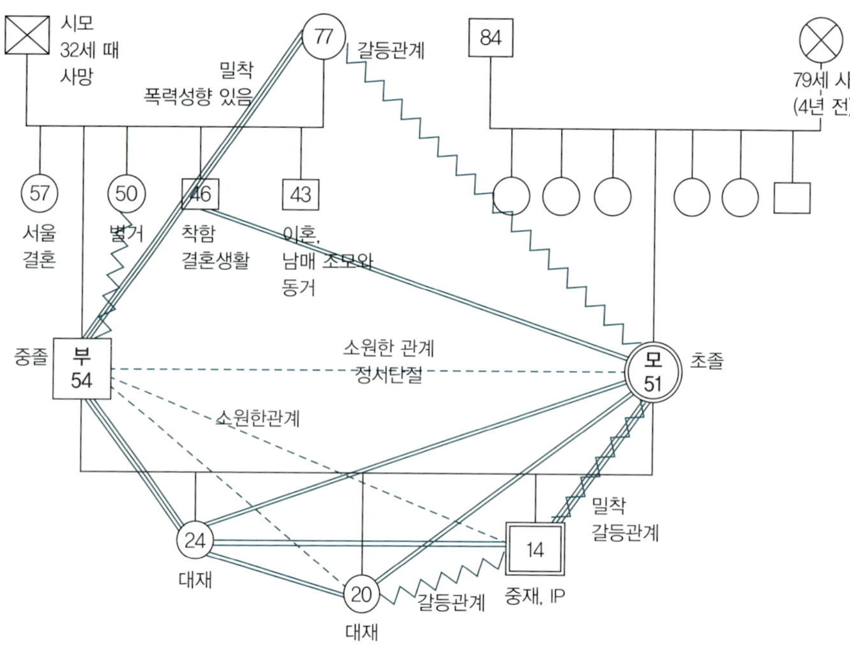

3) 전략적 가족상담의 적용

(1) 상담목표 및 가설설정

상담자는 상담목표를 설정함에 있어 내담자 가족이 측정이 가능한 구체적이며 행동적인 언어로 문제를 진술하도록 유도해야 한다. 예를 들어 IP가 '자주 폭력을 행사한다'고 표현한 것에 대해서 상담자는 "일주일에 몇 회 신체적 구타가 있었는가?"라고 다시 질문하였으며, 일주일에 2~3회 정도의 폭력이 발생하고 있음을 알 수 있었다.

가설을 세우기 위해 가족 상호작용의 맥락에서 증상을 바라봐야 하는데, 이를 위해 상담자는 초기에 가족 전체의 상호작용을 관찰하는 것이 중요하다 각 가족원이 증상을 유지시키는 연쇄과정에서 어떤 역할을 하고 있는지, 어떤 권련관계 속에서 힘겨루기를 하고 있는지 이해하고, 위계와 경계, 구조의 문제에서 증상을 바라보며 가설을 세운다. 이 가족의 경우, 어머니와 아들 간의 정서적 융합갈등의 상태가 이전 세대(시모와 부)와 현 세대(모와 IP)에서 모두 나타나고 있으며, 가부장적 가족문화의 영향으로 어머니와 아들의 위계가 뒤바뀐 것을 알 수 있다. 특히 어머니의 잔소리는 아들의 폭력행동을 촉진하는 요인으로 가설을 설정했다. 부모의 부부관계는 소원한 반면 부부연합보다 세대동맹(부녀관계 및 모자관계)이 더 강력한 양상을 보이고 있다. IP의 폭력행동에 대한 가족들의 대처(처벌)는 해결은커녕 IP의 증상을 더욱 악화시키는 악순환적 고리가 형성되었다.

(2) 상담개입

본 사례는 중립적인 분위기에서 순환질문을 통해 가족 스스로 자신들의 인식론과 가족 연쇄과정을 교정할 수 있도록 돕는 밀란 모델의 체계적 개입으로 접근하였다. 상담자는 어머니와 IP를 중심으로 면담을 진행하였지만 어머니 학대문제가 완전히 근절되지 않았다. 이후 전문가 반영팀을 활용해 내담자를 포함한 집단이 열린대화(conferencing)를 시도하였고, 최근 어머니 학대의 촉발 사건을 중심으로 토론하는 과정에서 내담자들은 자신들의 의사소통 내용보다 과정에서 문제가 있었음을 자각할 수 있었다. 다양한 대안에 대한 집단의 토론은 내담자 스스로 문제해결을 위해 가장 적절한 대안을 판단할 수 있도록 도와주었으며, 상담자가 반영팀이 가족원을 비난하거나 책임을 묻지 않았음에도 불구하고 녹화된 상담 장면을 함께 시청하는 과정에서 가족원들 스스로 자신의 문제를 파악할 수 있었다.

안전하면서도 강력한 반영과 협력적인 대화과정은 학대 행위자나 피해자 모두 수치심에서 벗어나 문제를 직시할 수 있도록 유도하였다. 녹화된 이전 상담 장면을 활용할 경우, 더욱 강력한 자기성찰이 일어날 수 있으며, 가족원들은 자신이 문제과정에서 특정 역할을 한다는 점에 대해 방어보다 수용을 하도록 촉진할 수 있다.

활동하기

1. 영화 〈남자가 여자를 사랑할 때(When a man loves a woman)〉는 알코올 의존증인 아내와 가정적인 남편, 어린 두 딸의 가정사를 보여주고 있습니다. 이 영화를 시청하고 아내의 알코올 의존증상이 부부관계나 부모자녀관계에서 어떤 영향을 미치는지, 또한 증상이 가족항상성 유지에 어떻게 기여하는지에 대해 분석해 봅시다.

2. 고된 체험기법은 증상이 나타날 때마다 괴로운 일을 수행하도록 하는 개입방법으로, 고된 체험은 내담자의 바람과 일치하면서도 해를 입히는 것이 되어서는 안 됩니다. 각자 변화되고 싶은 본인의 문제를 한 가지 정하고, 스스로 고된 체험 개입을 구체적으로 계획해 봅시다.
(예: 늦잠을 자면 한 시간 동안 러닝머신을 뛴다)

FAMILY COUNSELING

08

CHAPTER

인지행동 가족상담

1. 개요
2. 주요 개념
3. 상담목표와 상담과정
4. 상담기법
5. 사례 연구

08 CHAPTER

인지행동 가족상담

1. 개요

인지행동 가족상담은 행동주의 접근을 기반으로 인지이론을 도입하였으며 가족문제를 해결하기 위해 가족원들의 잘못된 사고와 행동을 수정한다. 행동주의 접근은 Burrhus Skinner의 조작적 조건화 이론을 바탕으로 바람직한 행동이나 그렇지 않은 모든 행동들은 학습되었다고 가정한다. 따라서 심리 내부에서 문제의 원인을 찾아 해결하려 하지 않고 문제행동을 유지시키거나 증가시키는 환경을 통제하여 행동을 변화시키려 한다(송정아 · 최규련, 2011). 1960년대까지 행동주의 가족상담은 문제행동은 무시하고 바람직한 행동은 보상을 주도록 훈련시키는 부모교육과 부부들의 의사소통에 관심을 두었다. 이처럼 한두 사람의 행동수정에 주로 관심을 두었고 가족관계의 역동을 체계적 관점에서 보지는 않았다.

1970년대 John Thibaut와 Harold Kelly의 사회교환이론의 영향으로 행동주의 가족상담은 개인에서 가족관계로 관심을 가지게 되었다. 사회교환이론은 모든 사람은 관계 속에서 보상을 극대화시키고 비용은 최소화시키려 한다고 가정하고, 부부가 결혼생활에 만족하지 못하는 것은 결혼생활에서 받고 있는 보상이 지불한 비용보다 적기 때문이라고 간주하였다. 이처럼 행동주의 접근에서도 개인의 행동문제를 가족원의 상호작용과 관련이 있음을 알고 주로 부모훈련 및 부모자녀상담, 부부상담, 성치료에 적용되었다. 행동주의 가족상담을 주도한 사람은 Gerald Patterson, Robert Liberman, Richard Stuart 등이 있다(김유숙, 2012).

그러나 1980년대 후반 이후 행동주의 가족상담자들은 보상이나 처벌을 통하여 문제를 해결하려는 행동주의 접근만으로는 가족원 상호 간의 복잡한 관계문제를 해결할 수 없음을 인식하고 Aaron Beck의 인지이론을 도입하였다. 인지이론은 '사건'이 문제가 아니라 사건을 해석하고 의미를 부여하는 '인지'가 감정과 행동을 결정한다고 가정한다. 그러므로 상담은 부적응적인 정서문제나 행동문제를 치료하기 위해 왜곡된 인지과정을 통찰하고 변화시키는 데 초점을 둔다.

인지행동 가족상담에서는 가족의 증상이나 문제를 해결하기 위해 인지적 개입과 행동적 개입을 적절하게 통합하여 사용한다. 즉 행동이나 정서에 영향을 미치는 자동적 사고, 신념, 기대, 귀인 등을 탐색하여 왜곡된 인지와 비합리적 사고를 재구성하도록 하며 역기능적인 행동을 수정하고 의사소통기술과 문제해결기술을 교육하고 훈련한다. Baucom과 Epstein, Frank Dattilio 등은 인지행동주의 부부상담을 전략적이며 체계적으로 발전시켰다. 인지와 행동을 균형 있게 강조하는 인지행동적 가족상담은 가족원들의 인지, 정서, 행동이 서로 어떻게 영향을 주고받는지 살펴보며 상호작용 패턴에 초점을 맞추기 때문에 체계론적 관점과 일맥상통한다(Nichols & Schwartz, 2001, 김영애 외 공역, 2007).

2. 주요 개념

1) 행동주의 접근

행동주의 접근은 Skinner의 조작적 조건화 이론에 근거하여 문제행동을 바람직한 행동으로 변화시키려고 노력한다. 조작적 조건화는 '행동이란 그 결과에 의해 유지된다'라고 가정하고 특정한 행동 이후에 보상(자극)을 제공함으로써 바람직한 행동의 학습에 도움이 되는 조건을 형성하는 것이다. 강화(reinforcement)는 특정행동의 빈도를 증가시키는 역할을 하는 보상을 의미하며 정적 강화와 부적 강화 두 가지 방법이 있다.

(1) 정적 강화

정적 강화(positive reinforcement)란 특정행동 후에 따르는 보상으로 인해 미래에 그 행동의 빈도가 높아지는 것을 의미한다. 즉 결과에 대한 지지와 보상을 줌으로써 그 행동빈도가 높아지는 것을 정적 강화라 한다. 어떤 행동을 한 후에 자신이 원하는 것이나 바람직한 결과를 얻을 때 다시 똑같은 행동을 하게 될 것이다. 그러나 만약 그 행동에 반응하지 않는다면 앞으로 그 행동의 횟수는 줄어들거나 전혀 일어나지 않을 것이다.

- 노트 정리를 잘하는 학생에게 교사가 칭찬하였더니 학생은 노트 정리를 더 잘 하였다.
- 교사는 미술시간에 그림을 잘 그린 작품을 게시판에 전시하여 학생들이 미술활동에 흥미를 가지도록 하였다.
- 유아가 자기 전에 울면 엄마가 와서 관심을 보여줌으로써 유아는 자기 전에 우는 습관을 가지게 된다.
- 아동이 마트에서 장난감을 사주지 않는다고 큰 소리로 울 때마다 부모는 장난감을 사 준다.

(2) 부적 강화

부적 강화(negative reinforcement)란 특정행동을 보이면 즉시 싫어하거나 혐오하는 부정적인 자극을 감소시키거나 면제시켜 줌으로써 바람직한 행동의 빈도를 증가시키는 것이다. 예를 들면 아침마다 꾸물거려 지각하는 아동에게 일찍 준비하여 지각하지 않으면 아동이 싫어하지만 매일 반드시 해야 하는 학습지의 분량을 줄여 주는 것을 들 수 있다. 이런 경우 아동은 자신이 싫어하는 학습지를 적게 풀기 위해 빨리 준비하는 바람직한 행동을 더 많이 하게 된다(정문자 외, 2013).

부적 강화와 벌의 차이

부적 강화는 혐오자극을 피하기 위해 특정행동을 더 많이 하게 하는 것인 반면 벌은 혐오자극을 제공하여 특정행동을 덜 하도록 하는 것이다. 예를 들면 진수가 밥을 먹지 않고 계속 비디오를 보겠다고 울며 떼를 쓸 때, 어머니는 진수를 방에 가두면서 진수가 울음을 그치고 조용해지면 방에서 나오게 할 것이라고 말한다. 벌을 주는 경우에는 어머니가 '네가 말을 잘 안 들으니까 방에 가둔다'라고 말하며, 방에 가두는 시간도 일방적으로 결정한다. 이 경우 벌에 비해 부적 강화는 두 가지 장점을 가지고 있다. 첫째, 자신에게 기대되는 행동이 어떤 행동인지 알 수 있으며 둘째, 끝내고 싶을 때 자신이 적절히 행동할 수 있기 때문에 상황을 스스로 통제할 수 있다.

출처: 송정아, 최규련 (2011).

(3) 벌

벌(punishment)은 특정행동 후에 따르는 결과로 인해 미래에 그 행동의 빈도가 줄어드는 것을 의미한다. 일반적으로 꾸중이나 체벌의 형태로 사용된다. 벌은 즉각적인 효과를 얻을 수 있기 때문에 부모나 교사가 쉽게 사용하지만 바람직하지 못한 측면이 있으므로 모든 긍정적인 방법을 사용해도 효과가 없을 때 사용해야 한다. 벌의 부정적 측면으로는 벌을 점차 더 많이 사용하게 되고, 관계에 부정적인 영향을 미치며, 장기적인 효과가 없는 점이다. 또한 벌은 무엇을 하지 말아야 하는지는 가르치지만 무엇을 해야 하는지는 가르치지 않으며 부모나 교사로 하여금 아동의 잘못된 행동에 더 많은 관심을 갖게 만든다(최규련, 2013).

벌의 유형

1. 싫은 자극을 가하는 유형

- 수업시간에 떠든 학생들에게 담임선생님이 꾸중을 한 후 화장실 청소를 시키는 경우
- 숙제를 하지 않고 게임을 하였다고 부모님이 아동에게 체벌을 하는 경우

2. 좋은 자극을 제거하는 유형

- 아동이 친구와 놀다가 약속시간을 어겨서 부모님이 그날 TV 시청시간을 줄이는 경우
- 아동이 거실에서 놀고 난 후 장난감을 정돈하지 않아서 부모님이 간식을 주지 않는 경우

좋은 자극을 제거하는 유형의 벌이 싫은 자극을 가하는 경우보다 더 효과적이다. 그 이유는 공격적 행동의 모델이 되는 것을 피할 수 있고 특히 체벌이 사용될 때 일어나는 두려움, 공포 등의 감정적 반응이 일어나지 않기 때문이다

출처: 송정아, 최규련 (2011).

(4) 소거

소거(extinction)는 이미 강화되어 학습된 행동에 대해 더 이상 강화해 주지 않는 것으로 이전에는 관심을 주던 것을 무시하는 형태로 자주 사용된다. 이것은 바람직하지 않은 행동을 수정시킬 때 적용하는데 처음에는 학습된 행동의 빈도나 강도가 증가하지만 점차 감소된다. 모든 강화물을 차단할 수 있어야 효과가 크다. 예를 들면 엄마와 함께 마트에 갈 때 항상 장난감을 사달라고 심하게 떼를 쓰면 장난감을 살 수 있었던 아동에게, 엄마가 어느 날 아동의 이런 행동을 무시하고 장난감을 사 주지 않는 경우이다. 아동은 처음에는 더 심하게 떼를 쓰거나 울기도 하지만 끝까지 반응하지 않는 엄마의 모습을 보고 더 이상 장난감을 사달라고 떼를 쓰지 않게 된다(정문자 외, 2013).

정적 강화와 소거의 활용

아동의 경우 정적 강화와 소거가 복합적으로 사용될 때 부적응 행동은 소거시키면서 바람직한 행동은 효과적으로 증가시킬 수 있다. 즉 소거를 통해 아동의 부적응 행동을 감소시키면서 정적 강화를 통해 바람직한 행동을 형성하도록 도울 수 있기 때문이다. 예를 들어 유치원에서 교사의 관심을 끌려고 친구와는 전혀 놀지 않고 교사만 따라 다니는 유아가 있다. 이 경우 교사는 유아가 혼자 놀거나 교사의 관심을 끌려는 행동을 할 때는 무관심하고(소거), 친구와 함께 놀거나 친구에게 호감을 표시할 때마다 즉시 칭찬과 인정(정적 강화)을 한다면 유아는 점차 교사보다는 친구와 함께 노는 것에 재미를 느끼고 친구와의 상호작용이 증가될 것이다.

출처: 정문자 외 (2013).

(5) 모델링

모델링(modeling)은 모델의 특정행동과 그 결과를 관찰하고 비슷하게 행동하는 것을 의미한다. 모델링은 자극이나 강화를 경험하지 않더라도 '타인의 행동을 관찰하기만 해도 충분히 행동을 학습할 수 있다'라는 Bandura의 사회학습이론에서 비롯된 개념이다. 모델링은 시행착오를 단축시키는 학습효과가 있다. 바람직한 행동을 하는 가족원이나 상담자, 교사, 형제자매, 친구는 주요 모델이 된다. 특히 모델이 성공적이거나 유명인으로 지각되거나 그들의 행동이 결과를 강화하고 있는 것으로 보이면 그들을 모방함으로써 학습한다.

모델링과 모방은 유사하지만 차이가 있다. 모방은 타인의 행동을 단순히 그대로 따라 하는 것이다. 예를 들면 유아가 부모의 말을 따라 하는 언어학습이나 청소년이 연예인의 패션이나 행위를 흉내 내는 경우이다. 반면 모델링은 타인의 경험에 대한 관찰과 간접학습을 통해 모델의 여러 행동 중에서 특정행동을 취사선택한 후 모방하는 것이다.

- 공격적인 아동이 상담자를 통해 수용과 공감을 받는 후 자신도 상담자처럼 친구를 비난하지 않고 지지하거나 공감하려고 노력하는 경우
- 대학생이 영화에서 중년의 부모님이 자녀들과 함께 여행하며 행복해하는 모습을 보고 자신도 방학 때 부모님과 여행을 떠나는 경우
- 형이 숙제하지 않아 엄마에게 혼나는 것을 보고 동생이 재빨리 숙제하는 경우
- 아버지가 술에 취하면 가족에게 폭언을 하는 모습을 보며 성장한 청년이 성인이 된 후 술을 마시지만 취하면 조용히 잠자는 경우

2) 인지주의 접근

인지주의 접근은 Beck의 인지이론을 기반으로 하여 개인이나 가족의 정서문제나 행동문제는 실제 사건보다는 그것을 지각하고 해석하는 인지에 원인이 있다고 가정한다. 그러므로 정서와 행동문제를 해결하기 위해 역기능적인 인지를 밝혀내고 대안적인 사고와 반응을 할 수 있도록 인지를 재구성하는 데 초점을 둔다.

(1) 자동적 사고

Beck(1988)은 개인이 어떤 상황에서 자연스럽게 자동적으로 일어나는 생각이나 이미지를 '자동적 사고'라고 명명하였다. 그는 개인이나 가족이 경험하는 정서적 문제는 생활사건을 경험할 때 순간 떠올리게 되는 부정적인 자동적 사고로 유발된다고 하였다(Beck, 1988, 제석봉 역, 2001). 예를 들면 커플 파트너가 퇴근한 후에 아무 말 없이 컴퓨터를 하고 있는 모습을 보면서 '나를 사랑하지 않기 때문이야' 혹은 '집에서도 일하는 무능력한 사람이야'라는 생각을 떠올린다. 이런 부정적인 자동적 사고는 가족원과 상호작용할 때 언어뿐만 아니라 목소리 톤, 얼굴표정, 제스처 등 비언어적 표현에도 영향을 끼치게 된다. 사소한 일에도 갈등이 자주 유발되는 관

계에서는 상대방에게 떠올리는 자동적 사고가 부정적이고 왜곡되어 있는 경우가 많다.

수진(대학생)이는 이번 주 토요일 오후에 남자친구(대학원생)와 함께 영화를 보고 식사하기로 약속하였다. 그런데 토요일 아침에 남자친구로부터 갑자기 새로운 프로젝트를 맡게 되어 함께 갈 수 없겠다는 전화를 받았다. 이 사건에서 수진이의 순간 떠오른 '자동적 사고'에 따라 남자친구에 대한 반응은 달라질 수 있다.

자동적 사고	감정	비언어적 표현	언어적 표현
나하고 같이 있는 것이 싫어서 연구실에 가는 거 아닐까?	불쾌감 실망감	표정이 굳어지고 목소리는 퉁명스럽다.	"나랑 같이 영화 보기 싫어서 연구실 가는 거지?"
새로운 일을 맡아 준비할 것이 많겠지. 그래서 연구실에 가려고 하는구나.	담담함 차분함	표정이 부드럽고 목소리는 따듯하다.	"그럼 오늘은 연구실 가고, 다음 주에 같이 영화 보러 가자."

(2) 신념(기저 믿음)

신념은 오랜 경험에서 비롯되어 진실이라고 받아들여진 관념이나 안정된 사고틀로 기능하는 인지도식(schema)이며 자동적 사고가 거처하는 곳이다(Beck, 1988, 제석봉 역, 2010). 그러므로 신념은 상황이나 사건을 해석하고 행동하는 데 영향을 미친다. 가족에 대한 신념은 '가족원이 어떻게 생각하고 행동해야 한다(should be)'라는 믿음 혹은 규준(standards)을 의미한다(유영주 · 이창숙, 2002). 커플관계에 대한 건강한 신념, 예를 들면 '생계비는 공동으로 부담한다', '서로 싸움을 하더라도 부모를 개입시키지 않도록 한다' 등은 관계방식에 대한 기준이나 믿음을 나타낸다. 커플관계에 대한 비합리적 신념, 예를 들면 '일일이 말하지 않아도 파트너가 중요하게 생각하는 것이 무엇인지 알고 있어야 한다', '사랑한다면 파트너가 요구하는 것을 들어주어야 한다' 등은 상대방의 행동이나 사건을 해석하고 평가하는 지각과정에서 더 부정적인 편향과 인지왜곡을 보이며 갈등관계를 초래하게 된다(김진숙 · 권석만, 2010).

(3) 지각

지각이란 눈을 통해 보고 그것을 일련의 사고과정을 거쳐 인식하는 인지과정이다. 가족은 상호작용하면서 가족원의 모습을 보고 지각하는데 가족원의 장점과 단점을 객관적으로 보지 않고 자신이 보고 싶은 대로 골라서 본다. 즉, 선택적 주의를 기울인다(유영주 · 이창숙, 2002). 특히 커플의 경우 상대방의 바람직한 행동과 그렇지 않은 행동들 가운데 어떤 면을 선택하여 지각하는지는 커플의 관계만족도에 영향을 미친다. 갈등커플들은 상대방의 행동 중 자신이 용납하기 싫은 행동이나 문제행동만을 집중적으로 주목하고 부정적인 평가를 하는 '인지왜곡'을 초래한다.

남편은 가끔 술을 마시고 늦게 돌아오며 집에서 저녁 늦게까지 일을 할 때도 있다. 휴일에는 늦잠을 자거나 집에서 TV를 보기도 하지만 친구들과 취미생활을 즐기기도 한다. 또한 아내가 바쁠 때는 자녀의 숙제를 도와주며 옷을 다림질하기도 한다. 아내가 친구들과의 교제로 늦게 귀가해도 괜찮다고 하며 스스로 밥을 챙겨 먹기도 한다. 이런 남편에 대해 아내는 두 가지 지각패턴을 할 수 있다.

1. 부정적 방향의 지각패턴

만약 아내가 남편의 음주와 늦은 귀가, 집에서의 직장일, 휴일에 늦잠을 자거나 취미활동을 하는 행동만을 주로 지각하는 경우에는 "이기적이고 가정적이지 못한 사람"으로 생각한다.

2. 긍정적 방향의 지각패턴

만약 아내가 남편은 직장생활을 성실하게 하고, 가족에게 잔소리를 하지 않으며, 부탁을 하면 잘 들어주는 사람으로 지각하면 "너그럽고 가정적인 사람"으로 생각한다.

출처: 유영주, 이창숙 (2002).

(4) 귀인

문제가 발생했을 때 문제의 원인을 추론해 내는 인지과정을 '귀인'이라고 한다. 문제의 원인을 어떻게 귀인하느냐에 따라 가족생활 전반에 대한 가족원의 감정과 행동에 직접적인 영향을 미친다. 귀인은 〈표 8-1〉과 같이 크게 세 가지로 나뉜다. 내부적-외부적 귀인, 안정적-불안정적 귀인, 전반적-특수적 귀인이 있다(유영주 · 이창숙, 2002).

갈등관계에 있는 가족원들은 문제의 원인을 내부적, 안정적, 전반적 요인으로 귀인하는 경향이 있다. 예를 들어 가족원이 약속한 용돈을 초과하여 사용하는 문제에 대해 가족원의 무책임한 성격과 습관 때문이며 이 문제는 생활 전반에 부정적 영향을 끼친다고 인식함으로써, 사람 자체를 문제로 보고 문제해결에 대한 희망을 갖지 않는다. 반면 갈등문제를 타협하는 가족원들은 갈등을 외적, 불안정적, 특수적 요인으로 귀인하는 경향이 있다. 그러므로 문제를 일으킨 요인이 변화의 여지가 있기 때문에 해결에 대한 희망을 가지고 개선하기 위해 노력한다.

❖ **표 8-1** 귀인의 종류

유형	내용	예
내부적 귀인	성격, 기질, 지능, 태도, 동기 등 내부요인으로 돌림	"너의 다혈질 성격 때문에…." "당신의 무책임감 때문에…."
외부적 귀인	환경, 상황, 타인, 기회 등 외부요인으로 돌림	"당신이 술 마시는 것은 회사분위기 때문에…." "우리가 이렇게 싸우는 것은 어머니 때문에…."
안정적 귀인	성격, 성장환경, 생활습관 등 비교적 변함이 없는 요인으로 돌림	"너 생활습관에 문제가 있어서…." "내 외모가 마음에 안 들어서 그럴 거야"
불안정적 귀인	노력의 정도, 준비 정도, 동기수준 등 변할 수 있는 요인으로 돌림	"내가 좀 더 준비를 잘 하지 못해서…." "이것은 일시적으로 우리를 힘들게 하고 있어."
전반적 귀인	문제의 원인이 광범위한 부분까지 영향을 미치고 있다고 인식함	"네 성격 전부에 문제가 있어." "이 문제 때문에 우리 생활 전부가 망가지고 있어."
특수적 귀인	문제의 원인이 일부분에만 영향을 미치고 있다고 인식함	"너는 다 좋은데 그 급한 성격이 문제야." "이 문제는 경제생활만 좀 힘들게 할 뿐이야."

출처: 유영주, 이창숙 (2002).

(5) 인지왜곡

역기능적 도식(schema)은 개인의 성장과정을 통해 형성된 것으로 현실적응에 도움이 되지 않는 부정적이고 부적응적인 사고틀을 의미한다. 역기능적 도식이 활성화되는 경우, 현실을 제대로 지각하지 못하거나 사실 또는 그 의미를 왜곡해서 받아들이는 인지왜곡이 발생된다(정문자 외, 2013). 예를 들면 '나의 부탁을 거절하는 것은 나를 무시하기 때문이다', '타인으로부터 사랑받지 못하면 불행한 인생이다', '시험에 낙방한 나를 사람들은 쓸모없고 실패한 사람으로 보고 있다' 등을 들 수 있다. 가족원 간에 발생하기 쉬운 다양한 인지왜곡의 종류를 살펴보면 다음과 같다.

❖ **표 8-2** 인지왜곡의 종류

종류	내용	예시
임의적 추론 (지레짐작)	지지할만한 근거가 없거나 반대 증거를 알면서도 특정 결론을 내린다.	"나를 속이고 친구와 놀다온 것이 틀림없어."
선택적 추론	전체적 맥락은 간과하고 부정적인 세부사항에 근거해서 상황을 결론짓는다.	"다른 사람과 점심 먹는 걸 보니까 나를 싫어하는 게 맞아."
과잉일반화	한 번의 경험을 토대로 관련 없는 상황까지 광범위하게 적용하는 것이다	"모든 여자는 다 똑같아, 나는 또 거절당할 거야."
과대평가와 과소평가	사건이나 상황을 실제보다 더 과장되게 생각하거나 덜 중요하게 생각한다.	"이런 비싼 선물을 사다니 우리 집 재정은 파탄날 거야."
개인화	근거가 없는 데도 외부의 사건을 자신의 탓으로 생각한다.	"부모님이 싸우는 것은 내가 잘못해서 그런 거야."
흑백논리	극단적 범주화, 즉 성공 아니면 실패, 좋은 것 아니면 나쁜 것으로 결론짓는다.	"완벽하게 잘하지 못했으니까 실패한 것과 마찬가지야."
명명하기와 잘못된 명명	과거에 했던 결점과 실수를 자신의 정체감으로 정의한다.	"그런 실수를 하다니 난 가치 없는 인간이야."
독심술 (마음 읽기)	의사소통 없이도 다른 사람의 생각을 알 수 있다고 확신한다.	"네가 나를 원망하고 있는 거 다 알고 있어."

출처: Dattilio & Padesky (1990). 곽욱환 외 공역 (2010).

3. 상담목표와 상담과정

1) 상담목표

인지행동 가족상담에서는 가족의 증상이나 문제의 원인을 왜곡된 인지 및 잘못 학습된 행동으로 가정한다. 따라서 내담자 가족의 문제해결을 위해 먼저 가족원들의 왜곡된 인지와 사고방식을 변화시켜 건강한 대안적인 사고를 형성할 수 있도록 돕는다. 그리고 일상생활에서 사소한 긍정적인 상호작용을 증가시키기 위해 가족원들이 싫어하는 행동을 감소시키고 비난, 방어, 무시 등의 부정적 의사소통을 개선시킨다.

2) 상담과정

역기능적인 인지와 사고를 변화시키지 위해 먼저 가족 상호작용에서 나타나고 있는 자동적 사고, 비합리적 신념, 인지왜곡 등을 내담자 가족 스스로 관찰하고 확인할 수 있도록 교육한다. 확인을 통해 이런 인지와 사고가 다른 가족원의 행동을 어떻게 해석하고 있는지, 이것이 자신의 감정과 어떻게 연결되는지 인식하도록 한다. 둘째, 자동적 사고, 인지왜곡 등을 지지하는 타당한 증거가 있는지 평가하고, 다른 대안적 설명을 검토하여 인지와 사고를 현실적인 관점으로 변화시키도록 한다. 셋째, 가족원 간의 혐오적인 행동을 줄이고 서로 원하는 행동을 주고받을 수 있도록 가르친다. 넷째, 내담자 가족이 앞으로 당면하게 될 여러 가지 갈등을 관리하고 대화로 해결할 수 있도록 효과적인 의사소통기술과 문제해결기술을 익히도록 한다.

인지행동 상담과정은 구조화된 방법으로 진행되며 가족평가 순서는 다음과 같다.

1. 커플 혹은 가족면담에서 가족생활, 갈등문제에 대한 간략한 역사와 배경정보를 수집한다.
2. 조사기록지와 자기보고질문지를 통해 가족관계에 대한 자료를 수집한다. 커플관계에 대한 태도와 믿음을 평가하기 위한 질문지로는 결혼태도 질문지, 결혼적응 척도, 결혼만족 척도, 변화에 대한 믿음 질문지, 애정표현 질문지, 의사소통 양식 질문지 등이 있다.
3. 개인면담에서는 원가족과 관련된 문제, 폭력 여부, 불만 영역, 특정한 자동적 사고와 신념 등을 탐색한다.
4. 가족의 언어적, 비언어적 행동을 관찰한다. 면접 동안 상호작용을 관찰하기도 하지만 녹화를 하여 상호작용을 관찰하는 경우도 있다. 이것은 가족의 정서적 반응에 대한 중요한 정보를 제공해 준다.
5. 면담, 기록지, 질문지, 행동관찰 등을 통해 정보를 수집한 후 내담자 가족에게 강점, 제시된 주요 문제들, 스트레스원, 상호작용 패턴 등에 대한 진단과 상담과정을 설명한다.

4. 상담기법

1) 부모교육 및 훈련

자녀의 정서문제나 행동문제를 해결하기 위한 부모교육 및 훈련은 포괄적인 평가절차로 시작한다. 문제를 호소하는 부모와 자녀를 함께 만난다. 평가는 문제행동의 빈도만이 아니라 그것에 선행하거나 뒤따르는 사건을 정의하고 관찰하며 기록하는 과정을 포함한다. 상담자는 아동과 부모의 상호작용을 관찰하거나 가정에서의 상호작용을 녹화하여 관찰하기도 한다. 이와 같은 관찰은 면담과정에서 빠뜨리거나 간과될 수 있는 정보를 제공해 준다.

평가가 완료된 후 상담자는 아동의 구체적인 목표행동을 결정한다. 바람직한 행동이 증가하도록 다양한 강화물이 사용되는데 프리맥 원리(Premack, 1965)를 적용한다. 프리맥 원리란 발생 가능성이 적은 행동을 강화하기 위해 행동으로 나타날 가능성이 높은 행동, 특히 즐거운 행동을 사용한다. 예를 들면 숙제를 하기 싫어하는 아동에게 숙제를 하면 좋아하는 만화영화를 보여 주는 것이다. 강화물의 종류에는 음식 · 돈과 같은 물질적인 것, 인정 · 칭찬 · 관심 · 미소 등과 같은 사회적인 것, TV보기 · 책보기 · 놀아주기 등과 같은 활동적인 것이 있다. 이런 강화물은 아동의 특성에 따라 효과가 다르므로 아동이 좋아하는 것을 선택하도록 한다. 일반적으로 돈이나 음식은 아동에게 강력한 보상이 되지만 어떤 아동의 경우에는 놀이시간을 주는 것이나 인정이 더 효과적일 수 있다(최규련, 2013).

일단 효과적인 강화물을 선택하고 나면 상담자는 부모에게 아동을 강화하면서 목표행동을 형성하는 방법을 가르치고 훈련한다. 또한 부모들이 강화에 대한 기준을 점차적으로 올리고 목표행동을 아동이 했을 때 즉시 강화물을 주도록 가르친다. 부모가 원하는 바람직한 행동을 아동이 규칙적으로 보이게 되면 행동의 지속성을 증가시키기 위해 강화는 간헐적으로 하도록 한다.

부모교육 및 훈련에 사용되는 일반적인 기법들을 소개하면 다음과 같다

(1) 토큰강화법

토큰강화법(token reinforcement)은 아동이 바람직한 목표행동을 할 때 토큰을 주고, 반대의 경우에는 토큰을 회수하여 기준으로 미리 정한 수의 토큰이 모이면 아동과 함께 계획한 보상으로 교환하는 방법이다. 강화물인 보상은 아동과 함께 결정하는데 예를 들면 게임시간, 용돈, 아동이 평소 사고 싶었던 선물 등이 포함된다(정문자 외, 2013). 토큰강화법이 효과적이려면 아동이 목표행동을 했을 때 받는 토큰의 수, 토큰으로 대체할 수 있는 강화물의 종류 등을 아동의 발달수준을 고려하여 아동과 함께 적절하게 정해야 한다.

(2) 행동형성

행동형성(shaping)은 아동에게 새로운 행동을 가르칠 때 원하는 최종목표행동에 점진적으로 접근하는 방법이다. 목표로 하는 행동을 여러 단계로 구분하여 강화함으로써 일련의 작은 변화들을 통해 목표행동을 달성하도록 하는 것이다. 작은 단계로 세분화하여 행동을 습득하면 습득하기 쉬울 뿐 아니라 습득 자체가 다음 행동에 대한 강화로 작용할 수 있다. 아동이 단계별로 바람직한 행동을 할 때마다 스티커, 선물 등의 외적 보상뿐만 아니라 칭찬과 격려 등과 같은 내적 보상을 함께 해주는 것이 효과적이다(정문자 외, 2013).

유치원에 처음 등교하는 날 지우는 엄마 손을 꼭 잡고 심하게 울면서 유치원에 들어가기를 거부하였다. 엄마는 유치원 교사와 의논하여 지우가 유치원에 스스로 들어가는 최종목표행동을 달성하기 위해 행동을 여러 단계로 나누고, 각 단계마다 지우가 좋아하는 보상을 주기로 하였다. 먼저 유치원 입구까지만 엄마와 함께 갔다 오기로 하고, 그 다음에 유치원 문을 열고 복도에서 다른 친구들이 노는 것을 엄마와 함께 관찰하기로 하였다. 지우가 친구들 노는 모습을 보고 안심하면 엄마와 함께 유치원 안에 들어가서 놀기로 하였으며 마지막으로 유치원 안에 들어가서 잘 논다면 엄마와 떨어지기로 하였다.

(3) 타임아웃

타임아웃(time out)은 아동이 바람직하지 않은 행동을 할 경우에 아동이 하고 싶어 하는 활동을 일정시간 금지시키고 고립시키는 것이다. 예를 들면 친구의 장난감을 빼앗은 아동에게 장난감과 노는 활동을 정지시키고 방 밖에서 5분 정도 서 있도록 한다. 타임아웃을 효과적으로 사용하기 위해서 부모는 중립적이고 단호한 태도로 아동에게 이유를 설명하고 타임아웃 장소로 데려가도록 하며, 실시 시간은 5분 미만이 적절하다. 타임아웃 동안 아동에게 말을 걸거나 쳐다보는 등 사회적 강화를 하지 않도록 하며 정해진 시간 동안 아동이 조용하게 있으면 고립장소에서 나오도록 한다.

(4) 유관계약

유관계약(contingency contracting)이란 아동의 바람직하지 않은 행동을 수정하기보다는 호혜적인 상호작용 원리를 기초로 하여 바람직한 행동을 하도록 강화하는 것이다. 부모와 자녀 간의 유관계약은 일종의 계약으로 주로 10대 자녀에게 많이 적용된다. 부모와 10대 자녀 양쪽 모두에게 서로 원하는 행동목록을 적도록 한다. 자녀가 긍정적인 변화를 보이면 그 변화에 뒤이어 부모도 확실하고 구체적인 변화를 조성하겠다는 약속을 하는 것이다. 예를 들면 자녀가 학교에 지각하지 않고 잘 다니면 부모는 자녀가 원하는 선물을 사주기로 약속하는 것이다.

2) 커플상담

인지행동 커플상담은 내담자들에게 교육적인 방법으로 접근한다. 상담자는 먼저 인지적으로 개입하여, 커플에게 자동적 사고를 기록하도록 과제를 부여하고 그 과제를 함께 검토하면서 인지변화를 위한 실제적인 기술을 가르친다. 그 다음에 행동주의적으로 개입하여 파트너가 싫어하는 혐오적인 행동을 감소시키거나 원하는 긍정적인 행동으로 수정한다. 마지막으로 일상생활에서 야기되는 커플 갈등을 대화로 해결할 수 있도록 의사소통기술이나 문제해결방법을 가르친다.

(1) 자동적 사고 식별하기

자동적 사고를 알아차리는 능력은 커플관계에 대한 역기능적인 인지를 합리적으로 변화시키는 데 꼭 필요한 기술이다. 상담자는 파트너에 대한 부정적인 정서 및 행동반응들과 이와 관련된 자동적 사고를 알아차리는 방법을 가르치기 위해 커플관계에서 갈등을 겪었던 일을 간단하게 기록하는 과제를 부여한다. 예를 들면 화가 났을 때 '그 순간 마음속에 어떤 생각들이 스쳐 지나가고 있었는지' 자동적 사고를 떠올려 보고 기록지에 적어 오도록 한다. 그리고 이때 자동적 사고를 믿고 있었던 정도를 평가하여 기록하도록 한다. 기록에는 자동적 사고의 기술뿐만 아니라 그로 인한 파트너에 대한 정서적 반응과 행동적 반응도 함께 적도록 한다. 상담자는 이 기록을 통해 커플에게 그들의 자동적 사고가 정서적, 행동적 반응과 어떻게 연결되는지 설명해 준다(Dattilio & Padesky, 1990, 곽욱한 외 공역, 2010).

❖ 표 8-3 자동적 사고 기록지

자동적 사고 기록지

지시: 기분이 나빠진다는 것을 알아챌 때 스스로에게 다음과 같이 질문하십시오.
"지금 내 마음에 스쳐 지나간 생각이 무엇인가?"
그리고 가능한 빨리 그 생각이나 이미지를 자동적 사고 칸에 적어 넣으시오.

	상황	자동적 사고	감정	인지왜곡	대안적 사고
날짜	1. 불쾌한 기분을 일으키는 사건, 생각, 기억을 적으시오.	1. 기분을 유발하는 자동적 사고를 쓰시오. 2. 자동적 사고를 믿는 정도를 0~100%로 평가하시오.	불안 슬픔 분노 등	과잉일반화, 임의적 추론 등	1. 자동적 사고에 대한 합리적 반응을 쓰시오. 2. 대안적 반응을 믿는 정도를 0~100%로 평가하시오.

출처: 권정혜 (2004).

(2) 인지왜곡을 확인하고 명명하기

상담자는 내담자 커플이 자신의 인지왜곡을 인식하며 나아가 이것을 쉽게 확인하는 방법을 가르친다. 효과적인 연습방법은 자신의 자동적 사고를 인식하고 이 자동적 사고가 어떤 인지왜곡에 속하는지 파악하도록 한다. 이 연습의 목적은 자신의 사고가 불충분한 정보 때문에 왜곡될 수 있다는 것을 인식하고 자신이 사용하는 오류의 종류와 빈도를 관찰하도록 돕기 위한 것이다. 인지왜곡에 대한 의식적인 관찰은 자신의 생각이 커플관계에 어떤 부정적 영향을 끼치는지 깨닫게 해준다(Dattilio & Padesky, 1990, 곽욱한 외 공역, 2010).

❖ 표 8-4 자동적 사고와 인지왜곡 이름 붙이기

상황	자동적 사고	감정	인지왜곡	대안적 사고
여자친구가 말을 하지 않고 가만히 앉아 있음	'우리 사이가 점점 멀어지고 있는 것을 의미하고 있는 거야.' (자동적 사고를 믿는 정도 50%)	불안 실망 답답함	임의적 추론	
남자친구와 도서관에서 공부하기로 했는데 오지 않음	'저번에 약속을 안 지켰으니까 이번에도 안 지킬 것이 분명해.' (자동적 사고를 믿는 정도 60%)	화 실망 우울	과잉일반화	

(3) 자동적 사고를 검증하고 재구성하기

자동적 사고를 재구성한다는 것은 자동적 사고가 타당한지 증거를 수집하며 대안적인 사고를 발전시켜 상대방에 대한 새로운 견해를 가지는 것이다. 상담자는 내담자 커플에게 대안적인 사고를 연습시키기 위해 첫째, 부정적인 해석이나 판단을 할 만한 근거가 있는지 증거를 수집하도록 한다. 둘째, 확실한 근거가 없다면 대안적인 사고(가설, 예측)를 세워 보도록 한다. 이때 자동적인 사고를 대체한 대안적인 사고를 얼마나 믿는지 수치화해 보도록 한다. 셋째, 대안적 사고가 사실인지 확인하기 위해 상대방에게 질문하거나 증거를 더 수집해 보도록 한다. 넷째, 자동적 사고가 사실이 아님을 알고 대안적인 반응을 하도록 한다(Dattilio & Padesky, 1990, 곽욱한 외 공역, 2010).

이처럼 사고의 왜곡을 인정하고 커플관계를 바라보는 새로운 관점을 발견하면 파트너에 대한 정서 및 행동도 다르게 반응할 수 있다. 아래와 같은 질문들은 자동적 사고를 검정하는 데 도움이 된다.

대안적 사고를 찾아내는 데 도움이 되는 질문

1. 자동적 사고가 사실이라는 증거는 무엇인가? 사실인가?
2. 대안적 설명(사고)이 있는가?
3. 증거를 고려하고 예상을 시험하기
   - 그 일이 일어난다면 최악의 결과는 무엇인가?
   - 그 일을 잘 해쳐나갈 수 있는가?
   - 그 일이 일어난다면 최상의 결과는 무엇인가?
   - 무엇이 가장 현실적인 결과인가?
4. 자동적 사고를 믿는 것이 어떤 도움이 되는가?
   - 내 생각을 바꾸는 것은 어떤 도움이 될 수 있을까?
5. 만약 이런 상황에서 이런 생각을 하는 사람에게 나는 뭐라고 말할 것인가?

출처: 권정혜 (2004).

❖ **표 8-5** 대안적 사고 연습하기

자동적 사고	이런 생각을 지지하는 증거가 무엇인가?	이 행동에 대한 대안적인 사고는 무엇인가?	사실 확인 후의 대안적 반응
'우리 사이가 점점 멀어지고 있는 것을 의미하고 있는 거야.'(자동적 사고를 믿는 정도 50%)	'오늘 만날 때부터 나를 반가워하지 않는 것 같았어.'	'내가 모르는 걱정이 있거나 어떤 아이디어를 생각하고 있어.'(대안적 사고를 믿는 정도 40%)	- 직접 여자친구에게 질문함 "우리 사이가 멀어진 것이 아니라 피곤해서 그랬구나!"
'저번에 약속을 안 지켰으니까 이번에도 안 지킬 것이 분명해.'(자동적 사고를 믿는 정도 60%)	'문자와 전화를 해도 연락이 없어.'	'저번에는 실수로 약속한 것을 잊었지만, 이번에는 지킬 수도 있어.'(대안적 사고를 믿는 정도 40%)	- 직접 남자친구에게 질문함 "약속은 알고 있었지만 알바 때문에 좀 늦었네!"

(4) 긍정적 행동교환

긍정적 행동교환이란 커플이 서로에게 바라는 행동의 빈도를 증가시키도록 돕는 기법이다. 그 방법으로 Stuart는 '관심 갖는 날(caring days)'을 정하여 그 날에는 상대방을 배려하고 보살피는 행동을 하도록 하였다. 행동교환방법으로 가장 널리 사용되는 전통적 방법은 유관계약이다. 유관계약은 변화를 일으키는 파트너에 대하여 자신도 어떤 변화를 약속하는 것이다. 실천하는 방법은 다음과 같다.

커플은 상대방에게 바라는 행동목록들을 작성하고 그 행동에 대한 강화물을 협상한다. 요구하는 행동은 쉽게 실천할 수 있는 작고 구체적인 행동이어야 하며 긍정적인 용어로 표현하도록 한다. 상담자와 함께 검토한 후 커플은 목록들 중에 일주일 동안 서로 실천할 것을 정하고 문서로 작성한 다음 서명한다. 이처럼 커플이 서로 원하는 행동을 지속적으로 교환할 때 긍정적인 관계로 회복되는 변화가 일어난다.

유관계약

이번 주에 나는 다음에 동의합니다.

1. 직장에서 오후 7시까지 집으로 돌아와 식사를 준비한다.
2. 파트너가 원하는 토요모임에 참석하도록 한다.

일시: 여성 서명:

위와 같은 변화들이 일어난다면 나는 다음과 같이 변화하기로 동의합니다.

1. 설거지, 세탁, 청소를 담당한다.
2. 토요모임이 끝난 후 외식을 하도록 한다.

일시: 남성 서명:

(5) 의사소통방법 훈련

John Gottman은 모든 커플들은 갈등을 경험하기 때문에 성공적인 커플관계는 저절로 만들어지는 것이 아니라 상호관계기술에 대한 학습이 필요하다고 하였다. 상호관계기술은 건설적인 갈등관리능력과 효율적인 의사소통능력을 통해 발달될 수 있다. Gottman은 갈등이 많은 내담자 커플들에게 갈등을 관리하고 효율적으로 의사소통할 수 있는 기술을 지도하였다.

기능적인 의사소통의 기초는 잘 말하고 잘 듣는 기술을 배우는 것이다. 말하기 기술은 상대방에 대해 말하기보다 자신의 생각과 느낌을 말하도록 한다. 그리고 듣기기술은 자신의 생각과 다를 때에도 비난하거나 회피하지 않고 상대방의 말을 공감하거나 인정하도록 한다. 듣기가 끝난 후 상대방이 말한 내용을 요약하여 말하거나 질문을 하도록 한다. 상담자는 상대방의 이야기를 잘 들어주고 인정하는 것이 서로에게 이익이 되고 서로를 잘 이해할 수 있는 결정적인 방법임을 경험할 수 있도록 돕는다(Dattilio & Pedasky, 1990, 곽욱한 외 공역, 2010).

John Gottman의 커플 간 의사소통 지침

1. 부드럽게 말을 시작한다.

비난이나 경멸하는 말 대신에 자신의 감정과 원하는 것을 솔직하게 부탁하도록 한다.

예) "식탁 위에 그릇들이 널려 있어 속상해요, 식탁 위에 있는 그릇 좀 치워 주세요."

2. 상대방의 말을 듣고 그 내용에 공감이 가지 않더라도 상대방의 입장을 인정하도록 한다.

자신의 입장에서 상대방의 감정이나 생각을 판단하지 않도록 한다. 그러기 위해서는 상대방의 말을 경청하는 기술이 필요하다.

3. 갈등 중에도 효과적인 보수작업을 한다.

비난이나 경멸하는 말을 듣게 될 때 같이 공격하지 않고 다른 말을 할 수 있도록 한다.

예) "그런 말을 들으니까 나도 화가 나려고 해요, 다르게 말해 보면 어떨까요?"

4. 힘겨루기를 하거나 회피하지 않고 타협한다.

문제가 해결 가능한 문제인지 해결할 수 없는 영속적인 갈등 주제인지 먼저 판단하도록 한다. 영속적인 갈등(성격, 습관, 능력 등)은 억지로 해결하려고 하지 말고 서로의 관점이나 입장을 말하고 들을 수 있도록 한다. 서로에게 상처를 주지 않고 평화롭게 공존할 수 있는 방법을 타협하도록 한다.

5. 자신과 파트너의 신체 · 생리적 흥분을 자각하고 진정한다.

신체나 감정의 흥분 상태로 들어가는 것을 알아차리고 '지금은 분노가 심해 대화를 할 수 없어, 잠시 진정이 필요해'라고 자기 달래기를 하며 진정하도록 한다.

출처: Gottman & Gottman (2009).

(6) 문제해결 훈련

Gottman은 서로 다른 욕구와 의견으로 인해 갈등이 발생할 때 이 갈등문제를 관리하기 위해 먼저 해결 가능한 문제인지 해결할 수 없는 영속적인 갈등 주제인지 판단하도록 하였다. 유연하지 않은 영역에 위치하고 있는 자신의 핵심욕구를 규명하고 그것이 왜 타협할 수 없는 욕구인지를 파트너에게 설명하도록 한다([그림 8-1] 참고). 이 영역의 욕구는 서로 타협하지 않고 수용하도록 한다. 그런 다음 유연한 영역에 있는 욕구는 서로 타협할 수 있도록 한다. 상담자는 타협 불가능한 영역은 최대한 작게 만들고 타협 가능한 영역을 크게 만들 수 있도록 돕는다(Gotlman & Gottman, 2009).

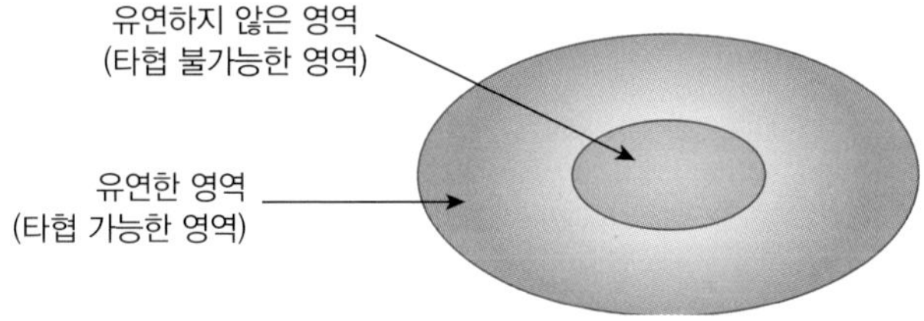

❖ 그림 8-1 문제해결을 위한 두 타원방식

출처: Gottman & Gottman (2009).

타협 가능한 영역에서의 문제해결을 위해 타협하는 방법은 커플이 떠올릴 수 있는 모든 가능한 해결책에 대해 이야기한다. 그리고 각 해결책에 대해 살펴본 후 둘 다 동의할 수 있는 한 가지를 선택하는 것이다. 이 접근법은 많은 커플의 의견불일치를 해소시키지만 항상 이상적으로 실행되지는 않는다. 어떤 경우는 한 사람보다 다른 한 사람에게 매우 의미 있는 문제가 있을 수 있다. 예들 들면 육아나 가사 도우미로 누구를 선택할 것인가에 대해 의견이 서로 다를 경우, 두 사람 모두에게 충족되지 않더라도 이 문제에 대해 더 중요하게 생각하는 사람이 만족할 수 있는 대안을 찾도록 한다. 그리고 둘 다 만족할만한 해결책이 없는 경우도 있다. 예를 들어

여가시간을 함께 보내고 싶지만 서로 취미가 다르고 바빠 의견이 다를 경우, 이번 주에는 누가 더 만족할 방법을 선택하고 다음 주에는 다른 사람에게 양보하도록 타협할 수 있다. 상담자는 커플이 서로 다른 의견으로 갈등할 때 해결책을 찾아내고 타협하는 과정을 도와주는 것이 중요하다(Dattilio & Padesky, 1990, 곽욱한 외 공역, 2010).

5. 사례 연구

1) 개요

내담자는 40대 후반 중년기 부부이다. 이들은 결혼한 지 22년이 되었고 두 아들(20세, 18세)이 있다. 아내는 개인과외로, 남편은 학원강사로 일하던 중 남편의 친척 소개로 만나 6개월 정도 연애시절을 보낸 후 결혼하였다. 현재 두 사람은 학원을 경영하고 있으며 또한 그 학원의 강사로도 일하고 있다. 부부는 성격 차이로 자주 다투어 왔지만 최근에 학원의 학생 수가 줄어든 것에 대해 서로 책임을 전가하다가 남편은 아내에게 욕을 하며 물건을 던졌다. 이에 대해 아내가 협의이혼을 요구하자 남편이 부부상담을 신청하게 되었다. 아내는 남편의 다혈질적인 성격과 학원강사로서 무능력함을 호소하였다. 남편은 아내가 사사건건 자신을 무시하고 있음과 학원 일도 독단적으로 처리하고 있음을 호소하였다.

남편은 자기주장이 강한 아내와 싸우다가 갈등을 견디기 힘들어 아내가 원하는 대로 양보하곤 하였다. 아내가 이런 마음을 알고도 보상을 해주지 않고 건방지게 말하는 것은 자신을 무시하기 때문이라고 생각하고 아내의 옷을 찢어 놓거나 현관문 비밀번호를 바꾸는 혐오적인 행동을 하여왔다. 아내는 학원경영, 강사, 자녀교육 등에 에너지가 소진되어 집에 오면 남편 말을 잘 들어주지 않고 짜증스러운 표정과 목소리로 쉬고 싶다고 말하고 TV 시청에 열중하였다. 남편은 아내의 이런 행동을 보고 자신을 무시한다고 비난하고 아내는 남편을 경멸하는 말을 하며 말싸움이 시작된다. 최근에는 서로 말을 하지 않고 각방을 사용하고 있다. 특히 아내는 남편의 비사교적인 성격, 학원강사로서 부족한 능력, 그리고 자녀교육에 대한 소홀함 때문에 결혼생활 전체가 불행하고, 또한 서로 변화하는 것도 불가능하다고 생각하며 무기력하게 지내는 상황이다.

2) 가계도

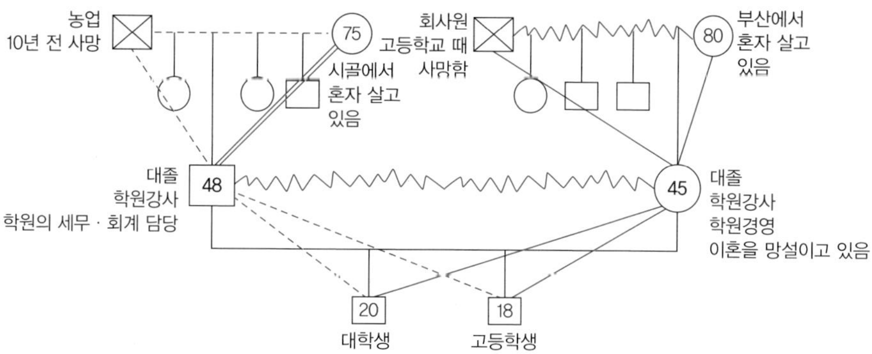

3) 인지행동 가족상담의 적용

(1) 상담목표 및 가설설정

남편은 아버지의 성격이 원리원칙을 따지며 완고하여 뜻대로 되지 않으면 가족에게 자주 화를 내었기 때문에 정서적으로 긴장되고 불안한 환경에서 외롭게 성장하였다. 농촌의 전통적인 가정에서 장남으로 자란 남편에게는 '남편이 아내보다 더 권위와 힘이 있어야 한다', '아내는 남편을 보살펴 주고 배려해 주어야 한다'라는 가족에 대한 신념이 있다. 그래서 아내가 '나를 잘 보살펴 주지 않는다'라는 생각이 들

때나 학원에 관한 화제가 나올 때마다 '아내는 나를 무시한다'라는 자동적 사고를 하게 된다. 남편의 이런 자동적 사고와 신념은 아내의 강점, 즉 자기주장, 독립심, 경제적 능력 등을 긍정적, 객관적으로 보지 못하고 부정적으로 지각하여 '남편보다 잘나려고 나대는 여자', '남편 무시하는 못된 여자'라고 지각하고 있다. 또한 아내의 옷을 찢거나 현관문 비밀번호를 바꿔놓는 혐오적인 행동을 통해 아내를 통제하려고 한다.

아내는 중소도시에서 막내로 태어나 부모에게 간섭받지 않고 자유롭게 자랐다. 그리고 아버지가 고등학교 때 사망하였기 때문에 일찍 경제적 자립의 필요성을 느꼈고 독립된 생활을 하였다. '배우자가 나를 사랑한다면 나의 생각과 원하는 것을 알아야 한다', '남편이 아내보다 경제적으로 더 유능해야 한다'라는 신념을 가지고 있다. 이 신념에서 비롯하여 '남편은 무능력하다', '나를 사랑하고 있지 않다'라는 자동적 사고를 하고 있다. 또한 성격, 능력 등 바꿀 수 없는 내부적 요인으로 귀인하며, 남편의 성격 때문에 결혼생활 전반이 불행하다고 생각하므로 전반적 귀인으로 돌리고 있다. 이런 자동적 사고와 귀인으로 인해 남편의 성격적 장점, 즉 검소함, 자상함, 성실함, 세심함을 보지 못하고 부정적으로만 지각한다. 이런 역기능적 사고로 인해 아내는 남편과의 대화를 회피하거나 비난, 경멸하고 각방을 사용하며 이혼을 망설이고 있다.

이런 진단 및 가설을 내담자 부부에게 설명한 후 서로 협의하여 자동적 사고, 비합리적 신념, 귀인 등을 대안적 사고로 바꾸기, 혐오적인 행동을 줄이고 서로 원하는 행동목록을 만들어 실천하기, 말하기 및 듣기훈련을 통해 의사소통 개선하기를 상담목표로 정하였다.

(2) 상담개입

자동적 사고를 살펴보는 것은 배우자의 행동, 생각, 태도에 대해 자신이 어떻게 해석하고 있는지 확인할 수 있어 부부갈등을 해결하는 데 많은 도움이 될 수 있다고 설명하였다. 그리고 부부에게 감정의 변화가 일어날 때(분노, 우울, 불안 등) 자동적 사고를 포착하도록 한 후 기록지에 기록하여 다음 주 상담시간에 가져오도록 과제를 부여하였다.

부부 각자의 자동적 사고, 신념, 지각, 귀인 등을 검토하면서 부부는 배우자의 행동 자체보다 자신의 해석이 더 문제였으며 상대방을 변화시키려는 노력보다 자신의 인지를 변화시키고 의사소통이 개선된다면 부부관계가 좀 달라질 수도 있음을 알아차리게 되었다.

아래의 표는 남편이 기록해 온 자동적 사고 중 하나를 선택하여 자동적 사고에 대한 대안적 반응을 구축해 나간 과정을 제시한 것이다.

❖ **표 8-6** 대안적 사고와 반응 구축하기

<table>
<tr><td rowspan="4">남편</td><th colspan="2">상황</th><th colspan="2">자동적 사고</th><th colspan="2">감정</th><th>숙고하거나 의문점을 가질만한 증거</th></tr>
<tr><td colspan="2">학원에 새로 강사가 왔는데 아내는 나에게 인사를 시키지 않고 그냥 보냈음</td><td colspan="2">‘아내는 자기가 잘난 척하려고 나를 무시하고 있는 거야.’(자동적 사고를 믿는 정도 50%)</td><td colspan="2">화,
우울</td><td>‘새로 온 강사가 인사를 안 하고 간 것은 맞지만 아내가 시킨 것은 아닐 수도 있지.’</td></tr>
<tr><th colspan="3">대안적 사고 및 증거수집</th><th colspan="3">대안적 반응</th><th>감정반응</th></tr>
<tr><td colspan="3">‘강사가 사정이 있어 빨리 갔을 수도 있음’
‘서로 조건이 맞지 않아 근무하지 않기로 했을 수도 있음’
(대안적 사고를 믿는 정도 50%)
이니에게 물이보기로 함
- 강사는 아이가 아파서 빨리 가게 되었다고 함</td><td colspan="3">‘아내가 나를 무시하려고 한 것이 아니었네.’
‘나 혼자 지레짐작했네.’
‘다음 주에 인사하기로 했구나’</td><td>기분이 약간
좋아짐</td></tr>
</table>

아내는 ‘남편의 성격이 바뀌지 않으면 우리 부부관계는 변화할 수 없다’, ‘남편 성격 때문에 나의 결혼생활 전부 불행하다’, ‘남편의 비사교적 태도 때문에 학원의 학생 수가 줄어들고 있다’라고 말하는 것이 내부적, 안정적, 전반적 요인으로 귀인하고 있음을 자각하게 되었다. 상담을 통해 남편이 아내를 믿고 학원경영을 많이 맡

기고 있으며 아내가 자유롭게 여행을 갈 수 있게 허락하며, 스스로 식사를 해결할 줄 알며 학원의 회계나 세무일도 잘 담당하고 있음을 발견하였다. 즉 남편에 대한 부정적 지각패턴과 '남편은 나를 사랑하고 있지 않다'라는 자동적 사고를 통찰하고 자신의 역기능적 사고에 대한 변화의 필요성을 깨닫게 되었다.

그리고 남편은 아내가 싫어하는 혐오적인 행동들을 점차 줄이고 아내가 바라는 행동목록들 중에서 자녀들과 식사하기, 애완견 산책시키기, 건강검진 받기 등을 실천하기로 약속하였다. 아내는 남편이 바라는 행동목록들 중에서 우선 순위에 있는 아침밥 차려주기, 한 달에 한 번 남편과 함께 시댁 가기를 약속하였다. 이와 더불어 부부는 배우자 말을 경청하고 인정하거나 공감하며 자신이 원하는 것을 나-전달법으로 표현하는 의사소통기술을 연습하였다. 이처럼 배우자에 대한 부정적 지각과 인지왜곡을 수정한 다음 긍정적인 행동을 교환하고 의사소통능력을 향상하면서 이 부부는 이혼의 위기를 극복할 수 있게 되었다.

활동하기

1. 영화 〈인사이드 아웃(Inside Out)〉은 머릿속 '감정 컨트롤 타워'에서 일하고 있는 기쁨, 슬픔, 분노, 짜증, 불안 다섯 가지 감정을 소개하고 있습니다. 이 영화를 시청한 후 각 감정이 우리의 일상생활에서 어떤 기능을 하고 있는지 토론해 봅시다.

2. 자동적 사고는 매우 빠르게 스쳐가기 때문에 대부분의 사람들은 자신의 자동적 사고를 잘 알아차리지 못합니다. 자동적 사고를 포착해 낼 수 있는 단서는 '감정의 변화'입니다.

   1) 일주일 동안 부정적 감정이 생겼을 때는 어떤 상황이었고 그때 스쳐간 생각을 탐색해 보고 〈표 8-3〉을 참고하여 자동적 사고를 기록해 봅시다.

   2) 이런 자동적 사고는 어떤 신념체계에서 비롯되었는지 살펴보고 대안적 사고를 논의해 봅시다.

04 PART

탈근대주의 모델

FAMILY COUNSELING

Ⅳ부

탈근대주의 모델에서는 언어적 상호작용을 통한 상담자의 협력적 역할이 강조되는 포스트모더니즘 지향성의 해결중심 단기치료와 이야기치료를 다룬다. 그리고 최근의 다양하고 복합적인 내담자 가족의 필요나 치료적 맥락에 따라 적절한 모델이나 기법을 통합한 통합적 가족상담 모델을 고찰해 본다.

9장에서는 해결중심 단기치료의 개요와 기본 가정, 상담과정과 상담목표, 상담기법, 상담사례에 대해 다룬다. 또한 10장에서는 이야기치료의 개요와 기본 가정, 상담과정과 상담목표, 상담기법, 상담사례에 대해 다룬다. 그리고 11장에서는 통합적 가족상담 모델의 개요와 기본 가정, 각 모델에 대해 소개하고, 통합적 부부상담을 중심으로 상담과정과 상담목표, 상담기법 등을 살펴보고, 마지막으로 상담사례에 대해 다룬다.

09

CHAPTER

해결중심 단기치료

1. 개요
2. 기본 가정
3. 상담목표와 상담과정
4. 상담기법
5. 사례 연구

09 CHAPTER 해결중심 단기치료

1. 개요

해결중심 단기치료는 그 이름처럼 짧은 회기 안에 문제를 해결하려는 접근이다(Shoham, Rohrbaugh & Patterson, 1995). 이 모델은 MRI(Mental Research Institute)의 인공두뇌학과 의사소통이론의 영향을 받은 Steve de Shazer와 김인수에 의해 처음 시작되었다. 당시 전통적인 많은 이론들이 대도시를 중심으로 발달되었다면 해결중심 단기치료는 대도시와 멀리 떨어진 위스콘신주의 밀워키라는 곳에서 시작되었다. 지리적으로 전통적인 모델의 영향권에서 벗어날 수 있는 이점으로 인해 전통적 모델과는 다른 새로운 모델이 탄생될 수 있었다.

해결중심 단기치료는 가족상담 후기 모델의 출발이 된 모델로 초기 가족상담 모델과는 패러다임이 다르다. 즉, 초기 가족상담 모델은 과학적 사고에 기반을 두고 기계가 고장이 났을 때 고장 난 원인을 찾아서 문제를 해결하려는 문제중심적 관점이다. 반면 해결중심 단기치료는 인간관계는 이처럼 단일한 원인과 결과로 해석하지 않으며 포스트모더니즘의 영향으로 다양성과 차이를 인정하며 절대적인 기준이 없다고 가정하는 사회구성주의 관점을 가진다(정문자 외, 2012).

해결중심 단기치료는 언어를 중요한 도구로 사용한다. 우리는 사회 속에서 살고 있기 때문에 의사소통 수단으로서 언어가 필요하다는 것을 잘 알고 있다. 해결중심 단기치료에서는 이러한 언어를 통해 새로운 관점을 갖게 하고 나아가 변화를 만들어낸다(Gergen, 1985). 따라서 해결중심 단기치료는 언어의 사용에 민감하고 섬세한 언어적 기술을 기본적인 도구로 인식하고 있다. 쉽게 사용할 수 있는 다양한 질문기법, 이론이 간단하다는 장점으로 인해 많은 상담자들이 선호하는 인기 있는 모델이 되었다. 그러나 모델이 단순해서 쉽게 배울 수는 있으나 익숙하게 사용하기 위해서는 복합적이고 힘든 상황일 때조차 단순하게 생각할 수 있는 자세가 필요하며 이는 많은 노력이 있을 때 가능하다(Kim & Szabo, 2005, 노혜련 외 공역, 2013).

초기 가족상담 모델은 문제중심적 관점을 갖고 있었는데 문제중심에서는 상담자가 전문가로서 내담자의 문제를 사정하고 문제를 해결하도록 도왔다면, 해결중심 단기치료는 상담자가 전문가가 아닌 내담자와 협력하여 함께 작업하는 사람이 된다(DeJong & Berg, 1998, 허남순 외 공역, 1998). 사람이 살아가는 데 어려움을 주는 문제 그 자체보다 문제를 해결하는 데 도움이 되는 것이 무엇인지에 더 관심을 갖는다. 심지어 상담자는 모든 것을 움직이게 하는 힘의 근원이 내담자에게 있고 그러한 내담자로부터 기꺼이 배우고자 하는 자세와 겸손한 마음을 갖는 것이 중요하다고 생각한다. 내담자는 자신의 문제를 다룰 수 있으며 문제가 일어나지 않았던 상황을 인식하는 관점의 전환이 해결책이 된다(Nichols & Schwartz, 2001, 김영애 외 공역, 2002).

2. 기본 가정

해결중심 단기치료는 문제에 초점을 둔 전통 모델과는 다른 가정을 가지고 있다. 문제에 초점을 두면 문제에 대한 자료들을 보다 많이 갖게 되며 문제에 더 집중하고 빠져드는 것처럼 초점을 어디에 두느냐는 상담의 진행방향에 매우 중요한 영향을 미친다. 원인을 탐색하지 않고 주로 해결에 초점을 맞춤으로써 문제를 사정하는 데 드는 시간을 줄일 수 있어 실용적이다. 또한 문제보다 내담자의 강점에 초점을 맞추어 상담하므로 내담자가 원하는 해결책을 찾을 수 있다(정문자 외, 2012).

해결중심 단기치료에서 상담자는 기본 가정에 대한 분명한 이해가 있어야 한다. 첫째, 상담자는 내담자의 협력자로 존재하며 내담자가 자신의 문제를 해결할 수 있는 능력이 있다고 믿는다. 둘째, 문제에 가려져 있어 보이지 않았던 해결방법을 특별한 대화를 통해 찾도록 돕는다. 셋째, 해결중심 단기치료는 긍정적이고 현재의 상태나 미래에 초점이 있으며 행동변화에 목적이 있다. 넷째, 행동계획은 다른 사람이 알아차릴 수 있는 새로운 행동으로 나타나도록 목표를 잡는다. 그리고 마지막으로 변화는 아주 작은 것에서부터 시작되며 문제의 해결책은 자신이 갖고 있다는 것을 삶의 성공 경험에서 찾는다(Kim & Szabo, 2005, 노혜련 외 공역, 2013).

(1) 문제가 되지 않는다면 고치려 하지 마라

내담자는 여러 문제를 동시에 해결하기를 원할 경우도 있고 어떤 경우에는 상담자에게는 분명한 문제로 보이는데 내담자는 문제로 인식하지 않는 경우가 있다. 그럴 때 상담자는 내담자에게 문제가 되는 부분을 인식시켜 고쳐 주고 싶은 유혹을 느낀다. 상담실을 방문한 한 부부가 가정 경제를 공유하지 않아서 오는 어려움은 문제로 호소했지만 어린 자녀를 다루는 강압적인 방식은 문제로 보지 않았다면 상담자는 경제적인 어려움을 어떻게 해결할지에만 초점을 맞춘다. 이처럼 해결중심 단기치료에서는 내담자가 문제라고 느끼지 않는 일에 대해서는 다루지 않아야 한다. 이는 내담자가 원하지 않는 변화라면 존중되어야 한다는 의미이다(Kim & Szabo, 2005, 노혜련 외 공역, 2013).

(2) 효과가 있는 것을 더 많이 하라

상담실에 찾아온 내담자는 자신의 문제가 해결되지 않았고 앞으로도 해결되지 않을 것 같다는 이야기를 하곤 한다. 이때 동일한 일은 아니지만 과거 경험 속에서 유사한 일을 해결했거나 효과가 있었던 일을 충분히 찾아서 반복할 수 있도록 지지하여야 한다. 이러한 방법은 성공 경험을 확인하는 일이 될 뿐만 아니라 자기 역량을 강화시키는 일이 된다. 또한 자신의 삶이 어려움만으로 이루어진 것이 아니라는 것을 확인하는 기회가 되며 문제가 아닌 대안적인 관점을 갖게 된다(Kim & Szabo, 2005, 노혜련 외 공역, 2013).

(3) 만약 효과가 없다면 다른 것을 하라

사람들은 자기가 늘 해오던 방식에 익숙해 있다. 자신이 오랫동안 사용해서 패턴이 된 그 생각이나 행동이 자연스럽기 때문에 이상하나고 생각하지 않는다. 그러므로 가족관계에서는 자신의 생각과 태도보다는 배우자나 상대에게 문제의 원인이 있다거나 상대의 탓으로 돌리기가 쉽다. '남편 때문이다', '아내 때문이다', '더 이상은 이 관계가 변할 것 같지가 않다'라는 절망감을 안고 상담실을 찾는 이때를 기회로 포착하여야 한다. 지금까지 해왔던 방법이 효과가 없었다면 지금까지 해오던 방법과는 다른 어떤 방법으로 시작해 볼 수 있는지 질문한다(Kim & Szabo, 2005, 노혜련 외 공역, 2013).

(4) 변화는 끊임없이 일어나며 불가피한 것이다

이 내용은 동양의 불교 철학적 의미와 유사한데 한 순간도 동일한 순간이 지속되지 않는다는 의미이다. 보통 문제가 발생하면 그 문제가 완전히 사라졌을 때를 변화했다고 생각하기 쉽다. 감기가 걸리면 감기가 걸리기 전 상태처럼 완전히 회복되었을 때 나았다고 생각하는 것이다. 그러나 감기가 걸렸을 때도 어제보다 오늘은 증상의 정도가 변하고 있다. 기침을 덜하던 콧물이 덜하던 몸살 기운이 덜하던 조금이라도 덜할 때, 이를 이미 변화라고 본다. 내담자가 상담을 받기로 결정하였다면 그 순간 변화가 시작된 것이다. 이처럼 오늘과 내일은 다른 날이며 문제를 해결하기 위해 결심을 하였다면 그 자체로서 이미 그 전과는 달라졌다고 본다(Kim & Szabo, 2005, 노혜련 외 공역, 2013).

(5) 미래는 협상을 통해 이루어지고 창조되는 것이다

상담실을 방문하는 내담자가 어떤 과거를 가졌을지라도 과거가 아닌 오늘을 중심으로 미래에 무엇을 어떻게 하고 싶어 하는가를 함께 찾는 것이다. 상담자는 내담자가 과거에 어떤 어려운 경험을 했을지라도 자신의 미래를 원하는 방향으로 결정하거나 선택할 수 있다고 믿어야 한다(Kim & Szabo, 2005, 노혜련 외 공역, 2013).

(6) 작은 해결책이 큰 변화로 이어진다

개인에게 어려움이나 문제는 매우 주관적인 것이다. 어떤 동일한 사건이 누구에게는 아무 일도 아닌 사소한 일이 되기도 하고 입장이 다른 누군가에게는 괴롭고 심각한 문제가 되기도 한다. 이처럼 문제를 인식하는 정도에 따라 문제의 무게가 정해지는 것이다. 내담자는 자신의 문제가 도저히 해결될 것 같지 않을 때 상담실을 찾게 된다. 그러므로 내담자는 문제를 매우 심각하게 느끼고 엄청난 변화가 필요하다고 여기는 경향이 있지만 해결중심 단기치료에서는 작은 변화에서부터 해결이 시작된다고 생각한다. '천리 길도 한 걸음부터'라는 속담을 생각하면 쉽다. 시간이 걸리거나 돌아가는 일이 있더라도 결국 해결되고 원하는 목표에 도달하게 된다고 믿으며, 그 시작은 작은 변화에 있다고 믿는다(Kim & Szabo, 2005, 노혜련 외 공역, 2013).

(7) 문제와 해결책 사이에는 항상 직접적인 관계가 있는 것은 아니다

이 개념은 문제중심의 전통적 이론과 해결중심 이론을 구분해 주는 주요 개념이 되었다. 가족상담의 장면에서 많은 문제들은 원인과 결과에 연관된 일관성이 있기도 하지만 그렇지 않은 많은 상황이 있다는 것이다. 문제의 원인과 결과가 딱 떨어지는 방식이 아니라 예외의 상황들 속에 해결이 있다는 것을 강조한다. 예를 들면 지속적으로 다투는 부부에게 다투지 않고 해결하였던 많은 예외를 발견하게 하여 문제를 해결할 수 있도록 돕는다(Kim & Szabo, 2005, 노혜련 외 공역, 2013).

(8) 어떤 문제든 항상 일어나는 것은 아니다

우리가 일반적으로 '성격 좋은 사람' 하면 어디서 누구를 만나던 익숙하게 친해질 수 있는 사람을 상상하게 된다. 그렇다면 '성격 나쁜 사람' 하면 어떤 사람을 떠올리는가? 어디에서나 어울리기에 실패하고 대인관계가 좋지 않은 사람을 생각하게 된다. 해결중심 단기치료에서는 많은 사람과 잘 지내지 못하는 사람이라 할지라도 이 사람과 친한 사람이 한 사람이라도 있다는 것을 어느 상황에서건 찾아내는 것이다. 한 사람이 많은 문제를 가져서 문제투성이일지라도 문제가 되지 않는 부분이 있다는 것을 믿는다(Kim & Szabo, 2005, 노혜련 외 공역, 2013).

(9) 내담자가 해야 할 것에 관해 이야기하기보다 질문하라

해결중심 단기치료에서 질문은 상담 개입방법으로서 중요한 의미를 갖는다. 그러므로 상담자는 다양한 방법의 질문을 통해 내담자가 자신의 생각이나 가치에 근거한 자신만의 해결책을 찾도록 돕는다. 예를 들어서 전통적 상담방법인 직면은 내담자에게 정면으로 도전이 되는 상담자 중심의 이야기가 된다면, 해결중심 단기치료에서는 이러한 직면보다는 관계성 질문을 하여 내담자로 하여금 자신의 문제를 방어하지 않고 바라볼 수 있게 한다(Kim & Szabo, 2005, 노혜련 외 공역, 2013).

❖ **표 9-1** 접근방식에 따른 차이

문제중심 접근	해결중심 접근
• 문제에 초점을 맞추어 질문한다(문제의 원인이 무엇인지, 언제부터 생겼는지 문제와 관련된 질문).	• 해결에 초점을 맞추어 질문한다(문제의 원인을 파악하는 데 관심을 두지 않고 변화에 초점을 둔 질문).
• 상담자는 전문가이다.	• 상담자는 협력자나 조력자이다.
• 내담자의 말에 숨겨진 의도가 있는지 탐색한다.	• 내담자의 말에 숨겨진 의도가 있다고 생각하는 대신 협조적이라고 믿는다.
• 과거에 초점을 둔다.	• 현재나 미래에 초점을 둔다.
• 상담자가 상담을 행하는 것에 초점이 있다.	• 문제를 해결하기 위해서는 작은 변화를 도모한다.
• 내담자의 저항이 있다고 믿는다.	• 저항은 없고 상담자의 질문에 문제가 있는지를 확인하게 한다.
• 결점이나 손상을 찾는다.	• 가능성이나 능력을 찾는다.

출처: Bertolino & Schultheis (2002). 김유순 역 (2005).

3. 상담목표와 상담과정

내담자는 다양한 이유로 상담을 요청하며 많은 기대를 갖고 상담실을 방문한다. 상담을 요청한 사람들 중에는 자신을 문제해결의 주체로 인식하기보다 함께 사는 가족원들이 문제이며 그들이 변하기를 기대하는 경우도 많다. 그러나 이 상황을 문제라고 느끼는 사람은 상담실을 방문한 내담자이며 이 상황이 나아지기를 원하는 사람도 바로 방문한 내담자이다. 상담목표를 세울 때나 문제를 해결해 나가는 상담과정은 상담을 요청한 내담자가 자신의 동기나 목적을 알 수 있도록 하는 데 있다.

1) 상담목표

해결중심 단기치료의 상담목표 설정은 내담자와 협의를 통해 이루어진다. 가족이 자신들의 삶에서 지금까지와는 다르게 무엇을 하기를 원하는가에 초점을 두고 내담자 자신의 말로 정의하도록 한다(Nichols & Schwartz, 2001, 김영애 외 공역, 2002). 목표를 정하는 이유는 상담의 방향을 정하여 원하는 결과를 효율적으로 이루게 하는 데 목적이 있다. 상담목표는 현실적으로 정하는 것이 무엇보다 중요하며, 목표를 설정할 때 기억해 두면 유용한 지침 네 가지를 살펴보자. 첫째, 문제를 없애는 것보다 원하는 해결책에 관한 것으로 한다. 둘째, 작은 변화로부터 시작한다. 셋째, 사회적 맥락 속에서의 해결책을 모색한다. 넷째, 현실적이고 측정 가능한 목표로 한다(Kim & Szabo, 2005, 노혜련 외 공역, 2013).

2) 상담과정

해결중심 단기치료의 상담시간은 한 회기가 50분에서 1시간 정도이다. 그 중 40~50분은 내담자와 함께 상담을 진행하고 나머지 10분은 상담자가 일방경 뒤에서 상담에 참여했던 팀원들과 의견을 나눈 피드백을 기록하여 내담자에게 전달하는 시간으로 구성된다(정문자 외, 2012). 초기에는 이처럼 팀 형태로 함께 작업했다면 현재는 상담자 혼자 진행하는 경우도 많다.

(1) 첫 회 상담과 이후 상담

해결중심 단기치료는 첫 회 상담을 특히 중요하게 생각한다. 상담이 첫 회기에서 문제가 해결된다고 생각하기도 하며, 첫 회기 상담은 첫 회 이후에 진행되는 상담을 지속적으로 이어가게 하는 기반이 된다. 그리고 첫 회 상담은 상담자와 내담자가 협력하여 진행한다는 것을 알게 하며 상담의 목표를 결정하는 주체가 내담자 자신이라는 것을 간접적으로 알게 하는 회기이다(노혜련 · 허남순, 2008).

첫 회 이후에 진행되는 모든 상담은 내담자의 강점을 찾아서 해결책을 구축해 나가도록 격려하는 것이다. "무엇이 좀 더 나아졌습니까?"라는 질문으로 그 전과는 무엇이 나아졌는지 확인하게 하고 문제가 일어나지 않았던 예외상황들을 찾아서 그 예외상황을 확대하는 데 목적을 둔다. 더 이상 상담을 받지 않기 위해서는 지금과 무엇이 달라져야 하는지, 어떤 변화가 있어야 하는지를 찾도록 한다(Dejone & Kim, 1998). 첫 회 이후의 상담과정을 EARS로 요약해서 설명하면 무엇이 나아졌는지 이끌어내고(Elicit), 나아진 것을 확장하도록 하며(Amplify), 지속할 수 있도록 강화하고(Reinforce) 마지막으로 또 더 나아진 것을 묻는다(Start again)(정문자 외, 2012).

(2) 내담자 유형

해결중심 단기치료에서는 내담자의 유형을 세 가지로 구분한다. 이는 상담 진행을 어떻게 할 것인가에 대한 방향을 정하게 되는 차원과 과제 부여를 어떻게 할 것인가를 정하는 데 유용하였다. 그러나 내담자를 특정 유형의 관계로 분류하지 않을 때 오히려 내담자의 변화 가능성에 더 희망을 갖게 된다는 견해도 있다(DeJong & Berg, 1998, 허남순 외 공역, 1998).

① 고객형

고객형 내담자는 주로 자발적으로 상담실을 찾는 내담자 유형이다. 이 경우는 상담자와 공동으로 문제해결의 목표를 정한다. 내담자와 상담자가 문제에 대한 해결을 공동으로 그려나가는 관계에 있다. 이때의 내담자의 특징은 문제를 해결하고자 하는 의지와 문제해결을 위해서 자신이 행동으로 옮길 자세가 되어 있는 경우이다. 이 유형의 경우는 상담과 연결하여 일상 속에서 실천할 수 있는 과제를 다음과 같이 제시할 수 있다.

내담자 : 저는 남편과 잘 지내고 싶은데 쉽지 않습니다. 우리가 다시 처음 행복했던 때로 돌아가기는 불가능한 것 같아요. 나는 이대로 결혼생활이 끝나기를 원치 않아요. 나한테도 문제가 많은 것 같은데 어떻게 해야 할지 모르겠습니다.

상담자 : 다음에 우리가 다시 만날 때까지 마치 기적이 일어난 것처럼 생활해 보는 겁니다. 상담시간에 기적이 일어났을 때를 상상해 보았던 것처럼 가능하면 비슷하게 시간을 보냈을 때 무엇이 나아졌는지를 기억하셨다가 제게 말씀해 주세요.

② 불평형

불평형 내담자는 분명한 불만이 있으나 문제가 타인에게 있다고 믿고 있는 내담자 유형이다. 내담자와 상담자가 문제를 함께 확인하고 있으나 문제해결에 대해서는 내담자가 자신의 역할을 인식하지 못하고 있을 때 이루어진다. 내담자의 특징은 내담자가 문제를 해결하고자 하는 의지가 없고 문제가 다른 사람에게 있다고 믿기 때문에 다른 사람이 변해야 해결된다고 생각한다. 이 유형의 경우는 예외를 알아차리도록 제안하는 것이 도움이 된다. 내담자의 방식을 존중하면서 '타인이 문제'라고 보았던 시선을 '자신의 변화'도 필요함을 인식할 수 있도록 질문한다.

내담자 : 일주일 전에 남편과 법원에서 만났어요. 한 달 동안 별거를 했고 그 사이 이혼소장을 세출했습니다. 가사조사관이 불러서 법원에 갔더니 남편은 만나자마자 또 거친 말을 했습니다. 남편은 하나도 변하지 않았고 자기에게 문제가 있다는 것을 몰라요. 사는 동안 반찬투정에 잔소리에 월급은 남들의 반도 안 되는 돈을 갖다 주면서 얼마나 유세를 떨었는지 말로 다 못합니다.

상담자 : 남편과 함께 사는 데 조금이라도 나아지기 위해서는 어떤 일이 일어나야 한다고 생각하세요? 그렇게 하기 위해서 내가 할 수 있는 일은 어떤 일이 있을까요?

③ 방문형

방문형 내담자는 비자발적으로 상담에 의뢰된 사람으로 상담에 관심이 적거나 없는 경우이다. 또한 내담자와 상담자가 문제에 대해 공동으로 작업해야 할 목표를 갖지 못하는 경우이다. 이 유형 내담자의 특징은 다른 사람에 의해 비자발적으로 상담에 온 경우가 많으며 문제 자체를 인식하고 있지 못하거나 문제가 있더라도 다른 사람에게 있다고 본다. 이 유형의 경우에는 자신이 처한 상황을 인식하게 하는 것과 자신이 무엇을 원하는지 자각하도록 돕는다. 방문형 내담자와 상담할 경우 어떤 것을 할 수 있는지 알아보는 것으로 시작하는 것이 도움이 된다.

내담자 : 저는 너무 황당합니다. 아내는 내가 술을 먹지 않고는 견디지 못하게 하는 사람입니다. 그날도 아내와 다투고 너무 화가 나서 술을 마시고 왔어요. 들어오자마자 아내는 제게 또 심한 잔소리를 했고 그래서 한 대 때렸는데 아내가 신고를 했어요. 저는 가정폭력으로 사회봉사를 80시간이나 하게 되었어요. 문제는 아내에게 있어요. 상담은 아내가 받아야지 제가 왜 와야 합니까?

상담자 : 강제로 사회봉사 명령이 내려졌는데 이 일과 아내와 다툰 일과는 상관이 없다고 생각하는 자신만의 확고한 신념이 있는 것 같아요. 이런 강제적인 장면에 어떻게 대처하는 것이 좋을지 함께 상의해 보기 위해 다시 만났으면 합니다. 다음 주 이 시간에 만날까요?

3) 상담자 역할

(1) 한 발짝 뒤에서 이끌어가기

한 발짝 뒤에서 이끌어가기(Leading from one step behind)란 상담자가 앞서서 이끌어가는 것이 아니라 한 발짝 뒤에서 내담자를 알고 싶어 하는 자세로 이끄는 것이다. 내담자의 문제해결을 위해 상담자는 내담자의 인식 정도를 파악하고 이미 갖고 있었던 내담자의 능력을 활용한다. '한 발짝 뒤에서 이끌어가기' 자세는 문제를 다른 시각에서 볼 수 있도록 관점의 전환, 문제가 되지 않았던 예외적 상황을 찾도록 돕는 데 유용하다. 이는 상담자가 수동적으로 끌려가라는 이야기가 아니라 한 발짝 뒤에서 이끌 때 내담자를 가장 잘 이끌 수 있다고 믿는 것이다(노혜련 · 허남순, 2008).

(2) 알고 싶어 하는 자세

알고 싶어 하는 자세(Not knowing posture)는 상담자가 내담자에게 변해야 한다는 생각이나 기대를 갖지 않고 오직 '아직 말하지 못한 것'을 말할 수 있도록 궁금해하는 자세를 갖는 것이다. 이러한 자세는 말해도 된다는 안전한 환경을 조성하는 데 도움이 되고 내담자의 방어를 해제하는 데 유용하다(정문자 외, 2012). 내담자가 자신의 이야기를 할 수 있도록 도움을 주는 알고 싶어 하는 자세는 단순한 상담자의 궁금증이나 호기심을 채우는 것이 아니라 말하지 못한 것을 말할 수 있게 하는 기술이다(DeJong & Berg, 1998, 허남순 외 공역, 1998).

4. 상담기법

해결중심 단기치료의 상담기법에는 상담 전 변화를 묻는 것으로부터 전 과정에 걸쳐 사용하는 질문기법 및 메시지 전달이 있다. 질문기법은 어려움 그 자체보다는 해결을 찾는 데 초점을 맞추어 문제가 발생하지 않았던 예외를 찾을 수 있게 해준다. 질문은 예외가 갖는 의미나 중요성에 대해 이야기할 수 있는 기회를 제공하여 미래에 대한 가능성을 새롭게 평가할 수 있도록 한다.

1) 질문기법

질문기법은 상담 시작부터 목표설정 및 해결책을 찾는 모든 과정에서 활용된다. 내담자가 갖고 있는 자원들을 토대로 자신의 문제에 대한 해결책을 찾도록 돕는 질문들이다. 이러한 질문기법은 내담자가 자신이 가진 능력을 인정하고 자신이 정의한 목표를 중요한 것으로 인정할 수 있도록 돕고 어려운 상황에서도 희망을 찾도록 한다.

(1) 상담 전 변화에 관한 질문

상담 전 변화에 관한 질문(pre-session change question)은 상담을 받기로 결정한 때부터 상담을 받기까지 달라진 것이 무엇인지 탐색해 보도록 하는 질문이다. 이는 해결중심 모델이 갖는 기본 가정에서 출발한다. 시간이 흐르듯 시간 속에 있는 사람도 변화를 겪는다. 어려움에 처했을 때 자신이 해결을 위해 노력해 본 경험이나 이미 긍정적인 변화가 시작되었다는 것을 인식하게 하거나 칭찬, 격려하는 방법이다.

- 상담을 신청하신 후 대기하는 시간이 약 1개월이 지났네요. 그때와 달라지거나 변화가 있었나요?
- 상담을 신청한 후 상담을 받으러 오기 전에 종종 사정이 달라졌다고 말씀하는 사람들을 보았습니다. 상담을 신청할 당시와 지금을 비교해 보면 어떤가요?
- 처음 상담을 예약했을 때와 상담을 받으러 오는 동안에 상황이 달라졌다고 말하기도 합니다. 혹시 어떻습니까? 작은 변화라도 경험하셨는지 궁금합니다.

(2) 대처질문

대처질문은 절망이나 슬픔에 빠져 있는 내담자에게 자신이 이미 자신의 삶 속에서 대처해 본 경험, 기술이 있었음을 찾도록 하는 질문이다. 대처질문은 내담자가 어려운 삶의 경험으로 인해 자신에게는 절망만 있다고 믿으며 깊은 슬픔에 빠져 있을 때 유용하다. 내담자가 처한 어려움이나 힘든 삶을 상담자가 공감하는 질문기법이기도 하다. 지금 상담실에 온 것을 성공으로 바라보는 관점이 필요하며 작은 성공을 찾아내고 희망을 유지하도록 지지하는 유용한 질문이다.

- 어떻게 견뎌 왔나요?
- 이 상황은 참고 견디기에는 너무나 힘들었을 것 같은데 어떻게 견디고 있었는지 놀랍군요. 당신은 항상 이런 사람이었나요?
- 어떻게 그 전보다 상황이 더 심하게 나빠지지 않았는지 궁금하군요!
- 온갖 역경을 견뎌내시는 데 가장 도움이 된 것은 무엇이었나요?

(3) 관계성 질문

관계성 질문은 내담자에게 중요한 관계 속에 있는 사람의 관점을 빌어 생각해 보게 하는 질문을 말한다. 다른 사람이 내담자를 어떻게 생각할지에 대해 내담자가 인식하고 있는 것을 묻는 질문방법이다. 내담자에게 가까운 사람은 주로 가족이나 친구들이 될 수 있는데 그들에게 어떤 영향을 주고 있는지 혹은 받고 있는지를 알 수 있게 한다(김윤주 · 최인숙, 2013). 또한 어떤 불편한 일이 일어날 것을 예상해서 말하지 못했는지 내담자로 하여금 자신을 방어하지 않고 말할 수 있게 하는 질문이기도 하다.

- 아내가 출산한 직후 어머니가 세탁기를 둔 베란다를 아내에게 청소하라고 하였고 그때 지금 청소하지 않아도 되지 않느냐고 말하고 싶었지만 못하셨다고 하셨어요. 만약 당신이 어머니께 그 말씀을 드렸다면 당신의 어머니는 어떤 말씀을 하셨을까요?
- 당신이 화를 내는 것이 아니라 자신의 의사를 전달할 수 있게 된다면 당신과 친구 사이는 지금과 어떻게 달라질까요? 달라졌다는 것을 다른 친구들은 어떻게 알 수 있을까요?
- 가장 친한 친구에게 물어보면, 당신이 어떨 때 자신감에 차 있다고 이야기할까요?

(4) 예외질문

예외질문은 어렵고 복잡한 상황 속에서 예외를 찾아보도록 하는 질문이다. 해결중심 모델을 체계화하는 데 바탕이 된 중요한 질문이기도 하다. 모든 문제에는 예외가 있다. 문제 덩어리처럼 느껴지지만 모든 것이 문제로만 이루어지지는 않는다. 문제가 일어나지 않았던 상황이나 덜 심각했던 때를 기억이나 경험 속에서 찾아보도록 하는 과정을 통해 내담자는 빠른 변화를 맞이하게 된다. 예외 상황은 너무나 사소해서 잘 보이지 않지만 찾기만 하면 해결로 가는 기초가 될 수 있다. 내담자가 중요하다고 인식하지 않고 지나쳐 버렸던 예외상황이 문제를 해결로 이끄는 지름길이 되기도 한다. 이는 살아온 삶 속에서 미처 몰랐던 작은 성공 경험이 있었다는 것을 깨닫는 기회가 되기 때문이다. 예외는 해결책으로 나아가게 하는 용기와 희망을 주는 숨겨진 기적과 같다.

- 당신은 남편과 다투는 것이 몹시 힘들다고 하셨는데 남편과 다투지 않았던 때가 혹시 있었나요?
- 결혼한 지 5년이 되었다고 들었어요. 지금처럼 이렇게 심하게 싸우지 않았던 때가 있었는지 궁금합니다.
- 시어머니와 관계가 불편하다고 하셨는데 지금과는 다르게 덜 불편하거나 관계가 좋았던 때가 있었나요?

(5) 척도질문

척도질문은 내담자를 앞으로 더 나아가게 하기 위해 도움이 될 정보들을 수치화한 질문방법이다. 막연하거나 명확하지 않은 계획을 말할 때 구체적으로 확인 가능하게 하는 것도 바로 이 척도질문이다. 내담자가 주관적으로 자신의 삶이나 상태를 어느 정도로 평가하는지 알아볼 때 용이하다. 새로운 기회나 가능성을 확장하도록 질문할 때 활용할 수 있으며 척도질문은 현실적인 차원에서 진술하는 것이 도움이 된다.

척도질문은 가장 낮을 때를 1점, 가장 높을 때를 10점으로 했을 때 현재는 몇 점이 되는지 질문한다. "부부가 서로를 다치게 할까봐 염려하고 계신데, 현재의 안전수준은 몇 점 정도 될까요? 완전히 안전할 때가 10점이고 가장 안전하지 못할 때를 1점으로 한다면?" 이처럼 내담자가 호소하는 어려움의 뒷면에 존재하는 가능성에 초점을 두도록 하는 것이 척도질문이다.

- 당신이 남편을 믿을 수 없어 힘들어 하는데 현재 남편을 믿는 정도는 얼마인가요? 1점은 도저히 믿을 수 없을 때이고 완전히 믿게 되었을 때를 10점으로 본다면 현재 남편에 대한 당신의 믿음은 몇 점 정도인가요?"
- 의사를 표현할 때 자신감이 부족하다고 하셨는데 이번에는 좀 다르게 질문하겠습니다. 10점은 의사를 분명하고 자유롭게 표현할 수 있는 자신감이 충만할 때이고 1점은 의사를 잘 표현하지 못하는 자신감이 가장 낮은 상태입니다. 지금은 몇 점 정도라고 할 수 있나요?
- 행복한 결혼생활이 꿈이라고 하셨는데 당신이 생각하고 있는 현재 결혼생활의 행복 정도는 몇 점쯤 되나요? 1점은 행복과는 가장 먼 점수가 되고 행복이 충만한 때가 10점이라고 한다면?

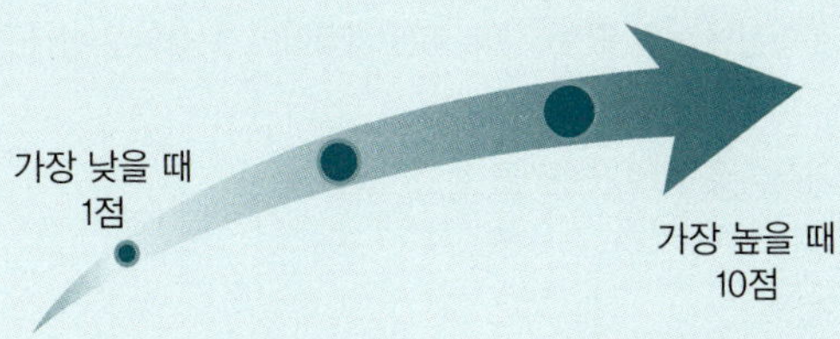

(6) 기적질문

기적질문은 내담자가 자신의 문제로 너무 힘들어하고 있을 때 기적이라는 상상을 빌어서 해결을 예상해 보게 하는 질문기법이다. 자신의 문제가 해결될 것 같지 않다고 느낄 때 사용하기 유용한 기법이며 내담자의 사생활을 존중하는 질문방법이다. 김인수가 내담자를 만나는 상황에서 내담자가 "제게 어떤 희망이 있는지 모르겠어요. 선생님이 기적을 일어나게 하면 모를까.", "유감스럽지만 전 기적을 일어나게 할 수 없네요. 하지만 기적이 일어났다고 상상해 보세요. 그렇다면 당신은 무엇이 달라질까요?"라는 질문을 하던 중에 이 질문이 탄생하였다(노혜련 · 허남순, 2008).

기적질문은 상담자가 진심으로 대답을 듣길 원하는 자세여야 한다. 또한 내담자가 적절한 대답을 할 수 있는 능력이 있다고 믿는 태도로 질문해야 한다. 그럴 때 내담자는 기적질문에 대답하는 동안 자신이 무엇을 할 수 있을까에 대한 아이디어를 얻게 되기도 한다. 기적질문은 이름만 기적일 뿐 질문은 가상이나 상상적인 차원을 통해 매우 현실 가능한 행동을 찾아내고 구체적으로 비전을 제시할 수 있도록 이끌어내는 질문이기도 하다.

- 조금은 이상하게 느껴질지 모를 질문을 하나 드리려고 하는데 괜찮겠어요? 약간은 상상력이 필요한 질문이에요. 지금 고민하고 있는 문제가 밤사이 완전히 사라졌어요. 기적이 일어났으니까요. 내일 아침 눈을 딱 떴을 때 무엇을 보면 기적이 일어났다는 것을 알게 될까요?
- 약간 다른 질문을 하나 드리려고 합니다. 다르게 생각하면 재미있는 질문이기도한데, 괜찮겠어요? 지금껏 자신을 괴롭히는 고민과 어려움들이 밤에 잠을 자는 사이 말끔히 해결되는 것이죠. 기적이 일어났어요. 내일 아침에 눈을 떴는데 '와, 이건 기적이야. 기적이 일어났구나!'를 무엇을 보면 알게 될까요?
- 남편은 뭘 보면 기적이 일어났다는 것을 알 것 같습니까?

(7) 악몽질문

해결중심 단기치료의 유일한 문제중심적 질문이 바로 악몽질문이다. 악몽질문은 내담자와 상담목표를 정하기 위해 어떤 질문을 사용하여도 효과가 나타나지 않을 때 쓴다. 목표설정이 어려울 때 최종적으로 사용할 수 있는 질문으로 기적질문과 유사한 형태의 부정적인 질문이다. 최소한 지금의 상태가 악몽처럼 최악의 상태가 아니라는 것에 대한 인식을 갖게 하기도 한다. 이 악몽질문기법은 역설적으로 더 심각한 상황을 상상해 보도록 하는 질문이므로 사용에 신중하여야 한다.

- 오늘 돌아가서 밤에 잠자리에 들었어요. 지금까지 제게 했던 모든 문제가 더 심각하게 변해버린 겁니다. 그야말로 끔찍한 악몽이 시작되었어요. 내일 아침에 무엇을 보면 악몽이 시작된 것을 알게 될까요?
- 약간은 충격적인 질문이 될 겁니다. 오늘 밤에 지금까지는 상상해 보지 못한 악몽을 꾸게 된다고 가정해 봅시다. 오늘 함께 나누었던 문제가 열 배나 심각하게 나빠져 버린 겁니다. 악몽이 아니고서야 불가능한 이야기지요. 만약 내일 아침 잠에서 깨어났을 때 '이것은 악몽이야. 있을 수 없어'라는 것은 무엇을 보면 알 수 있을까요?
- 아이들은 악몽이 일어났다는 것을 무엇을 보면 알게 될까요?

(8) 칭찬하기

해결중심 단기치료에서는 내담자가 자신의 해결책을 찾도록 지지할 때나 자기 문제를 해결할 수 있도록 동기를 강화하기 위한 도구로 칭찬을 활용한다. 최초로 칭찬기법이 소개되었을 때에는 면접의 마지막 장면에서 주로 사용되었다면 최근에는 면접 전반에 걸쳐 칭찬을 사용하는 방향으로 변하였다(노혜련 · 허남순, 2008). 칭찬은 더 해야 할 행동에 초점을 맞추어 내담자가 잘하고 있는 것을 강조하고 변화하도록 응원하는 방법이다(정문자 외, 2008).

상담자는 칭찬을 통해 내담자가 자신의 강점이나 긍정적인 변화에 초점을 맞출 수 있도록 돕는다. 칭찬은 내담자와 대화할 때 나온 말들 중에서 내담자가 이미 잘 해왔던 것들을 인정하거나 확인해 줄 때 효과가 있다. "상담에 정말 오고 싶지 않았어요."라고 말하는 장면이라면 "그럼에도 불구하고 어떻게 여기까지 오게 되었나요!"라고 말한다. 이러한 칭찬은 내담자가 거부하거나 부정하지 않으며 여기에 온 것이 자신의 노력이라는 것을 알게 되고 이것이 자신이 만들어낸 긍정적인 변화라는 것을 알게 한다.

- 당신은 매우 용기 있는 분이에요. 국제결혼에 대한 두려움이 컸다고 했으면서도 그것을 이겨내고 이 먼 곳까지 오셨으니까요.
- 잔소리 때문에 가족들이 늘 편할 날이 없었다고 했는데 어떻게 그렇게 잔소리를 줄이게 됐나요!
- 오랜 시간 익숙하게 해오던 일을 다르게 바꾸기란 쉽지 않은데 어떻게 그렇게 할 수 있었나요?

(9) 확장질문(그 밖에 또 어떤 것이 있습니까?)

이 질문은 내담자가 어려운 상황을 이겨내고 성공적으로 대처한 경험에 대해 칭찬 받았던 기억을 더 많이 하도록 하는 과정에서 자신이 실제로 괜찮은 사람이라는 것을 깨닫게 도와주는 질문이다. 또한 자세한 것은 저절로 만들어지지 않는다. 이는 상담자가 적극적으로 경청하며 구체적인 질문을 해야만 얻을 수 있다. 이 질문은 자신의 강점이나 성공적인 경험을 자세하고 상세하게 이야기하게 하며 여러 번 물어볼 수 있고 여러 번 물어볼 때 가치 있고 유용하다.

- 6점이 되었다는 확인이 될 만한 것이 그 밖에 또 무엇이 있을까요?
- 그 외에 또 무엇이 6점이 되었다는 확인이 될 수 있을까요?
- 당신의 가족들은 당신이 가족의 화목에 기여하는 것으로 또 무엇이 더 있다고 이야기할까요?

2) 메시지

해결중심 가족치료의 메시지는 내담자에게 자문을 하기 위해 잠시 휴식한 후 상담을 요약하여 전달하는 것을 말한다. 메시지는 칭찬, 연결문, 제안 등 세 가지로 구성되어 있다. 칭찬은 내담자를 인정해 주는 것으로 상담시간 중에 내담자를 통해 알게 된 성공 경험이나 강점, 내담자에게 중요한 것이 무엇인가를 분명하게 해준다(노혜련 · 허남순, 2008). 연결문은 칭찬과 제안을 연결하는 요소로 어째서 제안을 했는가에 대한 이유를 알 수 있게 근거를 제시한다. 또한 상담 중에 이야기된 성공경험을 계속하는 것이 어떤 이유에서 좋은 일인지 설명하기 위해 고안되었다. 제안은 내담자가 미래에 시도하면 도움이 될 만한 내용들로 이루어지는데 관찰이나 행동에 중심을 둔다.

여러분 가족을 만나게 되어 반가웠어요. 가족이 함께 나아지기 위해 기꺼이 자신의 시간을 내고 도우려고 애쓰는 모습들을 보았습니다. 자신의 일이 아니라면 보통의 경우 집중력을 발휘하기 어려운 일인데 처음부터 끝까지 귀 기울이는 모습이 인상적이었습니다.

부모님과 말이 통하지 않는다고 느끼니까 집에 들어오기 싫어지고, 그러다보니 밖으로 겉도는 시간이 많은 아들이 오늘 이 자리에 참여하여 자신의 의사를 가족들과 나누었다는 점으로 보아 가족과 대화를 하고 싶었다는 것을 알게 되었어요.

어머니는 가족들의 중심에서 모두 잘 지내기 위해 애쓰고 노력하시는 모습에서 참으로 가족에 대해 사랑이 많으신 분이란 것을 느꼈어요. 어떻게든 자식이 잘되는 것에 관심을 갖고 계셔서 아들을 달래기도 하고 잔소리도 하는 엄마로 보였습니다. 아들을 못마땅하게 생각하는 남편을 설득하고 그러기 위해 시간이 필요하다는 것을 아시는 현명하신 분입니다.

동생도 이 자리에 끝까지 함께 참여해 오빠와 좀 더 잘 지내려는 모습을 보여 주었어요. 엄마에게 지지자가 되기도 하고 오빠와 함께 여행도 가고 싶다는 자신의 의사를 잘 표현할 수 있는 모습이 인상적이었어요.

5. 사례 연구

1) 개요

내담자는 중국 출신으로 한국인 남성을 만나 결혼한 지 6년이 되었다. 남편이 중국으로 출장갔을 때 아내를 만나 결혼한 경우이다. 남편과의 사이에는 6세 딸과 5세 아들을 두었다. 내담자는 본 상담자로부터 상담을 받은 경험이 한 번 있으며, 이 사례는 두 번째 상담으로 총 3회기를 진행하였다. 첫 번째 상담에서는 문화 차이에서 오는 시어머니와의 갈등이 주호소였으며 상담 이후에 분가를 하였다. 두 번째 상담에서는 연년생 자녀 양육의 어려움 및 감정조절이 되지 않는다고 호소하였다.

분가를 하면 다 좋을 줄 알았던 내담자는 혼자서 연년생 아이들과 씨름을 하고 있다. 집안일과 아이 돌보기는 거의 내담자인 아내 몫이다. 남편은 일이 바쁘고 경상도 남자로 가부장적인 면이 많아 집안일을 도와주지 않는 편이다. 내담자는 평소 좋지 않던 허리가 최근에는 좀 더 심해졌으며 체력의 한계가 올 때마다 아이들에게 자주 화를 내게 되는 것을 걱정하고 있다.

큰아이는 또래 아이들에 비해서 한국말을 잘하는 편이지만, 작은아이는 한국말이 서툰 편이라 자신이 잘못 키운 것 같아 자책한다. 또래들과 어울려 놀 때도 작은 아들은 활발한 편이 아니다. 언어치료 선생님이 일주일에 2회 집으로 방문하여 아이의 언어발달에 도움을 주고 있으나 시어머니와 함께 살던 때가 아이들에게 더 나았다는 생각이 들지만 다시 합가하고 싶지는 않다.

2) 해결중심 단기치료의 적용

해결중심 단기치료 모델의 해결책 구축과정은 첫 상담과 이후 상담으로 나누어 진행할 수 있다. 첫 면접 때 내담자의 철학이나 신념에 기반한 상담목표를 잘 형성하여 발전시키며 예외에 근거한 해결책을 만들어 가는 것이다(노혜련 · 허남순, 2008). 내담자가 자신의 문제를 잘 설명할 수 있도록 충분히 듣는 과정에서 해결중심적 대화로 전환시킬 방법을 놓치지 않는다. 상담자는 다양한 질문기법을 활용하여 문제를 해결하도록 돕는다.

(1) 상담 전 변화에 관한 질문하기

상담자는 내담자가 상담을 신청한 이후 상담에 오기까지 어떤 작은 변화가 있었는지 살펴보는 것으로 상담을 시작할 수 있다.

상담자 : 이 기관의 특성상 상담이 무료로 제공되다보니 상담 신청 이후에도 오랫동안 대기하는 경우가 많아요. 얼마나 기다리셨나요?

내담자 : 생각보다는 많이 기다리지 않았어요. 한 달 정도요.

상담자 : 한 달은 꽤 많은 날들인데, 처음 상담을 예약했을 때와 상담을 받으러 오는 동안에 사정이 달라지는 경우를 종종 보기도 합니다. 혹시 어떤 작은 변화가 있었나요?

내담자 : 그때 당시는 화를 자주 내고 많이 우울하였는데 지금은 그때보다는 화를 조금 적게 내고 있는 것 같아요.

상담자 : 그때보다 나아지셨군요.

(2) 상담목표설정

상담목표를 설정하기 위해 상담자는 내담자에게 상담이 끝난 후 문제가 어떻게 달라져 있을지 상상해 보도록 한다. 내담자가 상담을 통해 어떤 해결을 원하는지 이끌어내기 위해 기적질문을 사용할 수 있다.

다음과 같이 기적질문을 통해 내담자가 '가능한 아이들에게 화를 내고 싶지 않아요'라는 목표(바람)에서 '아이들의 이야기를 천천히 들어주고 웃으면서 대화하고 싶다'라는 구체적인 행동으로 목표(바람)를 표현할 수 있도록 돕는다.

상담자 : 이번 상담에서 어떤 일을 좀 해결하면 "그래, 상담실에 오길 잘 했다!"라고 이야기할 수 있을까요?

내담자 : 내가 뭘 하고 싶은지 말씀하시는 거예요?

상담자 : 예, 그렇습니다. 상담이 끝난 후 어떤 변화를 보면 도움이 되었다는 것을 알 수 있을까요?

내담자 : 아이들에게 화를 자주 내고 나면 미안한 생각이 들어 후회하게 되고 이런 일이 계속되고 있어요. 가능한 아이들에게 화는 내고 싶지 않아요.

상담자 : 지금 아이들에게 화를 자주 내고 있는데 앞으로 화를 자주 내고 싶지 않군요. 좋아요. 만약에 아이들이 엄마의 어떤 모습을 보면 "엄마가 화를 자주 안 내는 것 같아"라고 할까요?

내담자 : 음, 잘 모르겠어요.

상담자 : 그러면 제가 좀 다르게 질문을 하나 할게요. 어때요? 상상력이 좀 있는 편인가요?(미소) 상상력이 약간 있는 경우에 이 질문에 대답하기를 좋아하시더군요. 만약 오늘밤 잠을 자는 동안, 그러니까 밤사이에 지금 고민하고 있는 화를 내는 일들이 말끔히 사라진 거예요. 바로 기적이 일어난 거죠. 그야말로 기적이니까 지금과는 완전히 달라져 있지요. 뭘 보면 '문제가 없어졌네?'라는 걸 알까요?

내담자 : 음, 아이들의 이야기를 천천히 잘 들어주고, 아이들과 웃으면서 대화하는 모습이에요.

(3) 메시지 전달

첫 회 상담이 끝난 후 상담자는 내담자가 자녀들을 잘 양육하기 위해 화를 자주 내지 않으려고 노력하는 점을 칭찬하며 자신이 바라는 행동, 즉 자녀들의 이야기를 천천히 들어주고 웃으면서 대화하기를 실천해 보도록 제안하는 메시지를 전달한다.

가족을 많이 사랑하고 계시다는 것을 알 수 있었어요. 우선은 아이들에게 화내지 않고 이야기하고 싶다는 마음을 충분히 알 수 있었어요. 화내는 방식이 아이들 교육에 좋지 않다는 것에 대해 걱정하는 엄마라는 것도 알 수 있었어요. 당신이 열심히 노력하며 잘 살기 위해 애쓰고 있는 모습은 참 보기 흐뭇했어요. 시어머니와 사이가 안 좋아서 분가를 했으나 그 이후로도 잘 지내기 위해 먼저 손 내밀었다는 이야기는 감동적이었지요. 그래서 제안을 하나 하고 싶어요. 다음 주 이 시간에는 화를 낼 상황인데도 화를 내기보다 아이들의 이야기를 잘 들어주려고 하였거나 아이들과 웃으면서 이야기하려고 노력하고 있는 자신을 잘 관찰했다가 알려주시기 바랍니다.

(4) 첫 회 이후 상담

상담자는 첫 회 상담 이후 현재까지 무엇이 조금이라도 나아졌는지 이끌어내고 예외상황이 있었는지 발견하고 확대한다.

상담자 : 지난 한 주일 동안 당신이 말한 기적과 비슷한 날이 있었나요? 조금이라도 달라졌다거나.

내담자 : 크게 달라진 게 없는 것 같아요. 참았다가 화를 내고 말아 이전처럼 자주 화를 내게 될까봐 걱정이 돼요. 한국에서 말하는 홧병? 같이 가슴이 답답하고…. 인내심이 부족한 것 같아요.

상담자 : 예, 매우 답답하고 아이들에게 화를 자주 낼까봐 걱정하고 계시군요. 예전에 인내심이 좀 있을 때는 아이들과 어떻게 지냈는지 이야기해 주세요.

내담자 : 화를 적게 내고 아이들과 잘 놀아줬죠. 아이들이 마냥 예쁘게 보였어요.

상담자 : 어떻게 그렇게 할 수 있었나요

내담자 : 그때는 시어머니가 계셨고 혼자서 아이를 돌보는 게 아니라서 허리가 많이 아프지 않았어요.

상담자 : 네. 어머니가 계셔서 도움이 되었고 그 밖에 또 무엇이 도움이 되었나요?

내담자 : 한번은 남편이 주말에 아이들과 놀아주었는데 그때 마음이 편하고 아이들에게 화도 적게 내고 간식도 만들어 주고 했어요.

상담자 : 시어머니나 남편이 아이들 돌보는 것을 잠시 도와줄 때 여유가 좀 생기는군요. 아이들에게도 화를 적게 내고 놀아주기도 하고 간식도 만들어 주었네요.

활동하기

1. 영화 〈세 얼간이(3 idiots)〉는 세 명의 엉뚱한 주인공들이 주입식 교육에 물든 교수와 스파르타식 교육시스템에도 굴하지 않고 자신들의 강점을 발휘하며 성장해가는 과정을 보여주고 있습니다. 이 영화를 감상한 후 엉뚱하고 발랄한 세 명의 주인공이 보여주는 행동에 대해 해결중심 단기치료 관점에서 토론해 봅시다.

2. 칭찬샤워를 해 봅시다.

① 집단원 5~6명으로 구성된 그룹을 만든다.

② 둥글게 원을 만들어 앉아 순번을 정한다.

③ 1번은 2번 앞에 가서 선다. 2번은 다가온 1번에게 자기가 느끼는 칭찬을 한다. 이처럼 1번이 3번, 4번, 5번 앞으로 차례로 다가갈 때 각각 1번에게 칭찬을 하도록 한다.

④ 다음은 2번 차례다. 3번, 4번 … 모든 사람이 같은 방식으로 칭찬을 듣는다.

⑤ 모든 차례가 끝나면 칭찬을 했을 때 느꼈던 기분과 칭찬을 들었을 때 느낀 기분을 나눈다.

FAMILY COUNSELING

10

CHAPTER

이야기치료

1. 개요

2. 기본 가정

3. 상담목표와 상담과정

4. 상담기법

5. 사례 연구

10 CHAPTER 이야기치료

1. 개요

우리의 삶은 드라마나 소설과 같은 이야기로 이루어져 있다. 이야기는 기본 줄거리를 바탕으로 여러 가지 사건들을 시간 순서대로 보여 주며 전체적으로 어떤 주제를 갖고 있다. 사람들은 많은 일들을 경험하지만 자신이 설정한 주제에 맞는 이야기들만 취사선택하여 자신의 인생이야기를 쓴다(정문자 외, 2012).

이야기치료(narrative therapy)는 가족의 상호작용에 초점을 둔 가족상담이론과는 다르게 포스트모더니즘사상의 영향을 받은 구성주의와 사회구성주의를 바탕으로 발전하였다. 구성주의는 내담자가 자신과 문제를 바라보는 관점(perspective), 즉 의미를 탐색하는 데 초점을 두었고, 사회구성주의는 사람들이 독립적으로 의미를 구성하는 것이 아니라 사회적 상호작용을 통해 의미를 구성한다고 보았다.

이야기치료는 내담자의 실재(fact)가 객관적으로 존재하는 것이 아니라 사람들과의 사회적 상호작용과 언어를 통해 구성한다고 보기 때문에 내담자가 상담대화를 통해 같은 상황을 다른 관점에서 보고 이야기할 수 있다면 문제는 해결된다고 본다(김유숙 외, 2013). 이야기치료는 내담자의 인생에 부정적인 영향을 미치는 자기패배적인 지배적 이야기에 대해 그것을 대신할 수 있는 이야기를 찾아내어 대안적 이야기를 만들어 가는 과정이다(김유숙 외, 2013; White, 1991 재인용).

이야기치료는 1990년대 호주 출신 Michael White와 뉴질랜드 출신의 David Epston에 의해 발전되었다. White는 이야기치료의 창시자로, 아동병원에서의 부정적인 초기 경험으로 인해 전통적인 상담접근에 대한 흥미를 잃게 되었다. 또한 Gregory Bateson의 인식론에 영향을 받아 사람들이 어떻게 세계를 구성하는지에 관심이 많았으며, 사람들이 어떻게 행동하는가보다 그렇게 행동하도록 영향을 끼친 것에 더 관심을 갖고 사람들을 보는 새로운 관점을 발전시켰다(Nichols, 2010, 김영애 외 공역, 2011). 그리고 내담자의 증상과 연관되어 있다고 보는 가족의 상호작용에 관심이 없었으며, 이야기라는 은유를 채택하면서 개인은 이야기를 통해 자기 삶의 경험을 조직하고 의미를 부여한다고 믿었다(정문자 외, 2012).

Epston은 두 번째로 영향력 있는 이야기상담자로 인류학에 관심을 가지다가 1990년 White와 함께 공동으로 이야기치료 저서를 집필하였다. Epston은 이야기치료 이론과 실천을 확립하는 데 공헌하였다. 특히 내담자의 새로운 이야기를 유지하기 위한 지지적인 공동체를 강조하였으며 상담 후에도 상담 효과가 유지되는 편지쓰기를 강조하였다(Nichols, 2010, 김영애 외 공역, 2011).

2. 기본 가정

사람들이 상담을 신청할 때에는 그들의 삶에서 어려움이나 문제를 겪을 때이다. 전통적 상담에서는 개인이 가지고 있는 문제는 개인 내면의 역기능에서 비롯된 것으로 인식하는 경향이 있으나, 이야기치료에서는 문제가 문제이지 사람이 문제가 아니라는 것을 기본 전제로 한다.

사람들은 자신의 논리적 가정에 근거하여 긍정적이든 부정적이든 특정한 것을 선택하고, 의미를 부여하면서 자신의 경험을 만들어내고 해석한다. 그리고 특정한 사건을 이야기할 때 시간적 순서에 따라 특정한 주제를 염두에 두고 줄거리를 만들어 이야기한다. 이야기를 말하는 과정을 통해 삶의 경험을 해석하거나 나름의 의미를 붙이면서 자신의 삶을 만들어내고, 개인의 정체성을 만든다. 개인이 자신의 경험에 부여하는 의미는 특정한 사회문화적 맥락의 영향을 받고, 개인의 정체성은 타인과의 상호작용 속에서 만들어지는 과정을 반복한다(정문자 외, 2012).

이야기치료는 문제의 외재화 작업을 통해 문제를 형성하는 데 기여하는 사회문화적 영향을 해체하는 데 주력하여 내담자와 문제를 분리하고 정체성을 새롭게 발견한다. 새롭게 발견해낸 정체성은 내담자와 상담자 사이에서 공유할 뿐 아니라 정의예식을 통해 타인과 공유되고 그들의 인정을 받는 과정을 통해 확고하게 자신의 정체성으로 만들어진다(정문자 외, 2012).

이야기치료는 내담자가 이미 형성한 담론 때문에 그동안 드러나지 못하거나 잊고 있던 지식, 기술, 경쟁력을 그들의 경험 속에서 찾아내고 활용하도록 하여 새로운 이야기를 쓰게 도와준다. 내담자 자신과 문제와 관계에 대한 이야기는 다양한 질문기법을 통해 다시 쓰게 된다. 내담자의 새로운 이야기의 형성은 상담자가 어떤 것을 주장하거나 해석하는 것이 아니라 함께하는 상담자의 질문과 그에 대한 반응이 더해지면서 만들어진다(김유숙 외, 2013).

이야기치료의 기본 가정

1. 사람이 문제가 아니라, 문제가 문제이다.
2. 사람들은 자신의 삶에 대해 전문성을 가지고 있다.
3. 사람들은 자신의 이야기에서 주요한 저자가 될 수 있다.
4. 사람들이 치료자를 찾기까지는 이미 그의 삶과 관계성에 있는 문제의 영향력을 줄이려는 시도를 많이 했을 것이다.
5. 문제들은 문화적 맥락 안에서 만들어진다. 이 맥락들은 인종, 계급, 성적 선호, 성, 불리한 입장 간의 권력관계를 포함한다.

6. 사람들이 상담을 요청하는 문제들은 보통 그들의 삶과 관계성에 대해 빈약한 결론을 끌어낸다. 대개 이런 결론들은 무언가 결함이 있다고 느끼게 해서 그들의 지식, 경쟁력, 기술이나 능력을 활용하지 못하게 한다.
7. 이런 기술이나 경쟁력, 지식은 그들이 삶을 문제의 영향에서 되찾아올 때 활용이 가능해진다.
8. 한 사람의 삶에는 문제의 영향력을 벗어나 있는 경우가 반드시 있다. 문제는 결코 그 사람의 삶과 관계성을 100% 차지하지 못한다.
9. 호기심, 존중과 투명성의 분위기를 조장하는 것은 치료자의 책임이다.

출처: Morgan (2000). 고미영 역 (2013).

3. 상담목표와 상담과정

1) 상담목표

이야기치료의 목표는 단기적으로 내담자 가족이 호소하는 문제를 감소시키는 데 있다. 그러나 궁극적으로는 내담자 가족이 정체성을 재구성하고 삶의 주체로서의 의식을 향상하도록 하여 선호하는 이야기를 써나가도록 돕는다(정문자 외, 2012).

이야기치료는 내담자와 문제이야기를 분리시켜 자신에 대한 새로운 관점을 갖게 하여 부정적 정체성에서 벗어나도록 한다. 이것은 가족원들을 갈등하게 하는 것이 아니라 공동의 문제와 싸우기 위해 가족을 연합시킨다. 가족원이 서로 다른 목표를 갖고 있을 때는 서로 반대로 보이는 목표라 할지라도 일단 수용하며, 목표를 하나로 제한하지 않는다(정문자 외, 2012). 문제에 포화된 이야기에서 벗어나면 가족원은 더 긍정적이 되어 인내심을 가지고 자신들의 문제를 다루기 위해 협조적이 되고, 더 나아가 지지적인 공동체와 연합할 수 있다(Nichols, 2010, 김영애 외 공역, 2011).

2) 상담과정

이야기치료의 과정은 대체로 문제이야기 경청과 외재화, 독특한 결과의 경청과 외재화, 대안적 이야기 구축, 대안적 정체성 구축의 과정으로 이루어진다. 그러나 그 과정은 획일적으로 나타나는 것이 아니라 독특한 결과와 대안적 정체성 찾기 등이 왔다 갔다 하면서 나타나는 나선적 구조로 이루어진다(정문자 외, 2012).

이야기치료는 여행에서의 지도와 같이 상담의 지침으로 이야기치료의 지도(map)를 활용하는 것이 도움이 된다. 이야기치료 지도는 이야기치료과정의 단계에 따라 필요한 작업과 질문이 있으며, 대안적 스토리를 만들어가는 데 필요한 삶의 기술과 지식을 탐색하고 그 기술과 지식을 문제해결을 위해 활용하도록 돕는 과정에서 지침으로 활용된다(정문자 외, 2012). 이야기치료는 상담자의 질문이 중요하고, 상담과정에서 사용되는 질문을 도식화하는 방식은 외재화 과정과 정체성 영역의 변화를 더욱 분명히 볼 수 있을 뿐만 아니라 상담자가 상담을 더욱 발전시켜 나가는 데도 유용하다(White, 2007, 이선혜 외 공역, 2010).

이야기치료에서 회기 구성은 매우 유동적이다. 경우에 따라 1~2회기에 종결되기도 하고 여러 회기로 이어지기도 한다. 회기 사이의 간격은 대개 일주일 이상의 간격을 두고 정해지나 상담시간, 회기 간격 등은 내담자와 협의하여 조정할 수 있다. 상담자가 단독으로 진행하는 회기는 대개 50~60분 정도 걸리지만, 외부증인 집단을 활용하는 경우에는 2시간을 초과하기도 한다. 이런 경우에는 상담자 단독으로 진행한 회기보다 몇 배 더 큰 성과가 있으며 상담시간을 단축시키는 효과가 있다. 상담증서나 편지도 상담횟수를 감소시키고 상담효과를 유지시키는 역할을 한다.

3) 상담자 역할

(1) 비중심적이고 영향력 있는 입장

이야기치료는 기본적으로 상담자의 태도와 자세를 매우 중요하게 생각한다. 이야기치료 상담자는 비중심적이고 영향력 있는 입장을 취해야 한다. 즉, 내담자나 그 가족들의 삶과 지식, 기술, 그리고 가족의 헌신이 상담과정에서 중심이 되도록 하여 내담자나 그 가족을 자기 삶의 전문가로 인정한다.

이야기치료 상담자는 영향력은 있지만 상담의 과정을 주도하지 않는다. 기술적인 질문의 토대를 형성하고 내담자가 반응할 수 있는 다양한 방식을 통해 풍성한 지식을 찾아낼 수 있도록 내담자와 가족들의 지식이나 기술들을 사용하여 이끌어 간다. 그래서 그들이 가진 증상과 문제가 무엇인지 명확하게 서술할 수 있도록 한다. 또한 이야기치료 상담자는 상담과정에서 상담자가 가진 힘에 대해서 주목하고 상담자의 영향력을 인정하면서 다른 사람들의 삶에 놓여 있는 영향력과 힘의 관계를 생각해야 할 책임이 있다(White & Morgon, 2006, 최민수 역, 2010).

(2) 알지 못함의 자세

사회구성주의 관점에서 '자기(self)'는 고정된 것이 아니라 사회구성원과의 상호작용을 통해 계속 만들어가기 때문에 이야기치료는 상담자와 내담자 사이의 대화나 이야기 자체를 중요하게 생각한다(Freedman & Combs, 1996, 김유숙 외 공역, 2009).

이야기치료 상담자가 내담자에 대한 호기심을 가지고 '알지 못함의 자세(not-knowing posture)'로 하는 질문은 내담자로 하여금 여러 가지의 대답을 모색하게 하고 이러한 이야기들은 희망의 이야기로 끌어갈 수 있는 매개가 된다. 사람들은 다른 사람과 함께 만든 이야기적 현실에 의해서 스스로의 경험에 의미를 부여하며 그렇게 구성된 실재를 통해 스스로의 인생을 이해하면서 살아가기 때문이다. 따라서 상담자는 가능한 한 알지 못함의 자세로 호기심을 가지고 내담자의 이야기를 따라가면서 의미를 확대하고 풍성하게 해 주어야 한다.

(3) 새로운 공동체의 활용

이야기치료는 기존의 가족상담에서 찾아볼 수 없는 외부증인반응과 회원 재구성, 반영팀 등을 활용한 독특한 작업방식으로 개인 · 집단 · 가족상담 간의 경계를 넘는 역할을 하고 있다(이선혜, 2008). 사람들의 삶에서는 공동체가 개인과 가족의 정체성을 규정하는 경향이 높기 때문에 상담자는 물론이고 외부증인집단 또는 다양한 상담전문가로 이루어진 공동체인 반영팀을 활용하여 개인과 가족의 정체성을 확고히 구축하도록 돕는다.

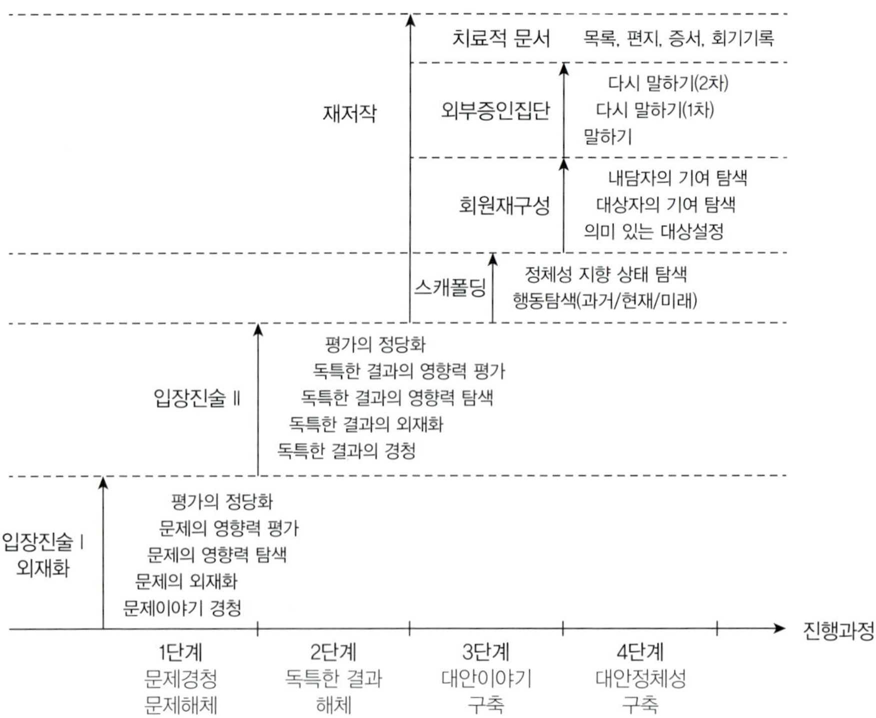

❖ **그림 10-1** 이야기치료의 전체 과정

출처: 정문자 외 (2012).

4. 상담기법

1) 문제이야기 경청과 외재화: 입장진술지도 I

상담을 받으려는 사람은 대부분 삶의 문제가 인간의 본질 혹은 정체성을 반영한다고 생각하기 때문에 내담자 자신이나 타인 자체가 문제라고 믿게 되며, 문제 속으로 빠지게 된다(White, 2007, 이선혜 외 공역, 2010). 외재화(externalization)는 도움을 요청한 문제를 그 사람의 정체성과 분리해서 말하는 것이다. 문제가 문제이지 사람을 문제로 보지 않는 것이 전제이다. 이러한 외재화는 이야기치료의 기초이며 단순한 기술이 아니라 이야기치료가 지향하는 것이다(Morgan, 2000, 고미영 역, 2013).

외재화는 사람들이 문제를 덜 고정적이고 덜 제한적으로 느끼게 함으로써 사람들의 기술과 능력, 관심사, 자질과 헌신들이 더 잘 드러나도록 돕는다. 외재화는 내담자의 삶에 낙인이나 병적 사고, 진단 등의 효과를 해체하기 시작하므로, 문제가 문제가 되고 결과적으로 그 사람이 문제와 갖는 관계가 문제가 된다(Morgan, 2000, 고미영 역, 2013).

외재화의 대상은 감정(죄책감, 두려움, 질투), 대인관계 문제(말다툼, 비난, 질투 등)를 비롯하여 사회문화적 신념(때려도 된다)이나 관습(자녀문제에 대해 부모 탓하기, 성차별), 개인에게 영향을 미치는 제도적, 경제적, 사회적 정채 등 다양하다. 여러 가지 문제가 표출되는 경우에는 문제들 간의 관계상황의 맥락을 탐색하는 방향으로 진행할 수 있다(정문자 외, 2012).

White는 이야기치료 상담자가 내담자의 문제이야기를 보다 쉽게 외재화할 수 있는 방안으로 입장진술 지도 I을 개발하였다(White, 2007, 이선혜 외 공역, 2010). 이야기치료 지도를 활용한 외재화 과정의 구체적 내용은 다음과 같다.

(1) 1단계 : 문제이야기 경청과 외재화

상담자는 1단계로 문제이야기 경청과 외재화를 통해 내담자가 문제에 대한 정의를 내릴 수 있도록 도와준다. 먼저, 내담자 가족이 경험한 문제와 이로 인한 어려움을 충분히 설명하도록 한다. 이때 내담자와 가족은 자신의 경험에 가깝고 의미에 맞게 문제를 정의할 수 있게 된다. 두 번째, 내담자의 경험 속에서 현재 삶에 방해가 되고 있는 단어나 구절을 잘 듣고, 문제이야기를 선택할 수 있다. 문제이야기의 단어는 사람처럼 정체성이나 이름을 붙여 의인화하는 것이 좋다. 문제의 표현과 이름은 내담자의 경험에 맞는 것이어야 하며 상담자가 도와줄 수 있지만 내담자가 선택하는 것이 중요하다. 세 번째로 문제가 어떻게 생겼는지 그려 보거나 만들도록 하는 것이 사람과 문제를 분리하고 문제를 정의하는 데 도움이 되는데, 특히 아동일 경우 더욱 도움이 된다.

아동이 만든 문제의 모습

문제의 외재화: 이름 붙이기

상담자 : 너에게 스마트폰을 많이 사용하게 하는 어려움이 있는데 그것을 이름을 짓는다면 무엇으로 지을 수 있을까?
아 동 : 양치기 소년이요.
상담자 : 양치기 소년? 왜 그렇게 이름 붙였니?
아 동 : 엄마와 사용시간을 약속했는데도 자꾸만 시간을 어기고 거짓말을 하면서 사용하거든요.
상담자 : 그럼 그 문제의 모습을 만들어 볼 수 있겠니?

❖ **그림 10-2** 문제의 외재화

(2) 2단계 : 문제의 영향력 탐색하기

2단계는 호소하는 문제가 가족관계, 부부관계, 부모자녀관계, 학교생활, 친구관계 등 내담자의 삶에 어떤 영향을 미치는지에 대한 질문이다. 또한 내담자가 추구하는 목적, 소망, 꿈, 열망, 가치 등의 정체성 영역, 미래계획과 가능성에 어떤 영향을 미치는지 질문한다. 모든 영역을 포괄하지는 않더라도 호소문제의 주된 영향이 무엇인지 이해할 수 있어야 한다. 문제의 영향력에 대한 자세한 탐구는 독특한 결과에 대한 발견으로 이어진다.

- 'OO(문제의 이름)'가 당신 자신을 어떤 사람으로 보라고 말합니까?
- 'OO'가 앞으로 나의 미래 모습이나 계획(가족관계, 부부관계, 학교생활, 직장생활 등)에 어떤 영향을 끼칩니까?

(3) 3단계 : 문제의 영향력 평가하기

3단계에서 상담자는 호소문제의 활동방식과 활동 내용을 평가하고 호소문제가 내담자의 삶에 미치는 주요한 영향을 평가하도록 한다. 아래의 질문을 통해 내담자의 자기 삶에 대한 입장을 생각해볼 수 있게 한다. 그동안 내담자의 삶에 대한 평가는 대부분 타인에 의해 이루어져서 자기 삶의 주체가 되지 못하고 행인 역할을 했기 때문이다. 드라마로 비유하자면 주연이 아닌 조연 역할의 이야기를 살아가고 있는 것이다. 자신이 주체가 되는 이러한 자기 입장 이야기하기는 생소하기 때문에 2단계에서 나누었던 대화를 간략히 요약해 주는 것이 좋다.

- (2단계 대화 요약) 말씀하신 'OO'가 이런 행동을 해도 괜찮으세요?
- 이런 결과에 대해 어떤 입장이세요?
- 상황이 이런 식으로 전개되는 것이 좋은가요? 나쁜가요?
- 만일 이것이 당신의 운명이라면 어떤 생각이 드시겠어요?
- 'OO'가 매일 당신의 생활에 끼치는 영향에 대해 어떻게 느끼나요?

(4) 4단계 : 평가에 대한 정당성

4단계는 내담자의 평가에 대해 '왜' 그런 평가를 하게 되었는지 질문한다. 이 질문은 내담자들이 왜 문제의 영향력을 어떤 특정한 방식으로 평가하게 되었는지에 대한 정당성을 끌어내려는 것이므로 매우 중요하다. 이 과정은 내담자가 지향하는 삶, 즉 의도 · 열망 · 목표 · 추구 · 결심 등이 무엇인지에 주목하게 하고 그것을 이해할 수 있게 해준다. 이 과정을 통해 내담자 자신의 삶의 기술을 깨닫고 방향을 전환하게 되어 문제의 영향을 줄이고 대안적인 이야기를 만들어내는 데 도움을 줄 수 있다. 아동의 경우 부모, 형제, 상담자 등이 예를 들어주고 비슷한 생각을 찾도록 도울 수 있다.

- 왜 그런 입장을 갖게 되었나요?
- 경험 가운데 어떻게 해서 그런 입장을 가지게 되었는지 잘 보여줄 수 있는 이야기를 해주세요.

2) 독특한 결과의 외재화: 입장진술지도 II

독특한 결과(unique outcomes)는 내담자가 문제의 영향력을 벗어나 다르게 경험하는 부분이다. 독특한 결과의 탐색은 문제로 가득 찬 내담자들의 상황을 대안적 이야기로 만들어내는 지름길이다. 독특한 결과는 일회성 사건이 아니라 그 사람의 삶에 존재하는 여러 가지 관련된 사건의 결과이다(김유숙 외, 2013). 독특한 결과는 과거, 현재, 미래에 있을 수 있고, 내담자의 행동, 감정, 지향하는 가치, 지향하는 바가 될 수도 있는데, 내담자가 원하는 긍정적인 삶의 모습을 담고 있는 것이어야 한다(정문자 외, 2012).

독특한 결과는 문제의 외재화 과정인 입장진술지도 I의 과정과 같이 진행된다.

문제이야기 대신 독특한 결과에 초점을 두어 입장진술지도 II 과정으로 진행하는 것이 내담자에게 근거 있는 이야기로 자리 잡는 데 도움이 된다.

(1) 1단계: 독특한 결과 경청과 외재화

1단계는 내담자의 문제이야기와는 다르고 문제이야기에 가려져 잊고 지냈던 중요한 사건이나 경험을 찾는다. 이런 사건이나 경험은 예외상황(exceptions)이나 독특한 결과(unique outcomes)이다. 처음에는 찾기 어렵거나 빈약하지만 경험을 이야기하고 확장하며 의미 부여를 할 수 있도록 질문한다면 확실한 대안적 줄거리로 변한다. 이러한 독특한 결과를 외재화하여 독특한 결과에 대한 의미를 재정의한다.

- (요약) 'OO'보다 내가 강하다고 느낀 적이 있나요?
- 내가 어떤 행동을 할 때 힘이 되었던 것 같아요?
- 그런 당신의 모습에 이름을 붙인다면 무엇이라고 할 수 있을까요?

(2) 2단계: 독특한 결과의 영향력 탐색하기

2단계에서는 독특한 결과의 영향력이 내담자의 삶 전반에 어떤 영향을 미쳤는지 질문한다. 독특한 결과가 내담자의 과거, 현재, 미래의 느낌, 생각, 행동에 어떻게 영향력을 미쳤는지, 이러한 독특한 결과를 찾아낸 내담자를 주변 사람은 어떻게 생각할지 질문한다. 독특한 결과는 이러한 해체과정을 통해 확고해지며 예상치 못했던 계기를 통해 내담자가 바라는 변화의 근거를 발전시키게 된다(정문자 외, 2012).

- '△△(독특한 결과의 이름)'가 당신에게 어떤 영향을 미쳤나요? 이것에 대해 어떻게 생각하나요?
- '△△'가 당신의 미래에 어떤 영향을 미치게 될까요? 어떤 생각이나 행동을 하게 할까요?

(3) 3단계: 독특한 결과의 영향력 평가

3단계에서는 독특한 결과가 끼친 영향력에 대한 내담자의 입장을 질문하여 평가하도록 한다. 이런 질문은 내담자 자신의 삶에서 일어난 특정한 진전에 대해 생각해 보고, 확인하고, 그 경험을 말하고, 그 결과를 평가하는 기회가 되기 때문에 타인의 평가에 익숙한 내담자에게 주도적인 자기 이야기를 쓸 수 있도록 한다(white, 2007, 이선혜 외 공역, 2010).

- '△△'가 이런 행동을 해도 괜찮으세요?
- '△△'가 당신의 이야기로 느껴집니까?
- 상황이 이런 식으로 전개되는 것에 대해 어떤 입장이세요? 좋은가요? 나쁜가요?

(4) 4단계: 독특한 결과의 평가에 대한 정당성

4단계에서는 어떤 근거에서 그러한 평가를 내렸는지에 대해 질문한다. 평가를 정당화함으로써 내담자의 삶과 정체성에 맞는 이야기로 발전시킨다.

- 왜 그런 입장을 갖게 되셨어요?
  (내담자가 '왜'라는 질문에 대해 답을 했을 때 그 답을 뒷받침해줄 수 있는 이야기를 해달라고 한다)
- 그런 경험 가운데 어떻게 그런 입장을 가지게 되었는지 잘 보여줄 수 있는 이야기가 있을까요?
- 그 일은 내가 어떤 사람이라는 것을 보여주고 있는지요?
- 앞으로 어떤 선택이나 행보를 해볼 수 있을까요?

3) 대안적 이야기 구축: 재저작

재저작(reauthoring) 작업은 독특한 결과와 관련 있는 과거 사건을 찾아내고, 그 사건들이 순서에 따라 시간의 흐름 속에서 특정한 주제와 구성을 갖는 대안적 이야기로 발전하도록 격려하는 과정이다. 대안적 이야기는 내담자의 지배적 줄거리에 담긴 정체성 결론에 모순이 되는 여러 가지 다른 정체성을 이끌어내기 위한 맥락을 제공하고 내담자의 삶의 이야기를 발전시키고 이야기하도록 돕는다.

White와 Epston은 개인의 이야기가 행동과 의식의 두 가지 차원으로 이루어져 있다고 보면서 각각을 '행동 영역'과 '정체성 영역'이라 부른다(White, 2007, 이선혜 외 공역, 2010). 행동 영역은 여러 개의 사건이 특정한 주제하에 시간 순으로 배열된 것으로 이야기에 해당하는 영역이며, 정체성 영역은 개인적 자질이나 특성에서 개인의 소신이나 헌신하는 바에 이르는 다양한 형태의 목적의식 또는 지향이 존재하는 영역이다(정문자 외, 2012). 내담자는 독특한 결과의 행동 영역에 존재하는 정체성 영역의 조망을 통해 지향 상태를 이해하여 주체의식을 갖게 됨으로써 정체성을 확장하고 대안적 이야기를 발전시킨다.

(1) 행동 영역

내담자는 자신이 과거에 행했던 일을 말할 때 이야기의 형태로 표현한다. 이야기는 주제나 줄거리에 따라 순서대로 엮인 사건이므로 상담자는 질의하는 자세로 언제, 어디서, 누가, 무엇을 어떻게 했는가에 초점을 두고 매우 구체적으로 질문한다(White, 2007, 이선혜 외 공역, 2010).

- '△△'를 한 것이 이번이 처음인가요? 아니면 전에도 이런 일이 있었나요? 늘 하는 일인가요? 아니면 아주 특이한 일인가요?
- 어떻게 된 일인지 설명해 주실래요? 어떤 일이 있었지요? 그 뒤에는 어떤 일이 있었나요?
- 잠깐 그때로 돌아가서, 그때 어떻게 그렇게 할 수 있었는지 말씀해 주세요. 무엇을 하려고 했는지, 실제로 무엇을 했는지 기억이 나세요?
- 당신이 앞장서서 한 일 가운데 이런 결과와 관련이 있었던 일이 있나요?

(2) 정체성 영역

대안적 이야기를 만들기 위해 치료자는 행동 영역에서 출발하여 정체성 영역으로 이동하면서 질문을 던지게 된다. '왜' 질문은 정체성 영역에 해당하는 질문이다. 정체성 영역에는 무의식적 욕구 · 본능 · 욕망 · 욕동 · 기질 · 성격특성 · 심리적 자산 등과 같은 내면상태 범주를 비롯하여 목적 · 열망 · 추구 · 희망 · 꿈 · 비전 · 가치 · 신념 · 헌신 등과 같은 지향상태 범주가 모두 포함된다.

사람들은 삶에서 자신이 중시하는 무언가를 추구함에 있어 자신이 지향하는 바에 따라 살아나가는 존재이다. 따라서 내면상태에 대한 이해보다 지향상태에 대한 이해와 내담자에게 중요한 가치에 대한 이해가 중요하다(White, 2007, 이선혜 외 공역, 2010).

- ‘△△’를 좀 더 쉽게 하는 데 도움이 되었던 생각이 있었는지요?
- 어떤 기대나 바람을 갖고 ‘△△’을 했지요?
- 그 행동을 보았을 때, 당신은 삶에서 어떤 가치를 중요시한다고 할 수 있을까요?
- 그런 희망이나 꿈을 볼 때, 당신은 어떤 방식의 삶을 중요시하는 사람이라고 할 수 있을까요?
- 삶에서 소망하는 것이 있다면 무엇입니까?

양육미혼모의 부모됨 정체성에 대한 대안적 이야기 구축: 재저작

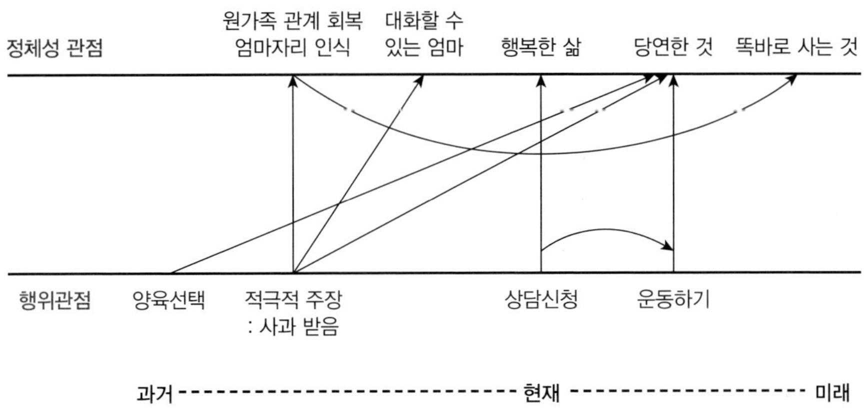

상담자 : 아프셔서 힘드신 데도 상담하러 나오셨네요. 낮잠을 자지 않으면 많이 힘들겠네요?
내담자 : 괜찮아요. 여기까지 오는데 한 40분 걸리는데 일부러 걸어왔어요.
상담자 : 일부러 걸어온 것이 처음인가요? 아니면 자주 있는 일인가요?
내담자 : 내가 건강해져야겠다는 생각이 들었어요. 별이를 생각해서. 엄마가 건강해야 하지 않을까 생각이 들어서.
상담자 : 별이가 학교 폭력을 당할 때 어떤 생각으로 그렇게 주장했었습니까?
내담자 : 당연히 엄마라면 알아야 하는 건데. 별이도 내가 자기를 더 야단칠까봐 말을 안 하고. 그 일 이후로 무슨 일이든지 들어주려고 노력하고. 대화할 수 있는 엄마가 되려고, 상담도 그래서 신청하게 되고.
상담자 : 내가 힘든 일을 당할 때 엄마가 목소리를 줄 수 있다는 것은 별이에게 큰 힘이 되었을 것 같아요. 그렇게 한 것은 어떤 기대나 바람을 가지고 했던 것 같아요?
내담자 : 부자가 되지는 않아도 행복하게 자기가 좋아하는 일을 할 수 있게끔 찾아주고 싶고….

❖ 그림 10-3 재저작 대화지도

출처: 송정숙 외 (2014).

4) 대안적 정체성 구축: 회원 재구성, 정의예식과 외부증인반응

(1) 회원 재구성

회원 재구성(Re-membering) 대화는 회원과 내담자가 서로의 삶에 어떤 기여를 했는지를 의도적으로 회상하게 하여 새로운 정체성을 구축하는 데 도움을 준다. 회원이란 내담자의 과거나 현재, 미래의 삶에서 중요한 위치를 차지하면서 내담자의 정체성 형성에 영향력을 행사할 수 있는 사람이나 존재를 말한다.

회원 재구성 대화는 인간의 정체성이 내면에 기초하는 것이 아니라 대인관계에 기초하고 있다는 데서 출발한다. 따라서 중요한 의미를 가진 회원을 의도적으로 회상하는 질문을 통해 중요한 사람들과의 관계, 자신의 현재 모습과 미래 모습에 대해 긍정적인 인식을 할 수 있도록 한다. 내담자는 회원 재구성 대화를 통해 자신의 삶에 존재하는 의미 있는 사람을 수정할 수 있다. 회원은 가까운 사람일 수도 있고 직접 관련은 없지만 유명한 사람일 수도 있으며, 책이나 만화의 주인공, 애완동물일 수도 있다.

회원 재구성 대화과정

〈1단계〉

① 소중한 사람이 내담자 삶에 어떻게 기여했는지 생각해 보도록 한다.

② 그 소중한 사람의 눈으로 본 내담자의 정체성은 어떠한가 생각해 보도록 한다. 그 사람과의 관계가 '나는 누구이고 인생이란 무엇인가'에 관한 내담자 생각을 형성하는 데 어떤 영향을 주었는지 또는 어떤 영향을 줄 수 있는지 풍부하게 설명할 수 있도록 한다.

〈2단계〉

① 내담자가 그 소중한 사람에게 어떤 기여를 했는지 생각해 보도록 한다.

② 내담자와의 관계가 그 사람으로 하여금 자신이 누구이고 인생이란 무엇인지 생각을 만들어가는 데 어떤 영향을 주었는지 혹은 어떤 영향을 줄 수 있는지 풍부하게 설명하도록 한다.

출처: White (2007). 이선혜 외 공역 (2010).

(2) 정의예식과 외부증인반응

정의예식(Definitional Ceremony)은 가족상담에 외부증인을 초대하여 그들의 진술과 재진술을 상담과정으로 활용하는 것을 말한다(White, 2007, 이선혜 외 공역, 2010). 내담자가 이야기치료과정을 통해 자신의 이야기를 새롭게 구성하는 것만으로도 훌륭한 작업이지만 정의예식은 상담관계를 넘어선 사회적 관계를 통해 내담자들의 인식과 경험을 더욱 확장시켜 정체성을 확고하게 한다.

외부증인은 상담자와 내담자의 상담과정을 듣고 축하해 주며 질문과 인정을 통해 내담자들이 원하는 삶을 다시 한 번 확인, 유지, 확장하는 데 큰 영향을 미친다. 내담자의 이야기는 소중한 사람들과의 관계에서 기술되고 이러한 과정을 통해 정체성이 매우 풍성해진다.

외부증인으로는 가족, 친구, 친한 직장동료 등을 참여시킬 수 있고, 상담자 집단으로 구성된 반영팀을 비롯한 다양한 사람과 공동체를 참여시킬 수 있다. 특히 가족과의 갈등이 있는 경우나 권력관계가 존재하는 부부상담에서는 정의예식방식을 활용한 상담이 보다 유용할 수 있다.

최근에는 과학기술의 발전으로 다자간 회의 전화, 화상전화도 가능할 것이며, 외부증인이 참석할 수 없거나 익명성을 원할 경우 녹음을 통해 전달할 수도 있다. 내담자가 원하지 않을 경우 외부증인을 참여시키지 않아야 하며, 윤리적인 부분에는 상담자들의 신중한 판단이 요구된다.

정의예식과정

정의예식은 구조와 질문의 4단계가 있다. 첫 번째, 상담자가 초대된 사람들에게 내담자의 상담과정에서 경험한 새로운 이야기를 요약해서 설명해 줄 수 있고 편지, 문서, 자료집, 그림이나 표, 혹은 영상 등의 다양한 형태로 보여줄 수도 있다. 두 번째, 상담자는 외부증인에게 다시 말하기 질문을 한다. 세 번째, 외부증인의 다시 말하기에 대한 내담자의 다시 말하기를 진행한다.

〈정의예식 구조〉

1. 말하기(telling): 정의예식의 주인공이 자신에게 의미 있는 삶의 이야기를 나눈다.
2. 다시 말하기(retelling): 외부증인으로 초대받은 사람들이 주인공의 이야기에 대해 말한다.
3. 다시 말하기에 대한 다시 말하기(retelling of retelling): 외부증인의 다시 말하기를 듣고 주인공이 그에 대해 다시 말하기를 한다.

〈다시 말하기 질문 4단계〉

외부증인의 다시 말하기 핵심은 특정한 방식에 따라 내담자의 이야기를 인정하는 것이다. 인정을 위한 질문은 4단계로 이루어지는데 미리 외부증인에게 이러한 맥락에 따라 질문할 것이라고 알려준다.

1. 표현질문: 내담자 표현에 주목하기
   - 어떤 것이 가장 인상적이었나요? 가장 마음에 와 닿았던 부분은 어떤 것입니까?
   - 이 내용 중 당신이 가장 관심이 갔던 표현은 무엇인가요?
2. 이미지 질문: 떠오른 이미지를 기술하고 증인 역할 하기
   - 내담자에 대한 이야기를 생각할 때 가장 먼저 떠오르는 이미지는 무엇이었나요? 무엇이 연상되나요?
   - 떠오른 이미지가 내담자의 삶이나 정체성, 세계에 대해 무엇을 말해주나요?
   - 내담자의 이야기와 관련하여 당신이 알고 있는 어떤 이야기가 있나요?
3. 공명질문: 증인의 반응을 구체화하기
   - 당신은 왜 그런 특정한 표현에 끌렸을까요?
   - 당신 삶의 어떠한 부분과 연관짓게 되었을까요?
4. 이동질문: 교류하기
   - 내담자의 이야기가 당신을 변화시킨 부분이 있나요? 당신의 삶이 어떻게 달라졌나요?

출처: White (2007). 이선혜 외 공역 (2010).

정의예식과 외부증인반응 사례

〈외부증인의 다시 말하기〉

상담자 : '햇님씨'의 이야기를 들으면서 어떤 점이 가장 인상 깊었나요?

외부증인3 : 자녀 기르는 것이 무슨 힘든 일이냐고, 당연한 건데, 노력하는 것을 치하받는 게 더 어색하다 그 첫마디에 한 대 맞은 기분? 그게 가장 와 닿았어요.

상담자 : '햇님씨'의 이야기를 들을 때 가장 먼저 떠오르는 이미지는 무엇이었습니까? 왜 이것이 선생님의 마음을 붙들었을까요?

외부증인3 : 이야기 중에서 힘의 에너지가 어디서 왔냐고 했을 때 당연히 어머니, 할머니한테서 왔다 고 했는데 그런 것 같아요. 어떤 언덕길을 줄줄이 올라가는데, 엄마가 햇님씨 손잡고, 햇님씨가 아이 손잡고 그런 모습이 떠올랐어요. 그 당연한 손. 당연히 손잡고 가요. 그런 그림이 떠오르네요. 저는 아이들에게 너희들 알아서 가라고. 손잡는 것이 중요하고 아이가 힘들 때 엄마가 최선의 노력을 다해서 숙제란 표현으로 언제나 놓지 않고 있을 테니까 걱정하지 말고, 엄마의 힘을 보여주는 자체가 나의 모습과 달라 손을 잡고 있어도 되겠구나 하는 생각이 많이 들어서...

상담자: 그럼, '햇님씨'의 삶의 이야기가 선생님의 마음을 어떻게 움직이셨는지요?

외부증인3: (중략) 어떤 고난이 오더라도 너무 힘들면 돌아갈 집과 부모가 있다는 것을 분명히 아이들에게 행동으로 보여줘야겠구나. 말로 배우는 것이 아니라고 했어요. 그런 것이 새삼스럽게 와 닿네요.

〈외부증인의 다시 말하기에 대한 내담자의 다시 말하기〉

상담자: (내담자에게) 외부증인들 표현을 들으면서 특별히 더 마음에 와 닿은 것이 있으세요?

참여자: 앞에 (외부증인1) 선생님이 말한 것처럼 우리 별이한테 진짜 나무 같은 엄마가 되고 싶어요. 힘든 일이 있으면 발로 차고 그래도 꿋꿋이 지켜주고, 비도 막아주고 햇볕도 막아주고 과일이 열리면 나눠주고. 쉬고 기댈 수 있고, 언제든지 그 자리에 있으면서 나무가 되어주고 싶어요. (중략) 앞으로 아이의 마음을 알아주고 아이에게 정신이 건강하게 올바르게 키우는. 그때서야 대단하다는 소리를 듣고 싶어요.

출처: 송정숙 외 (2014).

5) 치료적 문서의 활용

상담자는 상담에 도움이 되는 여러 가지 형태의 편지, 메모, 글쓰기, 증서, 미술작품, 계약서 등의 문서를 형식의 제약 없이 상담에 활용한다. 상담자는 회기와 회기 사이에 문제해결을 위한 문서를 직접 만들어 내담자에게 주거나, 회기 내에 내담자 스스로 글쓰기나 그림을 통해 상담에 도움을 줄 수 있다. 문서는 상담 후에도 남아 있을 수 있어서 상담효과를 지속시키는 장점이 있다.

상담자들은 문서를 작성할 때 내담자의 문제중심의 이야기에 초점을 맞추기보다 대안적인 이야기와 예외적인 상황에 스포트라이트를 비춘다. 특히 내담자의 삶에서 빛나는 사건들과 탄력성, 여기까지 올 수 있었던 강점들에 집중함으로써 내담자는 심리사회적 지지체계를 형성하며 자신의 삶을 다른 시각으로 보게 된다.

상담에 도움이 되는 문서로는 편지가 가장 널리 사용되며, 이야기가 재진술되는 것이 큰 장점으로 내담자에 대한 정보와 기록, 상담과정 내용의 정리가 되기도 한다. 비디오나 오디오 작업을 통한 상담과정이나 작품, 이야기 등을 놀이로 담은 사진이나 영상을 보조적 도구로 쓰기도 한다(김유숙 외, 2013).

5. 사례 연구[1)]

1) 개요

내담자는 30세의 양육미혼모로 6개월의 동거기간을 거쳐 21세에 미혼모가 되었고 현재 자녀는 9세의 남자아동으로 초등학교 2학년에 재학 중이다. 내담자는 자녀가 학교폭력 피해를 당하는 과정에서 이에 대한 대처능력이 부족한 것이 내담자 자신의 자녀방임과 학대에서 비롯된 것으로 생각하고 자책하고 있었다. 상담을 통해 이러한 심리적 어려움 해소와 앞으로의 자녀양육에 도움을 받고자 아동 관련 기관에 상담을 신청하였으며, 건강가정지원센터로 연계되어 상담을 시작하게 되었다.

1) 이 사례는 '송정숙, 배덕경, 전영주 (2014). 학령기 자녀를 둔 양육미혼모에 대한 이야기치료 단일사례연구: 부모됨의 정체성 재구성을 중심으로. 한국가족치료학회지, 22(4), 323-345'에서 발췌, 수정한 것임.

2) 가계도

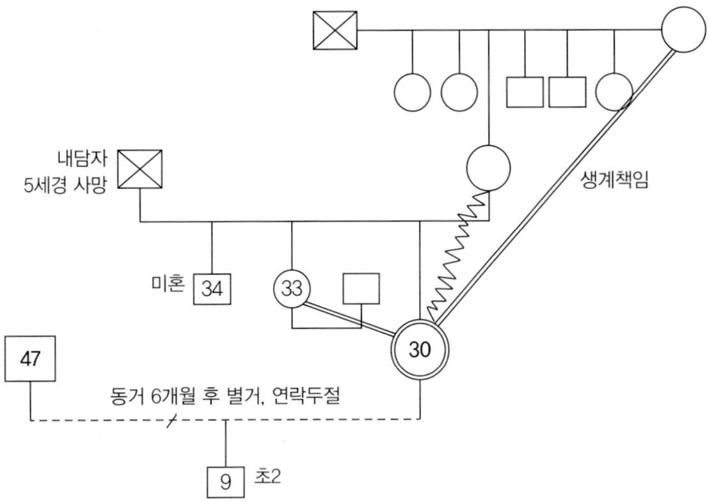

3) 이야기치료의 적용

(1) 문제이야기 경청과 외재화: 입장진술지도 I

상담자는 먼저, 내담자의 삶의 어려움에 대해 충분히 듣고 해소하도록 했으며 자기에 대해 어떻게 인식하며 정체성을 규정하고 있는지 알아보았다. 내담자는 부모로서의 어려움, 걱정거리 중 '자신이 잘못해서 자녀에게 벌을 내려 자녀가 아픈 것, 미혼모자녀여서 따돌리는 것, 자녀가 사춘기가 되면 미혼모가족을 어떻게 받아들일까' 등 부모로서의 불안을 문제이야기로 선택하고 '공부 못하는 애가 해야 하는 숙제'로 외재화하였다.

상담자는 내담자의 문제이야기인 '공부 못하는 애가 해야 하는 숙제'가 자신과 자녀, 원가족, 대인관계 등에 미친 영향을 다각도로 질문하면서 이야기하도록 하였다. 이를 통해 내담자는 내재화 대화에서 벗어나게 되었다.

상담자 : '공부 못하는 애가 하는 숙제'는 햇님씨가 원하지 않는 것이라고 했는데, 그 숙제는 햇님씨에게 어떤 영향을 주는 것 같아요?

내담자 : 부모로서 불안감, 미안함, 죄책감, 이게 기본적으로 돌아가면서 이게 계속 하면서 나에 대해 내 인생은 뭐지? 나는 잘 살고 있나? 그런 생각이 들었어요. 주눅 드는(중략). 그렇지만 버리지는 않았다고. 엄마는 자식 중에 제대로 결혼한 자식이 없다고 친척들에게 부끄러워해요.

상담자 : 그럼, 그 숙제가 현재 말고 앞으로 내 미래의 모습이나 계획에 어떤 영향을 끼치는 것이 있어요?

내담자 : 지금은 부정적인 생각은 웬만하면 안 하려고 해요. 그때는 시간만 가기를 원하고 남 탓만 하고(중략). 지금 같으면 별이가 거짓말해서 혼내면 마음이 많이 불편했을 거고, 그런데 그 전에는 네가 잘못해서 엄마가 혼낸다고 생각했죠(중략). 내 합리화를 하는 거죠. 네가 잘못했고 엄마로써 당연히 혼내는 거야라고. 지금은 내가 왜 그때 (내 화를) 못 참았었지 생각해요.

내담자는 평가를 통해 부당한 일에 참는 것이 좋은 것이 아니라고 인식하였고, 부모가 됨으로써 겪는 어려움이 '모든 가정에 있을 수 있는 문제와 숙제'로 정상화함으로써 양육미혼모 가정에 대한 담론을 해체한 것을 알 수 있었다. 부모라면 부당한 자녀문제에 적극적으로 나서서 주장해야 한다고 입장을 밝혔다.

상담자 : 2학년 때부터 담임선생님이 얘기도 해주시고 심각성이 딱 와 닿았네요. 그렇다면 그 숙제가 어떤 영향력이 있는지 평가를 해 본다면 지금 이 상황에서 나는 변하고 있고 변하려고 하지만 숙제는 남아 있잖아요. 이런 상황에서 햇님씨는 숙제에 대해 어떤 입장이세요?

내담자 : 그저 옛날에는 나만 가지고 있는 거고, 지금은 어느 가정에서나 일어날 수 있다. 별이가 나중에 사춘기가 오면 끝까지 놓지 말아야 되는데 그 사춘기는 누구 집에나 다가오는 거고.

상담자 : 음. 어떻게 그렇게 생각하게 되신 거예요?

내담자 : 다른 엄마들을 만나보면서, 부모라면 내가 선택한 것에 대한 대가를 인정하고, 내가 책임져야 된다는 것을 인정하는 것이 가장 중요하다고 생각해요. 저도 제 삶을 포기하고 엄마로서의 삶을 살기로 선택했지만 별이가 6~7세 될 때까지 온전하게 제 아이로 인정하고 싶지 않았을 때도 있었죠. 소유물로 봤지요. 그래도 지금은 조금은 바뀌었다고 생각하고 노력하면 되지 않을까.

(2) 독특한 결과의 외재화: 입장진술지도 II

입장진술 II를 통해 내담자가 자신에 대한 부정적인 정체성에서 벗어났던 독특한 결과를 과거 경험과 미래 계획에서 찾고 외재화하였다.

상담자 : (요약) 그러면 햇님씨가 그런 '숙제'에 맞닥뜨렸을 때, 난 '숙제'보다 강하다 하고 느낀 적이 있어요?

내담자 : 별이 학교 폭력 때. 폭력 피해를 알고, 학교에 가서 말하고 좀 기다렸죠. 그런데 개선이 되지 않은 것 같아 안 되겠다 싶어서 학교 폭력센터에 신고해서 이렇게는 더 이상 못 참겠다 했지요.

상담자 : 내가 어떤 행동을 할 때 힘이 되었던 것 같아요?

내담자 : 당연히 엄마면 진작 그래야 되는 건데, 그때 이후로 좀 무슨 일이 있으면 얘기를 하고요. 직접 별이한테 피해가 가니까, 그러니까 (부당한 일이 있으면) 쫓아가서 따지고 싸우고 그랬어요. 한 번 해 보니까 내가 아니라고 말해야 한다는 것을 알았어요(중략).

상담자 : 그때 대단한 용기가 불끈 솟았단 거지요? 그때는 내가 숙제보다 힘이 있다는 느낌을 받으셨네요? 그런 힘은 어디서 온 것 같아요?

내담자 : 솔직히 내 아이에게 피해가 안 가면 그냥 있었는데, 지금은 별이 때문에 더 쫓아가서 따지고(중략).

상담자 : 그런 햇님씨의 모습에 이름을 붙인다면 뭐라고 할 수 있을까요?
내담자 : 제가 생각이 좀 바뀌어서 그런지 옛날에는 이 애를 어떻게 키워야 되나? 어떻게 해야 될지도 모르겠고 그랬는데 지금은 그냥 다른 애들하고 똑같은, 그냥 다른 부모들처럼 똑같이, 때로 속 썩일 때는 골치 덩어리이기도 하지만 숙제에 맞서는 '희망'이기도 하고….

내담자는 독특한 결과의 영향력 탐색을 통해 자신에 대한 인식이 변화하기 시작하였고 자녀와 가족, 주변 사람들과 학교 관계에서 변화를 보였다.

상담자 : 그럼 그 '희망'이는 햇님씨에게 어떤 영향을 주는 것 같아요?
내담자 : 바꾸게 하는 것? 전에는 내 멋대로, 걸리는 게 없으니까 내가 하고 싶은 대로, 내가 하고 싶은 말, 원망하고 싶은 거 다하고. 지금은 별이로 인해서 성숙해지고 조심해야 될 것도 많아지고. 한 번 더 생각하게 되고, 욱 했다가도 두세 번 더 생각하고 행동하게 하고, 그렇게 만드는 것 같아요.
상담자 : 왜 그렇게 생각하게 되었어요? 어떻게 그런 입장을 갖게 되셨어요?
내담자 : 특별한 이유는 없는데…. 당연히 나한테 온 아이이고, 당연히 내가 키워야 한다는.

(3) 대안적 이야기 구축: 재저작

내담자의 문제이야기에 맞서는 독특한 결과라고 보이는 행동에 대해 구체적으로 탐색하였다. 구체적인 행동 영역에 따른 정체성 영역에 대한 지향 상태와 의미 탐색이 함께 이루어지고 과거, 현재, 미래를 넘나들며 탐색이 이루어졌다. 이 사례에 대한 재저작 대화과정과 지도는 [그림 10-3]을 참고하기 바란다.

(4) 대안적 정체성 구축: 회원 재구성, 외부증인반응

이 사례에서는 회원 재구성으로 외조모를 떠올렸는데 어릴 때부터 유독 자신을 예뻐하며 아껴주었고 자신도 외조모에게 소소한 기쁨을 주었을 것이라고 하였다. 외부증인으로는 이야기치료를 실천하고 있는 상담자 집단을 초대하여 정의예식을 하였다. 이 사례의 정의예식과정은 본문에 실었다. 내담자는 외부증인 반응을 통하여 자신의 삶에 대한 정체성을 더욱 확고하게 구축하였고 내담자의 삶은 외부증인집단에게 공명을 주어 입장이 이동됨을 볼 수 있었다.

(5) 치료적 문서의 활용

내담자의 정체성이 상담 전과 상담 후에 어떻게 변화했는지 인생나무그림을 통해 비교하여 확인해 보았다. [그림 10-4]를 보면 많은 변화가 있음을 알 수 있다. 또한 심리사회적 지지체계의 변화도 이루어졌음을 확인할 수 있었다.

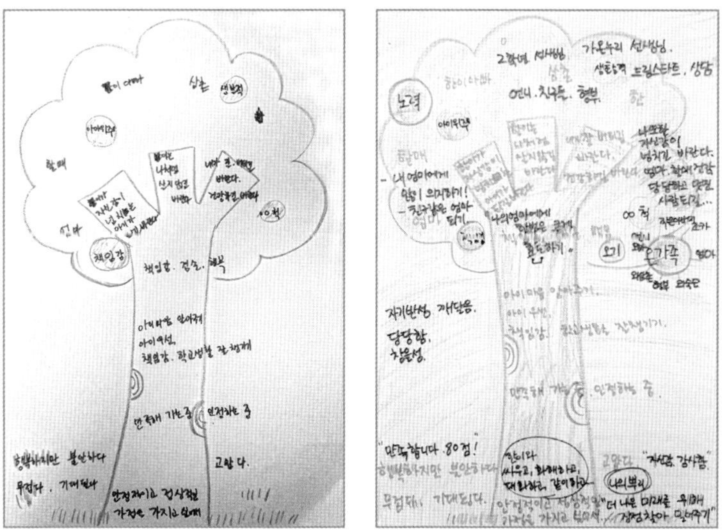

상담 초기 상담 후기

❖ **그림 10-4** 치료적 문서: 부모됨의 나무

활동하기

1. 영화 〈식스 센스(The Sixth Sense)〉를 보고 상담자와 내담자 소년 간의 협력적인 자세에 대해 논의해 봅시다. 영화 속에서 치료자는 내담자의 독특한 결과 탐색을 어떻게 조력하고 있습니까?

2. 점토를 활용하여 문제를 외재화해 봅시다.

1) 문제의 외재화: 이름 붙이기
- 먼저 자신이 문제라고 생각하는 것을 생각해 봅시다.
- 이제 그 문제가 당신과 떨어져 있다고 생각하고 그 문제를 의인화해 봅시다. 그리고 이름을 붙여 봅시다.
- 그 문제를 점토로 만들어 봅시다.

2) 문제의 영향에 대해 탐색하기
- 그 문제가 현재 당신이 자신을 보는 방식과 가족관계, 친구관계, 그 밖의 인간관계에 어떤 영향을 끼쳐 왔는지 생각해 봅시다.
- 그 문제가 현재 어떤 영향을 미치고 있습니까?
- 그 문제가 삶에서 지향하는 바에 어떤 영향을 주고 있습니까?

3) 문제의 영향을 평가하기
- 그 문제가 끼친 영향력에 대해 어떤 입장을 갖고 있습니까? 긍정적입니까? 부정적입니까?
- 인생계획이나 목표에 비추어볼 때 긍정적입니까? 부정적입니까?

4) 평가에 대한 정당성
- 어떤 이유나 근거에서 위와 같은 입장을 갖게 되었습니까?
- 그러한 이유는 나 자신을 보는 관점, 인간관계에서 중시하는 것, 무엇에 헌신하는지 등 당신에 대해 무엇을 말해줍니까?

FAMILY COUNSELING

11

CHAPTER

통합적 가족상담

1. 개요

2. 주요 개념

3. 상담목표와 상담과정

4. 상담 전제

5. 사례 연구

11 CHAPTER

통합적 가족상담

1. 개요

가족은 고정불변의 개념이 아니라 가족이 속한 사회문화 및 역사적 환경이 변하면 가족의 모습과 기능도 변한다. 현대 가족은 산업화와 도시화의 영향으로 3세대 이상이 함께 사는 확대가족이 줄어드는 대신 핵가족이 증가하고 있다. 그리고 여성의 사회진출과 자녀양육비 부담의 증가로 인하여 결혼률과 출산율이 감소하면서 가족세대와 가족 크기가 축소되고 있다.

이러한 변화는 이혼, 별거와 같은 가족해체의 위험성과 자녀양육문제와 과잉기대로 인한 갈등, 그로 인한 자녀의 역기능적 문제, 노령화로 인한 노인부양문제 등 다양한 가족문제의 원인이 된다(최경석 외, 2006). 특히 부부중심의 핵가족이 중심이 되면서 부부간 갈등, 의사소통문제, 부정적 양육태도 등으로 인한 자녀의 역기능적 증상이 나타나는 경우가 더욱 많아졌다(정문자, 2008). 또한 21세기에 들어오면서 동거가족, 한부모가족, 자발적 무자녀가족, 동성애가족 등과 같이 가족형태에도 다양한 변화가 나타나고 있다(유영주 외, 2008).

1990년 이후 가족상담 전문가들은 다양한 가족문제를 가진 가족을 돕기 위하여 다른 여러 가족상담 모델에서 나오는 다양한 기법을 혼합해서 적용하기 시작하였다. 즉, 가족상담 모델의 기법 차이에 관심을 두기보다는 내담자 가족이 겪고 있는 문제, 그 가족의 발달주기 등에 특정한 개입방법을 적용하여 돕는 데 더 관심을 두게 된 것이다(정수경, 2000). 21세기 가족상담에서는 하나의 가족상담 접근법만이 임상적 효과를 가질 수 있다고 주장하기보다는 다양한 가족의 사회적 배경과 문제에 따라 여러 가지 이론들의 장점을 '절충'하고 '통합'하는 가족상담 모델이 등장하게 되었다(김한나, 2008).

통합적 가족상담에는 크게 두 가지 접근법이 있다. 첫 번째 접근법은 '절충 모델'로, 해당 사례에 따라 다양한 가족상담 모델 기법 중에서 효과가 있는 부분들을 서로 절충하여 사용한다. 또는 하나의 가족상담이론을 중심으로 다른 이론기법을 선택적으로 빌려와 사용하는 방식이 있다. 여기에는 대상관계이론 가족상담과 가계도 활용(Bowen 이론), 개인상담과 가족상담의 통합 등이 속한다.

두 번째 접근법은 해당 사례에 적절한 '통합 모델'을 만들어내는 방식으로, 가족상담의 기본 개념인 체계이론을 기반으로 하여 다양한 상담 모델의 개념이나 기법 등을 혼합하여 또 다른 메타 수준의 이론을 만들어내는 것이다. 초월구조적 모델, 통합적 문제중심상담 모델, 다중차원 가족상담 모델, 통합적 커플상담 모델, 지역사회 가족상담 모델 등이 여기에 속한다(Nichols, 2010, 김영애 외 공역, 2011; 이상복, 2007; 유옥, 2012).

2. 주요 개념

1) 절충 모델

절충 모델은 가족상담실에 내방한 가족의 다양한 문제를 돕기 위해 그 가족의 문제상황에 따라 적절한 여러 가지 상담 모델 기법을 조금씩 취하는 것이다. 그러나 사례에 대한 개념적 초점 없이 상담기법만 가져오거나 상담진행 중 어려움이 있을 때마다 다른 모델로 성급하게 바꾸는 것은 조심해야 한다(이상복, 2007; Nichols, 2010, 김영애 외 공역, 2011).

대상관계 가족상담과 해결중심 모델을 절충한 사례

초등학생인 딸(IP)의 과잉행동 때문에 가족상담에 참여한 40대 초반의 주부 내담자는 어린 시절 첫 돌이 되기 전에 어머니가 돌아가셨고 이후 아버지의 재혼으로 인해 새어머니에게 많은 구박을 받았다. 내담자는 어머니의 죽음으로 인한 유기불안과 자신을 잘 돌봐주지 않았던 아버지와 새어머니에 대한 원망감과 분노를 외부로 표현하지 못하고 마음속으로 내사하여 우울증과 무기력을 겪고 있었다. 그리고 어머니가 자신을 낳으면서 몸이 아파서 돌아가셨기에, 자신이 어머니를 죽게 했다는 깊은 죄책감을 가지고 있었다.

대상관계 가족상담을 활용하여, 내담자의 어린 시절 경험과 IP인 딸을 양육함에 있어 미치는 영향을 먼저 살펴보았다. 내담자는 자신의 공격성(유기불안, 원망감, 분노)를 투사하고 그것을 딸이 동일시하여 매우 과잉행동하도록 무의식적으로 유도하고 있었다. 즉, 딸은 우울하고 무기력한 내담자를 무의식적으로 위로하기 위해 지나치게 활달하고 산만한 아동이 되었으며, 내담자는 이에 대해 비난과 무관심으로 대응하자 딸이 더욱 더 과잉행동으로 어머니의 관심을 받고자 하는 악순환을 갖게 되었던 것이다. 또한 내담자는 어머니 죽음에 대한 죄책감이 깊어서 자신의 딸과 친밀한 관계를 형성하고 유지하는 데 어려움을 겪고 있어 이것을 통찰하도록 도왔다.

그리고 해결중심 모델의 기적질문기법을 사용하여 상담목표를 설정하고 예외질문을 통해 딸이 과잉행동하지 않았던 경험이나 두 모녀가 잘 지냈던 예외상황을 탐색하였다. 이를 통해 모녀관계에서 서로 좋은 대상경험을 제공했던 상황이 다른 상황에서도 다시 실행되고 유지될 수 있도록 과제를 내주었다.

- 이 상담은 부모자녀 대상의 가족상담에서 부모의 어린 시절 경험에서 획득한 정서가 자녀양육에 미치는 영향을 먼저 탐색하여 부모의 부정적 정서를 긍정적 정서로 바꾸는 상담(대상관계가족상담)을 먼저 실시한 후, 부모자녀관계의 긍정적 변화를 위해 과거의 실패보다는 문제가 일어나지 않았던 예외상황을 탐색하고 그 예외가 계속 유지될 수 있도록 상담(해결중심 가족상담)을 절충하여 실시한 것이다.

또 다른 절충 모델 방식은 하나의 상담 모델에 확실한 이론적 기반을 두고 필요에 따라 다른 기법을 일시적으로 가져와 사용하는 것이다. 이때 빌려오는 기법은 중심이 되는 상담 모델의 패러다임에 적합한 기법을 가져오면 더 효과적이다. 예를 들면, 구조주의 가족상담을 기반으로 한 부모-자녀상담에서 부모와 자녀의 과도한 밀착 관계로 인해 갈등이 지속되고 있다면, 이야기치료의 외재화기법을 가져와 자신들의 말다툼을 '불화'라는 관점에서 바라보고 서로 협조적인 관계로 회복하도록 돕는 경우를 들 수 있다(Nichols, 2010, 김영애 외 공역, 2011; 이상복, 2007; 유옥, 2012).

대상관계 가족상담을 중심으로 활용하고 이야기치료를 부분적으로 절충한 사례

자녀를 데리고 가정폭력쉼터로 입소한 30대 초반의 주부는 가정폭력 경험으로 인한 무기력과 재결합에 대한 양가감정으로 자녀를 거의 돌보지 못할 정도로 우울하였다. 내담자는 상담과정에서, 어릴 때부터 부모의 이혼으로 인해 여러 친척집을 옮겨 다닌 이야기와 그 과정에서 성폭력 경험이 있었음을 보고하였다. 특히 10대 후반에 발생했던 성폭력 경험은 상담받기 전까지 내담자가 머릿속에서 지우고 있었던 기억이었다.

먼저 대상관계 가족상담을 통해, 내담자의 어릴 때 성폭력 경험과 돌봄을 받지 못한 경험이 배우자 선택에 미친 영향력을 탐색하였다. 내담자는 자신을 강력하게 돌봐줄 배우자를 원했으며, 이러한 무의식적 기대 때문에 연애과정에서 다소 가부장적이고 폭력적이었던 남편의 성격을 외면하고 결혼하게 되었음을 알게 되었다. 그리고 폭력이 매우 심한 남편이지만 재결합에 대한 기대를 가지는 것은 대상과의 분리에 대한 불안과정에서 생기는 감정임을 느끼고 자신 스스로 '견디고 안아주는 경험'을 하도록 안내하였다.

그리고 내담자의 자원탐색을 위해 이야기치료 외재화기법을 활용하여 내담자의 삶에 이름 붙이기를 제안하자 자신의 삶을 생명력을 상징하는 "민들레"라고 하였다. 이것은 내담자 스스로 과거 경험이 힘든 점도 많지만 자녀를 키우고 잘 버틸 수 있는 힘을 가졌음을 찾는 과정이었다. 또한 이야기치료 외부증인 기법을 활용하여 함께 생활하는 입소자, 실무자, 취업훈련 담당자들로부터 내담자가 열심히 살아가고 있음을 증명할 수 있는 상장과 시, 편지 등을 받도록 하였다.

이처럼 스스로 자신의 힘을 인정하고 주변의 지원을 수용하게 된 내담자는 자녀에게 '좋은 대상'으로서의 경험을 제공할 수 있는 가족놀이상담에 함께하였다. 이러한 가족놀이상담은 어린 시절 재미있게 놀아본 경험이 없는 내담자에게도 매우 좋은 경험이었으며, 가정 내 폭력으로 인해 심리적 공포와 분노가 많은 자녀에게도 감정해소의 중요한 경험이었다. 이후 내담자는 남편과의 기나긴 이혼소송을 견디고 취업훈련을 잘 마친 후 자녀를 데리고 쉼터에서 독립하였다.

• 이 상담은 어린 시절 획득한 부정적 경험들이 배우자 선택에 미치는 영향과 주요 대상에 대한 분리불안이 폭력적 가해자와 분리되지 못하도록 방해함을 통찰하는 상담(대상관계가족상담)과 자녀에게 좋은 대상으로서의 경험을 제공할 수 있는 상담(대상관계 가족놀이상담)을 제공하여 가정폭력 피해자가 스스로 자립할 수 있도록 도운 것이다. 그리고 이야기치료 가족상담기법을 부분적으로 절충하여 가정폭력 피해자가 자립하는 데 가장 필요한 자원을 탐색하도록 실시한 상담이다.

2) 통합 모델

통합 모델은 기존의 모델을 수정 · 보완하여 새로운 통합적인 모델을 만들어내는 것이다. 통합 모델을 만드는 방식은 하나의 모델을 중심으로 여러 가지 다른 접근법을 포함시키는 포괄적 체계 방식과 여러 가지 접근법을 결합시킨 방식이 있다(이상복, 2007; Nichols, 2010, 김영애 외 공역, 2011).

(1) 초월구조적 모델

초월구조적 모델(metaframeworks)은 노스웨스턴 가족상담 연구소의 Dougls Breunlin과 Richard Schwarts, 시카고 아동상담소의 Betty Mac Kune-Karrer가 함께 만든 모델이다. 이 모델에서는 내담자의 호소문제를 사정하기 위한 주요 개념 6개를 소개하고 있는데 이것은 다양한 가족상담이론에서 통합한 것이다. 6개의 주요 개념은 심리내적과정, 가족구조, 가족 상호과정의 인과적 연쇄과정, 가족발달, 문화, 성별이다(김한나, 2008에서 재인용).

심리내적과정이란 가족갈등에서 가장 먼저 해결해야 할 가족원 개인의 심리과정이며, 가족구조는 가족하위체계 간의 경계선, 밀착과 격리, 가족과 외부 간의 경계등을 말한다. 여기에는 가족규칙, 가족역동성과 상호작용 등이 포함된다. 가족 상호과정의 인과적 연쇄과정은 가족이 서로 상호작용하는 시간개념으로 몇 초의 짧은 시간에서 가족의례까지도 포함된다.

가족발달은 가족발달주기에서 발달과업에 따른 가족원의 적응, 세대 간 갈등, 욕구, 대처능력, 탄력성 등을 살펴보는 것이다. 문화는 가족문제에 영향을 미치는 사회환경 · 문화적 요소를 말하며 가족문화의 적응성, 종교의 배경, 다문화 사회의 적응성 등이 포함된다. 마지막으로 성별은 가족원의 성정체감, 성역할, 시대의 변화에 따른 성역할에 대한 대처와 성적 표현 정도 등을 나타내는 가족원의 성역할을 의미한다(이상복, 2007; 김한나, 2008).

상담과정을 살펴보면, 6개의 주요 개념을 통해 사례를 사정하고 이것을 기반으로 상담가설과 상담계획을 세운다. 이 모델에서는 상담과정에서 경험하는 행동을 통해 중요한 의미를 지닌 변화들이 생긴다고 믿는다. 그러므로 구조적 가족상담의 실연화, 전략적 가족상담의 역설적 개입, Bowen 다세대가족상담의 가계도 그리기, Satir 경험적 가족상담의 가족조각과 같은 활동을 상담과정에 적절히 사용한다. 또한 이 모델에서는 다양한 상담적 대화기술의 사용을 강조하며, 문제를 다른 차원에서 바라보기, 순화적 질문하기, 그리고 피드백 제공하기와 같은 질문기법을 사용한다(이상복, 2007).

초월구조적 모델의 주요개념을 활용하여 사정 및 진단하기

초등학교 3학년 아들을 둔 30대 후반의 맞벌이 부부는 서로 근무하는 시간이 달라서 가사분담과 자녀양육에 어려움을 겪고 있다. 최근에는 남편이 승진시험을 준비 중이어서 아내의 자녀양육에 대한 부담감이 더 증가하면서 아내는 우울증을 호소하고 있었다.

상담자: 아들이 숙제를 하지 않으면 누가 가장 화를 냅니까?

아 내: 저예요. 남편은 매일 퇴근시간이 늦어서 아들과 시간을 거의 보내지 않아요. 그래서 제가 아들의 숙제를 전적으로 봐주는 편인데, 아들과 항상 말싸움을 하지요. 그러면 남편은 집에 와서 아들이 숙제를 하지 않은 것에 대해 화를 내고 결국 저와 싸움으로 끝이 나지요. 남편은 아들이 나를 조정한다고 말해요. 다른 사람들은 아들이 초등학교 3학년인 것에

비하여 매우 성숙하고 똑똑하다고 하는데. 아들은 엄마인 나한테만 늘 논리적인 핑계를 되면서 숙제를 미루고 나를 화나게 해요. 남편이나 주위 사람들은 아들에게 지지 말고 엄하게 키우라고 하는데, 몸이 약한 아들을 심하게 혼내는 것이 옳은 것인지 저도 잘 모르겠어요.

- 가족 상호과정의 인과적 연쇄과정: 부모의 맞벌이로 인하여 숙제를 할 수 있는 저녁 공부시간과 공부습관이 형성되어 있지 않은 상태임
- 가족구조: 아들의 숙제를 누가 관리하는가에 대한 부부간의 리더십 갈등이 있음
- 가족발달: 아들은 숙제를 하지 않을 때에는 아이처럼 굴지만 다른 어른들과 이야기할 때에는 어른같이 행동함. 즉, 발달과정상에 기복이 있는 편임
- 심리내적과정: 어머니는 자신이 직장생활을 하는 탓에 아들을 잘 돌보지 못하고 있다는 죄책감이 있으며 아들은 숙제를 하지 않음으로써 어머니의 죄책감을 자극함
- 성별: 맞벌이 부부임에도 불구하고 남편은 자녀양육을 아내에게 전적으로 맡기는 등 전통적인 남성 역할을 고수하는 편이며, 아내는 이에 대한 혼란이 있는 것 같음

출처: 이상복 (2007).

(2) 통합적 문제중심상담 모델

통합적 문제중심상담(intergrative problem-centered therapy: IPCT) 모델은 노스웨스턴 대학의 가족연구소에서 William Pinsof와 동료들이 발전시킨 접근법이다. 이 모델은 내담자 가족이 가진 문제에 따라 다양한 가족 및 개인 접근법들을 연속적으로 통합하여 사용하도록 한 접근법이다. 이 모델의 평가절차는 우선 가족의 문제를 확인한 다음에 가장 먼저 행동변화를 시도하고 그에 따른 핵심감정을 살펴본다. 만약 행동변화의 시도가 실패하는 경우, 다른 적절한 해결법을 적용하여 다시 시도한다.

예를 들면, 전략적 가족상담을 주로 공부했던 Pinsof는 자신의 모델이 효과가 없으면 Satir의 의사소통이론으로 가족 간 감정탐색과 표현을 하도록 도왔다. 이후에도 문제가 지속될 경우에는 정신병리적 평가를 의뢰하거나 Bowen의 다세대적 상

담을 받도록 안내하기도 한다. 또한 이 모델은 상담의 효율성을 위해서라면 개인상담과 가족상담 영역을 서로 오가며 참여하도록 한다(김한나, 2008에서 재인용).

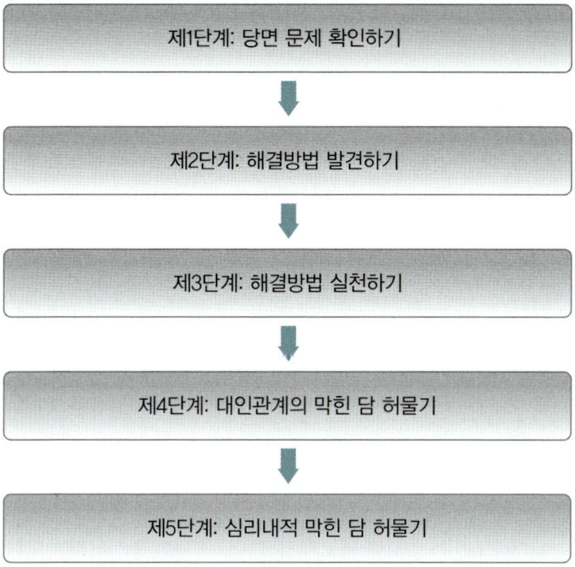

❖ **그림 11-1** 통합적 문제중심상담 모델의 평가와 개입과정

출처: 이상복 (2007).

통합적 문제중심상담 모델을 활용한 상담사례

대학 1학년 때부터 사귀기 시작한 20대 후반의 커플이 상담에 왔다. 오랜 연애기간을 거친 이 커플은 결혼을 생각하고 있지만 서로 마음을 다치는 일이 많아 결혼을 결정하기에 두려움을 가지고 있었다. 왜냐하면 두 사람 모두 언쟁을 하면 서로 지지 않으려고 하거나 특히 남자친구가 갑자기 화를 내는 경우가 많았기 때문이다.

1. **제1단계: 당면문제 확인하기**

   두 사람 모두에게 의견을 표현할 기회를 주고 그에 따른 자신의 마음을 표현하는 기회를 주는 것이 중요하다. 두 사람이 서로 인정한 문제는 말싸움을 하면 서로 지지 않으려고 하는 것과 서로에게 상처 주는 말을 자주 하는 것이었다.

2. 제2단계: 해결방법 발견하기

과거에 실패했던 방법과 성공했던 방법을 모두 살펴보고, 과거에 성공했던 방법을 다시 적용할 수 있는지 여부를 확인한다. 여자친구는 남자친구가 자신의 말을 무시하거나 비판하지 않고 잘 들어 주었을 때 대화가 잘 된다고 기억했으며, 남자친구 역시 여자친구가 자신의 말을 잘 들어 주었을 때 언쟁하지 않았음을 이야기하였다. 즉 두 사람은 서로서로 상대방이 자신의 말을 공감해 주기를 원하고 있음을 확인하였다.

3. 제3단계: 해결방법 실천하기

해결책을 구체적으로 실천할 수 있는 방법을 찾아보고, 예전의 문제를 유지하려고 하는 커플 간 구조나 개인의 심리적 역동, 파괴적 기대들을 살펴보아야 한다. 커플은 서로의 마음을 잘 들어주는 상담과제를 제시하였으나 과제 실행에 실패하고 상담실에 왔다. 그 이유에 대해 남자친구는 자신이 회사에서 너무 힘든 일이 있었는데 여자친구가 자신의 이야기만 들어달라고 하는 것에 화가 나서 참다가 다시 언쟁을 하게 되었다고 하였다. 이에 대해 여자친구는 남자친구가 평소에도 자신의 감정을 잘 드러내지 않다가 남자친구인 자신의 기분을 먼저 헤아리지 못한다고 갑자기 화를 내는 경향이 있다고 하소연하였다.

4. 제4단계: 대인관계의 막힌 담 허물기

만약 실천가능한 해결방법이 없거나 제시한 해결방법이 효과가 없다면, 가족 간이나 대인관계에 존재하는 어려움이나 갈등을 살펴볼 필요가 있다. 남자친구에게 아버지에 대해 물어보자, 평소에는 화를 잘 내지 않는 사람이나 한 번 화를 내면 무척 무서운 분이라고 말하며, 아버지의 기분을 살피는 것이 익숙하다고 말하였다. 이러한 경험은 남자친구로 하여금 평소에는 속상한 일을 참고 있다가 화를 폭발하거나 상대방도 자신처럼 남의 기분을 살펴 주기를 과하게 기대하게 만들었다.

5. 제5단계: 심리내적 막힌 담 허물기

대인관계 차원의 막힌 담을 허무는 것으로 충분하지 않을 때, 가족상담자는 개인의 내적인 상처, 갈등 등을 분석하고 드러내는 정신분석적 작업을 실행한다. 남자친구와는 아버지의 관계에서 느낀 두려움과 억울함을 표현하도록 돕고, 이러한 과정에서 여자친구가 비판하지 않고 충분히 들어주고 안아주도록 안내하였다. 이후 여자친구의 대인관계와 심리내적 막힌 담을 허무는 상담을 추가하여 실시하였다. 이러한 경험을 통해 커플 간 대화의 걸림돌을 확인하고 이를 서로 비판하지 않고 공감하고 경청하는 경험을 하도록 도왔다.

출처: 이상복 (2007).

(3) 다중차원 가족상담 모델

다중차원 가족상담(multidimensional family therapy) 모델은 Howard Liddle(1991)이 학대나 방임, 약물중독, 범죄행위를 하는 문제청소년 가족을 상담하기 위해 만든 모델이다. 이 모델에서는 청소년 위험행동의 원인을 평가하기 위해 발달병리학과 약물과 문제행동 모델을 사용하고, 가족 내 역기능 탐색을 위해 가족체계이론과 구조주의 가족상담이론을 사용하였다. 그리고 가족 내 변화와 성장을 위해 인지행동주의 가족상담 이론을 중심으로 한 부모훈련, 청소년 기술훈련 등을 통합하여 적용하였다(Nichols, 2010, 김영애 외 공역, 2011).

(4) 통합적 커플상담 모델: 가정폭력커플 중심

Virginia Goldener와 Gillian Walker는 기존의 가정폭력 접근과는 달리 가해자와 피해자 모두를 상담하는 것을 기본으로 하는 통합 모델을 개발하였다. 기존의 가정폭력에 대한 접근법은 여성주의 상담이론을 기반으로 하여 폭력행동을 한 가해자의 책임을 강조하고 가해자와 피해자를 따로 상담하는 것을 기본으로 하였다. 그러나 Goldener와 Walker는 폭력에 대한 책임은 가해자에게 있지만 새로운 관계변화를 위한 상호작용에는 가해자와 피해자 모두 참여하고 책임을 져야 한다고 주장하였다.

왜냐하면 커플이 함께 상담에 참여해야 한다는 전제는 폭력을 일으키는 커플관계는 매우 융합되거나 밀착되어 폭력행동 이후에도 재결합 가능성이 높으므로, 상담이나 주거지를 분리하는 것으로 커플의 안전을 책임질 수 없다고 보았기 때문이다. 그러므로 상담과정에서는 커플들의 어린 시절 경험 탐색을 통해 상대방의 어릴 때 상처를 서로 공감하게 하고, 또한 현재 폭력과의 관련성 등을 살펴본다. 그러나 과거와 연결된 폭력 경험의 연결고리를 끊는 것은 현재 자신의 책임임을 자각하게 하고 새로운 대처방식을 선택하도록 안내한다(Nichols, 2010, 김영애 외 공역, 2011).

(5) 지역사회 가족상담 모델

Ramon Rojano는 구조적 가족상담이론과 사회복지적 접근법을 통합하여 빈민층을 대상으로 하는 지역사회 가족상담 모델을 만들었다. Rojano에 의하면 가난하다는 것은 미래에 적절한 교육과 안정된 직장을 가질 수 있을 것이라는 희망을 가질 수 없는 무력감과 상실감이라는 심리적 문제가 가장 큰 원인이다. 이러한 것들은 단순히 상담을 통해 해결될 수 없는 문제이다. 그러므로 사회복지사업의 자원을 연계하여(자녀돌봄, 직장알선, 교육제공, 주거알선, 음식제공 등) 내담자 가족으로 하여금 변할 수 있다는 희망을 갖게 하고, 이를 통해 스스로 자신의 자원을 개발하여 변화와 성장을 유지하도록 돕는 것이 필요하다고 주장하였다(Nichols, 2010, 김영애 외 공역, 2011).

3. 상담목표와 상담과정

가족상담 중에서 특히 커플상담은 성장한 가족배경이나 가족주기에 따라 호소문제가 다양하다. 또한 커플이 겪는 현재의 갈등과 위기는 가족생활주기의 다음 단계에 역기능적인 영향을 미친다. 만약 자녀가 있는 가족이 붕괴된다면, 성인인 커플 당사자의 문제뿐만 아니라 자녀가 겪어야 할 어려움까지 예상할 수 있다.

그러므로 커플상담은 하나의 가족상담 이론보다는 커플이 호소하는 문제나 가족생활주기에 따라 여러 가지 적절한 가족상담기법을 적용하는 것이 더 효과적이다(이현주 외, 2012). 다음에서는 Lynn Long과 Mark Young이 만든 통합적 커플상담 모델을 중심으로 통합적 모델의 과정을 다루고자 한다(Long & Young, 2007, 이정연 역, 2009).

1) 상담목표

통합적 커플상담은 커플 선택에 영향을 미치는 원가족 경험과 커플관계의 구조와 체계, 권력, 의사소통방식 등을 다루고 문제해결을 위한 커플 자원을 탐색하고 실행하도록 돕는다.

2) 상담과정

통합적 커플상담 모델은 5단계 과정이며 1단계 사정에서 5단계 타당화 단계로 진행한다.

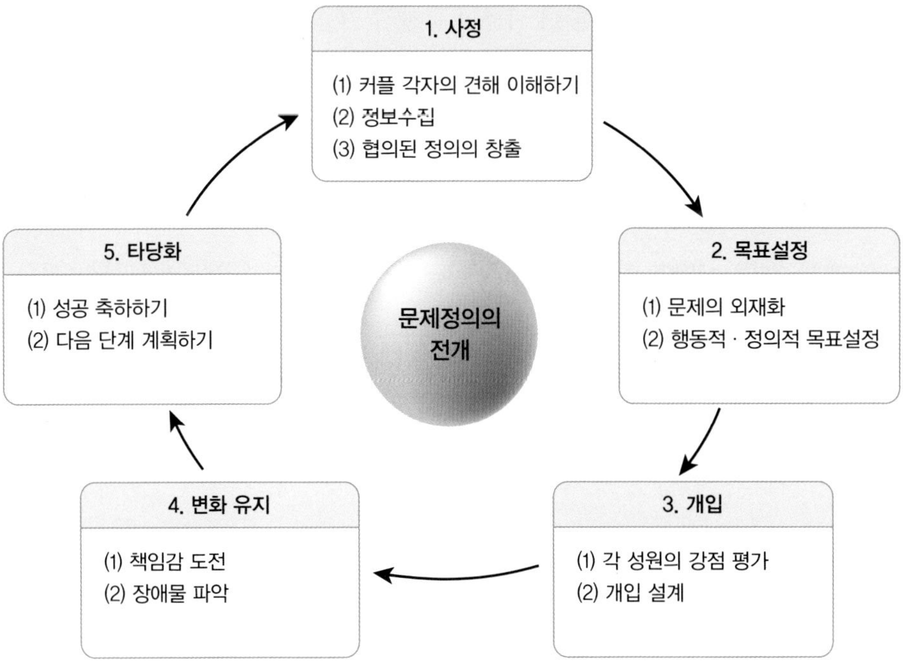

❖ 그림 11-2 커플상담의 통합 모델

출처: Long & Young (2007). 이정연 역 (2009).

(1) 커플문제 사정하기

이 단계는 커플 간의 문제를 확인하고 그 문제에 대해 서로 합의하는 단계이다. 같은 어려움을 겪고 있는 파트너라고 할지라도 문제에 대한 시각은 다르다. 그러므로 문제에 대한 커플 각자의 견해를 듣고 정보를 수집하고 이를 통해 두 사람의 문제와 목표에 대한 공통의견을 정리하는 것은 매우 중요하다. 이 단계에서는 가계도 분석을 할 수 있는 Bowen의 다세대가족상담이론과 Satir 경험적 가족상담을 적용할 수 있으며, 가족의 구조와 경계를 확인할 때는 구조적 가족상담이론을 적용할 수 있다.

이 과정에서 한 사람이 지나치게 오래 말하거나 서로 각자 불평만 하고 끝나지 않도록 유의해야 한다. 그리고 무엇보다 중요한 것은 커플 모두 문제해결에 책임감을 가지고 상담에 참여하도록 함께 해결하고자 하는 공통의 문제를 결정하고 동의하는지를 확인해야 한다. 또한 이 커플이 통합적 커플상담에 적합한지를 결정해야 한다.

통합적 커플상담에 적합하지 않는 경우

- 이미 이별을 결정했거나 하고 있으며, 자신들의 관계가 더 이상 좋아지지 않을 것임을 확인하려고 온 경우
- 커플 중 약물남용, 정신장애가 있거나 가정폭력이 있는 경우
- 갈등이 너무 심해서 상담실에서도 계속 언쟁을 하는 경우

출처: Long & Young (2007). 이정연 역 (2009).

(2) 커플 공통의 목표 설정하기

커플 공통의 목표를 설정할 때는 호소문제중심이 아니라 해결중심으로 목표를 세우는 것이 중요하다. 이 과정에서 목표를 잘 성취하기 위해서는 커플문제의 객관

화와 커플 간 비난하지 않기가 필요하다. 그러므로 이야기치료의 외재화기법이나 해결중심의 척도질문을 사용할 수 있다. 커플 간 목표를 설정할 때에는 부정적이기보다는 긍정적으로 진술하고, 정서적, 행동적 영역에서 모두 변화가 일어나도록 구체적이고 실행 가능하도록 설정한다. 여기에서는 인지행동 가족상담기법이 유용하다.

통합적 커플상담에서 공통의 목표 정하기

- 긍정적으로 정한다: '자주 싸우지 않는다'보다는 '서로에게 긍정적 감정을 느끼기를 원한다'라고 설정한다.
- 정서적 · 행동적 목표로 변형하기: 우리 커플은 더욱 가깝고 즐거운 관계(정서적)를 가지기 위해서 매일 저녁 식사 후 함께 집 주변을 1시간 정도 산책할 것이다(행동적).

출처: Long & Young (2007). 이정연 역 (2009).

(3) 커플자원을 활용하여 개입하기

커플이 세운 상담목표를 이루기 위한 자원이나 정보를 찾는 것은 매우 중요하며 이때 다른 사람이나 다른 곳에서 찾기보다는 커플 자신들이 가지고 있는 자원 안에서 찾는다. 그러므로 커플로 하여금 상대방이 개별적으로 갖고 있거나 커플이 공통으로 가지고 있는 긍정적 자원을 탐색하게 하고 이러한 자원이 과거의 유사한 문제 상황에서 어떤 도움을 주었는지를 살펴보게 한다. 이 단계에서는 전략적 가족상담이나 인지행동 가족상담, 그리고 해결중심 단기치료 등을 적용할 수 있다. 또한 커플의 목표를 성취하기 위한 다양한 보조기법(의사소통훈련, 성치료연계, 이혼중재 등)을 활용한다.

(4) 변화 유지하기

상담을 통해 경험한 변화는 유지되고 지속되기보다는 예전으로 돌아가려는 경향이 더 크다. 그러므로 커플문제에서 작은 변화를 인식하고 이것을 유지하는 것은 커플관계에서 매우 중요하다. 또한 상담과정에서 경험한 변화가 지속되지 못하도록 하는 어려움이나 방해요소를 예상하고 커플이 서로 책임감을 가지고 이러한 재발과정에 대책을 세우도록 독려할 필요가 있다. 이 단계에서는 다양한 매체를 활용한 가족상담(가족인형치료, 가족놀이치료, 가족미술치료)를 활용하면 커플의 어려움과 방해요소를 객관화하고 새로운 발전방향을 계획하는 데 도움을 받을 수 있다.

(5) 변화 타당화하기

2단계에서 설정한 목표와 비교하여 작은 변화라도 성취한 것에 대해 커플이 서로의 노력을 인정하고 축하하도록 돕는다. 그리고 이러한 변화를 바탕으로 다음에 다른 문제가 발생했을 때 대처하는 방법을 탐색하거나 추후상담을 안내할 필요가 있다.

4. 상담 전제

통합적 커플상담은 여러 가지 가족상담 이론 중에서 서로 보완 가능한 이론적 개념과 기법 등을 선택하여 적용한 모델이다. 다음은 커플상담을 진행함에 있어 기억해 두어야 할 8가지 주요 전제이다(Long & Young, 2007, 이정연 역, 2009).

(1) 커플은 서로 영향을 주고 교대로 영향을 주고받는다

순환성은 가족체계적 사고에서 출발한 것으로, A는 B에 영향을 주지만 B 역시 A에게 영향을 주며, A나 B를 둘러싼 환경, 위기상황, 두 사람을 포함한 다른 관계도 커플에게 영향을 준다는 의미이다. Bowen 가족상담의 순환적 질문하기는 커플관계에 초점을 두는 질문으로 "왜 싸우게 되었는가?"라는 커플 갈등의 원인을 묻기보다는 "커플관계에서 싸움이 미치는 영향은 무엇인가?"라고 물음으로써 커플 간 상호적 인과관계를 탐색하도록 돕는다.

(2) 커플 갈등에는 서로 책임이 있으며 해결을 위해서는 함께 노력해야 한다

커플 갈등에서 상대방을 비난하는 것은 자신의 잘못을 회피하려는 방어적 태도이며 이처럼 서로 비난적 태도에서는 해결을 위한 책임감을 가질 수 없다. 커플 갈등을 해결하기 위해서는 커플 간 문제에 서로 책임을 인정하고 해결을 위해서 함께 노력하도록 힘을 배양할 필요가 있다. 이것은 해결중심 가족상담과 관련이 있다. 또한 이러한 것을 위해서는 밀란 학파의 중심개념으로 커플 어느 한쪽도 편들지 않고 커플 간 서로 해결방법을 검토하도록 돕는 가족상담자의 중립성이 필요하다.

(3) 커플 문제를 알기 위해서는 과거의 영향력과 현재의 관계 유형을 모두 사정한다

Bowen 가족상담과 대상관계 가족상담을 활용하여 어린 시절 경험이 현재 커플관계에 미치는 영향력을 탐색할 필요가 있다. 또한 커플의 부정적 관계 유형을 유지하는 데 영향을 미치는 커플 간 행동, 그리고 과거 커플 갈등해결에서 유용했던 경험과 전략 등을 탐색한다. 이것은 전략 및 인지행동 가족상담과 관련이 있다.

(4) 개인 및 커플의 강점 탐색을 통해 문제해결의 자원으로 활용한다

커플 간의 다름을 서로 인정하고 자원을 탐색하여 이를 통해 문제해결을 위한 노력을 한다. 밀란 학파의 '긍정적 의미 부여'와 전략적 가족상담의 '재정의기법', 이야기 치료의 '외재화기법'과 관련이 있다.

(5) 행동, 감정, 그리고 사고가 변해야 지속적인 변화가 가능하다

통합적 커플상담 모델에서는 단기 및 전략적 가족상담의 현재 문제를 중심으로 한 행동적 변화와 커플 간 긍정적 감정과 정서의 회복, 그리고 커플 간 변화에 대한 관점 및 사고의 변화를 모두 포함하여 목표를 재정의한다.

(6) 변화를 유지하기 위해서는 지속적인 과제학습이 필요하다

커플은 처음 갈등이 있었던 순간으로 돌아갈 가능성이 높다. 그러므로 커플상담을 통해서 새롭게 경험한 변화를 유지하기 위해서는 지속적인 과제학습을 통해 자신들이 이룬 변화를 지속적으로 점검하고 점검해 볼 필요가 있다.

(7) 커플문제를 해결 가능한 문제로 재정의해야 한다

각자 상대방을 비난하는 커플로 하여금 커플이 함께 해결할 수 있는 상담목표를 정하고 함께 노력하도록 안내하는 것이 필요하다. 이를 위해서는 여러 가족상담이론을 융통성 있게 연결할 필요가 있다.

(8) 커플상담의 첫 단계에서 마지막까지 희망을 주어야 한다

상담자는 처음 만남부터 성장과 성공을 예측하고 안내하도록 노력해야 하며, 커플이 직접 실행 가능한 목표설정을 통해 긍정적 결과를 그려볼 수 있도록 해야 한다. 또한 상담 마지막에는 자신들의 변화를 위한 현실적 관점을 갖도록 하고 커플 서로들의 노력을 인정하고 칭찬하도록 안내할 필요가 있다.

5. 사례 연구

1) 개요

내담자 부부는 공무원시험 공부를 하다가 만난 커플로, 아내(36)는 공무원시험에 합격하였지만 남편(37)은 합격하지 못하여 현재 회사원이다. 남편은 자신이 공무원이 되지 못한 것에 대한 자책감과 처가의 반대로 결혼을 포기하였으나, 아내가 첫사랑과 헤어질 수 없다고 주장하여 결혼이 진행되었으며 현재 딸(5세)을 두고 있다.

남편이 호소하는 문제는 시댁에서 공무원인 며느리를 위해 자녀양육뿐만 아니라 집안살림까지 많이 도와주고 있지만, 아내는 항상 시댁에 대한 불만이 많다. 그리고 시댁 행사조차도 아내가 원하는 방식대로 진행되지 않으면 집안어른들 앞에서도 화를 내는 등 집안 분위기를 힘들게 한다고 한다. 아내는 피곤하다는 이유로 딸의 출산 이후 부부관계도 거의 하지 않는다.

아내는 교통사고로 아들을 잃은 처갓집에 아들 이상으로 남편이 잘하는 편임을 인정한다. 아내인 자신이 동행하지 않아도 장인장모와 남편 혼자서 여행을 갈 정도로 잘하는 것도 알고 있다. 하지만 남편이 겉으로는 순한 사람 같지만 화를 폭발적으로 내고 가끔 폭력적인 행동을 하여 무섭다. 아내는 기회가 되면 친정 근처로 발령을 받고 이혼을 하고 싶다.

2) 가계도

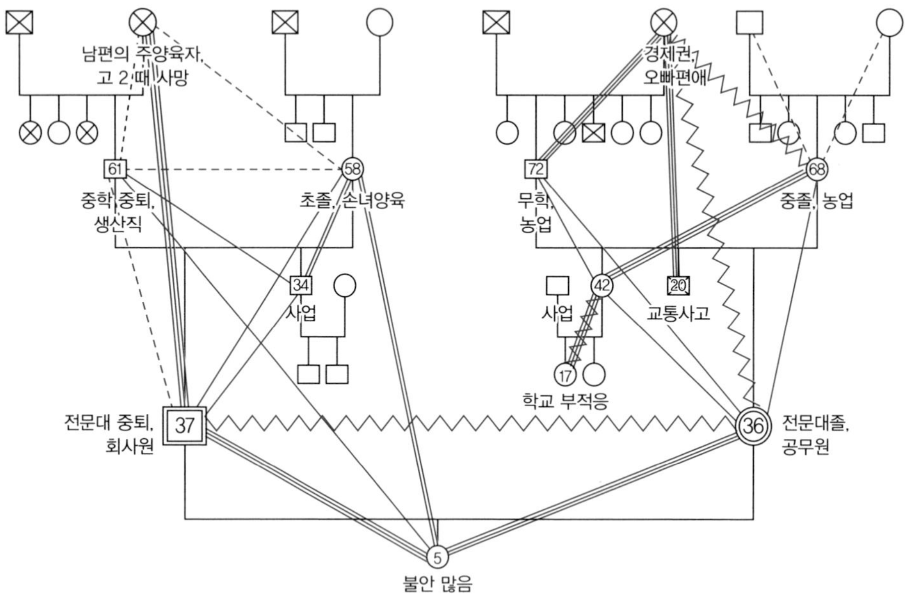

3) 통합적 커플상담의 적용

(1) 커플문제 사정하기

① 문제에 대한 커플 각자의 관점

남편은 아내가 자신에게 집안 살림과 양육을 포함하여 과도한 양보를 요구하며, 자신과 부부생활을 포함한 친밀한 시간을 보내는 것을 회피한다고 호소하였다. 아내는 남편이 지금보다 더 좋은 직장을 가지려고 노력하지 않으며 시댁 가족을 우선시하며 자신을 소외시킨다고 느끼고 있었다.

② 사정: 가계도 활용

이 커플의 가계도를 살펴본 결과, 남편은 부모님이 맞벌이하여 어린 시절 대부분을 할머니와 따로 생활하였다. 부모님은 경제적 문제로 갈등이 심하여 남편과 할머니를 거의 찾아오지 않았으며, 할머니는 자신 때문에 아들 내외가 힘들까봐 손자의 양육이나 경제적 어려움을 표현하지 않고 참으며 지냈다. 남편은 어린 시절 가난에 대한 불안감, 부모의 무심함에 대한 원망, 그리고 외로움 등을 느끼며 성장했지만 할머니를 통해 묵묵히 참고 견디는 방식을 배우며 성장하였다. 그리하여 남편은 아내와 갈등이 생길 때마다 자신이 내사한 할머니 방식으로 아내에게 눈치를 보며 달래는 방식을 사용하였지만, 아내가 수용해 주지 않으면 숨겨진 공격성이 자극받아 화를 폭발하는 식으로 부부관계가 더욱 악화되었다.

한편 아내는 어릴 적 경제적으로 부유했지만 할머니와 친정어머니의 심각한 고부갈등이 있었으며 할머니는 죽은 오빠를 편애하고 어머니는 언니를 편애하는 관계였다. 이 갈등관계에서 아버지는 누구의 편도 들지 않는 중립적인 태도를 취했다. 이러한 어른들의 관계에서 막내인 아내는 누구에게도 관심과 기대를 받지 못하는 존재라는 외로움과 공허함을 느끼며 성장하였다. 이러한 경험은 결혼생활 동안 자신의 존재감을 시댁가족을 통해 보상받고 싶었지만 남편이 자신보다 시댁가족을 더 챙기는 것을 보면 외로움과 원망감을 더 느꼈다.

③ 협의된 정의

이 커플은 초기 상담을 통해, 지금보다 더 친밀한 관계를 원하는 것임을 동의하였다. 그러나 자신이 느끼는 외로움을 상대방이 보상해 주기를 기대하는 것이 갈등을 일으키고 있음을 알게 되었다.

(2) 커플 공통의 목표설정하기

① 문제의 외재화

커플은 자신의 관계에 "가면놀이"라는 이름을 붙였다. 이것의 의미는 두 사람 모두 자신의 마음을 직접 표현하기보다는 상대방이 알아주기를 기다리다가 결국 서로 화를 내고 거리를 두는 것이라고 표현하였다.

② 행동적, 정의적 목표설정하기

커플은 서로를 더 가깝게 느끼기 위해 감정이 상하는 일이 있다면 대화로 직접 표현하고 서로 화가 나더라도 같은 방에서 지내기로 협의하였다.

(3) 커플자원을 활용하여 개입하기

① 서로의 강점 탐색하기

아내는 남편의 강점으로 시댁과 친정의 부모님을 비롯한 어른들에게 잘할 뿐만 아니라 딸의 양육에도 매우 적극적이고 섬세한 면이라고 평가하였다. 또한 공무원 시험에는 떨어졌지만 현재도 다른 공부를 하려고 노력하는 등 성실함이 있다고 칭찬하였다. 남편은 아내의 강점으로 목표가 있으면 한눈 팔지 않고 꾸준히 노력하는 태도와 자기주장을 하는 것이라고 말했다.

② 새로운 개입하기

아내는 남편의 집안살림과 양육에 대한 부담감을 줄여 주기 위해 자신이 가사를 더 부담하고 필요한 경우에는 가사도우미를 고용하기로 하였으며, 나머지 시간에 남편이 다른 직업교육을 받도록 지원하기로 하였다. 남편은 시댁의 일보다는 아내의 의견을 더 중요하게 생각하고, 아내의 요구에 대해 화로 반응하지 않고 충분히 들어주는 시간을 갖기로 하였다.

(4) 변화 유지하기

상담을 통해 커플관계가 좋아지는 과정에서, 딸의 주양육자인 친할머니로부터 딸이 예전보다 짜증이 늘어났다는 보고가 있었다. 이러한 과정에서 아내는 시어머니가 자신을 은근히 비난한다고 느끼며 남편이 자신이 아닌 어머니 편을 드는 것 같아 서운하다고 표현하였다. 부모교육을 통해 5세 아동의 발달과정에 대해 설명하고, 부모와는 달리 자신의 불편한 느낌을 표현하는 딸에 대해 긍정적으로 생각하도록 도왔다. 이 과정에서 커플은 심리적 안정을 갖게 되었고 다시 친밀한 관계를 유지하기 위한 노력을 하였다.

(5) 변화 타당화하기

상담 후반에 이 커플은 자신들이 서로 화가 나거나 불편한 감정을 느끼더라도 예전처럼 참지 않고 이야기하고 화해하는 과정을 갖는 것이 달라졌으며, 둘째 아이를 가질 계획에 대해서 말했다.

(6) 상담 개입

이 커플 상담은 표면적으로는 남편에게 과도한 요구를 하는 아내와 순응하다가 화를 폭발적으로 표현하는 남편이라는 관계를 나타내고 있지만, 심리내적으로는 어린 시절 부모로부터 적절한 보호와 관심을 받지 못하여 외로움과 소외감이 많은 커플임이 드러났다. 서로를 탓하는 커플관계를 멈추기 위해서 각자 어린 시절 경험이 지금의 관계방식을 가지도록 했음을 이해하도록 하였다. 공동목표를 설정하기 위해 이야기치료의 외재화기법을 사용하여 두 사람 모두 직접 의사소통하기보다는 다른 사람이 자신의 마음을 알아주기를 기대하고 있음을 알게 하였다.

상담이 진행되면서 커플관계가 호전되자, 딸의 짜증이 늘어나고 손녀를 돌보는 어머니의 서운함 표현 역시 증가하면서 커플 상담에 위기를 맞았다. 상담과 부모교육을 통해 5세 아동의 발달을 이해하게 하였다. 특히 딸의 짜증이 증가한 것은 부부관계가 좋아지는 것에 대해 딸이 안심하는 과정에서 생긴 행동일 수도 있다는 해석을 통해 다른 시각을 갖도록 안내하였다. 이 커플 상담은 하나의 가족상담이론을 적용하기보다는 커플이 호소하는 문제에 따라 적절한 이론과 기법을 적용하였다.

활동하기

1. 영화 〈호프 스프링스(hope springs)〉는 결혼 30년이 된 부부가 결혼권태기를 극복하기 위하여 부부 성 상담캠프를 찾아가서 친밀감을 회복하는 과정을 보여주고 있습니다. 이 영화를 시청하고 커플의 발달주기(신혼기, 중년기, 노년기)에 따른 부부의 성이 가지는 의미가 어떻게 다른지에 대해 이야기 해 봅시다.

2. 절충 통합 모델을 찾아봅시다.

   1) 여러 가지 가족상담 모델 중에서 자신이 가장 선호하는 모델을 하나 찾아보고 그 이유를 말해 봅시다.

   2) 여러 가지 가족상담 모델을 절충 또는 통합해야 한다면, 자신은 어떤 상담 모델들을 사용하여 절충 또는 통합할 것인지 말해 봅시다.

05
PART

다양한 매체를 활용한 가족상담

FAMILY COUNSELING

V부는 다양한 매체를 활용한 가족상담으로 가족인형치료, 가족놀이치료 그리고 가족미술치료를 다룬다. 가족상담에는 어린 아이들이나 자기표현이 서투른 청소년들이 포함되는 경우가 많은데, 미술도구나 다양한 인형들, 놀잇감과 같은 매체를 준비해서 편안한 환경으로 만들 수 있다. 12장은 트라우마 가족치료에서 발전하여 새롭게 만들어진 인형치료에 대해 알아보고, 인형을 가족상담에 어떻게 활용하고 있는지 살펴본다. 13장에서는 가족이 함께하는 놀이와 놀이치료의 필요성에 대해서 살펴보고, 실제 가족상담에서 만나는 가족원들에게 활용할 수 있도록 한다. 14장에서는 미술매체의 다양성과 활용방법에 대해 알아보고, 미술매체를 활용한 가족상담의 필요성과 효과를 다룬다.

FAMILY COUNSELING

12

CHAPTER

가족인형치료

1. 개요

2. 주요 개념

3. 상담목표와 상담과정

4. 상담기법

5. 사례 연구

FAMILY COUNSELING

12 CHAPTER 가족인형치료

1. 개요

가족인형치료(Family Figure Therapy)는 가족원들이 '인형'이라는 상징을 통해 내면에 있는 다양한 감정과 욕구, 생각 등을 자유롭게 표현할 수 있도록 돕는 매체를 활용한 가족상담의 한 영역이다. 관계의 어려움을 겪으며 오랫동안 지쳐 있는 가족원들은 상담 장면에 와서 무엇을 이야기해야 할지 모르고 어색해할 수도 있다. 인형과 같은 매체를 활용하면 자신의 감정이나 생각을 표현하기 힘들어하는 가족원들이 내면의 감정을 비교적 안전하게 표현하도록 도울 수 있다.

가족인형치료는 Freud의 심층심리학[1)]과 가족체계이론 그리고 트라우마 가족치료의 이론적 토대를 바탕으로 만들어졌다(최광현, 2013). 인형으로 작업을 하는 것은 내담자가 개인 또는 가족 안에서 경험한 무의식의 역동에 대한 거부감을 최소화하여 표현할 수 있는 좋은 방법이 될 수 있다.

무의식은 인간의 내면에 있는 보이지 않는 힘과 에너지로 구성된 곳이다. 인간의 자아구조는 대부분 무의식의 세계에 존재하며, 사람들의 행동이나 삶의 방향성을 이끌어가는 마음의 행동자 역할을 한다고 하였다(김용태, 2007).

1) 무의식적인 인간의 행동 및 심리를 연구하는 심리학. Freud가 정신분석의 특징을 설명하기 위하여 만들어 낸 용어. 의식이 무의식의 영향을 받는다는 의미에서 무의식(심층)을 연구하는 정신분석을 의미한다.

가족이라는 대상은 문제를 가진 한 사람만의 것이 아니라 체계의 관점에서 보아야 한다. 가족 내에 발생하는 여러 가지 역기능이 갖는 의미를 파악해야 하는데, 체계 안에서 복잡하고 건강하지 못한 규칙으로 인해 다른 가족원의 스트레스 상황과 갈등이 생길 수도 있다(최광현, 2013).

한 개인이 겪는 삶과 질병, 가족 안에서 문제를 다루고자 할 때, 부정적 삶의 뿌리인 '트라우마'를 살펴보라고 한다. 가족세우기(Family Constellation)[2]에서 시작된 트라우마 가족치료는 독일의 가족치료사 Bert Hellinger에 의해 발전되었다. 가족세우기를 통해 내담자는 체계론적 관점으로 가족을 객관적으로 볼 수 있고, 가족원들 간의 패턴의 변화를 이해하여 트라우마가 재생산되지 않도록 한다(Payne, 2006, Prafulla 역, 2008).

트라우마 치료라는 영역 속에서 가족체계는 인간의 한 집단을 의미한다. 트라우마 치료는 가족에서부터 시작되어야 하는데, 그 이유는 우리가 겪는 대부분의 트라우마 경험이 가족관계 안에 있기 때문이다. 트라우마를 경험한 사람은 대부분 대인관계와 부부관계의 어려움을 겪게 되며, 그 경험은 무의식적으로 세대 간에 전수될 수도 있다.

가족인형치료는 수많은 갈등과 문제, 트라우마로 인한 부정적 영향을 '지금 여기'에서 새롭게 분리해 내는 작업을 한다. 가족이 서로 공격하고 비난하거나 혹은 침묵한다고 문제가 해결되지 않는다. 내면에 남아 있는 부정적인 기억과 해결되지 못한 감정을 표현하고, 나아가 개인의 자존감을 회복하는 것이 중요하다. 인형을 활용하여 가족원들이 내면의 감정과 욕구, 자신에게 상처를 남긴 과거의 기억을 직면하고 정서적으로 극복해낼 때, 가족 안의 오래된 갈등이 치유되어 새로운 변화를 보게 된다(최광현, 2013).

---

2) Hellinger는 '가족세우기'를 내담자의 비언어적 의사소통 도구인 신체표현을 통해, 일정한 공간 안에서 대리인을 통해 가족관계를 표현하는 해결중심적 단기치료의 한 형태라고 한다.

2. 주요 개념

가족인형치료의 근간이 되는 세 가지 이론, 즉 심층심리학, 가족체계이론, 트라우마 가족치료 등을 중심으로 적용되는 주요 개념들을 살펴보면 다음과 같다.

1) 심층심리학

심층심리학은 의식이 무의식의 영향을 받는다는 의미에서 의식(표층)이 아닌 무의식(심층)을 연구하고자 하는 정신분석을 말한다. Freud의 정신분석을 전기와 후기로 나누는데, 전기는 무의식을 다루어 심층심리학이라 분류하고 후기는 자아를 주요 논점으로 다루었다. 심층심리학에 의하면 삶이 건강하다는 것은 의식과 무의식 사이의 균형이 잡혀 상호관계를 잘 유지하는 상태를 말한다(최광현, 2013).

(1) 무의식

Freud에 의하면 의식은 전체 마음 중의 얇은 표면에 불과하며, 빙산의 대부분이 수면 아래에 있는 것처럼 마음의 대부분은 의식의 표면 아래 무의식에 있다. 일상에서 드러나는 생각이나 감정, 행동의 대부분이 무의식에서 나오는데 무의식은 직접 알 수는 없지만 행동을 통해 추론할 수는 있다. 무의식적인 욕구, 소망, 갈등의 상징적 표상인 꿈, 말의 실수, 친숙한 이름의 망각, 자유연상, 투사 등이 여기에 속한다(Corey, 2001, 조현춘 외 공역, 2003).

가족인형치료에서 내담자의 무의식적인 역동은 인형들을 통해 나타난다. 가족 안에서 받은 상처를 인형을 통해 내담자의 의식 밖으로 끄집어낸다. 상담으로 이런 내담자의 무의식적인 행동의 원인이나 억압된 재료들을 밝혀내고, 건강하게 기능하고 표현하도록 도울 수 있다.

(2) 상징

상징은 무의식을 표현하는 소통의 도구이며 다양한 방식으로 내담자의 의식에 접근할 수 있다. 또한 내면의 가족문제를 비롯한 많은 갈등을 이해할 수 있는 양식이다. 가족인형치료는 인형이라는 상징을 통해 내담자 안에 있는 무수한 감정과 욕구, 생각, 신념을 표현하도록 돕는다. 동물인형은 가족들의 무의식을 탐색하는 대표적인 상징도구로 활용되고, 가족인형은 드러난 무의식의 재료를 의식 속에서 표현하고 통합하는 데 활용된다(최광현, 2013).

(3) 투사

투사(projection)는 한사람이 자기의 원하지 않는 욕망이나 충동을 따로 떼어서 다른 사람에게 쏘는(shooting) 현상을 말한다(김용태, 2007). 외부 대상에게 나타날 때 가장 분명하지만, 자기로부터 내적 대상에게 향하는 투사도 존재한다. 다른 사람에게 자신의 부정적인 감정과 형상을 투사하고 나면 자신은 좋은 사람이고 능력이 있는 사람이라고 믿을 수 있게 된다.

예를 들면 필름과 조명, 렌즈라는 요소는 영사기 안에 있지만, 스크린에 영상이 비쳐서 그림과 자막이 나오도록 하는 것과 같다. 투사는 우리 안에 있는 경쟁심과 공격성을 내가 아닌 다른 사람이 가지고 있는 것으로 본다. 돌봄, 친밀함에 대한 욕구를 특정 대상에 투사하여 외현화하는데, 이는 자신이 버리는 특성을 다른 사람에게 투사하는 것이다.

아동들은 자신이 원하지 않는 공격적인 감정을 모자관계의 밖으로 투사하여, 낯선 사람에 대한 불안감으로 경험하기도 한다. 또한 자기감정을 동물인형에게 투사하거나 자기가 저지른 일을 다른 사람 탓으로 돌리기도 한다(Hamilton, 1990, 김진숙 외 공역, 2007). 이와 같이 가족인형치료는 인형을 가지고 작업하면서 내면의 부정적 감정과 충동을 투사해 보는 경험을 할 수 있다.

2) 가족체계이론

가족체계이론은 모든 구성원이 가족체계 안에서 끊임없이 영향을 주고받고 있고, 가족원들이 균형을 일정하게 유지하기 위해 유사한 행동양식을 하는 가족항상성을 설명한다. 인간은 사회의 한 구성요소로서 타인과 끊임없이 상호작용하는 존재이다. 가족을 체계로 보는 것은 어떤 현상을 부분적으로 보아서는 안 되며, 가족의 드러난 현상을 이해할 때는 다양한 관점에서 볼 수 있어야 한다는 것이다.

가족 안에 건강하지 못한 규칙과 의사소통방식, 역기능적 관계를 표현하는 방식이 존재한다면 폐쇄된 체계일 수 있다. 그러나 역할이 유연한 개방체계일 수도 있으므로 상담자의 선입견도 배제해야 한다(Nichols, 2014, 김영애 역, 2015).

(1) 상호보완성

체계의 상호보완성(complementarity)이란 체계의 요소들은 독립적으로 이해할 수 없으며, 체계의 한 부분에서 일어난 변화는 다른 부분에도 영향을 끼친다는 것을 말한다(정문자 외, 2012). 가족은 하나의 유기체로 끊임없이 상호작용하기 때문에 가족위기와 갈등의 원인이 한 구성원에게 있다고 단정할 수 없다.

그러므로 가족원에게 특별한 문제가 생겼을 때 그 책임을 한 사람에게 넘기는 것이 아니라, 가족체계를 점검하여 균형을 잡고 부족한 부분을 채워나가는 노력을 통해서 변화될 수 있는 것이다(Nichols, 2014, 김영애 역, 2015).

가족환경이 변화되고 가족 전체가 개선될 때 비로소 그 가족은 변할 수 있다. 지속적으로 유지해 오던 의사소통방식과 관계패턴은 새롭게 바뀌어야 한다. 가족은 한 공간에 존재하면서 상호작용을 하므로 한 사람이 긍정적인 변화를 보이면 전체 가족관계도 변한다.

(2) 의사소통

의사소통(communication)은 사람들이 메시지를 교환할 때 사용되는 모든 상징을 포함하는 상호작용으로 언어적 의사소통과 비언어적 의사소통을 포함한다. 가족 상호간의 의사소통은 원가족에서 습득한 일종의 생존방식으로 가족체계를 이해하는 과정에서 상호작용의 핵심요소가 된다(한재희 외, 2013).

가족의 모든 행동은 자신의 의사를 표현하고 전달하는 의사소통이다. 사람은 누구나 끊임없이 행동하며 가족 안에서 의사소통은 대칭적이거나 보완적으로 상호작용한다. 또한 모든 메시지를 통해 정보를 전달하거나 함축적인 의미를 암시하기도 한다.

(3) 가족항상성

가족항상성은 가족체계가 끊임없이 변화하는 가족 내외의 환경에 적응하면서 일관성을 유지하는 기능을 말한다. 체계는 환경의 변화에 따라 여러 가지 기능으로 대처하는데, 가족항상성은 체계에 안정을 주고 혼란과 무질서를 방지할 수 있다.

가족은 항상성의 법칙에 따라 규칙과 질서를 스스로 통제하고 조절한다. 실내의 자동 온도조절장치처럼 일정한 선에서 가족원들이 피드백을 주고받는 상호작용이 일어난다. 가족은 균형을 유지하기 위해 서로 유사한 행동양식을 하거나, 한 가족원의 변화에 대해 질시를 깨뜨리지 않으려고 공격적으로 반응하기도 한다(김용대, 2007).

병리적인 가족일수록 변화보다는 안정을 위해 기존의 방식을 고집한다. 가족은 변화를 원하면서도 항상성을 유지하기 위해 힘들게 긴장상태를 이어가기도 하는데, 반복되는 가족의 다양한 증상과 원인을 아는 것은 중요하다(최광현, 2013).

(4) 가족규칙

가족규칙이란 가족이 오랜 시간을 지내오면서 그들의 행동을 제한하는 관계에서 합의된 내용을 말하며, 가족항상성을 지속시키는 기능을 한다(정문자 외, 2012). 가족규칙에는 의식적으로 명백한 '명시적 규칙'과 무의식적으로 이루어지는 '암묵적 규칙'이 있는데, 가족원들은 암묵적 규칙에 매여 살 때 역기능적이 되기 쉽다.

가족 내 일반적인 규칙을 총괄하는 것으로 가족원들이 자신의 가족규칙을 어떻게 변화시키고 유지할 것인가에 대한 규칙을 메타규칙이라고 말한다. 역기능적인 가족일수록 경직되어 있으므로 변화에 대하여 부정적일 수 있으며, 메타규칙이 존재하지 않을 수 있다(한재희 외, 2013).

3) 트라우마 가족치료

트라우마(trauma) 가족치료는 체계론적 관점을 전제로 하며, 개인을 각각의 유기체로 기능하는 가족의 한 부분이라고 여긴다. 가족 내에서 발생한 트라우마는 어린 시절이나 이전세대에 발생한 트라우마가 재생산된 것으로, 어린 시절의 트라우마 경험은 또 다른 트라우마를 만드는 원인을 제공한다.

치료적 대상으로 삼는 주제는 가족의 조기사망이나 힘든 운명, 낙태나 유산경험, 사고로 인한 죽음, 파혼과 이혼, 전쟁의 경험 등이다. 트라우마 가족치료에서 문제를 해결하는 방식은 과거의 트라우마 기억을 현재 속에서 재편집하고 새롭게 하는 것이다. 기억은 과거나 현재에 머무르지 않고 미래를 위해 존재하므로 문제해결을 위해 관점변화가 필요하다(최광현, 2013).

(1) 트라우마

트라우마(trauma)는 그리스어로 '상처'라는 뜻을 가졌는데 지인의 죽음, 외상, 쇼

크 또는 큰 사건 후의 정신적 상처 등을 설명하는 말이다(Payne, 2006, Prafulla 역, 2008). 일종의 정신적 충격으로 정의되며, 심리학에서는 지속적인 상처를 의미한다.

내담자들이 갖고 있는 트라우마의 대부분은 가족 안에서 받은 상처들이며, 가족 밖에서 발생한 경우라도 피해를 입은 사람이 경험하는 강도는 가족들이 어떻게 반응하는가에 따라 다르다. 어린 시절 경험한 트라우마는 과거로 한정되지 않고 현재의 생활에도 부정적인 영향을 미친다.

트라우마는 우울감, 불안, 대인관계 갈등, 자살하고 싶은 느낌 등을 동반한다. 이렇게 나타나는 여러 가지 정신적, 신체적 증상을 외상 후 스트레스장애(post-traumatic stress disorder: PTSD)라고 한다. 트라우마를 경험한 사람은 현실을 올바로 볼 수 있는 능력을 상실하기도 하고, 가족과 부부관계를 불행하게 만들 수도 있다(최광현, 2013).

(2) 원가족

원가족(family of origin)은 한 개인이 출생하여 양육된 가족을 의미한다. 개인이 신체적, 심리적, 정서적 소속감을 가지는 가족으로 결혼 등 새로운 가족을 형성하기 전까지 어린 시절을 함께 지낸 가족이다. 원가족 안에서의 다양한 경험은 한 개인이 성인이 되고 부부, 부모가 되었을 때 각자의 상호작용하는 방식에 영향을 미친다.

서로 다른 환경에서 자라온 두 사람이 결혼이라는 상호작용을 하게 되면 새로운 가족규칙을 형성한다. 이 과정에서 두 사람의 원가족 경험은 부부관계와 패턴의 형성에 중요한 영향을 미치게 된다. 의사소통방법, 부모 역할, 부부 역할, 친밀감의 표현, 스트레스 대처방식, 갈등해결방식 등에서 많은 차이를 보일 수 있다.

(3) 가족세우기

가족세우기(Family Constellation)는 대리인을 통해 내담자의 문제와 갈등을 '지금 여기'의 공간에서 나타나게 하여 이를 통해 해결하는 치료 모델이다. 한 개인의 삶이나 질병, 관계에서 겪는 문제를 다룰 때 가장 먼저 이전세대의 가족체계가 얽혀 있는지 살펴본다.

내담자에게 가족 안에 어떤 사람들이 있는지, 무슨 일이 있었는지 조부모 세대까지 거슬러 올라가 정보를 얻는다. 내담자는 가족을 대신할 대리인들을 선택하여 비언어적인 의사소통으로 적절한 거리와 위치에 세우며, 각자의 감정과 느낌을 말하도록 유도하는 등 Satir의 가족조각과 유사한 활동을 한다.

반면 가족조각과는 다른 개념과 형태가 있는데, 가족세우기는 대부분 대리인을 세우고 내담자 역시 자신의 대리인을 통해 참여한다. 또한 교육적, 지시적 상담의 성격을 가지며 상담자가 말하는 이야기를 따라 가족문제를 풀고 깨달음의 장을 제공한다. 가족세우기는 세대를 통해 같은 패턴의 문제가 발생한다는 다세대적 관점으로 가족을 본다.

내담자는 약 15명으로 구성된 참가자들과 함께 가족세우기 작업을 하며 참가자들은 대리인의 역할을 수행한다. 내담자 가족 중 일부만 참여하며, 집단상담의 경우처럼 내담자도 일원으로 참여한다(최광현, 2008).

(4) 얽힘

얽힘(verstrickung)은 한 개인이 다른 사람의 문제나 운명에 묶여 있을 때 나타나는데, 타인의 감정이나 운명을 마치 자신의 짐처럼 지고 있거나 원치 않는 삶을 대신 살아가기도 한다. 가족의 트라우마는 얽힘으로 작용하는데, 트라우마 가족치료는 가족체계의 얽힘을 해결하는 것이다(Payne, 2006, Prafulla 역, 2008).

얽힘을 푸는 첫 작업은 내담자 자신과 가족사 내에 존재하는 얽힘을 대면하도록 하여 그 실체를 드러나게 하는 것이다. 특정한 트라우마 주제가 내담자의 가족사 안에 발생했는가를 파악하고 원가족, 현재 가족을 살펴보면서 상담을 진행한다. 내담자의 의사소통이나 가족세우기 작업을 관찰하여 가족 내에 발생한 트라우마의 흔적을 찾는다(최광현, 2013).

(5) 갈등

갈등이란 개인이나 집단이 상호작용하는 과정에서 서로 다른 의견이나 동기, 목표가 생겨 서로 충돌하거나 불만족을 느끼는 상태를 말한다. Freud는 정신분석의 세 가지 구조인 원초아(id), 자아(ego), 초자아(super-ego)가 서로 조화를 유지하는 데 갈등의 개념이 전제된다고 하였다. 이 세 가지 요소들은 언제든지 갈등상태로 넘어가며, 갈등은 다시 조화를 이루는 역할을 한다.

그러나 조화가 깨어지고 가족갈등이 지속되면 가족원들의 스트레스로 작용하거나 의사소통 단절로 가족관계가 멀어지고, 가족해체의 위기가 올 수도 있다. 여자와 남자가 한 쌍을 구성하고 있는 것처럼 조화와 갈등은 한 쌍을 이루며, 인간의 마음은 언제나 갈등상태에 있다(김용태, 2007).

가족 안에서 갈등관계가 생길 때 보이지 않는 긴장감으로 팽팽해지고 힘이 세거나 공격적인 역할을 하는 인형들이 서로 대립하는 모습을 보인다. [그림 12-1]은 비슷한 크기와 힘을 가진 동물을 선택하여 세우고 서로 경쟁하는 모습을 보인다. 곰, 사자, 공룡 등 사납고 공격적인 동물들이 힘으로 대립하고 있는 매우 긴장된 가족의 갈등상황을 표현하고 있다.

❖ 그림 12-1 갈등

❖ 그림 12-2 가족희생양

(6) 가족희생양

가족의 희생양(scapegoat)은 구약성서에서 이스라엘의 희생양을 의미하는 것처럼 가족을 위한 봉사자, 구원자를 의미한다. 가족의 항상성을 유지하기 위해 가족원 중 한 사람을 이용하는데, 가족체계를 안정화시키는 힘으로 작용한다.

주로 부부간의 갈등이 있을 때 갈등의 회피수단으로 가족희생양을 많이 활용하게 되는데, 부부 사이에서 자녀는 긴장과 불안을 해소하는 대상이 된다. 원가족에서 가족희생양의 역할을 담당했던 자녀는 결혼을 하여 자신의 가족을 이룬 후에도 다시 그 역할을 반복하게 된다(최광현, 2013).

가족인형치료 사례에서 살펴보면, 가족 간 갈등에서 가족희생양은 문제를 해결하려는 중재자 역할이나 불안을 투사하는 문제아 역할을 수행하는 경우가 많다. [그림 12-2]에서 내담자는 '공룡'이나 '사자'와 같이 강하고 사나운 동물로 부모를 표현하고, 상대적으로 약하고 힘이 없는 '강아지'와 같은 작은 동물로 자신의 역할을 표현했다.

(7) 소속감 결여

소속감이란 자신이 어떤 무리나 집단에 속해 있다는 느낌을 갖는 것을 말한다. 가족원들은 누구나 자신의 가족 안에 깊이 연결되어 안정적으로 애착이 형성될 때 소속감을 느끼게 된다. 가족 안에서의 소속감은 자신이 혼자가 아님을 깨닫게 하여, 심리적 안정감을 느끼고 정체성에 대한 해답을 찾도록 도와준다. 그러나 가족 안에서 애착이 형성되지 않아 가족원으로 소속감을 갖지 못할 때, 외로움과 고독감을 느끼게 된다(최광현, 2013).

[그림 12-3]은 아버지는 사나운 '공룡'으로 표현되어 가족으로부터 돌아서 있고, '얼룩말'로 표현된 어머니와 두 자녀들은 함께 같은 방향으로 서 있는 모습이다. '거북이'로 표현한 가족원은 자신을 가족 안에서 어느 곳에도 속하지 못한 외로운 존재임을 표현하고 있다.

(8) 위계질서의 혼란

가족 안에는 다양한 체계가 존재하며 전체체계는 하위체계와 일정한 질서를 가지는데 이것을 체계 간의 위계(hierarchy)질서라고 한다. 위계질서에 의해 상·하위 체계가 조화를 이루게 되며, 가족원에 대한 의사결정권과 가족 내 규칙을 만들고 시행한다. 일반적으로 기능이 잘되는 가족일수록 가족 내 위계질서가 잘 세워져 있는데, 상위체계는 하위체계의 행동보다 우선순위를 가지고 있어야 한다(정문자 외, 2012).

부부체계, 부모체계, 자녀체계는 각각 일정한 위계질서를 가지지만, 부모의 행동이 상위체계로서 자녀의 행동보다 우선순위를 갖는 이유는 체계들의 위계질서 때문이다. 그러나 가족 내 체계가 명확하지 않고 위계질서가 잘 유지되지 못하면, 부모자녀의 역할이 모호하거나 바뀌는 등 역할혼란이 가중된다(최광현, 2013).

[그림 12-4]는 바깥 부분에 서 있는 큰 동물인 '곰'과 '하마'는 두 자녀를 표현하고

있고, 가운데 끼어 있는 작은 '양'과 '염소'는 연약하여 부모의 역할을 감당하지 못하는 부모를 표현하고 있다.

❖ 그림 12-3 소속감 결여

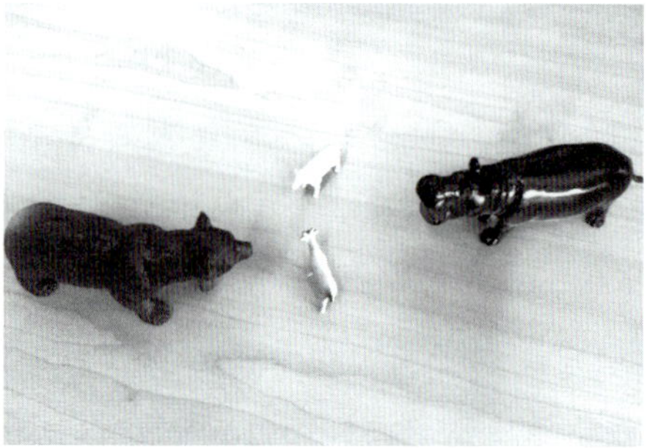

❖ 그림 12-4 위계질서의 혼란

3. 상담목표와 상담과정

1) 상담목표

가족인형치료의 상담목표는 '인형'이라는 매체, 즉 상징물을 사용하여 내담자를 탐색하고 가족의 전체적인 체계와 역동을 이해하는 데 활용하는 것이다. 인형이라는 매체를 통해 가족원의 내면과 다양한 무의식의 역동을 자연스럽게 표현하도록 한다. 인형을 움직이고 배치하면서 내담자는 자신의 감정과 느낌을 인형에 투사할 수 있다.

상담 초기에 인형으로 작업을 하면서 언어적, 비언어적 의사소통을 통해 가족의 모습과 내담자의 심리상태 등 중요한 정보를 얻을 수 있다. 가족의 모습을 객관적으로 볼 수 있게 해주며, 가족상담의 필요성과 동기를 제공하는 긍정적인 역할을 한다(최광현, 2013).

가족인형치료는 내담자와 가족으로 하여금 트라우마를 직면하여 가족을 재구성하게 한다. 또한 자신의 삶에 대한 통찰을 얻고 새로운 의미를 찾아보며, 가족의 회복을 돕는 것을 목표로 한다.

2) 상담과정

가족인형치료과정에서 상담자는 상징물의 이미지를 심층적으로 분석하고 해석하지 않는다. 내담자가 선택하는 인형들이 갖는 상징이나 가족 간 역동을 발견하고, 가족의 이미지나 신념을 이해하는 것이 더 중요하다.

내담자들은 문제의 초점을 가족 간의 체계나 관계에 두며, 과거의 수동적 위치에서 능동적으로 이동하여 가족의 관계역동을 이해하기 시작한다. 어린 시절의 상처와 그로 인한 부정적 영향들을 마음으로 공감하고 존중할 때 가족의 변화는 시작된다.

내담자들이 다양한 크기와 모습의 인형들을 직접 고르고 세워 보면서 무의식적인 욕구와 가족 간 관계패턴이 드러난다. 자신과 타인에 대한 관점도 객관적 시각으로 변화된다. 가족 안에 숨어 있던 긍정적인 자원들을 찾고, 상담과정 동안 내담자와 가족은 문제를 보다 효과적으로 관찰하고 이해할 수 있게 된다.

내담자는 전화로 상담 예약을 하고 상담실을 찾아온다. 내담자 가족은 가족상담과 인형치료에 대해 잘 모를 수도 있으므로 상담실 분위기에 잘 적응할 수 있도록 한다. 상담자는 스스로 선입견과 경험에 의한 사전지식을 배제하고 호기심을 갖고 내담자를 만나야 한다. 인형을 활용한 상담과정은 [그림 12-5]와 같다.

내담자 내방 : 문제해결을 위해 내담자가 찾아오는 단계

↓

지지 · 공감 · 수용 : 내담자가 트라우마에 직면할 수 있도록 깊이 집중하는 단계

↓

주호소문제 탐색 : 현재 가족, 원가족 중 무엇을 중심으로 작업을 할 것인지 결정하는 단계

↓

인형작업으로 가족체계 파악 : 내담자의 주호소문제에 따른 가족체계를 탐색하는 단계

↓

감정 드러내기 : 내담자의 억압된 감정을 표현하여 자신의 문제를 바라보고 통찰이 생기는 단계 (반영과 공감)

↓

가족체계 인식 : 세워진 인형을 보고 느껴지는 감정을 탐색한 후 의식화 작업 단계 (느낌과 생각의 표현)

↓

가족체계 해석 : 의미전환의 단계(위기와 갈등을 새로운 관점으로 보기)

↓

종결 준비 : 변화와 도전, 문제해결 가능성 제시

❖ **그림 12-5** 가족인형치료의 과정

출처: 최광현 (2013).

4. 상담기법

1) 인형으로 가족세우기

가족세우기는 모든 가족원이 자신의 올바른 자리를 잡고 질서를 찾는 것이 목표이다. 상담자는 상담에 들어가기 전에 내담자와 가족에게 발생한 특별한 사건에 대한 정보를 듣고, 인형을 사용하여 현재 가족을 세울지 아니면 원가족을 세울지 생각해 보게 한다.

상징으로 사용하는 인형의 종류와 위치를 통해 가족원들이 생각하는 내면의 의식을 표현할 수 있고, 이로 인해 가족이 서로를 이해하는 법을 알게 된다. 내담자가 세워 놓은 인형구조 속에서 다양한 개인의 역동과 가족의 모습을 인식하고 해석할 수 있다(Payne, 2006, Prafulla 역, 2008).

먼저 내담자와 가족에게 여러 가지 동물인형을 제시하고, 자유롭게 선택하게 하여 책상위에 적절히 배치하고 내담자와 가족원의 무의식을 다루어 본다. 내담자가 세운 인형의 자세, 방향, 위치의 변경으로 인해 가족 간의 내면감정과 역동을 경험할 수도 있다.

가족세우기의 핵심은 내담자들이 세우는 인형의 위치에 있는데, 이는 인형을 통하여 실제적인 가족의 모습을 재현할 수 있기 때문이다. 물리적 · 심리적 거리까지 정확하게 표현할 수 있도록 상담자가 잘 도와준다(최광현, 2013).

충분한 작업이 진행되었을 때 가족인형으로 바꾸어 세워보고, 현재의 가족상황과 연결해서 이야기를 이끌어가기도 한다. 임의로 인형의 팔과 다리, 머리의 움직이는 모습, 내담자가 잡아놓은 인형의 자세와 위치, 과정 등을 자세히 관찰하여 상담자가 해석을 할 수 있다. 상담자는 내담자들이 가족세우기 작업을 거부감 없이 이해하고, 인형을 잘 세울 수 있도록 인형의 자세나 위치를 물어 보면서 도와줄 수 있다.

2) 동물인형

동물인형은 대표적인 무의식의 상징으로 활용되며, 공격성 있는 동물과 공격성이 없는 초식동물로 구분한다. 사자, 호랑이, 공룡, 늑대, 상어, 뱀, 전갈, 버펄로, 코뿔소, 고릴라 등은 공격적이고 강한 힘과 에너지를 상징한다. 반면 초식동물은 비교적 온순하고 힘이 없는 존재로 표현한다.

동물의 이미지는 긍정적 · 부정적 의미를 함께 가지고 있으므로, 상징적 의미와 다양한 모습을 탐색하고 적용할 수 있어야 한다. 동물인형의 상징은 개인이 생각하는 특성뿐만 아니라, 가족과의 관계에서 나타나는 상대적 특성을 의미하기도 한다(최광현, 2013).

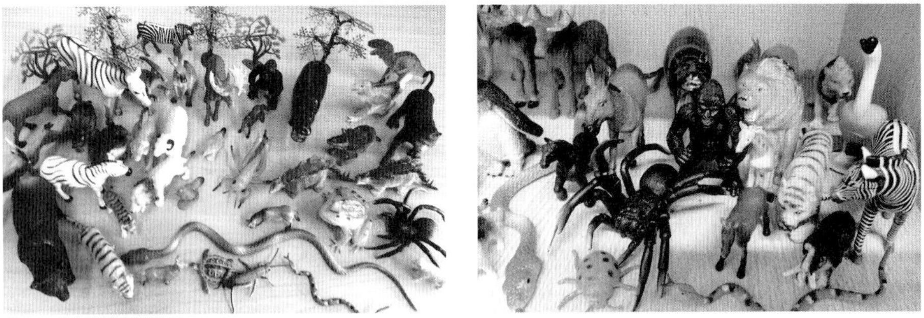

❖ **그림 12-6** 다양한 형태의 동물인형

동물인형의 상징들

- 코끼리: 가장 사교적이며 힘과 자신감을 나타냄. 무리를 결속시키는 힘을 가진 존재이며 다른 가족과 정서적 거리감이 있음을 나타냄
- 기린: 가족 안에서 적응력과 융통성을 발휘하고 자기 몫을 감당하는 존재. 외형상의 느낌과 같이 다른 가족에서 무관심한 자세를 취하는 사람을 나타내기도 함
- 젖소: 온순하고 상황에 적응하는 동물이며 긍정적이고 수동적 이미지를 나타냄
- 암소: 여성성 또는 엄마의 희생과 인내를 나타냄
- 치타: 자기를 보호하는 힘이 있으며 가족 안에서 고독한 존재. 가족의 일에 큰 관심이 없는 독립적인 이미지를 나타냄
- 버펄로: 강한 힘과 가족 안에서의 통제, 권력을 나타냄. 규칙을 조절할 수 있는 강한 역할을 하며 책임감과 리더십을 표현함
- 악어: 공포와 동시에 존경의 대상이 되기도 함. 무섭고 가족을 힘들게 하는 존재. 강하고 끈질긴 특성이 있음
- 양: 온순하고 착한 사람을 표현함. 무능하고 수동적이며 약한 이미지를 나타냄
- 공룡: 가족을 효과적으로 공격할 수 있는 힘을 가진 존재. 강하고 상대를 제압할 수 있는 무기를 가진 존재이며 그것을 사용하여 상대를 괴롭히거나 통제하는 존재
- 하마: 대부분 온순함을 나타내는 이미지이나 자기가 위협을 받으면 사정없이 공격할 수 있는 존재
- 사자: 강한 힘을 가진 사람을 상징함. 상대방을 위협하고 괴롭히며 통제하는 등 대체로 부정적 이미지가 강함
- 호랑이: 혼자서 독립적인 생활을 하며 비사교적인 모습을 보임. 가족 안에서 비교적 조용하지만 무서운 존재를 나타냄
- 닭: 무기력하고 약한 이미지. 가족 안에서 쉽게 벗어나지 못하는 모습을 나타냄
- 원숭이: 광대 이미지, 사교적, 자기역할을 잘 수행하는 존재. 집안에서 거의 마스코트 역할을 하지만 성질이 있어 함부로 대할 수 없는 존재로 표현할 수 있음

출처: 최광현 (2013).

3) 가족인형

가족인형치료에는 대표적으로 동물인형과 가족인형의 두 종류가 사용된다. 동물인형은 내면의 무의식을 탐색하는 상징도구로 사용하며, 가족인형은 드러난 무의식의 내용을 표현하고 통합하는 작업을 할 때 유용하게 사용된다.

가족인형으로 작업을 하면 내담자의 깊은 무의식 안에 묶여 있는 가족과 관련된 체계와 상호작용, 가족 간 갈등 등이 나타난다. 작업이 시작되면 내담자는 특정한 인형을 보면서 자신의 가족 이미지를 떠올릴 수 있고, 그 이미지를 상징으로 이용하기도 한다(최광현, 2013).

동물인형을 세워 보면서 무의식을 탐색하는 작업이 충분히 진행되었다면, 그 위치에 가족인형으로 바꿔 세워 본다. 상담자는 지속적으로 공감하고 지지해 주면서 내담자의 움직임에 따라가야 한다. 가족인형으로 바뀐 상황에서 가족원이 서로 충분히 이해하도록 관점을 바꾸어 주고, 의미를 전환시켜 주는 것이 중요하다.

인형이라는 흥미롭고 다양한 매체를 제공함으로써 가족원들이 상담에 보다 적극적으로 참여할 수 있도록 도울 수 있다. 그러므로 가족상담자가 인형과 같은 다양한 매체를 적절히 사용하는 방법을 아는 것은 매우 중요하다.

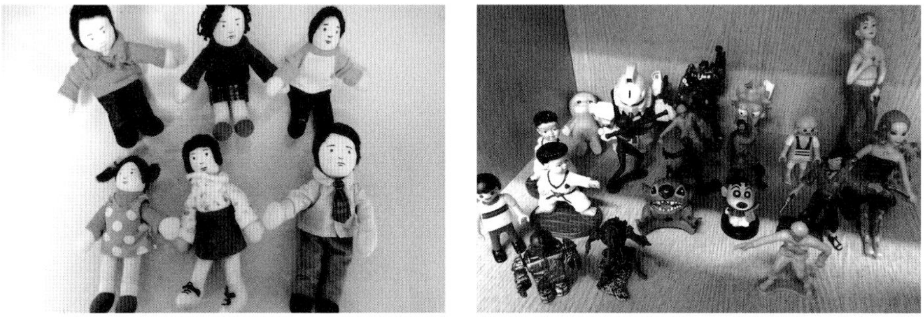

❖ 그림 12-7 가족 상호작용을 위한 인형들

❖ 그림 12-8 목각인형[3)]

인형을 활용한 가족상담의 실제

① 동물, 사람 등 다양한 인형을 준비한다.
② 내담자와 가족의 주호소문제를 들어보고 가족체계, 가족원 간의 관계 등 구체적으로 인형작업을 할 내용을 고려한다.
③ 내담자와 가족에게 시간을 충분히 주고, 자신을 포함한 가족의 맥락 속에서 다양한 인물의 특성을 나타내는 인형들을 찾아보도록 한다.
④ 내담자와 가족이 찾은 인형을 확인하고, 인형들 간의 거리와 방향, 위치를 고려하여 자유롭게 세워 보도록 한다.
⑤ 상담자는 작업과정에 개방형 질문과 경청을 해야 하며, 내담자의 침묵 또한 존중하면서 인형작업을 조용히 지켜본다.
⑥ 내담자와 가족원들 간의 다양한 언어적, 비언어적 의사소통에 주목한다.
⑦ 다양한 질문을 통해 내담자의 지각을 확인한다.
- 인형들은 어디를 보고 있나요?
- 인형들은 지금 무엇을 하고 있나요?
- 인형을 바라보는 내담자의 마음은 지금 어떤가요?
- 혹시 다른 모습으로 바꾸어지기를 바라는 부분이 있나요? 있다면 인형을 지금과 다른 모습으로 바꾸어 보세요.
- 위치나 모습을 바꾸고 난 후, 인형을 바라보는 느낌은 어떤가요? 어떻게 달라졌나요?

출처: 최광현 (2013).

3) 목각인형: 자연 친화적인 나무로 수작업하여 제작한 시각적 상담도구. 복잡한 대인관계(가족, 집단, 학교, 직장 등)의 역동을 한눈에 알아볼 수 있으며, 대인관계의 변화과정을 단계별로 다룰 수 있다. 각 매체는 사람이나 상징을 표현한다. (제작 : 경남가족상담연구소 www.knft.co.kr)

5. 사례 연구

1) 개요

내담자는 46세 여성이며, 48세 남편과 16세(중 3)의 된 딸을 두고 있다. 결혼 이후 계속 맞벌이로 일하고 있으며, 부부간의 오랜 불화로 인해 현재 재판이혼 과정 진행 중이다. 내담자의 주호소문제는 남편이 결혼 이후 지속적으로 가족을 무시하거나 폭언을 행사하였다. 가족과의 시간을 전혀 배려하지 않고, 서로 대화를 하지 않은 지 오래되었다. 내담자는 남편과 대화를 시도하기 위해 여러 가지 방법을 사용하였으나, 남편은 입은 꾹 닫고 대화를 지속적으로 거부하고 있다.

남편은 갈등해결에 대한 의지가 없고, 오히려 자신이 피해자라고 주장하며 이혼을 원하고 있다. 딸도 아빠에 대한 미움과 분노가 극심한 상태이며, 내담자는 재판이혼 과정에서 심리적으로 불안하고 딸에게 미안한 마음으로 상담실에 오게 되었다.

내담자의 남편은 전문직에 종사하며 사회적으로 존경받고 인정받는 사람이나 밖에서와 달리 가정에서 완전히 다른 모습을 보인다. 아내와 딸에게 마음을 열어 주지 않으며, 이혼을 앞두고 있는 지금은 딸과도 가끔 형식적인 문자만 주고받는 정도이다. 내담자의 남편은 항상 자신의 높은 기준에 맞추는 조건부 약속을 하고 명령하는 등 가족을 심리적으로 불안하게 하여, 모녀의 분노감정은 점점 심해지고 있다.

남편은 머리가 좋고 사회적 지위가 높으며 인정받는 사람이지만, 마음에 여유가 없고 정서적으로 불안하였으며 일관성 없이 폭언, 명령, 무시하기를 반복한다. 딸에게도 사회적 지위나 체면을 강조하면서 칭찬은 인색하고 공부만 강요하여 정상적인 아빠와 딸의 애착관계가 형성되지 않았다. 내담자는 가족문제를 해결해 보려고 남편에게 계속 대화를 시도하였지만, 남편은 입을 다물고 대화를 거부하는 모습이 현재 가족의 상황이다.

내담자는 남편에게 비인격적인 대우를 당하는 것이 불만이나 당당하게 표현하지 못하고 있다. 자신과 딸은 현재 매우 불안한 상황이며, 하루 빨리 재판이혼 과정이 끝나고 심리적인 부분이나 생활이 안정되기를 원한다.

2) 가족인형치료의 적용

이혼을 준비하고 있는 내담자의 현재 가족상황과 호소문제를 듣고, 심리적으로 많이 불안하여 지친 내담자와 딸을 공감하며 가족사정을 하였다. 내담자와 딸에게 여러 가지 동물인형을 보여 주고, 현재 가족과 비슷한 동물을 찾아서 가족을 생각하며 세워 보도록 하였다.

상담자 : 여러 가지 동물인형 가운데 마음속에서 느껴지는 ㅇㅇ의 현재 가족의 이미지와 비슷한 동물이 있는지 찾아보세요. 그리고 현재 가족의 모습을 표현해서 동물들을 세워 보세요.

내담자(딸)는 털이 눈을 완전히 가린 '강아지'로 아빠를 표현([그림 12-9])하였는데, 가족과 소통을 전혀 하지 않는 아빠의 현재 모습과 같아서 이 동물을 보자마자 아빠가 떠올랐다고 하였다. 눈을 가리고 귀를 닫고 다른 사람의 이야기를 전혀 들으려고 하지 않는 냉정함이 느껴지며, 동물을 보는 느낌은 함께 사는 가족이 아닌 남 같다고 하였다.

엄마와 닮은 동물은 '양'이며 일과 살림을 말없이 잘 병행해 왔으나, 아빠 앞에서 자기주장을 잘하지 못하고 힘없는 모습을 볼 때 그런 생각이 든다고 하였다. 자신을 닮은 동물은 '호랑나비'를 골라서 '양'과 가까운 곳에 바싹 붙여서 놓았다([그림 12-10]). 자신은 형제도 없고 외동이지만 특별히 외로움을 모르고 살았으며 다른 사람의 감정에 연연하지 않는 성격이라고 하였다. 주장이 강하고 자유로운 성향을 가졌으나, 호랑나비는 양이 걱정되어 멀리 날아가지 못하고 양 곁에 가까이 붙어 있다고 하였다.

엄마가 너무 오랫동안 힘들어하고 아빠 때문에 많이 우는 것을 보았기 때문에, 자신이 엄마의 힘이 되어 드려야겠다는 생각을 하게 되었다고 하였다. 그것 때문에 엄마와 같은 직업을 갖고자 더 독하게 공부를 하고 있다고 하였다.

❖ 그림 12-9 가족원 세우기

❖ 그림 12-10 동물인형으로 가족 세우기

내담자(모)가 바라보는 가족 역시 남편은 혼자 등을 돌리고 다른 곳을 바라보고 있었고, 가족 간의 물리적인 거리도 많이 떨어져 있다고 하였다.

상담자 : 가족 안에서 당신은 지금 누구를 보고 있나요? 가족들이 어디를 보고 있고, 가족들 간의 거리는 어떤가요?

내담자(딸) : 엄마는 나를 보고 있어요. 나는 엄마를 보면서 기대고 있어요. 아빠는 우리에게서 등을 돌리고 있어요. 완전히, 멀리 떨어져서 있어요. 가까이 오고 싶지 않은 것 같아요.

상담자 : 아, 그렇군요. 그럼 이 가족 안에서 아빠는 어떤 마음일 것 같은가요?

내담자(딸) : 화가 나 있는 거 같은데, 아빠는 우리를 따뜻하게 돌볼 마음의 여유가 없어요. 관심도 없고요. 자기 고집이 세고 자기 틀을 바꾸려 하지 않아요. 다가오지도 않으면서 끊임없이 외롭다는 말을 하구요. 늘 자기가 피해자라고 주장해요.

내담자 모녀의 현재 심리적 상황을 표현한 후, 달라지기 바라는 가족의 형태나 앞으로 변화가 있을 것 같은 가족의 모습으로 바꾸어 보도록 하였다. 그러나 현재는 가족원들의 심리적 어려움과 상처가 심해지고 있는 상황이라서, 이혼을 철회하거나 관계가 좋아지는 기대를 할 수 없다고 하였다. 오히려 남편, 아빠와의 거리는 지금보다 더 멀어질 것 같다고 하였다.

상담자 : 아이와 엄마는 서로 많이 의지하고 있는 것 같네요.
내담자(모) : 처음에 아이가 무조건적으로 나를 먼저 생각해 주니까 고마웠어요. 하지만 어느새 자라서 아빠로 인해 내가 어려움을 겪게 되는 것을 알고 아빠를 너무 미워하기 시작했어요. 그것을 알고 난 후부터는 너무 미안해요. 자기가 빨리 커서 엄마와 같은 직업을 가지게 되면 엄마와 함께 일할 거고, 상황이 되면 이민을 가서 그 일을 하면서 둘이 살자고 이야기해요.
상담자 : 마음이 많이 아프셨군요. 지금 아이에게 어떤 이야기를 하고 싶으세요?
내담자(모) : 엄마, 아빠가 어린 너한테 너무 큰 짐을 준 거 같아 정말 미안해. 네가 이렇게 마음이 힘든 줄 몰랐어. 엄마가 너무 힘들어서….
상담자 : 지금 그 말을 딸에게 다시 한 번 해보세요.

내담자(모)는 동물인형세우기로 딸 앞에서 늘 울고 힘없어 하던 자신의 모습을 인식하고, 아빠로부터 엄마를 안전하게 보호하려고 하는 딸의 심리적 부담감을 알게 되었다. 어린 나이의 딸이 오히려 자신의 엄마이자 보호자 역할을 하고 있었음을 알고, 부족했던 부모자녀 역할을 다시 찾아보기로 하였다. 동물인형을 사람인형으로 바꾸어 세워 보고, 딸에게 지금 하고 싶은 이야기를 솔직히 털어놓게 하여 마음을 전하는 시간을 가졌다.

상담을 통해 가족은 부부의 갈등, 위계질서의 혼란, 가족희생양 등 가족문제를 이해하고, 그 문제에서 건강하게 분리되어야 함을 알게 되었다. 아직 해결하지 못한 과제가 많이 남아 있지만, 이 작업을 통해 서로의 불안했던 감정을 표현하고 이해하는 시간을 가질 수 있었다. 힘든 상황을 극복해 나갈 수 있는 방법이 자신과 가족 안에 있었음을 깨닫고 서로 지지하고 격려하는 계기가 되었다.

활동하기

1. 매체를 활용하여 나의 가족세우기를 해 봅시다.

① 여러 가지 모양의 동물인형, 가족인형, 테이블이나 매트를 준비한다.

② 실물인형이 없을 경우 동물모양의 그림본을 미리 나누어 주고, 자신의 가족원에 적합한 동물을 찾아 골라보고 색칠을 해서 직접 가위로 오려 풀로 붙여도 된다.

③ 현재 가족을 여러 가지 동물로 표현해 본다. 소망이 아닌 현실의 가족을 표현하는 데 가족의 성격, 특성, 역할 등을 생각하여 가장 가까운 느낌의 동물을 테이블 위에 적절한 거리를 생각하여 배치해 본다. 각각의 가족은 어디를 보고 있으며, 바라보는 느낌과 서로의 거리는 어떤지 생각해 본다.

④ 그 밖에 대체할 수 있는 재료는 여러 가지 크기의 동전을 준비하여, 동전의 크기에 따라 자신의 가족원을 정하고 적절한 위치에 배치해 본다.

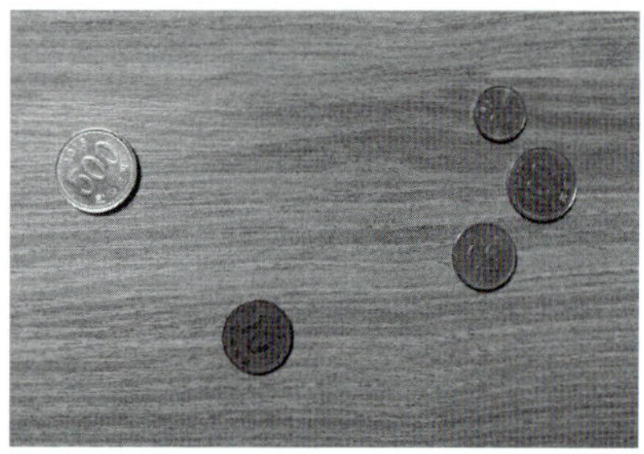

2. 함께 나누어 봅시다.

- 다양한 크기의 동전을 사용할 경우 동전들은 가족원 중 누구를 나타내며, 멀리 떨어진 동전들 간의 거리를 살펴보고 그 이유는 무엇인지 이해하는 시간을 갖는다.
- 현재 가족의 어떤 모습을 표현한 것인지에 대해 이야기 나눈다. 배치된 가족의 모습을 보고 위치를 바꾸고 싶은 부분은 없는지, 있다면 왜 그런지 이야기해 본다.
- 작업을 마친 느낌은 어떤지 이야기 나누어 본다.

FAMILY COUNSELING

13

CHAPTER

가족놀이치료

1. 개요

2. 주요 개념

3. 상담목표와 상담과정

4. 상담기법

5. 사례 연구

FAMILY COUNSELING

13 CHAPTER

가족놀이치료

1. 개요

가족놀이치료(Family Play Therapy)란 가족을 위한 구조화된 상담기법으로 '놀이'라는 의사소통을 통해 가족의 정서적 고통을 감소시키는 목적을 가진 활동이다. 특히 소극적이거나 위축된 내담자, 공격적이거나 과잉행동을 하는 아동, 다양한 관계의 문제를 가진 가족원에게 유용하게 사용된다.

대화가 주된 의사소통이 되었던 기존의 가족상담에서 어린 자녀들은 대부분 상담과정에 참여시키지 않았다. 아동들은 상담실에 초대되어도 가족원으로 참여되기보다는 혼자 놀도록 내버려지고, 오히려 상담에 방해가 되거나 무시되는 존재로 여겨졌다. 그 후 가족놀이를 가족상담 회기에 포함시키면서, 아동도 다른 가족원처럼 가치 있는 정보를 제공할 수 있는 동등한 입장이 될 수 있음을 확인하게 되었다.

가족놀이치료는 놀이활동에 부모 또는 전체 가족을 상담에 직접 혹은 간접적으로 참여시킨다. 상담에 대한 부정적인 태도나 거부감을 가지고 있는 가족원들도 놀이가 갖는 자연스러움으로 인해 쉽게 참여할 수 있고, 변화에 대한 동기가 생길 수 있다.

가족이 함께 참여할 때 아동이 혼자 놀이를 하는 것보다 더 오랜 시간 동안 놀이가 유지될 수 있다. 가족놀이를 통해 가족의 기능을 탐색하고 의사소통방식을 이해하며, 다양한 자기표현이 가능하다. 부모자녀 간의 상호작용이 놀이과정에 따라 그대로 나타날 수 있고 가족 안에서 위축된 감정을 보다 자유롭게 표현할 수 있다(Bowers, 2013, 김유숙 외 공역, 2015).

가족놀이치료는 상호놀이를 통해서 가족의 변화가 일어나게 되는데, 이는 놀이 그 자체에 치유적인 힘이 있기 때문이다. 놀이는 가족 간의 어색한 감정이나 저항감을 없애면서 다양하고 창의적인 방법으로 다가갈 수 있는 역할을 한다. 상담자는 가족이 함께 하는 놀이과정을 지켜보면서, 발달을 방해하는 장애물을 찾아 제거하는 작업을 한다. 가족원들은 놀이과정에서 마음을 열고 좋은 관계를 형성하여 성장가능성을 높이게 된다(Oaklander, 1988, 김정규 외 공역, 2006).

가족원들이 자유롭게 행동하고 소통할 수 있도록 친화적인 분위기로 만들어 주는 것이 중요하다. 이러한 분위기는 가족의 마음을 편안하게 해주고 스트레스를 주지 않으며, 더욱 흥미롭게 은유적인 표현으로 들어갈 수 있도록 한다(Rivett & Street, 2009, 박의순 외 공역, 2013).

가족원들은 상담 장면에서 다양한 도구와 매체를 활용할 수 있으며 자신의 감정, 욕구, 경험, 생각을 가장 자연스럽고 편안한 방법으로 표현한다. 이때 상담자는 가족원들이 어떤 이야기를 하며 특정부분을 어떻게 놀이로 표현하는지 관찰한다. 가족원들이 어떤 것에 관심을 가지고 선택하는지, 어떤 스토리에 각자가 연결되는지 살펴보는데 상담자가 성급하게 해석하지는 않는다.

가족원들은 놀이라는 은유 속에서 표현활동을 하며, 내면의 갈등과 상처를 발견하고 통찰, 수용한다. 또한 가족놀이치료를 통해 부적응의 원인을 깨닫고 새로운 의미를 창출하게 되므로 가족의 변화를 위한 강력한 수단이 된다.

2. 주요 개념

1) 놀이

놀이란 인간이 즐거움을 얻기 위해 보상이나 대가를 바라지 않고 하는 활동이며 행위이다. 또한 대부분의 사람들에게 공통된 활동이자 삶의 바탕이며 성장에 필수적인 활동이다. 놀이라는 용어의 현대적 정의는 게임(game)[1]과 같은 명확한 특성을 표현하지만, 어원은 무기를 가진 싸움이나 게임놀이의 의미에서 유래되었다.

최근에는 사전적 의미로 '아동들의 즉흥적인 활동'[2], '운동 또는 활발하고 자유로운 움직임이나 행동'[3], '통제되지 않은 움직임' 등으로 정의된다. 놀이의 과정이 제공하는 자유로움과 더불어 즉흥성이 되풀이되는 것을 강조한다.

놀이는 기본적으로 참여자와 목표가 있어야 하고, 목표에 도달하기 위한 방법이 포함된다. 놀이참여자는 놀이규칙에 따라 수행하는 여러 가지 행위를 하면서 즐거움과 성취감을 얻을 수 있다. 또한 놀이를 통해 타인과 소통하고, 관계 향상과 애착 형성이 가능하며 창의적인 사고를 할 수 있다.

놀이는 모든 인간관계에서 주요 기능을 하므로, 또래관계의 성장과 건강한 발전을 위해 통제되지 않은 움직임의 기회를 다양하게 주어야 한다. 게임놀이와 역할놀이를 통해 다양한 경험을 하며, 감정의 카타르시스를 경험할 수도 있다. 긴장하지 않고 자신을 비교적 편안하게 표현할 수 있다는 장점이 있고, 말로 잘 표현하지 못하는 내담자들에게 도움을 준다(Bowers, 2013, 김유숙 외 공역, 2015).

가족상담의 과정에서 아동이 기여하는 부분은 핵심적일 수 있는데, 그 이유는 가족체계의 문제나 증상이 아동에게 나타나기 쉽기 때문이다. 그러나 아동은 언어

1) 겨루기, 경기. 일정한 규칙에 따라 승부를 겨루거나 즐기는 놀이.

2) 웹스터 신대학생용 사전 제9판 (1989).

3) 옥스퍼드 영어사전 (1989).

로 자신의 문제나 증상을 잘 표현할 수 없으므로, 놀이는 가족의 중요한 주제나 단서를 제공해 준다. 또한 놀이활동을 통해 그들의 생각과 감정을 소통하고, 표현력과 창의성이 발달된다. 놀이는 상상을 넘어선 기발함이 있으며 가장 창의적인 방법으로 아동들이 가장 좋아하는 대화방식이다.

놀이와 가족치료의 통합은 아동과 상담자의 관계뿐만 아니라 다른 가족원들과의 관계를 강화시켜 준다. 가족은 함께 놀면서 가족원의 요구에 대처하고, 문제를 함께 탐구하며 해결하는 과정을 경험한다(김유숙, 2012). 가족은 누구와 함께 놀이하느냐에 따라 다른 자극과 촉진이 이루어지고 감정표현이 다양해질 수 있다. 그러므로 가족의 문제를 지속적으로 해결할 수 있는 놀이영역으로 들어가는 것은 매우 중요하다.

가족놀이치료에서 놀이는 의식과 무의식의 생각과 감정을 표현하는 수단이며, 내담자가 자신만의 세계에 들어갈 수 있는 자연스럽고 편안한 길이다. 그러므로 상담자는 가족원이 웃고 즐기는 시간을 통해 문제를 해결하는 과정에서 보다 창의적인 표현들을 할 수 있도록 촉진한다. 이와 같이 놀이는 가족의 변화와 결속을 위한 수단이며, 치료적 의사소통의 핵심으로 활용할 수 있다(Bowers, 2013, 김유숙 외 공역, 2015).

2) 은유

은유(metaphor)는 본래의 의미를 표면에 나타내지 않고 비유만을 나타내는 표현법을 말한다. 가족치료와 놀이치료에서 효과적으로 내담자의 생각을 표현하는 안전한 방법으로 은유의 사용을 중요하게 여긴다. 아동은 부모에 대해 이야기하거나 어떤 위협적인 상황을 표현할 때 놀이의 은유를 통해 표현하려는 경향이 있다. 아동이 그리는 그림이나 인형놀이 장면을 보면, 내담자 가족의 문제가 무엇인지 은연중에 드러나기도 한다.

예를 들어 인형놀이를 할 때 아동의 언어적 수준을 잘 감안하여, 인형을 통해 아동이 말하는 것을 주의 깊게 들어야 한다. 인형이 맡은 역할이 누구인지 아동이 인형에게 반복적으로 하는 이야기가 무엇인지 들어보면, 인형을 통해 드러내는 감정이 실제 아동의 감정과 관계가 있음을 알 수 있다(Carey, 1999, 이정숙 외 공역, 2002). 이와 같이 은유기법은 내담자와 가족들이 겪고 있는 문제들에 대해 직접적으로 말하기보다 간접적이면서 좀 더 안전한 방법으로 자신의 생각을 표현할 수 있게 한다.

3) 상징

상징(symbol)은 연상이나 관례 등에 의해 어떤 다른 것을 표현하는 징표, 즉 그림·소리·표시 등을 말한다. 정신분석 연구에서 꿈과 더불어 무의식과 의식을 연결하여 둘 사이를 자연스럽게 오갈 수 있는 방법이다. 상징은 무의식을 표현하는 소통의 도구인데, 가장 보편적인 것은 '언어'이다.

모든 언어는 상징으로 구성되어 있다. 말이란 훌륭한 의사소통의 도구가 되기도 하지만, 문제의 해결보다 그 상태에 계속 머무르게 하는 한계를 가질 수 있다. 이 한계를 보완하기 위해 상징물을 사용하여 인간 내면의 감정, 욕구, 생각의 표현을 도울 수 있다. 상징체계를 잘 이해하게 되면 인간 내면의 갈등과 가족의 문제에 좀 더 쉽게 접근할 수 있다(최광현, 2013).

언어적 상호작용을 촉진하는 주방놀이, 마술놀이, 계산놀이, 엄마놀이, 병원놀이 등 '마치 ~인 것처럼' 해보는 놀이가 대표적인 상징놀이이다. 아동은 이러한 상징놀이 속에서 사회적·신체적·내적 세계를 실험하고 이해하며, 상상력이 발달하고 의식세계가 확장된다.

4) 무의식

무의식(unconsciousness)은 정신분석의 창시자인 Freud가 정의한 인간의 정신구조의 한 부분으로, 의식적으로 자각되지 않는 정신의 내용이나 상태를 말한다. 무의식은 인간이 의식하지 못하지만 실제로 원하거나 추구하는 내용을 담고 있기 때문에 의식 못지않게 중요한 역할을 한다(Corey, 2001, 조현춘 외 공역, 2003).

인간이 살아오면서 경험한 충격적인 사건이나 기억은 억압에 의해 무의식 속에 갇혀 있다. 억압은 꿈의 내용, 신경증의 증상을 통해 왜곡된 형태로 나타나기도 한다(정옥분, 2007). 무의식 속에는 인간의 욕구, 경험, 기억들이 저장되어 있는데, 의식으로 상기되기 위해 특별한 노력과 전문적인 처치나 해석이 필요하다.

프로이트 (Sigmund Freud, 1856~1939)

Freud에 의하면 인간의 정신은 '의식, 전의식, 무의식' 세 층으로 이루어졌다고 한다. '의식'은 자신이 주의를 기울이면 의식할 수 있는 정신작용의 부분이고, '전의식'은 주의를 집중하고 노력하면 의식이 될 수 있는 부분이다. '무의식'은 일반적으로 각성이 되지 않은 심적 상태, 즉 자신의 행위에 대해 자각이 없는 상태를 말한다.

5) 훈습

훈습은 내담자가 상담과정에서 느낀 통찰을 현실생활에 실제로 사용하여 내담자에게 변화가 일어나는 것을 말한다. 상담자가 내담자의 문제를 인식하고 알려주었다고 해도 한 번의 깨달음으로 변화가 일어나지는 않는다. 내담자가 감정의 정화를 느끼고 통찰을 경험하면, 훈습의 결과로 이전의 낡은 행동양식을 버리고 새로운 선택을 하게 된다.

훈습은 반복적 해석과 내담자의 저항형태의 탐색을 통해 가능하다. 내담자가 자신의 문제를 정확하게 들여다보고 해결할 수 있도록 상담자가 지속적으로 해석하면서 도움을 주어야 한다. 훈습은 끊임없이 저항과 전이를 관찰해야 하므로 긴 시간을 필요로 한다.

내담자의 변화과정에서 적절하게 훈습하지 않으면, 모든 사람으로부터 사랑과 수용을 바라는 유아적 욕구를 전이[4]시킬 수 없게 된다. 정신적 외상이나 유아적 갈등을 완전히 해결할 수는 없지만 상담자의 적절한 해석과 통찰, 훈습의 과정을 통해 내담자는 변화할 수 있다(Corey, 2001, 조현춘 외 공역, 2003).

가족치료놀이

가족치료놀이(Family Theraplay)는 미국의 Ann Jernberg 박사에 의해 개발되었다. 기본적으로 애착이론에 근거를 두고 있으며, 부모와 자녀관계에 초점을 맞추고 있다. 양육적인 신체접촉을 통해 관계의 통합을 돕고 장난감을 사용하지 않으며, 지금 현재에 초점을 두는 상담기법이다.

상담자 및 성인 놀이지도자가 지시적으로 활동을 진행하며, 아동의 욕구를 충족하기 위해 주의 깊게 놀이를 계획하고 진행한다. 부모의 참여를 적극 권장하며 가정에 돌아가서도 같은 방법으로 자녀와 만날 수 있도록 돕는다.

부모자녀 관계에서 위축, 상실감, 우울감 회복과 입양 및 재혼가족, 다양한 증상을 보이는 아동 -공격성, 공포증, 학습장애, 발달장애, 불안정 애착장애, 주의력 결핍성 과잉행동장애 등-에 많이 사용된다.

가족치료놀이는 부모 또는 형제를 아동상담에 포함시키는 소집단 놀이형태를 취한다. 집단규칙으로 '상처주지 않기(no hurts), 함께하기(stick together), 재미있게 지내기(have fun), 성인이 책임지기(adult is in charge)'가 있다. 일반적으로 12~18주 정도 상담을 진행하며, 상담실에서 했던 놀이목록을 적어주고 가정에서 2~3회 반복할 수 있도록 부모에게 과제를 부여한다(김수정, 2009).

4) 내담자가 과거의 어느 시점에서 부모 등 의미 있는 타인에게 경험했던 감정, 욕망, 기대 등을 상담자에게 나타내는 현상을 말한다.

3. 상담목표와 상담과정

1) 상담목표

가족놀이치료의 목표는 첫째, 가족관계를 회복하여 모든 가족원들이 서로 안정되고 긍정적인 관계를 맺을 수 있도록 하는 것이다. 가족놀이치료에서 놀이는 변화와 결속을 위한 수단이며, 개입을 위한 맥락을 제공하는 동시에 치료적 의사소통의 핵심이 된다. 명확한 목표를 제시하는 것은 원하는 치료적 결과를 파악하기 위해서이며, 가족이 경험하기를 기대하는 구체적 행동에 초점을 맞추어야 한다.

둘째, 내담자와 가족이 치료적 관계의 맥락에서 놀이라는 매개물을 통해 가족 안에서 경험한 자신들의 갈등과 불안을 표현하도록 돕는 것이다. 상담자는 의도적으로 놀이의 방향을 제시해 줌으로써 상담 및 치료의 목적과 의미를 부여하기도 한다. 놀이는 가족원들의 거부감을 줄여주고 보다 자연스럽고 익숙한 방법으로 전달하는 수단이 될 수 있다.

셋째, 구체적으로 부모의 양육기능을 향상시켜 미성숙한 부모들의 양육 자신감이 증진되며 부부간의 적절한 부모 역할분담과 협력에 대해서도 배우게 된다. 이를 통해 부모와 자녀의 애착을 증진시키고 아동의 자아존중감을 향상시켜, 타인에 대한 신뢰와 건강한 관계가 회복된다.

2) 상담과정

상담자는 아동이나 가족원들과 함께 작업할 때 다양한 놀이의 재료와 기법을 사용할 수 있어야 하며, 내담자의 놀이와 의사소통에 더 집중하기 위해 재료들과 충분히 친숙해져야 한다. 치료실 환경은 장난감 가게와 같이 복잡하게 되어서는 안 되며, 무질서하고 절제되지 못한 환경이 오히려 아동을 과잉반응하게 만들 수 있다.

상담에 활용될 재료의 선택은 아동 및 가족의 연령과 상황, 관심사에 따라 달라질 수 있다. 상담자가 내담자의 상상력을 발휘하도록 도와주면, 비치된 놀잇감을 활용하여 보다 다양하게 작업할 수 있다. 때로는 재료의 다양성으로 인해 오히려 혼란스러울 수 있으므로 가족의 심리 · 환경적 특성이나 상황에 따라 재료를 단순하게 제시하여 좀 더 쉽게 작업을 시작할 수도 있다.

(1) 놀이의 적용

놀이는 과제나 작업처럼 의무적이거나 강제적이지 않으며 자발적으로 활동하게 하며 쾌감을 주는 활동이다. 놀이 참가자는 규칙에 따라 여러 가지 행위를 하면서 즐거움을 얻기도 하고, 놀이 이후의 보상으로 즐거움을 얻기도 한다. 또한 놀이는 활동에 임하는 내담자들에게 통제되지 않은 움직임의 기회를 제공하며 자유로움을 느끼게 한다.

Freud는 놀이의 중요성과 기능을 강조하면서 '아동은 놀이를 통하여 새로운 세계를 탐색할 수 있고 창의적인 능력을 키울 수 있다'고 강조했다(Bowers, 2013, 김유숙 외 공역, 2015). 놀이 중에는 공간이나 시간, 역할의 제한을 두지 않으며, 자발적이고 즉흥적으로 충분히 표현할 수 있는 기회를 줄 수 있다.

상담자는 놀이에 참가하는 가족원들의 반응을 세심하게 관찰해야 하며 놀이과정을 통해 가족체계와 관계 변화의 촉매제를 찾을 수도 있다. 그러므로 상담자가 가족관계와 발달과정을 잘 이해하는 노력이 필요하다.

놀이공간이 지닌 안전함이라는 특성 속에서 아동은 자신의 감정을 자유롭게 표현할 수 있고, 다양함 안에서 수용하기, 감정의 정화, 부정적 정서의 감소, 충동조절의 경험을 할 수 있다. 이로 인해 가족의 이해와 적용이 가능해지며 그 효과는 다시 가족원의 일상생활까지 이어져 안정감을 회복할 수 있다(정문자 외, 2013).

(2) 놀이도구와 게임

놀이도구를 선택할 때 내담자들이 처한 상황은 모두 다르므로 구체적인 평가에 근거하여 선택하도록 도와야 한다. 개인이나 가족의 상황에 따라 강조하는 부분이 충분히 달라질 수 있다. 상황에 맞는 놀이와 게임을 가족이 함께 선택하고 시연해 보면서, 좋은 치료 효과를 경험하는 것이 중요하다. 놀이도구와 게임 유형별 종류의 심리적 내용은 다음과 같다.

❖ **표 13-1** 놀이도구 종류와 심리적 내용

놀이도구 종류	심리적 내용
인형집, 가족인형, 사람 퍼펫	가족관계에서 경험하는 분노, 두려움, 수치심, 경쟁심, 욕구
유치원, 학교, 사람인형	유치원, 학교에서 경험하는 다양한 감정, 욕구
소꿉, 아기인형	양육 경험과 관련된 감정, 욕구
병원놀이도구	병원에서의 부적절한 경험으로 인한 불안완화, 숙달감, 통제감 경험
슈퍼마켓 도구	가게주인이 되어 상황에 대한 통제감, 조절감
탈것들	움직임의 욕구와 힘
공룡, 맹수, 악당, 괴물, 군인, 총, 칼, 수갑	부정적 감정과 공격성
모래, 물	창조적으로 자기표현, 이완, 변형
블록	탑을 쌓고 부수면서 감정 해소, 보호벽 건설
이젤, 물감, 그림도구	창의적 표현
점토(주무르고 만들기)	정서 해소, 부적절한 언어발달

출처: 정문자 외 (2013).

❖ **표 13-2** 게임 유형별 종류와 심리적 내용

유형	게임 종류	심리적 내용
자아 향상 게임	주사위 게임, 카드 게임, 젠가, 할리갈리	자기통제력, 인내심, 기억력, 사고력, 논리적, 계획적
대화 게임	말하고 느끼고 행동하기 게임, 이웃사귀기 게임	가족이나 또래와의 관계문제, 부모의 이혼, 상실, 왕따 등과 관련된 경험을 이야기 함. 이를 통하여 감정 표현과 상황에 대한 이해, 새로운 관점과 대처 방법을 배움.

출처: 정문자 외(2013).

❖ **그림 13-1** 젠가 게임

❖ **그림 13-2** 말하고 느끼고 행동하기 게임

❖ **그림 13-3** 다양한 놀이도구들

3) 상담자 역할

상담자의 역할은 크게 두 가지로 나눌 수 있는데, 첫째는 내담자에게 분명하게 드러나는 욕구에 따라 반응하는 '치료적 역할'이다. 모든 가족원들과 지속적으로 만나야 하므로 상담자가 어느 한쪽만 위하거나 이해해서는 안 된다. 개별 치료에서는 직접적인 활동을 통해 상담계획을 잘 세우고 균형을 맞추는 것이 중요하다(Schaefer & Carey, 1994, 성영혜 외 공역, 1997).

둘째는 치료실 이외의 환경, 즉 가족·학교·또래관계 등에서 가족원의 부적절한 행동을 탐색하고 수정하여, 긍정적 변화를 가져올 수 있도록 '환경 개입' 및 '안내자 역할'을 한다. 상담자가 놀이에 참여하는 가족원들의 개인의 발달과 가족역동에 대해 이해하는 것은 중요하다(정문자 외, 2013). 또한 가족놀이치료에서 상담자는 다음과 같은 역할을 한다.

① 참여하기: 상담자는 내담자가 이끄는 대로 따르고, 내담자를 앞서 나가지 않도록 주의하면서 함께 작업한다.
② 제한하기: 상담자는 적절한 규칙을 강조함으로써 내담자 스스로 자아기능을 강화할 수 있게 하고, 문제상황에서 제한을 설정하는 보조역할을 한다.
③ 해석하기: 가족원들의 상징놀이와 그들의 삶을 연결시켜 주는 과정을 가진다. 이는 반드시 긍정적인 치료관계가 확립된 다음에 가능하다. 반면, 놀이를 해석하지 않는 전문가도 있다(Webb, 1991, 권영민 외 공역, 2006).

4. 상담기법

1) 추적반응하기

상담자가 가족원들에게 관심이 있고 그들의 놀이를 이해하려고 노력한다는 것을 전달한다. 상담자의 따뜻한 관심과 존중이 중요하며, 허용적인 분위기를 만들어 준다. 가족원들이 스스로 놀잇감에 이름을 붙여볼 수 있도록 지켜봐 주는 것이 좋다. 상담자는 가족의 반응에 천천히 계속 따라가 주어야 하며, 내면의 감정까지 충분히 읽어줄 수 있어야 한다.

내담자 : (길을 만들고 자동차를 여러 대 꺼내서 도로 위를 운전하고 있다) 빵빵! 차가 지나가요. 비키세요.
상담자 : 와, 차가 도로 위로 쌩쌩 달리고 있구나.
내담자 : (달려가던 차를 세우고 다른 차와 부딪히게 한다)
상담자 : 차가 부딪혔구나. 아, 계속 부딪히네.

2) 사고, 감정, 욕구 반영하기

상담자의 민감성과 수용력으로 가족원들의 사고, 감정, 욕구를 반영하며, 충분히 공감하고 있다는 것을 전달해 주는 것이 중요하다. 상담자의 공감적 반영을 통해 가족원들은 그들의 감정이 집중되고 있음을 느끼게 된다.

내담자 : (얼굴이 굳어 있고 씩씩거린다)
상담자 : 너는 지금 화가 난 것 같은데?
내담자 : 나는 네가 싫어! (인형을 때리고 던진다)
상담자 : 아, 넌 지금 화가 났구나! 인형을 때리고 던질 정도인 것을 보니 네가 아주 많이 화가 났구나.

3) 내담자에게 책임감 돌려주기

가족원들이 무엇을 가지고 놀아야 할지, 어떻게 만들고 정리해야 하는지 모두 다 알려주는 것은 창의성과 자유로운 표현을 방해할 수도 있다. 가족원들이 원하는 놀잇감을 스스로 선택하여 자유롭게 놀이를 할 수 있도록 다양한 기회를 준다.

내담자 : (분명히 이름을 아는 놀이도구 한 개를 집으면서) 이게 뭐예요?
상담자 : 그건 원하기만 하면 어떤 것이라도 될 수 있어요. 여기서는 당신이 정할 수 있어요.

4) 놀이 안에서 상호작용하기

가족상담에서 아동이 먼저 놀이를 시작하기도 한다. 자신의 놀이를 위해 상담자 혹은 다른 가족원이 어떤 역할을 해주기 바랄 때, 아동이 원하는 역할을 맡아서 해준다. 아동이 놀이 중에 생각, 태도, 감정, 욕구 등을 그대로 표현할 수 있도록 돕는 것이 중요하며, 상담자는 놀이 속에서 느꼈던 감정에 대해 가족원에게 공감적으로 반영해 준다.

상담자 : (아기 목소리로) 엄마! 엄마! 무서워. 엄마 어디 있어. 엉엉.
(상담자 목소리로) 아기가 엄마를 잃어버려서 너무 무섭구나.
깜깜한 숲 속이라 정말 무서울 것 같아.
아기가 너무 무섭고 불안해서 울고 있구나.

출처: 정문자 외 (2013).

5) 치료적 제한 설정하기

가족놀이과정에서 충동적이거나 부적절한 행동에 대한 제한은 그 자체가 치료적일 수 있고, 가족원으로 하여금 책임감을 배우게 한다. 가족원이 자신의 마음을 수용하고 부적절한 욕구와 충동을 스스로 조절하는 경험을 해보는 것이 중요하다. 제한을 설정할 때는 단호하고 엄격하게 해야 하며, 가족원의 상황을 잘 파악하여 마음을 충분히 읽어준 후 설정한다.

치료적 제한 설정의 예

- 놀이도구 이외에 다른 시설물을 잘 다루도록 한다.
- 놀잇감을 사용하여 타인에게 신체적으로 공격을 해서는 안 된다.
- 놀잇감을 상담실 밖으로 가지고 나가지 않는다.

출처: 정문자 외 (2013).

5. 사례 연구

1) 개요

내담자 1은 46세 여성이며, 48세 남편과 16세의 딸을 두고 있다. 내담자 1은 맞벌이로 일하고 있으며, 오랜 부부간의 불화로 인해 재판이혼 과정 진행 중이다. 내담자 1의 주 호소문제는 남편이 결혼 이후 지속적으로 가족을 무시하거나 폭언을 행사하는 것이다.

남편은 오히려 자신이 피해자라고 주장하면서 이혼을 원하고 있고 대화를 지속적으로 거부하고 있다. 내담자 1은 해결의지가 없고 가족의 소중함을 인식하지 못하는 남편을 원망하고 있었고, 재판이혼 과정에서 심리적으로 불안하고 딸에게 미안한 마음으로 상담에 오게 되었다.

내담자 1의 남편은 전문직업을 가졌으며 사회적으로 존경받고 인정받는 사람이나, 밖에서와 가정에서 완전히 다른 모습을 보인다. 자신의 높은 기준에 맞추려고 가족을 심리적으로 불안하게 하여 모녀의 분노감정은 점점 심해졌다고 호소하였다(12장 사례연구 참고).

2) 가족놀이치료의 적용

내담자 2(딸)는 부모의 불화로 인해 1년 이상 가족의 별거와 부모의 이혼소송과정을 함께 겪으면서 심리적 위축과 우울감을 느끼고 있었다. 아빠에 대한 분노감정으로 힘들어하며 마음을 닫고 있는 내담자 2(딸)와 함께 보드게임을 활용한 놀이치료를 실시하였다.

'문장 완성하여 말하기' 카드게임을 실시하고, 내면의 감정과 생각들을 들어보는 시간을 가졌다. 상담자와 교대로 카드를 교환하여 완성되지 않은 문장을 제시하고 떠오르는 생각은 무엇인지, 문장을 완성해 본다면 어떻게 할 수 있을지에 대한 이야기를 이어나갔다. 내담자가 이야기하기 불편한 문장이 나오면 스스로 결정하여 표현할 수 있도록 기다려주고 어떤 상황인지, 저항이 반복되는 부분은 없는지 탐색하였다.

❖ **그림 13-4** 문장 완성하여 말하기 카드 게임

내담자 2(딸)는 또래 나이에 비해 상황판단력과 문장 이해력이 좋았다. 상담자와 이야기를 잘하였으며 부모의 상황을 매우 이성적으로 바라보고 있었다. 감정의 흔들림이나 숨김없이 자신의 생각하는 것을 이야기로 잘 표현하고 전달하였다. 다만, 엄마에 대한 안타까움과 답답함이 있었으며, 이로 인해 자신의 인생 목표가 '엄마를 위해 공부하여 ○○○직업을 가지는 것'이 되었다는 이야기를 하였다. 현재 불안한 상황과 아빠에 대한 분노감정을 건강하게 해결하지 못하고 있는 자신을 인식하게 하고 변화 의지를 확인하였다.

내담자 1-내담자 2-상담자 세 사람이 함께 '말하고 느끼고 행동하기' 보드게임을 실시하였다. 게임 안에서 카드가 주어지고 미션을 실행해야 하는 상황이므로, 부정적 상황에 대한 저항이나 부담감이 조금 줄어들고 편안하게 이야기할 수 있는 장점이 있었다. 개인에게 일정분량의 칩이 주어지며 주사위를 던지고 말을 놓아가는 과정에서 규칙준수와 즐거움, 성취감이 생겨나는 것을 느낄 수 있었다.

❖ **그림 13-5** 말하고 느끼고 행동하기 게임

게임이 진행되는 동안 신체활동이나 단순하고 재미있는 미션도 주어지므로, 부모 이혼이라는 문제 상황에만 무겁게 몰입되지 않고 놀이와 상담 · 치료적 활동이 동시에 일어나는 장점이 있었다. 내담자들은 질문지의 문항에 진지하게 생각하고 대답하였으며, 부모 이혼 전후 가족의 상황과 달라지는 점들에 대해 잘 이해하고 자신의 생각을 정리하는 시간이 되었다. 또한 부모 이혼으로 인한 부담감이나 편견, 불편함에 대하여 솔직한 생각을 나누고 타인의 입장도 들을 수 있었다.

마무리 작업으로 가족관계의 문제, 부모의 이혼을 바라보는 자녀의 심정은 어떤지, 상실감 등과 관련하여 작업해 본 경험을 나누어 보았다. 보드게임과 이야기하기 활동을 통하여 감정표현과 상황 이해를 하게 되었고, 가족의 현실적인 문제를 받아들이기에 도움이 된 것 같다고 하였다. 새로운 관점으로 문제를 바라보고, 더 건강한 대처방법을 찾아 어떻게 실천할지 목표도 세워 보면서 회기를 마무리하였다.

모래놀이

모래는 인간의 마음을 사로잡으며 치료적 효과를 가져다주는 기본적이고 자연적인 매개물이다. 모래를 만지고 쌓고, 던져보면서 공격과 방어의 훌륭한 무기를 가지게 된다. 모래 위에 다양한 모형들을 배치해 보고 상황을 만들어 이야기로 표현하면서 다양한 역동과 감정의 해소, 퇴행, 사회화를 경험하기도 한다(Carey, 1999, 이정숙 외 공역, 2002).

모래놀이는 자유롭고 창조적인 놀이로 무의식과 의식이 통합되고, 내담자의 손으로 전달되어 상징으로 표현된다(정문자, 2013). 가족이 함께하는 모래놀이는 가족 간에 의미 있는 상호작용이 일어나게 하는 교량역할을 한다. 여러 가지 상징물을 사용하기 때문에 자신을 표현하는 데 부담이 적으며, 방어가 적은 표현양식이므로 내담자에 관한 정보나 가족의 정서적 분위기를 이해하기 쉽다.

가족모래놀이치료는 아동중심 모래놀이치료에 가족을 포함시켜 통합하는 방법과 가족체계 접근방식을 사용하여 가족 전체를 상담하면서 개인의 욕구를 다루는 경우가 있다. 개인의 위기는 가족원 모두에게 영향을 끼치기 때문에, 아동만 혼자 상담하는 것보다 모든 가족원을 대상으로 하는 것이 효과적이다.

모래놀이치료를 창안한 Dora Klaff는 놀이과정 동안 내담자와의 관계를 중요시하였다. 내담자 안의 능력을 믿고 안정된 치료관계를 지켜주는 공간 속에서, 내담자는 스스로 변화하고 성장한다(山中康裕, 김유숙, 2005). 모래놀이 작품을 사진으로 찍어서 상담과정을 시각화하면 내담자의 성장과정을 잘 이해할 수 있다.

모래놀이치료실에는 기본적으로 직사각형의 모래상자 테이블과 모래, 물그릇, 손 헹굼 그릇, 선반 등이 필요하다. 구비해야 할 소품은 인간, 가족 캐릭터, 동물, 식물, 광물, 교통기관, 집, 건축물, 무기, 실내기구, 음식 등이다. 가족원이 아동과 함께 모래와 물을 가지고 놀면서 주변을 적시고 말리는 경험을 하고, 새로운 매체가 생기는 경험도 할 수 있다. 두 재료를 섞어 농도를 다양하게 하면 구정물에서 덩어리까지 모든 농도의 덩어리를 만들어 뭉치고 부수는 경험을 해볼 수도 있다(정문자, 2013).

모래놀이는 모래상자라는 한정된 공간에서 내담자의 내면세계를 표현하고 있으므로, 놀이과정과 흐름을 살펴보는 것이 중요하다. 또한 내담자의 언어표현에 의한 방법보다 더 깊은 충동까지 표현될 수 있기 때문에, 허용범위를 넘지 않도록 상담자가 잘 안내하는 것이 중요하다.

장애어머니와 폭력아버지를 둔 초 1 남자 아동

투병 중인 아버지와 함께 살고 싶은 초 2 남자 아동

❖ 그림 13-6 가족모래놀이치료

역할놀이

역할놀이와 같은 언어적 놀이기법은 내담자가 다른 사람의 역할을 하면서 자발적으로 표현해가는 놀이기법이다. 역할놀이는 전통적으로 정서적 각성을 증가시키거나 행동목록을 확장시키는 행동 방법으로 반복원리를 이용하는 '이야기 주고받기 방법'이다(Schaefer & Cangelosi, 1993, 이순행 외 공역, 2009). 가족 안에서 자신의 역할을 다른 가족원과 바꾸어 경험하고, 그 사람의 입장이 되어 대신 연기해볼 수 있다. 이러한 활동을 통해 자신이 무력감을 느꼈던 상황을 원상태로 되돌려보고 억압되었던 정서를 표현하도록 돕는다.

역할놀이는 모델링이나 갈등상황에 대한 정확한 묘사를 할 수 있으며, 행동시연으로 공격적이지 않게 긍정적 결과를 이끌어낼 수 있다. 가족원들이 직접 역할을 맡을 수도 있고, 상담자가 갈등상황에 있는 가족원의 역할을 맡아서 연기를 할 수도 있다. 가족의 갈등을 유발했던 사건을 반복해서 다루는 경험을 통해 불쾌한 기분을 인식하고 상황에 익숙해짐을 경험하게 된다.

가족원이 갈등 영역에 직접 참여하면서 부모, 형제에 대한 억압된 분노와 일상적인 자극, 두려움에 대해 표현해 보고 느낌을 나누어 본다. 가족 안에서 내담자가 보다 자유롭고 자신감 있게 행동할 수 있도록 도움을 준다(Oaklander, 1988, 김정규 외 공역, 2006).

상담자 : 이번에는 나(상담자)는 네(아동)가 되어 보고, 너는 엄마가 되는 거야.
아　동 : 네 좋아요.
상담자 : 좋아. 네가 나한테 엄마가 하는 것처럼 심부름을 시키고, 그때부터 다시 역할 연기를 하는 거야. 할 수 있겠니?
아　동 : 네. (역할을 바꾸어 엄마가 되어) 가서 엄마 심부름 좀 해라, 빨리!
상담자 : 엄마, 지금 가기 싫어요. 귀찮다고요. 할 일도 많고.
아　동 : (화를 내는 듯이) 진짜 엄마 말 안 들을 거야?
상담자 : 엄마 좀! 오늘 진짜 기분이 안 좋아요. 안 가고 싶다고요. 엄마는 내 마음을 너무 몰라주는 것 같아요.
아　동 : (차가운 목소리로) 빨리 가는 게 좋을 거다.
상담자 : 언니도 있고 동생도 있는데 매일 나만 심부름시키고, 오늘은 정말 가고 싶지 않은데. 다른 사람 놔두고 꼭 나만 시키는 엄마한테 화가 나요. 왜 항상 나만 가야 하죠? 정말 기분이 나쁘다고요.
아　동 : (한참 생각하다가) 그래 알았어. 다음에는 언니도 공평하게 심부름 시킬게.
상담자 : 좋아, 여기까지 하자. 이렇게 이야기를 나누는 동안에 어떤 기분이 들었는지 얘기해 줄 수 있겠니?
아　동 : 네, 지금까지는 한 번도 기분에 대해 말해본 적이 없어서 좀 떨렸어요.
상담자 : 아, 그랬구나. 그럼 지금은 어때?
아　동 : 음, 이야기하기 힘들었는데 이렇게 저도 얘기하고, 선생님이 얘기하는 걸 다시 들어보니 좀 괜찮은 것 같아요. 마음이 시원해지는 것 같고. 엄마 마음을 좀 생각도 해 보게 되고….

출처: Oaklander (1988). 김정규 외 공역 (2006).

찰흙놀이

찰흙은 재질이 매우 부드럽고 유연하여 다양한 욕구들을 표현하기에 적합하다. 손으로 만지면서 아무렇게나 주무를 수 있고, 물렁물렁하며 부드럽고 감각적이다. 우리 마음속의 가장 깊은 곳까지 편안하게 해주는 힘이 있으며, 다른 소재에서 찾아볼 수 없는 독특한 상호작용인 촉감과 감각적 체험을 경험하게 해준다.

또한 사람으로 하여금 자신의 감정에 더 가까이 가도록 해주며, 작업을 하는 동안 쉽게 하나가 될 수 있는 것은 찰흙의 유연한 질감 때문이라고 할 수 있다. 찰흙은 기술이나 연령에 상관없이 호감을 가질 수 있는 재료이다.

가족놀이치료에서 가족원들에게 찰흙 덩어리를 제공하고 활동을 해본다. 한데 뭉쳐 보기, 떼어 보기, 던져 보기, 찔러 보기, 다양한 물건이나 동물을 만들어 보기, 눈을 감고 만지고 느껴 보기 등의 경험이 가능하다. 찰흙과 점토는 발달단계에서 공격성의 좋은 배출구가 될 수 있으므로 창작물을 만들어 보고, 다시 부수고 공격하는 행동을 반복해 보면서 충분히 부정적 감정을 해소하는 경험을 할 수 있다.

찰흙놀이는 가족원 중에서 자기존중감이 낮은 내담자가 저항을 버리고 즐겁게 활동할 수 있게 도와준다. 또한 새로운 자기상을 찾고 자기의 감정을 잘 수용하는 긍정적인 경험을 하게 한다. 내담자의 연령이나 환경, 상황에 따라 비슷한 질감을 가진 컬러클레이, 고무점토, 지점토, 색 밀가루반죽 등으로 대체하여 활용해 볼 수도 있다.

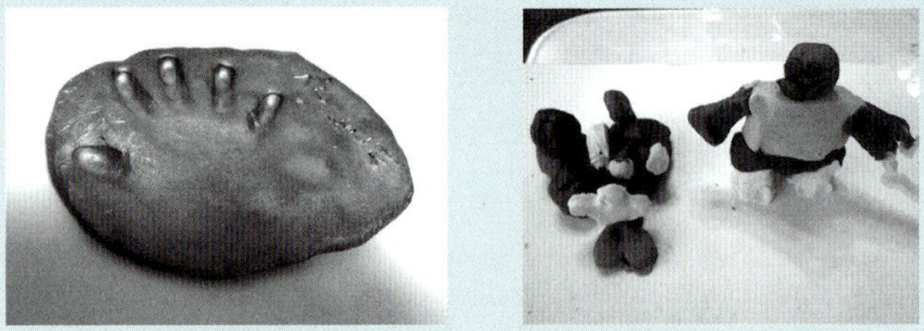

❖ **그림 13-7** 찰흙놀이

"앞에 있는 찰흙덩어리를 만져 보고, 지금 그대로 느껴 보세요."

"이제 찰흙과 친구가 되어 보는 거예요. 만져보니 어떤 느낌인가요? 매끄러운가요? 거친가요? 아니면 딱딱한가요? 차가운가요?"

"찰흙을 두 손으로 만져 보고 천천히 주물러 보세요. 손가락으로 깊숙이 찔러 보세요. 지금은 느낌이 어떤가요?"

출처: Oaklander (1988). 김정규 외 공역 (2006).

보드게임

보드게임(board game)은 놀이판이나 간단한 물리적 도구로 진행하는 놀이를 말한다. 게임은 진단적 가치와 치료적 가치를 모두 가진다. 게임을 하는 과정에서 나온 이야기들은 상담자에게 진단적 가치를 지닌 자료를 제공한다. 또한 상담자의 반응과 내담자의 행동이나 말들로부터 파생되는 상호작용은 치료적이 될 수 있다.

가족상담에서 보드게임을 사용할 때는 가족원이 일정한 규칙을 정하고 따르면서 게임을 진행해 나가는 방식을 사용한다. 상담자는 게임으로 인해 파생되는 가족의 상호작용을 잘 관찰하여야 한다. 심리적으로 불안한 아동이나 어떤 가족원은 지는 것에 대한 두려움으로 게임 시작하기를 주저하거나 긴장하기도 한다. 낮은 자기가치감을 가지고 있는 내담자들은 그것을 보상하기 위해 이겨야 하는 욕구가 너무 크다. 자주 어려운 게임을 하려고 하고 거기에 모든 에너지를 쏟는다(Schaefer & Cangelosi, 1993, 이순행 외 공역, 2009).

보드게임을 할 때 항상 그 내담자를 이기도록 해주어야 한다는 생각은 하지 말아야 한다. 게임의 결과로만 가족이 평가되지 않을 것이며, 불가피한 경쟁의 상황에서 상대편을 존중하고 건강한 경쟁을 해야 함을 상담자가 미리 알려주어야 한다. 보드게임을 시작하면서 만든 규칙은 임의로 바꿀 수 없음을 강조하고, 정직함을 통해 얻어지는 승패와 결과에 대한 인식을 심어주는 것이 중요하다.

가족원이 함께 보드게임을 하는 동안 누가 가장 재미를 느끼는지에 대해서도 잘 관찰해야 한다. 즐거움을 통해 자존감 향상과 심리적 문제에 대한 해소를 경험하도록 한다. 보드게임은 여러 가지 감정을 적절히 표현하는 방법과 문제해결방식을 배우고 연습하면서 저항을 줄여가는 긍정적인 효과가 있다(염숙경, 2009).

❖ 그림 13-8 할리갈리 게임

❖ 그림 13-9 카드 게임

음식물을 이용한 놀이

음식은 먹는 것에 대한 상징적인 의미뿐만 아니라, 사랑과 안정감을 느끼게 하며 즐거움과 가족의 따뜻함을 경험하게 한다. 음식이 제공될 때 사람들은 다양한 방식으로 음식에 반응한다. 어떤 사람은 음식 받기를 갈망할 수도 있고, 어떤 사람은 먹는 것을 거절할 수도 있다.

생애 초기에 자신이 경험한 음식의 기억으로 인해 매우 부정적인 내담자도 있고, 죄책감이나 수치스러움을 느낄 수도 있다. 이런 다양한 반응과 행동들은 상담과정에서 함께 다루어야 할 중요한 주제가 되기도 하므로, 놀이장면에서 음식을 다루는 내담자의 행동을 잘 반영하여 해석해야 한다.

상담과정을 통해 음식에 대한 내면의 욕구를 부인하거나 퇴행의 모습을 보이던 내담자의 부정적 욕구가 사라지고 절제할 수 있게 되기도 한다. 정신분석연구에서는 생애 초기의 안락함, 안정감의 정서를 느끼며 모유를 먹는 느낌과 음식에 관련한 즐거운 경험을 할 수 있다고 말한다(Schaefer & Cangelosi, 1993, 이순행 외 공역, 2009).

성인 내담자들이 초기 부모-자녀 관계를 재구성하고 생애 초기의 정서적 박탈을 치유하는 과정에서 '특별한 음식 제공하기'가 도움이 될 수 있다. 과잉행동의 자녀에게 행동 수정하기, 편집증이나 신경증이 있는 내담자에게 안정감과 만족감을 느끼게 하는 의미의 음식 제공하기 등 다양하게 활용된다. 매체로 자주 활용되는 음식은 우유, 과자, 사탕, 부드럽고 따뜻한 음식, 과일, 음료수 등 안정감과 즐거움을 느낄 수 있는 음식들이다. 단, 음식에 대한 내담자의 반응과 가족의 문제상황에 따라 놀이효과는 다를 수 있다.

❖ **그림 13-10** 푸드아트테라피

활동하기

1. 다양한 음식으로 나의 모습 꾸미기를 해 봅시다.

① 도화지, 일회용 접시, 비닐장갑, 식빵, 다양한 과자, 사탕, 초콜릿 등을 준비한다.

② 빵이나 과자 등을 이용하여 자신의 얼굴 모습을 꾸며 보게 한다. 다양한 음식의 질감과 모양을 생각하면서 다양한 표정이 나타날 수 있게 표현해 본다.

③ 완성된 이미지에 이름을 붙여 보고, 자신의 이미지를 탐색한다.

2. 함께 나누어 봅시다.

① 자신의 어떤 모습을 표현한 것인지에 대해 이야기를 나눈다. 가족이나 집단에서 자신은 평소 어떤 감정을 느끼고 있는지, 꾸며진 모습을 보면서 느끼는 감정은 어떤 것인지 이야기해 본다.

② 현재 자신이 느끼는 어려움이나 고민이 있다면, 그 내용과 연결하여 이야기해 보고 다양하고 긍정적인 피드백을 받아본다.

14

CHAPTER

가족미술치료

1. 개요

2. 주요 개념

3. 상담목표와 상담과정

4. 상담기법

5. 사례 연구

FAMILY COUNSELING

14 CHAPTER

가족미술치료

1. 개요

가족미술치료는 가족체계이론과 미술치료이론을 결합시킨 하나의 응용된 심리치료기법으로 미술활동을 진단 및 치료의 수단으로 사용한다. 일반 미술치료기법인 회화, 묘화, 그림, 조소 등의 다양한 방법을 활용할 수 있으며 다양한 분야에서 널리 사용되고 있는 가족예술치료의 한 영역이다(권기덕 외, 2000).

모든 가족미술치료는 정신분석이론, 경험적 가족이론, 다세대 가족이론 등 한 가지 이상의 가족상담이론에 기초를 둔다. 1960년대 정신의학 분야에서 가족연구에 대한 새로운 필요성을 인식하게 되면서, 개인이 아닌 가족 전체를 대상으로 하는 가족상담기법이 고안되고 시행되었다.

이에 호응하여 Kwiatkowska[1)]는 정신분석적 미술치료의 연장으로 가족미술치료(Family Art Therapy: FAT)를 창시하였다. 가족원이 동시에 참가하여 언어를 개입시키지 않고, 표현행동으로 미술과제를 시행하는 방법이 사용되었다. 가족그림을 관찰하면서 가족원은 초기의 저항을 해소하고, 상담자는 가족들로 하여금 미술작

1) 미국 국립 정신보건연구소(1958)에서 개인과 가족을 대상으로 하는 미술치료를 실시하였고, 미술치료가 가족치료의 부속물로 자리 잡게 되었다. 내담자가 특정한 그림활동에 참여하게 되면 가족원의 역할을 파악할 수 있고, 긍정적 치료경험을 제공하는 게 도움이 된다고 한다.

업을 계속하고 싶은 편안함을 주게 되었다.

1970년대 이후 동적 가족화(Kinetic Family Drawing: KFD)[2]와 동그라미 중심 가족화(Family Centered Circle Drawing: FCCD)[3] 등이 소개되어 가족미술치료에서 자주 사용되고 있다(권기덕 외, 2000). 가족은 공동 미술작업을 통해 가족미술치료를 신뢰할 수 있게 되고, 가족상담은 점차 새로운 변화의 계기를 마련하게 되었다.

가족미술치료는 미술과 놀이를 통합하여 다양한 기법으로 활용하므로 내담자들로 하여금 저항감을 줄여준다. 가족 안에서 위축되어 있거나 개인의 생각과 내면세계를 표현하는 것에 어려움이 있는 가족원에게 보다 유용하게 활용된다. 가족원들은 미술활동과정에 일어나는 다양한 변화를 직면할 수 있으므로 자유롭고 풍부한 감정표현이 가능하다. 또한 내담자 자신의 감정변화와 가족원의 역동, 집단체계의 변화와 성장과정에 대해 좀 더 잘 이해하게 한다.

가족미술치료에서 가족원들은 위험성 없는 미술활동을 통해 새로운 경험의 기회를 가진다. 이 경험은 상호작용, 개방적인 태도, 통찰력, 새로운 기술에 대한 적응을 촉진시킨다. 즉, 상담자는 내담자의 창의성이 자유롭게 발휘되도록 돕고, 이를 통해 가족원이 자기존재를 스스로 알아차리도록 한다(권기덕 외, 2000).

2. 주요 개념

1) 가족화

초기의 가족화는 그림에 의한 검사라는 성격에서 출발하였으며 인물화(Human

---

2) Burns와 Kaufman이 그들의 임상경험으로 개발하였으며 정적인 인물 자체보다는 그림 내 인물의 행동이나 움직임에 초점을 둔다.

3) Burns가 개발한 투사적 그림검사.

Figure Drawing: HFD)로부터 시작되었다. 인물화에서 가족화로 발전된 것은 비교적 최근의 일이며, 상담자가 환자의 가족에 대한 정보를 파악하기 위해 실시되었다. 기존의 검사에서 실시한 단일의 인물화 대신에 가족을 그리게 함으로써 보다 유익한 정보를 얻을 수 있다는 것을 발견하여, 가족화 검사(Family Drawing Test: FDT)라는 이름으로 비운동성 검사를 시행하였다.

가족화는 그림을 그린 순서, 종이에서 그림의 크기, 위치, 분포 상태, 가족원의 생략이나 과장 등을 탐색하여 부모나 가족원 간의 관계를 파악하는 것을 목적으로 하였다. 그 후 동적 가족화가 개발되었고, 동적 가족화에 투사된 가족의 움직임은 가족화보다 더 풍부한 내용을 전달한다는 것을 알게 되었다.

가족미술치료의 경향은 진단중심의 가족화에서 가족 간의 의사소통의 매개로서의 방향으로 발전되었다. 즉 가족화는 내담자 개인의 내적 이미지라는 생각이 바뀌어, 가족은 하나의 '체계'이고 '단위'로 보는 체계론적 입장을 취하게 되었다(권기덕 외, 2000).

가족화에는 가족원 개인의 행동이나 반응, 감정이 나타나기 때문에, 가족화의 정서적인 면을 이해하는 것이 더 중요하다. 그림검사에서 내담자가 좋아하는 인물상을 그리도록 하는 이유는 생애 초기부터 친숙한 것을 그리는 것이 내담자에게 일어나는 저항이 비교적 적기 때문이다.

2) 가족미술치료

가족미술치료는 가족원의 방어나 통제를 줄이고 상호작용을 촉진하여, 무의식적 감정을 상징적인 이미지에 의해 미술활동으로 표현하는 작업이다. 언어발달이 충분하지 않은 어린 아동이 부모와 함께 가족상담에 참여할 때도 작업이 가능하다. 상담자가 함께 참가하여 가족의 의사소통 유형이나 갈등을 직접 관찰할 수 있기 때문이다(권기덕 외, 2000).

가족원들이 함께 작업하기 위해 선택하는 미술활동은 어떤 것이든 상관없으며 그 목적은 동일하다. 미술치료과정을 통하여 가족원들은 자신들의 내면을 자각하고, 가족 안에서 자신의 존재를 알아차릴 수 있다. 상담자는 보호적이고 허용적인 환경 속에서 가족원들이 자유롭게 매체를 선택할 수 있게 한다. 가족미술치료는 가족원의 주도성이 존중되면서 통제와 수용을 경험하고, 상담이 자연스럽게 유기적으로 이루어지게 한다. 가족원들의 다양한 생각과 창의성이 상담과정을 통해 충분히 발휘되도록 해준다.

첫 면접시간에 가족원들은 그들의 미술작품과 표현물이 가족의 상호작용 형태와 보이지 않는 가족규칙에 대한 정보를 주는 것을 알고 매우 놀라기도 한다. 가족 집단 안에서 상담자는 상담회기를 안내하고 주도하지만, 가족원들이 좀 더 자유롭게 표현할 수 있도록 지켜보면서 함께 따라가 주는 것이 중요하다.

가족미술치료는 목적과 상황에 따라 다양한 방식으로 사용되며, 상담자의 어떠한 개입 없이 활동 그 자체만으로도 가족의 특성을 표현할 수 있는 강력한 수단이 된다. 다양하게 열린 자기표현은 개인의 정체감을 보다 긍정적으로 형성하고, 내면의 부정적 감정을 표출할 수 있게 도와준다(Oaklander, 1988, 김정규 외 공역, 2006).

3) 미술매체

(1) 매체의 개념

매체란 미술에서의 회화, 조각 등 예술 표현의 수단 혹은 수단에 쓰이는 재료를 통틀어 가리킨다. 재료는 표현에 직접 쓰이는 것이고, 매체는 표현을 위한 매개가 된다.

미술치료에 있어 매체의 역할은 매우 크다고 볼 수 있다. 미술매체는 감성과 의식을 한꺼번에 일으키거나 세상과 소통하는 역할을 한다. 또한 모호하게 지각된 이미지에 대한 느낌을 표현하는 데 사용한다.

상담과정에서 내담자와 매체 사이에는 끊임없는 역동이 일어난다. 내담자의 에너지를 유발시키고 자기신뢰감과 자아존중감을 강화시켜 주는 역할을 한다. 미술치료에서 미술매체와 도구가 없으면 심상에 대한 내면의 이미지를 표현할 수가 없다.

가족상담에서 미술치료는 가족의 심리적인 문제를 해결하는 데 유용하고, 미술매체는 가족원의 심리를 측정하고 통제하는 중요한 역할을 한다. 가족원은 선호하는 매체가 있을 수 있으며, 기호가 바뀌거나 새로 경험하는 매체가 더 만족스럽게 느껴질 때도 있다(박현주 외, 2013).

(2) 다양한 매체들

상담자는 상담에 의뢰된 가족의 특성과 상황들, 다양한 매체의 특성과 관계 등을 고려하여 가족원에게 가장 적절한 매체를 선택하는 것이 중요하다. 쉽게 사용이 가능한 것, 비싸지 않은 가격으로 구입이 가능한 것을 미리 준비해 두며, 잡지나 카탈로그, 카드, 종이, 쇼핑가방 등을 모아 두었다가 사용한다.

매체의 종류는 회화매체(연필, 펜, 크레파스, 목탄, 수채물감, 유화물감, 포스터컬러물감 등)와 조소매체(찰흙, 지점토, 컬러점토, 석고가루 등), 공예매체(수수깡, 색 철사, 각종 끈, 스티로폼) 등이 있다(박현주 외, 2013).

(3) 매체 선택의 유의점

미술매체는 상담시간과 공간, 내담자의 상황에 따라 융통성 있게 선택해야 한다. 매체가 다양할수록 내담자들은 독특한 취미와 선호하는 형태를 찾아낸다. 단순하고 덜 구조화된 매체일수록 내담자의 심리적 투사가 쉽다.

❖ **표 14-1** 매체의 종류와 특성

종류		특성
종이류	신문용지	신문지, 잡지, 서적 인쇄용지. 내담자가 부담 없이 표현할 수 있다.
	도화지	수분의 흡수와 번짐이 그림 그리기에 적당함. 크레파스나 물감 사용
	아트지	종이의 한 면 혹은 양면이 윤이 나도록 만든 종이
	포장용지	크라프트지, 모조지, 유산지
	골판지	여러 종류의 종이가 겹친 것. 화장품이나 약품 등 상자 제조에 쓰임
	화선지	동양화에 주로 쓰이고 번짐 효과가 잘 나타나는 반면 쉽게 찢어짐
	창호지	누르스름한 색이며 보존성이 뛰어남
	기타	색한지, 마분지, 하드보드지, 셀로판지, 사포, OHP필름, 천 등
회화매체	연필	세밀한 표현과 수정이 가능하고 누구나 쉽게 사용
	색연필	크레파스보나 덜 번시고 섬세한 표현 가능. 강한 색의 표현은 어려움
	사인펜, 매직	수정이 어렵고, 진하여 명암을 표현하기 힘듦. 번짐의 효과(수성)
	크레파스	다양한 표현이 가능하고 사용하기가 간편함
	파스텔	색상이 화려하고 부드러우며 다루기 쉬움
	수채물감	뿌리기, 찍기, 번지기 등 다양한 표현, 넓은 면의 채색이 쉬움
	유화물감	발색이 뛰어나고 두껍게 채색할 수 있어 입체감 표현이 가능
	아크릴물감	속성건조, 불투명한 수용성으로 혼색이 자유롭고 색상이 선명, 두께감
	포스터컬러	물로 색상을 고르게 표현할 수 있고 색상이 선명
	기타	먹물, 잉크, 마블링물감, 한국화물감, 파스넷, 페이스페인팅물감, 풀물감
조소매체	찰흙	끈기가 있는 찰진 흙으로 가소성과 유연성이 뛰어남
	지점토	흰색의 종이 점토로 물로도 접착력이 뛰어나고, 색채 표현이 가능
	컬러믹스	착색을 따로 할 필요가 없고 색이 다른 점토끼리 혼합도 가능
	종이죽	기존 제품이나 신문지를 잘게 찢어 물에 불려 사용
	기타	석고, 목재, 비누, 양초 등
공예매체	수수깡, 우드락, 스티로폼, 스팽글, 털실, 빵끈, 철사, 리본끈, 빨대, 종이컵, 일회용 접시	
비정형매체	밀가루, 곡물류, 색모래, 면도크림	
도구	붓, 팔레트, 물통, 지우개, 자, 칼, 가위, 풀, 접착제, 테이프, 스펀지, 줄칼, 낚싯줄	

출처: 박현주 외 (2013).

비교적 쉽게 사용할 수 있는 제품으로 구입하는 것이 좋고, 각 매체에 대한 이해와 특성, 사용법을 잘 알아두는 것이 중요하다.

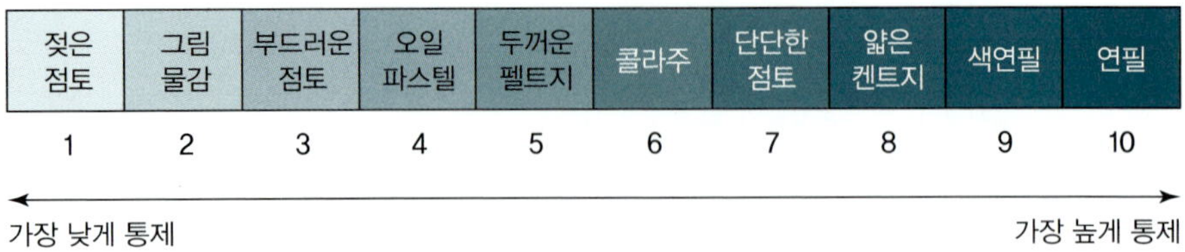

❖ **그림 14-1** 미술매체의 특성

출처 : 권기덕 외 (2000).

(4) 치료실 환경

가족미술치료는 기본적인 조건들을 갖춘 미술치료실에서 실시되는 것이 바람직하다. 내담자가 편안하게 작업할 수 있고 창조적인 과정에 도움이 될 수 있도록 구성하는 것이 중요하다. 가족원들은 평화로운 상태에서 보호받고, 미술작업을 통해 내면의 감정을 구체적으로 표현할 수 있다.

치료실은 너무 크거나 작으면 내담자가 위축감을 느낄 수 있고 답답해할 수도 있다. 불안하거나 산만한 내담자라면 더욱 불편하고 불안할 수 있다. 치료실은 도구와 매체가 잘 정돈되어야 내담자들이 매체를 선택하여 사용하기 쉬우므로 치료실 환경은 중요하다. 치료실의 적합한 환경은 다음과 같다.

① 사생활이 보장될 수 있는 장소로 안정감을 주어야 한다.
② 활동하기에 넓은 공간이어야 한다.
③ 실내온도가 적절하고 채광이 충분해야 한다.
④ 다양한 미술도구가 구비되어야 하고, 사용하기 편리하게 배치되어 있어야 한다.
⑤ 바닥과 벽은 청소하기 편한 재질이어야 한다.

⑥ 집단작업이 가능할 수 있는 공간이 확보되어야 한다.

⑦ 내담자의 미완성작품을 보관하거나 전시할 수 있는 수납장, 선반 등이 필요하다(정문자 외, 2013).

3. 상담목표와 상담과정

1) 상담목표

가족미술치료의 목표는 첫째, 현재 가족의 문제해결에 도움을 줄 수 있다. 몸과 마음의 어려움을 경험하고 있는 가족을 대상으로 하여 가족원이 함께 표현하는 미술활동을 통해 심리상태를 진단하고 치료하는 것을 목표로 한다. 가족의 증상을 제거하고 장기간에 걸친 효과적 성장에 있어 자아분화[4], 갈등해소, 문제해결능력 향상 등의 목표를 갖는다. 이를 통해 가족원은 통찰력을 얻고 과거 정서적 경험의 원인과 결과를 이해할 수 있다.

둘째, 가족생활 주기에 있어 발달단계에 일치하는 가족과업의 촉진이다. 가족의 발달단계에 일치하는 자율적이고 주도적인 자기관리, 가족생활에 대한 만족 등이 상담목표이다. 미술작업을 통해 가족 간 심리적 거리를 관찰하는 등 가족의 변화하는 상황에 적용할 수 있다(권기덕 외, 2000).

4) 내적 또는 외적 정서적 압력에 자동적으로 반응하지 않고 스스로 생각할 수 있는 능력, 또한 불안에 직면하더라도 유연하고 현명하게 행동할 수 있는 능력을 말한다.

2) 상담과정

가족미술치료는 다양한 미술기법과 표현을 활용하며, 상담과정에서 미술작업을 통해 자신을 통찰할 수 있게 도와준다. 그러나 그림으로 표현하는 모습으로만 내담자의 심리와 환경을 이해한다면 많은 오류를 범할 수 있다.

상담자는 반드시 그림이나 작품 속의 부분이 무엇을 의미하는지, 무엇을 가장 먼저 표현하였는지, 누구를 나타내는지, 왜 그것을 표현하게 되었는지, 활동을 하고 난 후의 느낌은 어떤지 내담자와 이야기를 나누어야 한다. 상담자는 모든 상황을 의미 있게 연결하여 생각할 수 있어야 한다.

첫 면접에서 가족원이 그린 최초의 그림을 가족구조의 평면도로 인식한다. 첫 그림에서부터 가족의 다양한 정보를 탐색할 수 있으며, 함축적인 가족체계의 개념을 사용하게 된다. 가족이 보다 만족스러운 체계를 조직하도록 돕고, 기존의 경직된 가족체계를 와해시키는 시도를 함으로써 가족의 변화에 개입한다.

가족원들이 미술작업을 하는 동안 외현적이고 함축적인 메시지에 대해 꾸준하게 관찰하는 것은 매우 중요하다. 가족의 역기능, 즉 미분화된 자아, 삼각관계, 부부의 부적응, 상호관계, 이중메시지, 가족동맹, 의사소통양식 등은 무엇인지 탐색한다.

상담자의 어떤 개입 없이 가족원이 그림을 그리는 활동만으로도 자신의 감정을 표현할 수 있도록 해주는데, 이를 바탕으로 한 상담과정은 다음과 같다(Oaklander, 1988, 김정규 외 공역, 2006).

- 이 그림을 그리면서 어떤 기분이 들었나요? 어떤 과정에서 불편함이 있었나요? 그것을 지금 이야기해 줄 수 있나요?
- 가족이 함께 그림을 그리면서 어떤 기분이 들었나요? 그림 그리는 과정에서 어떤 이야기를 나누셨나요?
- 오늘 가족이 함께 협동 미술작업을 해보면서 어떤 느낌이었는지 이야기해 줄 수 있나요?

① 가족원으로 하여금 미술작업을 하는 과정에서 느낀 경험을 이야기하게 한다. 가족원들이 미술작업을 할 때 실제로 어떤 마음으로 접근하며, 어떤 마음으로 작업을 했는지 내적 과정을 이야기하게 한다.

② 가족원 전체의 그림과 개인의 부분 그림이나 작품을 설명하게 하여, 가족 안에서 자기 개방이 지속적으로 일어나게 한다. 모양과 형태, 색깔, 상징들, 사물과 사람을 설명하도록 하면서 좀 더 분명하게 묘사하도록 한다.

③ 가족원이 활동한 작품 가운데서 자신 혹은 가족원과 동일시할 수 있는 구체적인 부분을 골라보고, 그 대상이 되어 이야기를 해볼 수 있도록 한다.

- 이 파란 동그라미를 골랐네요. 그럼 이 파란 동그라미가 되어 당신의 이야기를 좀 더 해줄 수 있나요? 당신은 지금 무엇을 하고 있으며, 기분은 어떤지? 파란 동그라미에게 지금 해주고 싶은 말이 있나요?

④ 다양한 질문을 통해 가족의 작품을 이해할 수 있어야 하며, 가족의 삶과 여러 가지 기능들, 가족관계 등에 대해 열려 있는 태도를 가져야 한다.

- 당신은 무슨 일을 하죠? 아버지는(엄마는) 어디서 무엇을 하고 계시죠?
- 당신과 가장 가까운 가족원은 누구인가요? 그럼 당신과 가장 멀다고 생각되는 가족원은 누구죠? 그 이유는 무엇일까요?

⑤ 가족이 함께 작품을 만드는 가운데 가족원들의 목소리, 자세, 침묵 등으로부터 중요한 단서를 발견해야 하며 불안의 요소를 찾아낸다.

⑥ 특별히 어떤 부분에 대해 강조할 때, 상담자는 내담자에게 좀 더 집중해서 들어주고 민감하게 알아차릴 수 있도록 도와준다.

- 이 사람은 어디를 가고 있나요? 이 사람은 지금 무엇을 하려는 걸까요?
- 지금 이 사람은 무슨 생각을 하고 있을까요? 그림을 보면서 어떤 느낌이 드나요? 당신은 지금 무슨 이야기를 해주고 싶나요?

⑦ 함께 그림이나 작품을 만들면서 새롭게 알게 된 내담자 가족 내의 실제 상황과 미해결 과제에 대해 다시 작업한다.

- 이것이 당신 가족의 삶과 관계있는 이야기인가요?
- 이것을 보면서 방금 무슨 생각을 했나요? 지금 하고 싶은 이야기가 있나요?

⑧ 그림이나 작품에서 빠진 부분이나 비어 있는 공간이 보이면 조금 더 관심을 기울이고 필요한 것을 질문한다. 누가 어떤 대답을 하는지 주의 깊게 본다.

⑨ 가족 내에서 이야기하기 편한 문제에 대해 먼저 하는 것이 좋으며, 그 이후에 슬프거나 어려운 문제들에 대해 다루어 보면 가족원들이 좀 더 쉽게 마음을 열 수 있다(Oaklander, 1988, 김정규 외 공역, 2006).

3) 상담자 역할

성공적인 가족미술치료 작업이 이루어지기 위한 상담자의 역할은 다음과 같다.

① 주의 깊게 경청하기: 상담자는 모든 눈과 귀를 열어 가족원들에게 온전히 집중하도록 노력해야 한다.

② 공감하기: 내면의 힘이 약하고 민감한 내담자들의 관심을 마음으로 느끼는 것이 중요하다. 상담 초기에 상담자만 내담자를 탐색하는 것이 아니라, 내담

자도 상담자를 믿을 만한 대상인지 탐색한다. 내담자가 비밀스럽고 중요한 이야기를 꺼내는 것은 쉽지 않다.

③ 좋은 환경 제공하기: 상담자가 너무 앞서거나 뒤처지지 않게 내담자와 속도를 잘 맞추어 가야 한다. 강요하거나 가르치려고 하는 것은 내담자가 불편해 하며 지나친 시도일 수 있다. 편안하고 안정감을 주는 상담환경을 제공하는 것이 중요하다.

④ 용기 주기: 가족이 미술작업에 대한 부담이 큰 경우, 예술적으로 평가하는 시간이 아님을 알리고 용기를 주어 매체들을 편안하게 사용해 보도록 돕는다.

⑤ 비밀 유지하기: 내담자를 보호하기 위해 작품이나 내담자에 대한 자료, 기록들을 안전하게 보관해야 한다.

⑥ 소중하게 다루기: 내담자의 작품은 다른 사람에 의해 손상되거나 부적절하게 다루어지지 않도록 안전한 장소에 잘 보관되어야 한다. 내담자가 표현한 이미지와 작품들은 가치가 있으며 내담자 스스로가 소중한 존재라는 생각을 가지도록 한다(박현주, 2013).

4. 상담기법

1) 진단적 도구가 되는 미술작업들

(1) 가족그림검사(Draw-a-Family: DAF)

가족화는 일반적으로 가족원에게 가족의 일부 혹은 전체를 그리게 하여, 마음속으로 느낀 가족의 분위기나 형태가 나타나도록 하는 미술기법이다. 가족원에게 종이를 제공하여 자신의 가족을 그려 보도록 하고, 그림 속에 있는 인물들과 자신의 그림에 대해 자유롭게 이야기해 보도록 한다. 가족원이 각각 무엇을 하고 있는지, 어디서 어떤 행동을 하고 있는지 그려 보게 한다. 얼굴표정, 느낌, 심리적 거리감도 느낄 수 있다. 구체적인 특징보다는 그림의 전체적인 형태가 중요하며 가족 안에서 갈등이 생기게 된 초기원인과 가족관계, 자기개념 등에 대해 알 수 있다(신민섭 외, 2003).

❖ **그림 14-2** 가족화

(2) 동적 가족화검사(Kinetic Family Drawing: KFD)

동적 가족화는 가족화에 움직임을 첨가한 투사화로 가족의 역동성을 파악하기에 좋으며, 내담자가 주관적으로 느끼는 가족원들에 대한 내적 심상이 시각적으로 표현되는 미술기법이다. 내담자에게 자신과 가족을 모두 그리도록 하는데, 무언가를 하고 있는 내용을 그려 보라고 지시한다. 가족 내에서 내담자에게 가장 영향을 미치는 사람은 누구인지, 부정적인 영향을 끼친 인물에 대한 솔직한 감정이 드러날 수 있다.

❖ 그림 14-3 동적 가족화

(3) 동그라미 중심 가족화(Family-Centered-Circle Drawing: FCCD)

동그라미 중심 가족화는 원을 중심으로 가족을 그려보는 투사적 그림법으로, 가족원들에게 내재되어 있는 부모와의 관계를 통해 자신을 바라보고 접촉하는 방법이다. 대부분의 사람들에게 그들의 인생에서 가장 중심은 부모이다. 원의 중앙에 부, 모, 자신을 두고 원의 주변에는 각 인물에서 떠오르는 모습을 시각적 자유연상과 상징으로 그려보게 한다. 각 인물의 크기, 신체 부위의 묘사, 얼굴표정, 자신의 주변에 있는 인물과 이미지 등에 대한 해석을 한다(권기덕, 2000).

동그라미 중심 가족화를 통해 부모자녀관계의 다양한 구조나 역동, 분노감정 등을 파악하고, 내담자가 의도하지 않은 표현을 인식하게 되어 자신을 돌아볼 수 있는 기회를 준다. 종이의 가운데 원이 그려져 있으므로 내담자는 빈 공간일 때보다 편안한 마음으로 그림을 그릴 수 있고, 검사에 대한 저항이나 심리적 부담을 줄일 수 있다.

❖ 그림 14-4 동그라미 중심 가족화

(4) 가족체계 진단법

가족체계 진단법은 그림을 그리는 과정과 매체를 사용하는 방법, 의사소통 등을 통해 가족의 체계를 진단하고 상호작용의 형태를 평가할 수 있는 효과적인 가족미술치료기법이다. 상담자는 가족이 하나의 작품을 시작하는 순간부터 과제를 수행하며 완성하는 동안, 가족체계를 형성하는 전 과정을 관찰하여 가족원들의 구체적인 행동을 기록한다.

먼저 면접에서 가족 전원이 하나의 미술작업에 참여하게 될 것이라는 것을 알려주어 저항을 감소시켜 준다. 첫 번째로 가족을 두 집단으로 나누어 비언어적으로 공동미술작업을 실시하는데, 여기서 각 집단의 구성은 가족동맹을 나타낸다. 작업이 끝나면 의사소통을 할 수 있으며 서로 의논하여 작품에 대한 제목을 정하고 작품 위에 제목을 쓰도록 한다.

두 번째로 전 가족이 한 장의 종이에 작업을 하는데, 첫 번째와 마찬가지로 언어적 · 비언어적으로 의사소통하는 것이 금지되며 완성된 작품에 제목을 붙이는 동안만 이야기를 하도록 한다. 세 번째로 언어적 가족미술작업을 실시할 때에는 한 장의 종이 위에 가족원이 함께 그림을 그리며 모든 의사소통이 허용된 상태에서 작업할 수 있다. 전 과정은 단계별로 진행되도록 하며 상담자의 지시에 따라 작업을 시작하고 끝마치도록 한다.

상담자가 관찰해야 할 내용은, 누가 그림을 처음 시작하였는가? 나머지 사람들은 어떤 순서로 참가하였는가? 어느 가족원의 제안이 채택되고 무시되었는가? 각 가족원의 개입 정도는 어떠한가? 각 가족원의 위치는 어떠한가? 개인은 얼마나 많은 공간을 차지하였는가? 정서적 반응들이 있었는가? 작업은 협조적 혹은 개별적이었는가? 등이다. 이러한 정보는 상담자가 가족의 체계와 상호작용, 역할, 행동 형태를 이해하는 데 도움이 된다.

(5) 집-나무-사람 그림검사(House-Tree-Person test: HTP)

집-나무-사람 그림검사는 대표적인 투사적 그림검사로, 가족원이 그린 사람, 집, 나무와 같은 대표적인 형상을 통해 성격이나 태도를 탐색할 수 있다. 그림을 통해 가족원 개인의 무의식적인 핵심감정이 드러날 수도 있으며 자기상, 신체상, 가족관계, 자신과 환경과의 관계, 성격구조에 영향을 미치는 가족상황 등에 대한 다양한 정보를 얻을 수 있다.

검사의 진행순서는 4장의 종이에 집, 나무, 사람을 순서대로 그려보도록 하고 상담자가 사후 질문과정을 진행한다. 집 그림은 가족원 내면에 가족관계나 가정생활에 대해 가지고 있는 표상이나 감정을 나타낸다. 나무그림은 신체상이나 자기개념에 대한 무의식적 성격구조를 드러내며, 사람그림은 좀 더 의식적인 수준에서 가족원이 가지는 자기개념, 자기에 대한 태도 등 여러 가지 감정이 투사되어 표현된다. 가족원이 가지는 그림 이면의 중요한 의미를 잘 파악하면 개인뿐만 아니라 가족상황을 이해하는 데 도움이 된다(신민섭 외, 2006).

❖ **그림 14-5** 집-나무-사람 그림검사

(6) 동적 집-나무-사람 그림검사(Kinetic House-Tree-Person: KHTP)

동적 집-나무-사람 그림검사는 한 장의 종이 위에 집, 나무, 사람을 함께 그리는 것으로, 세 가지 그림의 관계 속에서 가족원의 성격을 보다 잘 이해할 수 있는 검사이다. 한 장의 종이 위에 집, 나무, 그리고 어떤 행동을 하는 사람의 전체 모습을 그려 보게 한다.

동적 집-나무-사람 그림검사의 해석은 정신분석학적인 관점으로 해석하는 집-나무-사람 그림검사(HTP)와는 달리 발달적 체계를 강조한다. 전체로서의 인간을 보며 건강한 잠재력을 고찰하고 이해한다. 또한 생존과 자아실현, 소속감 등을 적용하여 해석한다.

(7) 빗속의 사람 그림검사(Draw-a-Person-in-the-Rain test)

빗속의 사람 그림검사는 내담자에게 종이에 빗속에 서 있는 사람을 그려 보도록 하여 현재 겪고 있는 스트레스의 양과 방어기제를 알아보는 검사이다. 비는 스트레스를 나타내고 비의 질은 그 사람이 느끼는 스트레스의 양을 나타낸다. 스트레스에 대한 방어기제는 우산, 비옷, 나무 등으로 나타난다고 본다. 내담자가 퇴행 없이 스트레스를 얼마나 잘 다루고 있는가에 대해 알아볼 수 있다(신민섭 외, 2006).

❖ **그림 14-6** 빗속의 사람 그림검사

(8) 난화로 표현하기

난화는 종이에 아무렇게나 선을 그린 후 이미지화하고, 특정한 형체를 만들어 이야기해 보는 미술기법으로 내담자 내면의 탐색을 돕는다. 특별한 주제를 주지 않고 자유롭게 곡선, 직선을 그리므로 미술치료의 부담과 긴장감을 줄일 수 있다.

가족미술치료 작업으로 응용하여 '난화 이야기법'을 할 수 있다. 상담자와 가족원, 혹은 가족원들끼리 난화를 통한 심상의 형성을 표현한 후 연극처럼 상호 이야기를 만들어나가는 방법이다. 가족원이 난화에서 형체를 잘 찾지 못할 때에는 상담자가 먼저 찾아주어 작업에 대한 부담을 줄여 준다.

❖ **그림 14-7** 난화로 표현하기

(9) 동적 학교생활화(Kinetic School Drawing: KSD)

학교생활화는 동적 가족화(KFD)를 변형한 형태로서 아동이 학교상황에서 자신을 어떻게 지각하는지를 알아보기 위한 검사이다. 학교적응, 또래관계에 대한 정보를 알 수 있다. 학교에서 자신과 선생님, 친구 한 명 이상이 무엇인가 하고 있는 그림을 그려 보도록 한다. 그림을 해석할 때 내담자가 학교에서 자신의 모습을 어떻게 그리는지, 선생님이나 친구들에 대해 어떤 행동을 하는지 살펴본다(신민섭 외, 2006).

❖ **그림 14-8** 학교생활화

(10) 풍경구성법(Landscape Montage Technique: LMT)

풍경구성법은 도화지에 순서대로 '강, 산, 밭, 길, 집, 나무, 사람, 꽃, 동물, 돌, 만족하지 않다고 생각하는 것들'을 차례로 불러주어 그려 넣고 하나의 풍경이 되도록 채색하게 한다. 그리고 그림 속의 계절, 시각, 기후, 사람과 집 등의 관계에 대해 이야기한다. 내담자의 구성능력과 무의식의 심리를 알 수 있는 검사이다(최외선 외, 2006).

2) 치료적 도구가 되는 미술작업들

(1) 콜라주

콜라주는 종이나 다양한 소재의 물체를 풀로 붙여 장식하는 것을 뜻하는 프랑스어에서 유래하였고 그림이 많은 잡지 속에서 마음에 드는 사진을 오려 도화지에 풀로 붙여 표현한다. 여러 가지 재활용품이나 곡물, 자연물 등 다양하고 일상적인 물건들을 함께 사용할 수 있다.

콜라주는 언어적 표현에 비해 표현이 쉽고 내담자가 정확한 자기감정을 전달하는 데 부담이 줄어들 수 있다. 내담자의 분노 노출하기, 희망에 대한 상징 등 다양한 감정을 표현한다. 그 외에도 천, 휴지, 스펀지, 레이스, 단추, 털실 등 접착제로 붙일 수 있는 다양한 매체로 활용이 가능하다. 가족이 함께 하는 콜라주 작업은 가족의 응집력을 높여 주며 가족원의 내면의 소망이나 부정적 감정을 상징으로 표현할 수 있다(Oaklander, 1988, 김정규 외 공역, 2006).

❖ **그림 14-9** 콜라주 만들기

(2) 만다라 그리기

만다라는 개인의 삶의 영역, 즉 소우주 영역을 나타내므로 만다라를 제작하는 것은 지금의 내가 누구인지 보여 주는 개인적 상징을 만드는 작업이라고 할 수 있다. 가족미술치료에서 가족원이 집단으로 만다라 작업을 하면 거부감이 적고 편안하며, 어색했던 가족원을 이해하고 집단의 역동을 더 잘 나타낼 수 있다. 만다라 작업 전에 명상으로 긴장을 완화시키고, 작업하는 과정에서 느낀 감정을 다루는 것도 중요하다.

만다라는 기존의 문양에 크레파스, 색연필, 사인펜 등을 이용하여 색칠하거나, 내담자가 만다라를 창작하여 그린다. 그 외에 다른 재료를 활용하여 만다라를 완성할 수도 있다. 만다라 작업에서 색채를 다양하게 사용할 수 있도록 하며 가족원의 자기이해, 기억과 감정을 통합하는 데 유용하다. 타인의 작품을 보고 느끼는 가족원의 감정에 대해서도 표현하고 수용해 준다. 가족원들이 만든 만다라를 모아서 나무를 꾸며 보거나, 가족이 원하는 형태의 작품을 만들어 보는 등 가족응집력을 높이는 활동을 할 수 있다(박현주, 2013).

❖ **그림 14-10** 만다라 그리기

(3) 나무 그리기

미술치료에서 나무는 자신을 상징적으로 나타내므로 내담자가 자신으로 표현한 나무는 큰 의미를 갖는다. 가족원이 그리는 나무그림을 통해 자신에 대한 이미지를 형상화시킬 수 있으며, 현재 내담자의 에너지 수준을 파악할 수 있다(박현주, 2013).

현재의 자신을 나무로 나타내면 어떤 나무가 될지 그려본다. 또 가족원이 함께 집단으로 꾸며서 완성한 나무가 어떤 나무인지 이름을 붙여 보고, 나무의 모양, 색, 장소, 건강상태, 날씨 등에 대해 이야기 나누어 본다. 미래지향적인 나무를 그렸다면 현재의 모습은 어떤지, 미래의 나무와 다른 점은 무엇인지에 대해 이야기 나눈다.

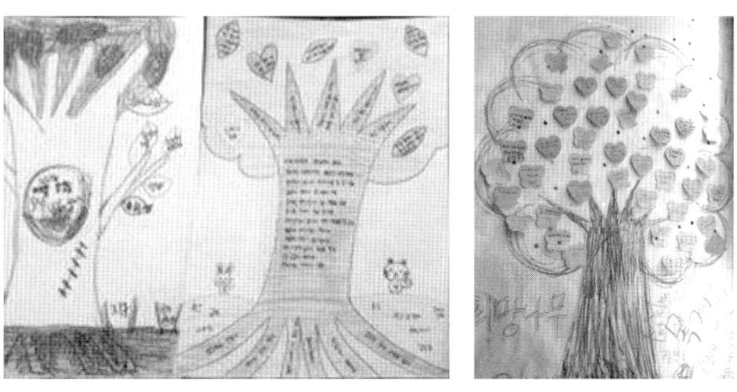

❖ **그림 14-11** 나무 그리기 : 희망나무

(4) 사포와 크레파스로 그리기

가족원들에게 사포의 까칠한 질감과 크레파스의 부드러운 서로 다른 질감을 먼저 느껴 보게 한다. 조화를 이루지 못할 것 같은 두 가지 매체가 서로 어울리게 변하는 모습을 본다. 상담자는 사포에 부분적으로 밑그림을 미리 그린 후 섞어 나누어 준다. 가족이 상호작용을 통해 혹은 개인의 느낌대로 다양한 표현을 해볼 수 있도록 한다.

각 개인의 그림이 완성되면 밑그림에 맞추어 사포를 나열해 본다. 사포와 크레파스로 그리기 작업은 가족의 마음과 생각을 나누는 상호작용으로 협동심과 공동체 의식을 높일 수 있고, 개인의 자존감과 자신을 표현할 수 있는 능력을 개발하여 성취감이 향상되는 작업이다. 두 가지 매체가 조화되는 과정과 작업 전후의 느낌도 나누어 본다(최선남 외, 2007).

❖ **그림 14-12** 사포와 크레파스로 그리기

(5) 동물 가족화(Animal Family Drawing Test : AFDT)

동물 가족화는 가족원을 특정 동물로 표현하여 종이에 그려 보게 하고, 각 가족원을 표현하는 동물은 무엇이며 어떻게 표현했는지를 통해 가족 안의 다양한 역동을 알아보는 미술치료기법이다. 내담자가 직접 그림을 그리는 것이 어려운 유아나 아동의 경우 상담자가 여러 가지 동물 그림이 그려진 종이를 제시한다. 자신의 가족과 닮은 동물을 찾아보면서 가족특성과 역동을 생각하고, 적절한 동물을 찾아 오려서 표현할 수 있도록 한다. 동물 그림 자료를 오리고 도화지에 적절히 배치하여 붙여 보는 것은 내담자의 심리적 부담이 덜할 수 있다. 이를 통해 가족관계를 이해할 수 있고 가족원에 대한 부정적인 마음을 간접적으로 표출할 수 있다.

❖ **그림 14-13** 동물 가족화

(6) 찰흙이나 점토로 만들기

찰흙이나 점토는 아무렇게나 주무를 수 있고, 부드럽고 감각적이며 연령에 상관없이 호감을 가질 수 있는 재료이므로 가족미술치료 작업에서 사용하기 적합하다. 찰흙이나 점토의 유연성과 부드러움은 내담자를 이완시키기고 다양한 욕구를 표현하기에 좋다.

가족원에게 찰흙을 만질 수 있는 충분한 시간을 주고, 부드럽고 촉촉한 점토를 갖고 놀이하듯 주무르면 무엇인가를 만들 수 있다. 흙은 우리 마음속의 깊은 내석과정의 작업을 촉진시켜, 자신의 감정을 표출하고 상상력을 발휘한 작품을 만들 수 있게 한다.

불안과 두려움을 느끼는 사람들은 찰흙을 통해 통제감과 자신감을 느낄 수 있다. 이 작업을 통해 가족은 언어에 지나치게 의존하지 않으면서 자신을 표현할 수 있다. 가족원은 찰흙놀이를 하면서 자신의 생각과 아이디어, 감정, 경험을 나누고 새로운 상호작용을 한다(Oaklander, 1988, 김정규 외 공역, 2006).

통제나 억압이 심하고 흙이 지저분하다고 생각하는 사람은 이 작업을 힘들어 할 수도 있다. 모형을 만드는 점토나 부드러운 플레이 도우는 어린 아이들이 다루기 쉽고 매우 유연해서 찰흙과 다른 추가적인 감각경험을 제공한다(Webb, 1991, 권영민 외 공역, 2006).

❖ **그림 14-14** 흙으로 만들기

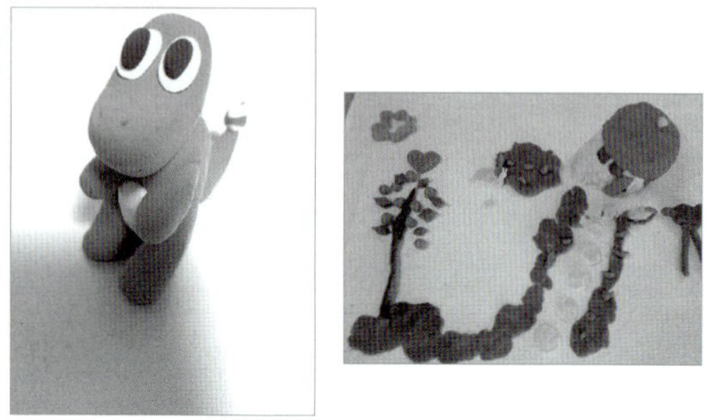

❖ **그림 14-15** 컬러점토로 만들기

5. 사례 연구

1) 개요

내담자 가족은 한부모가정으로 44세 엄마와 18세, 15세의 두 딸과 11세 남자아동이 함께 한부모가족 집단프로그램에 참석하였다. 내담자(모)는 경제활동을 전혀 하지 않았던 남편과 7년 전 이혼하고 세 자녀를 양육하고 있다.

내담자 가족의 주호소문제와 가족상황은 내담자(모)의 건강이 좋지 않고 우울감이 있으며 내성적이라 타인과의 관계에 어려움을 겪고 있다. 자녀들을 양육하기에 경제적, 심리적으로 부담이 많다. 매사에 자신감이 없고 한부모가 되면서 타인과 관계를 맺는 활동이 점점 힘들어졌다. 사춘기 시기인 둘째 딸과 의견 충돌이 많고 자주 심하게 다툰다고 한다. 한부모로써 양육의 어려움과 경제적 문제로 인해 좋은 엄마가 되지 못했다는 죄책감을 가지고 있다.

큰 딸은 태권도 유단자로 고등학교 2학년이지만 이미 대학 진학이 결정되어 있는 상태며, 성격이 밝고 가족을 잘 돌본다. 막내아들은 활발하고 축구를 좋아해서 운동을 계속하고 싶어 하지만, 경제적 형편이 따라주지 않아 어떻게 해야 할지 걱정이다.

작은 딸은 자신의 이야기를 하기 싫어하고, 마음의 불만을 표정으로 많이 나타낸다. 상담실에 와서 엄마와 떨어져 앉아 있으면서 신체적, 심리적 거리가 멀게 느껴졌다. 남편은 7년 전 이혼 후 연락이 전혀 되지 않는다고 한다. 남편에게 양육비는 받은 적이 없고, 남편이 아이들을 돌아보지 내담자(모)는 서운함과 원망이 있다.

2) 가족미술치료의 적용

내담자(모)는 이혼과 경제적 어려움이 오랜 시간 지속되어 신체적으로 허약하고, 심리적 부담감이 극심한 상황이었다. 우울감을 호소하는 내담자(모)의 심리상태를 가족이 이해하고 정서적 지지체계를 단단하게 재정비할 수 있도록 지지상담을 하였다. 내담자(모)는 좋은 엄마로 살지 못했다는 죄책감과 미안한 마음을 '감정카드'를 활용하여 충분히 표현하게 하여 감정을 해소하였다. 자녀들도 함께 '감정카드'로 표현하고 내면에 감추고 있는 부정적 감정을 탐색하고 표현하는 시간을 가졌다.

가족미술치료기법으로 '만다라 그리기'와 '콜라주' 작업을 하면서 가족 안에서 표현하고 싶은 이야기를 다양한 매체를 통해 꾸며 보고 표현하는 시간을 가졌다. 초등학생 막내아들이 그린 만다라 그림은 '소원이 이루어지는 밤'이라고 제목을 붙였다. 막내아들은 축구를 좋아하고 잘하는데 집에 경제적인 여유가 없어 다른 친구들처럼 마음 놓고 하지 못하고, 중학교에 가서도 계속하지 못할 것 같아서 속상할 때가 조금 있다고 하였다. 부자가 되어서 엄마도 고생 안 하고, 누나도 대학가고, 본인도 축구를 계속하는 꿈을 꾼다고 이야기하였다. 막내아들은 가족과 함께하는 활동이 좀 어색했는데, 그림을 그리면서 기분이 좋아졌다고 하였다. 감정의 변화와 느낌에 대해 나누어 보았고, 축구는 계속 열심히 하고 싶다는 의지를 보여서 지지를 해주었다.

네 명의 가족이 함께 '콜라주' 작업을 하였다. 주제를 정하고 다양한 그림을 찾아 오려붙이고 글도 써보면서 각자의 원하는 생각을 들어 보고, 강점관점으로 가족의 힘을 다져 희망의 메시지를 전달하는 시간을 가졌다. 내담자(모)는 가족미술활동을 통해 오랜만에 색연필과 사인펜, 풀, 색종이 등의 미술매체를 잡아본다고 이야기하면서 신기해하며 웃었다. 현실은 불만족스럽고 불편한 부분은 많지만, 지금 이대로 우리 가족 안에서 행복한 조건들을 많이 찾을 수 있다는 긍정적인 생각을 하게 되었다고 하였다.

❖ 그림 14-16 만다라 그리기

❖ 그림 14-17 가족 콜라주 만들기

활동하기

1. 영화 〈지상의 별처럼〉을 감상하고 이야기를 나누어 봅시다. 난독증에 걸린 주인공 이샨은 가족과 친구들에게 관심을 받지 못하고 학교부적응을 보이고 있었는데, 진심을 다해 다가오신 선생님을 만나게 되면서 치유를 경험하게 되는 내용입니다. 또한 그림이라는 매체를 통하여 주인공은 난독증이라는 콤플렉스를 극복하고 자신감을 회복하게 됩니다. 이 영화를 시청하고 다양한 예술활동이 주인공 내면의 문제와 관계회복에 어떻게 기여했는지에 대해 분석해 봅시다.

2. 가면 꾸미기(내가 아는 나, 남이 아는 나)를 해봅시다.

① 종이가면, 콜라주 재료(잡지 외, 붙일 수 있는 다양한 재료들), 여러 가지 미술도구(사인펜, 유성펜, 가위, 풀 등)를 준비한다.

② 가면의 겉면에 '남이 아는 나'를 표현하고, 가면의 안쪽 면에 '내가 아는 나'를 표현한다. 다양한 콜라주 재료를 잘라 붙이거나 펜을 사용하여 자신의 성격과 특징을 적어 보고, 내가 인식하는 내면의 자기상을 파악한다. 반면 타인(부모님, 형제, 친구, 교사, 공동체)이 인식하는 나의 모습은 어떤 이미지인지 생각해 본다.

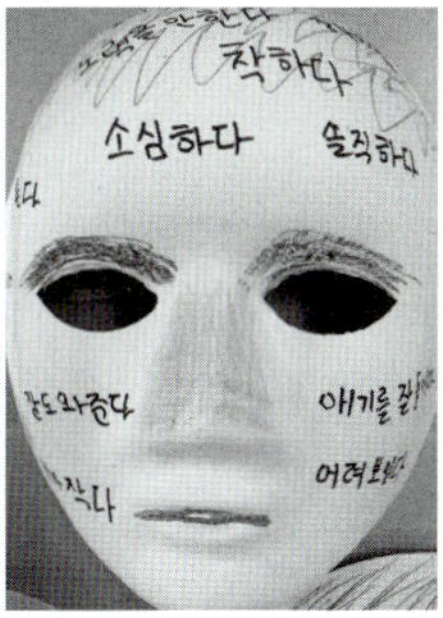

3. 함께 나누어 봅시다.

① 표현하지 못한 나의 내면의 욕구는 무엇인지 생각해 본다. '불일치한 자기'와 '일치된 자기', '이상적인 자기'(되고 싶은 나)에 대해 알게 된 것이 있다면 같이 이야기 나누어 본다.

② 가족 안에서 부모-자녀를 바라보는 불일치되고 부정적인 이미지는 없는가? 이전에 생각하지 못했던 나의 긍정적인 모습을 구체적으로 찾아서 적어 보자.

| 참 고 문 헌

고미영 (1998). 탈근대주의 시대의 가족치료 동향. 한국가족치료학회지, 6(1), 15-34.

교육과학기술부 (2009). 09년 Wee프로젝트 운영 기본 계획.

권기덕, 김동연, 최외선 (2000). 가족미술치료. 서울: 동아문화사.

권정혜 (2004). 인지행동부부치료. 한국인지행동치료학회지, 4(2), 1-25.

김도애 (2009). 주머니속의 행복(개정판). 서울: 소담출판사

김수정 (2013). 가족치료놀이. 고양: 공동체.

김승권 (2012). 2012년 전국 출산력 및 가족보건・복지실태조사. 한국보건사회연구원.

김영애 (2011). 통합적 사티어 변형체계치료 이론과 실제. 김영애가족치료연구소.

김용태 (2000). 가족치료 이론. 서울: 학지사.

김유숙 (2012). 가족치료 -이론과 실제-. 서울: 학지사.

김유숙, 고모리 야스나가, 최지원 (2013). 놀이를 활용한 이야기치료. 서울: 학지사.

김유숙, 전영주, 김수연 (2003). 가족평가핸드북. 서울: 학지사.

김인숙 (2003). 가족지원기본법(안)제정의 배경과 내용. 한국사회복지학회 정책토론회자료집, 1-20.

김진숙 (2001). 대상관계이론의 상담적 적용에 대한 고찰. 상담학 연구, 2(2), 327-344.

김진숙, 권석만 (2010). 부부신념 척도개발. 한국심리학회지, 28(2), 460-475.

김진영 (2014). 한국의 이혼율 연구 IV. 한국가정법률상담소.

김태현 (2000). 가족상담서비스의 현황과 정책적 방향에 관한 연구. 한국가족관계학회지, 5(1), 161~186.

김학준 (2014). 인터넷 커뮤니티 '일베저장소'에서 나타나는 혐오와 열광의 감정동학. 서울대학교 석사학위논문.

김한나 (2008). 유치부 아동의 전인적인 성장을 위한 통합절충 가족치료 연구. 강남대학교 대학원 석사학위 논문.

김혜숙 (2008). 치료이론과 기법. 서울: 학지사.

김혜숙, 박주현, 이영주, 임상록 (2012). 가족상담 및 치료. 서울: 신정.

남경숙, 전영주 (2014). 내담자가 참여한 녹화 슈퍼비전의 임상적 활용 · 십대자녀의 부모 학대 사례를 중심으로. 한국가족치료학회지, 22(4), 301-322.

노혜련, 허남순 (2008). 해결을 위한 면접. 서울: 시그마프레스.

류경남, 최수정 (2006). 가족상담심리 용어사전. 서울: 학지사.

박현주, 서명옥 (2013). 미술치료의 매체활용법. 서울: 학지사.

배정희 (2005). 사회복지관 사회복지사의 상담서비스 실태와 개선방안. 대구대학교대학원 석사학위논문.

보건복지부 (2004). 사회복지관 운영안내.

서혜석, 강희숙, 이미영, 고희숙 (2012). 가족치료 및 상담. 고양: 공동체.

송성자 (2004). 가족과 가족치료. 서울: 법문사.

송정숙, 배덕경, 전영주 (2014). 학령기 자녀를 둔 양육미혼모에 대한 이야기치료 단일사례 연구: 부모됨의 정체성 재구성을 중심으로. 한국가족치료학회지, 22(4), 323-345.

송정아, 최규련 (2011). 가족치료 이론과 기법. 서울: 하우.

송정애 (2011). 가족상담의 이론과 실제. 파주: 양서원.

신민섭, 김수경, 김용희, 김주현, 김향숙, 김진영 외 (2006). 그림을 통한 아동의 진단과 이해. 서울: 학지사.

신혜종 (2005). 가정폭력 서비스연계의 문제점과 해결방안. 순천향대학교 사회과학연구소.

山中康裕, 김유숙 (2005). 모래놀이 치료의 본질. 서울: 학지사.

양승은 (1995). 전략적 가족치료모델. 이화여대 사회복지학회편. 가족치료총론. 서울: 동인.

염숙경 (2009). 아동의 증상과 특성별 놀이치료. 서울: 학지사.

오영진 (2010). 사회복지기관 사회복지사의 상담서비스 현황 및 개선방안. 청주대학교 대학원 석사학위논문.

온경자 (2009). 학교상담제도의 문제와 개선방안 연구-Wee 센터의 운영사례를 중심으로. 원광대학교 행정대학원.

유영주, 김순옥, 김경신 (2008). 가족관계학 (제2개정판). 파주: 교문사.

유영주, 이창숙 (2002). 부부행복찾기Ⅱ. 서울: 신성.

유옥 (2012). 가족상담 및 치료의 이론과 실제. 서울: 동문사.

이부덕 (2007). 영성적 가족치료: 다면적 접근 이론과 실제. 춘계학술대회 자료집, 3(21).

이상복 (2007). 통합절충 가족치료. 서울: 강남대학교 출판부.

이선혜 (2008). 내러티브접근의 가족치료사적 의의와 한국 가족치료 발전에 대한 함의. 한국가족치료학회지, 16(1). 43-62.

이선혜, 신영화, 서진환 (2005). 한국 가족치료의 현장과 인력: 전국기관 조사연구. 한국가족치료학회지, 13(1), 79~123.

이승미, 송혜림, 라휘문, 박정윤 (2011). 가족지원서비스 제고를 위한 가족정책전달체계 통합모델개발. 여성가족부.

이현주, 엄명용 (2012), 이혼위기 부부의 통합적 부부치료 사례연구. 한국가족치료학회, 20(2), 201-224.

임종렬 (2005). 대상관계이론 집중과정. 한국가족치료연구소.

장진아 (2014). 한눈에 보는 프로이트와 대상관계이론. 경남가족상담연구소.

전영주, 황경란, 배윤민 (2015). Infrastructure of family therapy in Korea. The 23th annual Conference of International Family Therapy Association. Kuala Lumper, Malaysia.

정문자 (2007). 사티어 경험적 가족치료. 서울: 학지사.

정문자 (2008). 한국 가족의 문제와 관련된 변인의 발달단계별 탐색. 한국가족치료학회지, 16(1), 5-11.

정문자, 정혜정, 이선혜, 전영주 (2012). 가족치료의 이해. 서울: 학지사.

정문자, 제경숙, 이혜란, 신숙재, 박진아 (2013). 아동심리상담. 파주: 양서원.

정수경 (2000). 문제유지통합모델을 적용한 가족치료 사례연구. 정신보건과 사회사업 9집.

정옥분 (2007). 전생애 인간발달의 이론. 서울: 학지사.

최경석, 김양희, 김성천, 김진희, 박정윤 (2006). 한국 가족복지의 이해(제3판). 서울: 인간복지.

최광현 (2008). 가족세우기 치료 : 가족문제에 대한 통찰과 해결. 서울: 학지사.

최광현 (2013). 인형치료 : 트라우마 가족치료에 대한 적용. 서울: 학지사.

최규련 (2013). 가족상담 및 치료. 고양: 공동체.

최선남, 김갑숙, 전종국 (2007). 집단미술치료. 서울: 학지사.

최영민 (2013). 대상관계이론을 중심으로 쉽게 쓴 정신분석이론. 서울: 학지사.

최외선, 이근매, 김갑숙, 최선남, 이미옥 (2006). 마음을 나누는 미술치료. 서울: 학지사.

한국건강가정진흥원 (2015). 2014년 전국 건강가정지원센터 연간사업실적보고서. 한국건강가정진흥원.

한국건강가정진흥원(전국다문화가족지원단) (2014). 2013년 다문화가족지원사업 결과보고서. 한국건강가정진흥원.

한재희, 김영희, 김용태, 서진숙, 송정아, 신혜종, 양유성, 임윤희, 장진경, 최규련, 최은영 (2013). 부부 및 가족상담. 한국상담학회 상담학 총서, 5. 서울: 학지사.

Aaron T. Beck (1988). 사랑만으로는 살 수 없다. 제석봉 역 (2001). 서울: 학지사.

Aponte, H. J. (1994). 빵과 영혼. 엄예선 외 역 (1995). 서울: 하나의학사.

Banmen, J. (2001). Satir model workshop, unpublished manuscript. Seoul, Korea.

Becvar, D. S. & Becvar, J. (2003). *Family therapy: a systemic integration* (5th ed.). Boston: Allyn & Bacon.

Bertolino, B. & Schultheis, G. (2002). 해결중심 면접의 도구들. 김유순 역 (2005). 서울: 시그마프레스.

Bowen, M. (1978). *Family Therapy in Clinical Practice*. NY: Jason Aronson.

Bowers, N. R. (2013). 가족놀이치료: 가족을 위한 협력적 접근. 김유숙, 최지원, 김사라 공역 (2015). 서울: 학지사.

Carey, L. J. (1999). 모래놀이치료. 이정숙, 고인숙 공역 (2002). 서울: 하나의학사.

Cashdan, S. (1988). 대상관계치료. 이영희, 고향자, 김해란, 김수형 공역 (2005). 서울: 학지사.

Corey, G. (2001). 심리상담과 치료의 이론과 실제. 조현춘, 조현재 공역 (2003). 서울: 시그마프레스.

Dattilio, F. M. & Padesky, C. A. (1990). 부부를 위한 인지치료. 곽욱한, 김영란, 김윤정, 남주영, 박영애, 조정혜 공역 (2010). 서울: 학지사.

Dejong, P. & Kim, I. B. (1998). 해결을 위한 면접. 허남순, 노혜련 역 (1998). 서울: 학문사.

Fisch, R. (1965). Resistance to change in the psychiatric community. *Archives of General Psychiatry, 13*, 359-366.

Freedman, J., & Combs, G. (1996). 이야기치료: 선호하는 이야기의 사회적 구성. 김유숙, 전영주, 정혜정 공역 (2009). 서울: 학지사.

Gergen, K. J. (1985). The social constructionist movement in American psychology. American Psychologist.

Goldenberg, I. & Goldenberg, H. (2000). 가족치료. 김득성, 윤경자, 전영자, 전영주, 조명희, 현은민 공역 (2001). 서울: 시그마프레스.

Gottman, John & Gottman, Julie (2009). 가트맨 부부치료 초급 매뉴얼. 서울: 가트맨연구소.

Haley, J. (1964). Research on family patterns: an instrument measurement. *Family Process, 3*, 41-65.

Hamilton, N. G. (1990). 대상관계 이론과 실제. 김진숙, 김창대, 이지연 공역 (2007). 서울: 학지사.

Hamilton, N. G. (1996). 심리치료에서 대상관계와 자아기능. 김진숙, 김창대, 이지연, 윤숙경 공역 (2008). 서울: 학지사.

Jackson, D. D. & Watzlawick, P. (1963). The acute psychosis as a manifestation of growth experience. *Psychiatric Research Reports, 16*, 83-94.

Jackson, D. D. (1965). The study of the family. *Family Process, 4*(1), 1-20.

Kelvin, D. M. & White, J. M. 저, 김종천 공역. (2000). 가족이론. 서울: 대학출판사.

Kerr, M. E. & Bowen, M. (1988). 보웬의 가족치료이론. 남순현, 전영주, 황영훈 공역 (2005). 서울: 학지사.

Kim, I. S. & Szabo, P (2005). 해결중심단기코칭. 노혜련, 김윤주, 최인숙 공역 (2013). 서울: 시그마프레스.

Long, L. L., & Young, M. E. (2007). 부부상담과 치료. 이정연 역 (2009). 서울: 시그마프레스.

Madanes, C. (1981). 전략적 가족치료 이론과 사례. 오창순 역 (1998). 아시아미디어리서치.

McGoldrick, M., Gerson, R., & Shellenberger, S. (1992). 가계도: 사정과 개입. 이영분, 김유숙, 정혜정 공역 (2005). 서울: 학지사.

Minuchin, S. (1974). 가족과 가족치료. 이명홍 역 (1988). 서울: 이화여자대학교.

Minuchin, S., Nichols, M. P., & Lee, W. Y. (2007). 부부 · 가족 상담의 4단계 모델. 오진미, 신희천, 유계식, 김만권 공역 (2007). 서울: 시그마프레스.

Morgan, E. (2000). 이야기치료란 무엇인가?. 고미영 역 (2013). 서울: 청목출판사.

Nichols, M. P. & Schwartz, R. C. (2001). 가족치료: 핵심개념과 실제 적용. 김영애, 김정택,

심혜숙, 제석봉 공역 (2007). 서울: 시그마프레스.

Nichols, M. P. & Schwartz, R. C. (2001). 가족치료: 개념과 방법. 김영애, 정문자, 송성자, 제석봉, 심혜숙, 김정택, 정석환, 김계현, 이관직 공역 (2002). 서울: 시그마프레스.

Nichols, M. P. (2010). 가족치료: 개념과 방법. 김영애, 김정택, 송성자, 심혜숙, 정문자, 제석봉 공역 (2011). 서울: 시그마프레스.

Nichols, M. P. (2014). 가족치료 이론과 실제. 김영애 역 (2015). 서울: 시그마프레스.

Oaklander, V. (1988). 아이들에게로 열린 창. 김정규, 윤인, 이영이 공역 (2006). 서울: 학지사.

Payne, J. L. (2006). 가족세우기. Prafulla 역 (2008). 서울: 샨티.

Rivett, M., & Street, E. (2009). 가족치료의 실제: 100가지 핵심기법. 가족연구소 마음, 박의순 역 (2013). 서울: 시그마프레스.

Satir, V. (1988). 아름다운 가족. 나경범 역 (1999). 서울: 창조문화.

Satir, V., Banmen, J., Gerber, J., & Gomori, M. (1991). 사티어 모델. 한국버어지니아시티어연구회 역 (2000). 서울: 김영애가족치료연구소.

Schaefer, C. E., & Cangelosi, D. M. (1993). 놀이치료기법. 이순행, 김은하, 주현숙, 박유미, 전경숙, 이유진 공역 (2009). 서울: 시그마프레스.

Schaefer, C. E., & Carey, L. (1994). 가족놀이치료. 성영혜, 김현숙, 유가효, 송정아, 최영희, 이경화 외 공역 (1997). 서울: 상조사.

Scharff, J. S., & Scharff, M. D. (1991). 대상관계 가족치료 I: 이론과 기법. 이재훈 역 (2006). 서울: 한국심리치료연구소.

Scharff, J. S., & Scharff, M. D. (1995). 초보자를 위한 대상관계 심리치료. 오규훈, 이재훈 공역 (2008). 서울: 한국심리치료연구소.

Shoham, V., Rohrbaugh, M., & Patterson, J. (1995). Problem-and solution-focused couple theraies: The MRI and Milwaukee models. In Clinical handbook of couple therapy. N. S. Jacobson and A.S.Guman, eds. New York: Guilford Press.

Stadter, M. (1996). 대상관계 단기치료. 이재훈, 김도애 공역 (2006). 서울: 한국심리치료연구소.

Titleman, P. (1998). *Clinical application of Bowen family systems theory*. NY: The Haworth Press.

Torman, W. (1993). 형제자리와 가족상담. 김도애, 황경란 공역 (2009). 경남가족상담연구소 출판부.

Webb, N. B. (1991). 위기에 처한 아이들을 위한 놀이치료. 권영민, 김미정, 노혜숙, 엄윤주, 조영미, 조혜숙, 한찬숙 공역 (2006). 서울: 학지사.

Whitchurch, G. G. & Constantine, L. L. (1993). Systems theory. In P. G. Boss, W. J. Doherty, R. LaRossa, W. R. Schumm, & S. K. Steinmetz (Eds.). *Sourcebook of family theories and methods: a contextual approach* (pp. 325-352). NY: Plenum Press.

White, M. & Morgon, E. (2006). 어린이와 가족을 위한 이야기치료. 최민수 역 (2010). 서울: 시그마프레스.

White, M. (2007). 이야기치료의 지도. 이선혜, 정슬기, 허남순 공역 (2010). 서울: 학지사.

근로복지넷 www.workdream.net

대한민국 법원 www.scourt.go.kr

여성가족부 www.mogef.go.kr

위키백과 http://ko.wikipedia.org

전국다문화가족지원사업단 www.liveinkorea.mogef.go.kr

통계청 www.kostat.go.kr

한국건강가정진흥원 www.familynet.or.kr

한국교육개발원 wee.go.kr

현대정신분석연구소 www.kicp.co.kr

| 찾 아 보 기

인명

내용

저자 소개

전영주

Purdue University 아동발달가족학과 박사
현) 신라대학교 사회복지학부 교수
대표저서: 가족치료의 이해(2012), 가족학의 핵심개념(2013), 건강가정론(2015) 외 다수

황경란

신라대학교 가족학과 박사과정 수료
현) 조은아동가족상담소 소장
대표저서: 가족상담과 형제자리(2009)

양무희

신라대학교 가족학과 박사과정 수료
현) 동의대학교 보육·가정상담학과 겸임교수

배덕경

신라대학교 가족학과 박사과정 수료
현) 해운대구건강가정지원센터 전문상담원

송정숙

신라대학교 가족학과 박사과정 수료
현) 사상구건강가정지원센터 전문상담원

이복숙

신라대학교 가족학과 박사과정 수료
현) 수영구건강가정지원센터 사무국장

정수빈

신라대학교 가족학과 박사과정 수료
현) 창원시건강가정지원센터 전문상담원

염은선

신라대학교 가족학과 박사과정 수료
현) 영도구건강가정지원센터 전문상담원

가족상담 : 개념과 실제

2016년 3월 5일 1판 1쇄 인쇄
2016년 3월 10일 1판 1쇄 발행
2018년 9월 10일 1판 2쇄 발행
2020년 9월 10일 1판 3쇄 발행
2021년 9월 10일 1판 4쇄 발행
2022년 9월 10일 1판 5쇄 발행

지 은 이 전영주, 황경란, 양무희, 배덕경, 송정숙, 이복숙, 정수빈, 염은선
펴 낸 이 최용구
펴 낸 곳 도서출판 신정
주 소 (04316) 서울시 용산구 원효로 89길 19 (원효로1가)
전 화 02)3211-4782・0266(영업부), 3211-4783(편집부), 3211-4784(팩스)
이 메 일 shinjeong72@naver.com
홈페이지 www.sjbook.co.kr
등 록 2001년 5월 11일 제13-702호

기획마케팅 최용구 장만동 최충구 진소희
책임편집 석기은 황가연
본문편집 다인
표 지 SDY

ISBN 978-89-5912-382-7 93330

정가 20,000원